高等职业教育信息化教学"十三五"规划教材

U0653233

大学生职业生涯规划与就业指导

DAXUESHENG ZHIYE SHENGYA
GUIHUA YU JIUYE ZHIDAO

主　编　崔　凯　龙绘锦
副主编　郑　茂　宫凤云

特配电子资源

微信扫码

● 拓展阅读
● 视频学习
● 互动交流

南京大学出版社

图书在版编目(CIP)数据

大学生职业生涯规划与就业指导 / 崔凯，龙绘锦主
编. — 南京 ：南京大学出版社，2019.8(2021.1 重印)
ISBN 978 - 7 - 305 - 22603 - 8

Ⅰ. ①大… Ⅱ. ①崔… ②龙… Ⅲ. ①大学生－职业
选择 Ⅳ. ①G647.38

中国版本图书馆 CIP 数据核字(2019)第 173940 号

出版发行　南京大学出版社
社　　址　南京市汉口路 22 号　　　　邮　编　210093
出版人　金鑫荣
书　　名　**大学生职业生涯规划与就业指导**
主　　编　崔　凯　龙绘锦
责任编辑　高　军　刁晓静　　　　编辑热线　025 - 83592146
照　　排　南京南琳图文制作有限公司
印　　刷　南京人民印刷厂有限责任公司
开　　本　787×1092　1/16　印张 20.75　字数 511 千
版　　次　2019 年 8 月第 1 版　2021 年 1 月第 3 次印刷
ISBN 978 - 7 - 305 - 22603 - 8
定　　价　45.00 元

网址：http://www.njupco.com
官方微博：http://weibo.com/njupco
官方微信号：njupress
销售咨询热线：(025) 83594756

* 版权所有，侵权必究
* 凡购买南大版图书，如有印装质量问题，请与所购
　图书销售部门联系调换

高等职业教育信息化教学"十三五"规划教材
编委会

主　任

靳　明

副主任

孟祥发

编　委

王丽霞	王晓非	刘亮亮	李建新
庞佳丽	石　磊	王　伟	李　伟
崔　凯	李全诚	高维婷	吴金娥
许　磊	田　丰	宫凤云	王建华
王　琳	孙　宙		

前　言

随着我国高等教育由"精英教育"向"大众教育"转变,往日的天之骄子正面临着就业的严峻考验和挑战。毕业后向何处去? 人生的路该怎么走? 这些已经成为目前社会广泛关注的热点问题。全国各高校极其重视毕业生就业工作,并将其列入学校的重要任务。党的十九大明确指出:"就业是最大的民生。要坚持就业优先战略和积极就业政策,实现更高质量和更充分就业。大规模开展职业技能培训,注重解决结构性就业矛盾,鼓励创业带动就业。"开展职业生涯规划与就业指导工作,是知识经济时代全面提高大学毕业生素质的客观要求,也是当前高等教育教学改革和发展的必然趋势。这不仅关系到广大高校毕业生的切身利益,而且也关系到国家的经济发展和社会的和谐稳定。

随着我国高等教育的改革和发展,高等教育扩招和社会经济结构的调整给大学生就业带来全新的挑战,使大学生时刻感到压力的存在,甚至有些茫然不知所措。为了帮助大学生解决在择业、就业过程中遇到的种种困难,更好地引导大学生进行自我认知和职业认知,了解自己,了解职业和社会,激发大学生职业生涯发展的自主意识,树立正确的就业观,学会根据社会需要和自身特点理性地进行学业和职业生涯规划,提升职业素养,掌握求职基本技能,并努力在学习过程中自觉地提升职业生涯管理能力和就业能力,不断调整自己的行为规范,完成由校园人到社会人的转变,我们根据国家教育部的有关规定,编写了本书。本书共分 10 章,主要阐述了职业认知、自我认知、学业规划与职业准备、职业生涯规划、就业形势与政策、就业市场对毕业生素质的要求、就业心理指导及准备、就业信息准备和求职实践、就业权益保护、自主创业等内容。

本书在编写过程中,密切联系当代大学生的实际特点和时代特征,注重理论与实践相结合、普遍性与特殊性相结合、理论指导与技术指导相结合的原则,遵循"贴近实际、注重实用、讲究实效、有所创新"的基本思路,体现了系统性、全面性和实用性的特点,既是一本引导大学生规划自我职业生涯和就业指导方面的教材,又是一本引导学生学习与成长的手册,还是高等院校开展职业生涯规划与就业指导、品德教育的有益读物。

本书参考了国内许多同类教材和资料,吸取了其中许多精粹,难以逐一鸣谢,在本书出版之际,仅向原作者表示衷心的感谢。编者力图做一些积极的探索,但由于初步尝试及水平有限,加之编写时间仓促,书中难免存在不妥或疏漏之处,敬请专家、同行和广大读者批评指正。

编　者

2019 年 7 月

目　录

第一章　职业认知

本章导读

　　选择一个理想的职业,是高校毕业生最关心的实际问题之一。职业选择对于一个人的事业发展起着至关重要的作用,可以说,选择职业就是选择未来。因此,了解当代职业发展的新趋势,掌握有关职业的基本知识,对今后的学习和工作具有非常重要的作用,也是大学生正确择业和顺利走向社会的必备条件。

学习目标

　　1. 态度层面:树立职业的观念和意识,意识到确立自身发展目标的重要性。

　　2. 知识层面:了解当代职业发展的新趋势,掌握有关职业的基本知识,思考未来理想职业与所学专业的关系,增强大学生学习的目的性和积极性。

　　3. 技能层面:积极思考,为职业生涯规划做准备,逐步确立长远而稳定的发展目标。

案例导入

有一个目标就行动起来

　　一则校园广告展示了这样一幅画面:4盏灯从左至右依次排列,左边的一盏灯非常明亮,右边的一盏灯则没有亮。在这4盏灯中,每相邻的两盏灯都有一段对话,它们影响灯的明暗度。

　　第一盏灯后的对话是:"我有一个想法,想去做。"

　　回答说:"可以做到吗?"

　　第二盏灯变暗了一些。

　　第二盏灯后的对话是:"我试试看。"

　　回答说:"很难吧!"

第三盏灯变得更昏暗了一些。

第三盏灯后的对话是："周围的人都不同意我去做。"

回答说："那就算了吧！"

第四盏灯熄灭了。

在现实生活中，熄灭想法要比点燃想法容易得多。不少大学生因为面对困难而产生了疑问、担心和失望等情绪，最终自暴自弃，导致"灯"完全熄灭。即将毕业的大学生，在就业和择业上面临前所未有的压力和挑战。但是，只要大家"有一个想法，想去做"，"有一个目标，就去行动"，并且坚持到底，就一定会把"灯"点亮，为今后的职业生涯发展和求职就业探索出成功之路。

第一节 职 业

在孩提时代，我们心中就充满了对将来所要从事职业的幻想。有的人想成为科学家，有的人想成为宇航员，有的人想成为工程师，有的人想成为音乐家等等。所有这些"幻想"都是我们对职业的感性认识。那么，职业到底是什么呢？这是一个看起来幼稚，但要准确回答却又不容易的问题。有的人认为职业就是一种工作，有的人认为职业就是谋生的手段，各种解释都有。要开展个人职业生涯规划，首先就必须明确"职业"这个基本概念，因为这是我们能够正确对自己进行职业生涯规划的必要前提。

一、职业的产生与社会劳动分工

（一）职业的产生

社会劳动分工是职业产生的基础。早在人类社会初期，就出现了建立在年龄、性别基础之上的自然分工：成年男子外出打猎、捕鱼，妇女采集果实、从事家务劳动。但男子并没有形成固定从事某项专门工作的人群，职业分工的概念也没有产生。

随着社会生产力的发展，人类征服自然的能力有所提高，人们逐渐学会了栽培的方法，这样便出现了原始的农业。而原始的畜牧业则是从打猎中发展起来的，随着大批动物的驯化和饲养，出现了大规模的畜牧，于是一部分人开始脱离其他劳动，专门从事畜牧业工作。畜牧业从原始农业中分离出来，实现了人类历史上的第一次社会大分工，职业从此开始出现。此后手工业与商业也先后独立，完成了第二次与第三次社会大分工，职业活动才成为普遍的社会现象。

职业是现行经济运行和社会生活中客观存在的社会现象。职业的产生与发展是人类文明的标志，是社会发展与进化的反映，并随着社会劳动分工的深化而发展变化。

（二）职业体系的三个层次

一般来说，根据社会劳动分工的不同性质，职业体系可以分为三个层次。

1. 最高层次的分工是产业分工

所谓产业，是指不同的国民经济部门，由于社会劳动分工而独立出来的专门从事某一类生产经营活动的单位的综合。产业的划分以劳动性质、作用和内容的同一性为标志。

通常分为三类产业部门:第一产业——农业,包括种植业、林业、畜牧业和渔业等。农业是国民经济的基础,是人类粮食和其他生活资料的来源,也是许多工业原料的提供者。

第二产业——工业、建筑业。工业包括冶金、煤炭、石油、机械、电子、纺织、化工和食品等,是采掘自然资源和对原材料进行加工的物资生产部门;建筑业则是从事建筑和安装工程施工的社会生产部门。第二产业是国民经济的支柱,其中工业在许多国家的国民经济中起主导作用。

第三产业——除第一、第二产业以外的流通和服务类产业部门。具体可分为四个部门:(1)流通部门,包括交通运输业、邮电通信业、商业、饮食业、物资供销和仓储业等;(2)为生产和生活服务的部门,包括金融、保险、房地产、公共事业、居民服务、旅游、资讯信息服务业和各类技术服务业等;(3)为提高科学文化水平和居民素质服务的部门,包括教育、文化、广播电视业、科学研究事业、卫生、体育和社会服务事业等;(4)为社会公共需要服务的部门,包括国家机关、党政机关、社会团体以及军队和警察等。

2. 第二层次的分工是特殊分工,即行业分工

行业是根据生产(工作)单位所生产的物品或提供的服务的不同而划分的,它体现着就业者所在单位的性质。中国的行业结构主要按企、事业单位和机关团体及个体从业人员所从事的生产或其他社会经济活动的性质来确定,根据中华人民共和国标准分为13个门类,每个门类又分为大类、中类、小类共3个级别。这13个门类是:

(1) 农、林、牧、渔、水利业;

(2) 工业;

(3) 地质普查和勘探业;

(4) 建筑业;

(5) 交通运输、邮电通信业;

(6) 商业、公共饮食、物资供销和仓储业;

(7) 房地产管理、公共事业、居民服务和咨询服务业;

(8) 卫生、体育和福利事业;

(9) 教育、文化艺术和广播电视事业;

(10) 科学研究和综合技术服务事业;

(11) 金融、保险业;

(12) 国家机关、党政机关和社会团体;

(13) 其他行业。

3. 第三层次的分工是个别分工

个别分工是社会劳动分工在个别人身上的体现,即职业分工。职业是按就业者本人所从事的工作性质来划分的,而与就业者所在单位属于哪个行业无关,即职业与行业是可以相互交叉的:不同的行业可以包含相同的职业,而不同的职业也可以包含于同一行业中。如会计职业,可以存在于工业、农业、商业和服务业等行业;而工业这一行业,除了有生产工人外,还有工程师、技术员、管理人员、医生、厨师和驾驶员等。

产业结构、行业结构和职业结构三个层次构成了整个职业社会的劳动分工体系。

在社会需求的推动下,新的职业会不断产生;与此同时,过时的职业或不再有需求的职业也不断消亡。例如,现代通信技术的发展使得电报员等职业几近销声匿迹。职业产

生和消亡的客观规律提醒我们:在选择职业时不仅要考虑个人职业生涯发展的意愿,更要考虑时代前进的步伐所引起的社会需求趋势的变化。

二、职业的内涵

在现实生活中,人们总是要在一定的工作岗位上实现就业,但人们对"职业"一词却有着不同的理解。什么是职业?有关职业问题的研究涉及社会学、经济学、教育学和心理学等多个学科领域,由于研究的目的不同,学者们从不同的角度、不同的侧面对职业的含义进行了界定。

（一）社会学的职业概念

从社会学角度来看,职业的概念包括以下四个方面的内容:

1. 职业是社会分工体系中的一种社会位置,这种位置是个人进入社会生活中获得的一种劳动角色。

2. 职业是从事某一专门工作和活动的社会分工,或者说它是模式化了的工作关系的结合。

3. 职业同权利和权益是紧密相连的。每一种职业(群体)在社会分工中都有自己的位置和作用,使别人依赖它们、需要它们,因此,在一定程度上拥有垄断权。而且这一职业(群体)总是要维护这种权利,保护自身的垄断领域。

4. 职业是国家确定和认可的。任何一种职业的产生,必定为社会所承认,为国家职业管理部门所认可,并具有相应的职业标准。因此,职业的存在必须具有法律效力,被国家授予和认可。

（二）经济学的职业概念

经济学的职业概念有其特定的内涵,与社会学存在着明显的不同。经济学意义上的职业同劳动的精细分工是紧密相连的,劳动者相对稳定地从事某项社会工作,并从中获取报酬,这种社会工作便是劳动者的职业。经济学的职业概念主要包括以下四个方面:

1. 职业是社会分工体系中劳动者获得的一种劳动角色。职业根源于社会分工,在整个社会生产过程中,有诸多工种和岗位,有不同的工作内容、不同的职责、不同的声誉和社会地位,还有不同的劳动规范和行为模式,因此,劳动者便有了特定的社会标记和专门的劳动角色,如农民、工人、医生、教师、企业家、科学家、编辑、邮递员和乘务员等。

2. 职业是一种社会性的活动,具有社会性。职业是劳动者所进行的社会生产劳动或社会工作,均为他人所必需并为国家所认可,所以,职业是社会的职业。

3. 职业具有连续性和稳定性。劳动者连续稳定地从事某种社会工作,或者相对稳定地从事某种工作,这种工作才能成为劳动者的职业。如果不固定地、间断地从事某项工作,就无所谓职业了。

4. 职业具有经济性。劳动者从事某种职业必须从中获得经济收入。其实,劳动者就是为了不断取得这份收入,才较为长期地、固定地从事某种社会职业。没有经济报酬的工作,即使劳动活动再稳定,也不是一项职业。如家庭主妇,即无职业可言。

（三）对职业概念的其他界定

在英文里,"职业"一词"vocation",意思是"生命的呼唤"。事实上,我们每个人所选择和从事的职业,正是各自对生命的一种呼唤,也是每个人的人生价值的体现。在德语中,"职业"一词为"beruf",乃是"天职"之意。它意味着个人毕生应当为之不懈奋斗的目标。就这点而论,职业本身已经包含了职业精神和职业道德的内容,它是一种具有高尚性的事业。

综上所述,职业可定义为:指具备劳动能力的人,参与社会分工,利用专业的知识和技能,从事社会生产活动或服务,为社会创造物质财富及精神财富,从中获取合理报酬作为物质生活来源,并满足精神需求的一种持续性活动。

案例 1-1

刘闯同学大学就读国际贸易专业,毕业后理所当然地寻找专业对口的工作,他英语并不好,大学里也没认真努力过,所以毕业后也只拿到了CET-4证书,这是外贸业务行业最低的要求了。虽然在大学期间他也想过毕业后不找本专业的工作,但就业形势和找工作的现实让他不得不妥协,找了一家很小的外贸公司做外贸业务员。

做业务员和与销售有关的工作底薪都是很低的,如果没有提成,那工资只能维持个人温饱,更别说挣大钱了。

在一年多的外贸生涯里,他不但在业绩上毫无起色,性格从开始的乐观变得消沉,越来越烦躁,由于业务压力大,晚上也开始失眠。总之,工作是痛苦的,生活也免不了受工作情绪的影响。

他在工作中想得最多的就是跳槽,换行业。但不知道自己到底喜欢什么样的工作。于是,他选择了辞职。辞职后,他又向很多专业对口的大公司投了简历,都杳无音讯。渐渐地,他开始对自己未来的职场发展充满疑惑与迷茫。

三、职业的分类

所谓职业分类,是采用一定的标准和方法,依据一定的分类原则,对从业人员所从事的各类专门化的社会职业所进行的全面、系统的划分与归类。由于各国经济发展水平不同,职业分类标准也不一样。根据不同的标准,社会中众多的职业可以分为不同的类型。为了便于比较,国际劳工组织制定了《国际标准职业分类》,国际劳工局将职业划分为8个大类,83个小类,284个细类,1 506个职业项目,1 881个职业。我国的职业分类与国际劳工组织的分类方法基本一致。我国目前使用的职业分类标准是2015年正式颁布的《中华人民共和国职业分类大典》修订版公布的,该标准将我国的职业划分如下:

(一)按种类分

我国职业按照种类分为8个大类,75个中类,434个小类,1 481个细类(见表1-1所示)。

表 1-1　国际与国内职业分类标准对照表

类别	国际标准职业分类	中国标准职业分类
1	专家、技术人员和有关工作者	专业技术人员
2	政府官员和企业经理	国家机关、党群组织、企业、事业单位负责人
3	事务性工作者和有关工作者	办事人员和有关人员
4	销售工作者	商业和服务业人员
5	服务工作者	军人
6	农业、牧业和林业工作者,渔民和猎人	农、林、牧、渔、水利生产人员
7	生产和有关工作者,运输设备操作者和劳动者	生产、运输设备操作人员及有关人员
8	不能按职业分类的工作者	不便分类的其他从业人员

（二）按行业分类

职业按照行业可以分为第一产业、第二产业和第三产业。第一产业是国民经济发展的基础行业,如农业、林业、渔业和畜牧业等;第二产业是国民经济发展的主导行业,如工业、交通业和建筑业等;第三产业是指商业、服务业和旅游业等。

（三）按经费来源分类

职业按照经费来源可分为行政事业单位和企业单位。

（四）按主要付出劳动的性质分类

职业按照主要付出劳动的性质可以分为以体力劳动为主的职业和以脑力劳动为主的职业。根据现代比较通行的分类方法,劳动者可以分为金领、蓝领、白领、银领和粉领。

（五）按社会需求的变化分类

按社会需求的变化,可以对职业做一个形象的分类。

1. 曙光职业

东方已经初现亮光,但是太阳还没有升起。如职业生涯培训师、职业生涯咨询辅导师和职业规划管理师等职业在我国尚属曙光职业。

2. 朝阳职业

这类职业就像一轮红日冉冉升起。如营销师、项目管理师、商务策划师、电子商务师、企业培训师、企业信息管理师、企业行政管理师、网络工程师和人力资源管理师等。

3. 如日中天职业

指那些已经充分发展并且在目前占据主流的职业,仿佛正午的太阳普照大地,是世间万物的主要能量来源,具有不可替代的稳固地位。如企业家、公务员和建筑设计师等。

4. 夕阳职业

指那些正在逐渐减少,或呈下降趋势的职业。有的职业虽然曾经人数众多,现在或许依然还有社会需求,但日落西山之势已经显而易见。如公交车售票员等。

5. 黄昏职业

该职业已经暮色环绕,从业人员急剧减少。如弹棉花工、送煤工、货郎、钢笔修理工和相片着色工等。

6. 恒星职业

指只要人类社会延续就一定会存在下去的职业。如教师、厨师、建筑设计师、服装设计师和医生等。

7. 流星职业

指像流星般一闪而过的职业。如传呼台的传呼员,在 2000 年时还是一个不错的职业,但是现在随着手机的普及,传呼台没有了,传呼员这个职业也消失了。

8. 昨夜星辰职业

该职业曾经持续较长的时间,现在已经完全消失。如铅字打字员等。

四、职业的功能

(一)职业是个体获取经济来源,从而满足基本的生存需求的主要途径

马斯洛认为生理上的需要是人类维持自身生存的最基本需求,包括衣食住行等方面的需求。如果这些需求得不到满足,人类的生存就成问题。从这个意义上说,生理需要是推动人们行动的最强大的动力。职业活动的收入是个体的主要经济来源。职业作为人们参与社会活动、从事社会实践的主要手段,为人们提供了个人生存和维持家庭开支的重要物质基础,并使人类在此基础上实现繁衍和个体的发展。

(二)职业是个体参与社会交往,并从中获得社会和他人的尊重的重要手段

马斯洛认为个体在社会中、生活中有感情需要和尊重需要。在感情需要方面,人都需要朋友之间、同事之间、家人之间的友谊、合作和关爱,都希望成为群体中的一员,可以得到关心和照顾;在尊重需要方面,人都希望自己有稳定的社会地位,个人的能力和成就能得到社会的承认。感情和尊重是比生存层次更高的需要,是人热切追逐的目标,也是激励人发挥潜力和热情的最大动力。通过从事某种职业,个体可以与他人交往,并在交往中获得他人的认可。这种认可可以是名誉、地位、权力等非经济利益,也可以是别人对自己的尊重和信任等精神力量。尊重需要得到满足能使人对自己充满信心,对社会充满热情,从而体验到人生的意义与价值。

(三)职业是个体实现自我价值的必要载体,是个体奉献社会的重要途径

自我价值的实现是最高层次的需要,它指的是实现个人理想、抱负,发挥个人的能力到最大程度,完成与自己的能力相称的一切事情的需要。在这个过程中,个体可以使自己逐渐成为自己所期望的人物。职业是个体发挥能力的重要载体,是个体在社会中生存和发展的重要手段,也就是说,人必须做能胜任的工作才会使自己感到快乐,才会在事业上有所成就。此外,个体通过职业参与到社会劳动分工中去,并在追求自我实现和发展的同时为社会做出贡献。

JOB **案例 1-2**

杨磊是计算机软件专业的一名应届毕业生,一直想在毕业后进入自己喜欢的传媒行业打拼,想依靠自己的力量创造属于自己的生活。通过努力,他经面试到一家杂志社实习,做杂志网络版同步工作。刚开始时他很兴奋,觉得自己实现了人生理想,进入了喜欢的传媒行业。但是时间一长,杨磊开始遇到各种问题,远离家乡独自在外生活,月薪用于支付房租,再除去交通费、伙食费后基本没有盈余,生活各方面的条件都和当初的想象相差甚远,杂志社的前景似乎也不乐观,网络同步的工作也缺乏创造性,和自己之前的想象完全不同。此时,家人为他提供了一个回家乡进一家能源行业的国企工作的机会,虽然不是传媒行业,但是这个单位有非常好的待遇和福利,也有很好的发展空间,思考了一段时间后杨磊决定回家乡发展。

其实,很多同学工作后才能深刻体会职业的含义和对一个人生活的影响,职业的选择是一个复杂综合的命题,需要进行全方位的评估。

五、职业角色与其他角色的关系

（一）职业角色与其他角色的联系

1. 职业角色和其他角色都是人在社会中所属的特定群体的代名词,表示一个人的地位和身份,是个体社会归属的载体和人与人之间相区别的依据。

2. 职业角色与其他角色一样,当在不同角色之间进行转换时,会经过角色冲突、角色学习和角色协调等一系列过程。

（二）职业角色与其他角色的区别

1. 职业角色相对简单

社会角色具有多元化的特点,人在社会活动中随着场合的不同,相对于不同的人和事将会以各种不同的角色出现,而职业角色仅限于个体供职的行业和所从事的工作,有特定的职业特点。

2. 职业角色相对稳定

人在社会中可能会扮演多种社会角色,这些社会角色在不同的情景下会进行大量的转换,而职业角色是人最基本的社会角色形式,相对来说比较固定,不会时刻变换,具有稳定性的特征。

3. 职业角色是后天选择的结果

普通的社会角色是在人成长的过程中自然生成的,有的角色更是个人成长过程中必须接受的,如父母角色、子女角色和学生角色等。但职业角色需要大量专业技能的支撑,需要经过积极的职业学习,所以职业角色不是与生俱来的,而是需要经过后天选择、学习和培养才能获得准确的定位。

第二节　职业生涯

一、职业生涯的内涵

"生涯"是在日常生活中使用非常频繁的一个词。在《现代汉语词典》中,"生"是活着的意思,"涯"泛指边际。通俗地讲,"生涯"就是人的一生。在西方,"生涯"的本义是两轮马车,后引申为道路,即人生的发展道路,也可指人或事物所经历的成长途径,还指人一生中所扮演的系列角色。

职业生涯又称职业计划、职业发展。对其研究始于 20 世纪 60 年代,20 世纪 90 年代中期从欧美等国传入中国。目前,对职业生涯的含义还没有统一的认识,不同国家的学者从不同的角度对职业生涯的内涵有不同的界定。

法国的权威词典将职业生涯界定为:"表现为连续性的分阶段、分等级的职业经历。"

美国学者罗斯威尔(William J. Rothwell)和思莱德(Henry J. Sredl)将职业生涯界定为:"人的一生中与工作相关的活动、行为、态度、价值观、愿望的有机整体。"

中国学者吴国存将职业生涯分为狭义职业生涯和广义职业生涯两类。前者是指一个人从职业学习伊始,至职业活动最后结束,这整个人生的职业工作经历;后者是指职业能力的获得、职业兴趣的培养、选择职业、就职,直到最后完全退出职业活动这样一个完整的职业发展过程。

目前,较为通行的说法是美国生涯理论专家舒伯的观点:职业生涯是统合了个人一生中各种职业和生涯的角色,由此表现为个人独特的自我发展形态;它也是人生自青春期至退休所有有报酬和无报酬职位的综合,除了职位之外还包括与工作有关的各种角色。

综合不同学者对职业生涯的不同认识可以看出,传统的职业生涯概念的基本含义有以下内容:

(1) 职业生涯是个个体的概念,是指个体的行为经历。

(2) 职业生涯是个职业的概念,是指一个人一生之中的职业经历或历程。

(3) 职业生涯是个时间的概念,即个人的年龄或生命的时程。

(4) 职业生涯是个发展和动态的概念,即每个人一生所扮演的各种不同的角色。

二、职业生涯发展阶段的理论

每个人的职业生涯都要经历许多阶段,只有了解不同阶段的特征、知识水平要求和各种职业偏好,才能更好地促进个人的职业生涯发展。有关职业生涯发展阶段划分的理论,比较有影响的主要有四种。

(一) 舒伯(Donald E. Super)的职业生涯发展阶段理论

舒伯是美国的一位有代表性的职业管理学家。他把人的职业生涯发展划分为 5 个主要的阶段。

1. 成长阶段(0~14 岁)

成长阶段属于认知阶段。在这一阶段,个人通过对家庭成员、老师、朋友的认同及相互作用,逐步建立其自我概念,并经历对职业从好奇、幻想到兴趣,再到有意识培养职业能力的逐步成长过程。这一阶段,又具体分为三个成长期:

(1) 幻想期(10 岁以前):儿童从外界感知到许多职业,对于自己觉得好玩和喜爱的职业充满幻想,并进行模仿。

(2) 兴趣期(11~12 岁):以兴趣为中心,理解、评价职业,开始做职业选择。

(3) 能力期(13~14 岁):开始考虑自身条件与喜爱的职业是否相符合,并有意识地进行能力培养。

2. 探索阶段(15～24 岁)

探索阶段属于学习、打基础阶段。这一阶段,个人将认真地探索各种可能的职业选择,对自己的天资和能力进行现实评价,并根据未来的职业选择做出相应的教育决策,完成择业及初就业。具体又可分为 3 个时期:

(1)试验期(15～17 岁):综合认识和考虑自己的兴趣、能力与职业社会价值、就业机会,开始对未来职业进行尝试性选择。

(2)转变期(18～21 岁):正式进入劳动力市场,或者进行专门的职业培训,由一般性的职业选择转变为特定目标的选择。

(3)尝试期(22～24 岁):选定工作领域,开始从事某种职业,对职业发展目标的可行性进行实验。

3. 确立阶段(25～44 岁)

确立阶段属于选择、安置阶段。这一年龄段,经过早期的试探与尝试后,最终确定稳定的职业,并谋求发展。此阶段是大多数人职业生涯周期中的核心部分,一般分为 3 个时期:

(1)尝试期(25～30 岁):对初次就业选定的职业进行检讨,如有问题则需重新选择、变换职业。变换次数各人不等,重点是寻求职业及生活上的稳定。

(2)职业中期危机阶段(31～40 岁):在 31～40 岁中的某一时期可能会发现自己并没有朝着自己的职业目标靠近或发现了新目标,因而需重新审视自己的目标。

(3)稳定期(41～44 岁):最终确定稳定的职业目标,并致力于实现这些目标。

4. 维持阶段(45～64 岁)

维持阶段属于升迁和专精阶段。这一阶段的劳动者由于长时间从事某一职业工作,在该领域已经达到常言所说的"功成名就"的境地,已不再考虑变换职业,只求力保在这一位置,维持已取得的成就和社会地位。其重点是维持家庭和工作和谐关系,传承工作经验,寻求接替人选。

5. 衰退阶段(65 岁以上)

衰退阶段属于退休阶段。人达到 65 岁以上,临近退休时,其健康状况和工作能力逐步衰退,即将退出工作岗位,结束职业生涯。因此这一阶段要学习接受一种新的角色适应退休后的生活。

(二)金斯伯格(Eli Ginzberg)的职业生涯发展阶段理论

金斯伯格是美国著名的职业指导专家、职业生涯发展理论的先驱者和典型代表人物。他研究的重点是从童年到青少年阶段的职业心理发展过程。他将职业生涯分为幻想期、尝试期和现实期 3 个阶段。

1. 幻想期(11 岁之前)

这个时期,儿童对他们所看到的或接触到的各类职业工作者,如教师、医生、护士、警察、军人、飞行员、演员和售货员等,都充满了好奇,幻想着长大将成为什么样的人、干什么工作等。在游戏中他们也常常扮演他们各自所喜爱的角色,甚至在服饰打扮、语言行动上进行模仿。

此时期的职业需求特点是:单纯由自己的兴趣、爱好决定,并不考虑自身的条件、能力水平和社会需要与机遇,完全处于幻想中。

2. 尝试期(11～17 岁)

此时期是接受初、中等教育,由少年向青年过渡的时期。这一时期,人的心理和生理均在迅速成长发育和变化,有独立的意识,有基本的价值观念,知识和能力显著增强,初步获得了社会生产和生活的经验。

此时期在职业需求上呈现出的特点是:不仅注意自己的职业兴趣,还更多和客观地审视自身各方面的条件、能力和价值观;开始注意职业角色的社会地位,以及社会对该职业的需要。

尝试期又可分为 4 个阶段:

(1) 兴趣阶段(11～12 岁):开始注意并培养其对某些职业的兴趣。

(2) 能力阶段(13～14 岁):开始以个人的能力为核心,衡量并测试自己的能力,并将其表现在各种相关的职业活动上。

(3) 价值观阶段(15～16 岁):逐渐了解自己的职业价值观,并能兼顾个人与社会的需求,以职业的价值观选择职业。

(4) 综合阶段(17 岁):对上述三个阶段进行综合考虑,并综合相关的职业选择资料,以此来正确了解和判断未来的职业生涯发展方向。

3. 现实期(17 岁以后)

这一时期,人们即将开始社会劳动,能够客观地把自己的职业愿望或要求,同自己的主观条件、能力,以及社会现实的职业需求密切联系和协调起来,寻找适合自己的职业角色。

这一时期最大的特点是客观性、现实性,讲求实际。

现实期又可以分为 3 个阶段:

(1) 试探阶段:根据尝试期的结果,进行各种试探活动,探索各种职业机会和可能的选择。

(2) 具体化阶段:根据试探阶段的经历做进一步的选择,进入具体化阶段。

(3) 专业化阶段:根据自我选择的目标,做具体的就业准备。

(三) 格林豪斯(Greenhaus)的职业生涯发展阶段理论

格林豪斯是从人生不同年龄段职业生涯发展所面临的主要任务的角度,对职业生涯发展进行研究的,并以此为依据将职业生涯发展划分为 5 个阶段。

1. 职业准备阶段(0～18 岁)

这一时期的主要任务是:发展职业想象力,培养职业兴趣和能力,对职业进行评估和选择,接受必需的职业教育和培训。

2. 进入组织阶段(18～25 岁)

这一阶段的主要任务是:以求职者的身份出现在劳动力市场上,在获取大量信息的基础上,尽量选择一种合适的、较为满意的职业,并在这一理想的组织中获取一份工作。

3. 职业生涯初期(25～40 岁)

这一时期的主要任务是:了解和学习组织纪律和规范,接受组织文化,逐步适应职业工作,适应和融入组织,以获取组织正式成员的资格,不断学习职业技术,提高工作能力,为未来职业生涯成功做好准备。

4. 职业生涯中期(40～55 岁)

这一时期的主要任务是:不断学习新的知识,努力工作,并力求有所成就。这时,还需要对早期职业生涯进行重新评估,以便强化或转变自己的职业理想,重新选定职业。

5. 职业生涯后期(55 岁直至退休)

这一时期的主要任务是:继续保持已有的职业成就,成为一名良师,对他人承担责任,维护自尊,准备引退。

(四) 施恩(Edgar H. Schein)的职业生涯发展阶段理论

施恩是美国著名的心理学家和职业管理学家。他根据人的生命周期的特点及不同年龄段所面临的问题和职业工作主要任务,将职业生涯分为 9 个阶段。

1. 成长、幻想、探索阶段(0～21 岁)

在这一阶段所充当的角色是学生、职业工作的候选人、申请者。

主要任务是:

(1) 发展和发现自己的需要和兴趣,发现和发展自己的能力和才干,为进行实际的职业选择打好基础。

(2) 学习职业方面的知识,寻求现实的角色模式,获取丰富信息,发现和发展自己的价值观、动机和抱负,做出合理的受教育决策,将幼年的职业幻想变为可操作的现实。

(3) 接受教育和培训,掌握工作领域中所需要的基本技能。

2. 进入工作世界(16～25 岁)

主要任务是:

(1) 进入劳动力市场,谋取可能成为一种职业基础的第一项工作。

(2) 学会如何寻找、评估和申请一项工作,并做出现实有效的第一项工作选择。

(3) 个人和雇主之间达成正式可行的契约,个人成为一个组织或一种职业的成员。

3. 基础培训(16～25 岁)

此时已经迈进职业或组织的大门,其角色是要担当实习生、新手。

主要任务是:

(1) 了解、熟悉组织,接受组织文化。

(2) 克服不安全感,学会与人相处,并融入工作群体,尽快取得组织成员资格。

(3) 适应日常的操作程序,承担工作任务,成为一名有效的成员。

4. 早期职业的正式成员资格(17～30 岁)

本阶段的角色是取得组织新的正式成员资格。

面临的主要任务是:

(1) 承担责任,成功地履行与第一次工作分配有关的义务。

(2) 发展和展示自己的技能和专长,为提升或进入其他领域的横向职业成长打下基础。

(3) 根据自身才干和价值观,以及组织中的机会和约束,重估当初追求的职业,决定是否留在这个组织或职业中,或者在自己的需要、组织约束和机会之间寻求一种更好的平衡。

(4) 寻求良师和保护人。

5. 职业中期(25 岁以上)

这一职业发展阶段的角色是正式成员、任职者、终身成员、主管、经理等。

主要任务是:

(1) 选定一项专业或进入管理部门。

(2) 保持技术竞争力,在自己选择的专业或管理领域内继续学习,力争成为一名专家或职业能手。

(3) 承担较大责任,确认自己的地位。

(4) 开发个人的长期职业计划。

(5) 寻求家庭、自我和工作事务间的平衡。

6. 职业中期危险阶段(35～45 岁)

这一职业发展阶段的主要任务是:

(1) 客观地评估自己的才干、动机和价值观,进一步明确自己的职业抱负及个人前途。

(2) 就接受现状或者争取看得见的前途做出具体选择。

(3) 建立与他人的良好关系。

7. 职业后期(40 岁以后直到退休)

这一职业发展阶段的角色主要有骨干成员、管理者、有效贡献者等。

主要任务是:

(1) 成为一名良师,学会发挥影响,指导、指挥别人,对他人承担责任。

(2) 扩大、发展、深化技能,或者提高才干,以担负更大范围、更重大的责任。

(3) 选拔和培养接替人员。

(4) 如果求安稳,就此停滞,则要接受和正视自己影响力和挑战能力的下降。

8. 衰退和离职阶段(40 岁之后到退休期间)

不同的人在不同的年龄会衰退或离职。

主要任务是:

(1) 学会接受权力、责任、地位的下降。

(2) 基于竞争力和进取心下降,要学会接受和发展新的角色。

(3) 培养新的工作以外的兴趣、爱好,寻找新的满足源。

(4) 评估自己的职业生涯,着手退休。

9. 退休

离开组织或职业的年龄因人而异。

主要面临两大任务:

(1) 适应角色、生活方式和生活标准的急剧变化,保持一种认同感。

(2) 保持一种自我价值观,运用自己积累的经验和智慧,以各种资深角色,对他人进行传、帮、带。

上述四种关于职业生涯发展阶段的理论,各有侧重,各有千秋。

舒伯以年龄为依据,对职业生涯阶段进行了划分,但现实中职业生涯是个持续的过程,各阶段的时间并没有明确的界限,其经历时间的长短常因个人条件的差异及外在环境的不同而有所不同,有时还可能出现阶段性反复。

金斯伯格的职业生涯阶段理论,实际上是指就业前人们的职业意识或职业追求的变化发展过程。

格林豪斯关于职业生涯发展阶段的划分简洁明了。

施恩的理论较为丰富,阶段划分依据更为科学、具体和实际,但阶段划分过于烦琐。

综合以上职业生涯阶段性理论,可以得出以下一个职业生涯阶段模型(如图1-1所示)。

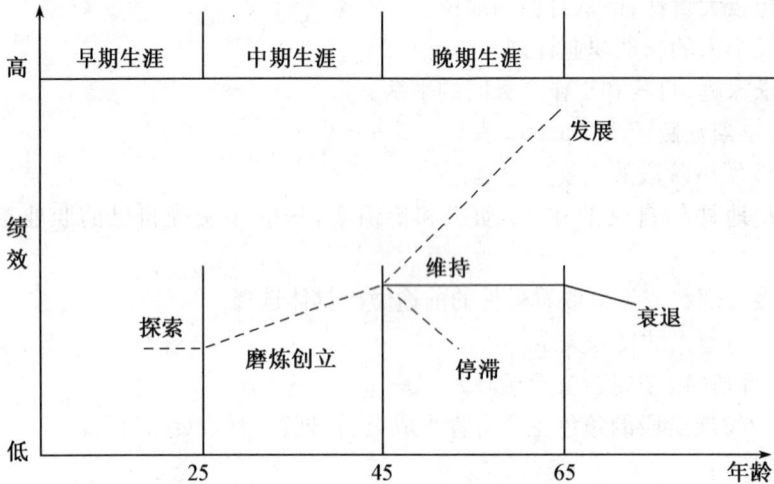

图1-1　职业生涯阶段模型

三、职业生涯发展的特点与形态

（一）职业生涯发展的特点

从诸多职业生涯发展阶段理论我们可以发现:尽管每个人都有不同的职业生涯发展道路,但总体而论,职业生涯发展至少具有3个特点。

1. 可规划性

职业的发展虽然充满了偶然因素,但是从长远来看,职业发展是可以规划的。规划的目的,在于给个人提供总体的指导,它不预言具体的细节,而是对职业发展的方向做出战略性的把握。

2. 不可逆转性

职业生涯发展的不可逆转性源于人的自然的生长和发展过程的不可逆转性,因为人们不可能抹杀过去的经历,从头再来总是在原有的基础上前进。职业发展的不可逆转性提醒人们要充分重视职业生涯的每一步,因为今天的每一个选择,都可能影响你的下一步选择。

3. 阶段性

职业生涯发展具有阶段性,在每一个阶段都表现出不同的特征,由此做出的抉择也是不同的。以工作年限划分阶段,我们把工作年限在0～3年的视为第一个阶段,这是职业的起步阶段和职业定位的主要阶段,在这一阶段,起主导作用的是个人的价值追求、兴趣等因素;把工作年限在3～5年的视为第二阶段,这是职业的定位和调整阶段;5～10年为第三阶段,这是事业的升华阶段;10年以上为第四阶段,这是职业的收获阶段,这一阶段的主要考虑因素应是薪资。

(二)职业生涯发展的形态

舒伯认为每个人都有独特的职业生涯形态,而职业生涯形态的不同对人的发展影响极大。好的职业生涯形态,使事业获得成功;不好的职业生涯形态,使事业一事无成。职业生涯发展形态的划分方法很多,较为常见的有以下两种:

1. 18种职业生涯形态划分法

日本职业生涯专家高桥宪行将人的职业生涯形态做了归纳与概述。为便于大家认识自己,确定自己属于何种职业生涯形态,下面介绍高桥宪行的18种职业生涯形态。

(1)超级巨星型。这类人知名度极高,其举动时常在无形之中牵动许多人的利益,是众所周知的人士。

(2)卓越精英型。这类人品行端正,知识渊博,具有敏锐的观察力和深刻的洞察力,常常能化险为夷,扭转乾坤。

(3)劳碌命型。这类人愿意安分守己,过着朝九晚五的安定生活。

(4)得过且过型。这类人缺乏理想、抱负,很少为工作奋斗和拼搏,凡事只求生活过得去即可。

(5)捉襟见肘型。这类人即使机会来了也不知把握,机会走了又怨天尤人,自暴自弃。

(6)祸从口出型。这类人喜欢批评别人,常在言谈中将过错推卸给别人,喜欢标新立异,又常常提出一些根本无法实现的计划。

(7)中兴二代型。这类人继承可观家产,又能兢兢业业发扬光大。

(8)出外磨炼型。这类人虽然家有产业,却将第二代接班人送到外面其他公司去工作,从基层做起,靠自己的能力、关系发展自己,磨炼成长。

(9)家道中落型。这类人面对困境时,常常束手无策,欲振乏力。

(10)游龙翻身型。这类人能充分运用人生的蛰伏期,深刻思考自己的未来,并重新规划,终至飞跃。

(11)转业成功型。这类人面对职业生涯困境,能迈开步伐,解脱束缚,另谋出路,闯出一番天地。

(12)一飞冲天型。这类人才华出众,又有冲劲和拼搏精神,遇有赏识者提供必要的资源,就能一跃而起。

(13)强力搭档型。这类人在幸遇知音、志趣相投、能力互补的强力搭档配合下,便可开创成功的职业生涯。

(14)福星高照型。这类人相当幸运,往往随着时势的推移,在风云际会中成就美好的事业前程。

(15)暴起暴落型。这类人往往命运多舛,起伏不定,崛起、衰败往往均在一夕之间。

(16)随波逐流型。这类人目标不够明确,策略不够坚定,行动也常常三心二意,因此,只有随波逐流,难有成就。

(17)强者落日型。这类人能够呼风唤雨,才能出众,但常因人生的际遇虎落平阳,以至聊度残生。

（18）一技在身型。这类人专精于某一领域，专心钻研，始终不懈，显得特别踏实。

2. 7种职业生涯形态划分法

还有学者根据不同的评价方式，将职业生涯形态分成7种类型。

（1）步步高升型。这类人常常在一个组织内认真经营，尽管有时工作地点或工作内容会因公司的需要而有所改变，但是因为工作业绩突出而受主管认可，常常会步步高升。

（2）阅历丰富型。这类人变换过不少工作，供职过很多家单位，工作内容的差异性也很大，但是他们勇于尝试，敢于创新，且学习能力较强，常常能自如地应对各种突发状况。

（3）稳扎稳打型。这类人在工作初期处于探索阶段，工作的转换较为频繁，经过一连串的尝试与努力之后，终于进入自己所向往的机构。该机构的升迁与发展有限，但是非常稳定，如教育院校、国家机关、邮局、银行等。

（4）越战越勇型。这类人虽然有明确的职业生涯发展方向，但是会因为某些原因受到打击或重挫。挫败之后，他们常常可以凭借自己的毅力和能力继续努力，以更加成熟的态度面对新的挑战。最后，他们在工作中取得的成就会远超从前。

（5）得天独厚型。这类人对于自己的职业和工作并没有花费太多的精力，也不积极进行探索和尝试，反而因为家庭的关系很早就确定了方向。经过刻意地栽培与巧妙地安排，他们进入了公司的决策核心，并将组织发展与个人职业生涯密切结合。

（6）因故中断型。职业生涯因故中断型是指连续性的职业生涯发展因为某些原因而停顿，处于静止或衰退状态。导致职业生涯中断的原因很多，比如，身体患有重病，不得不进行治疗等。

（7）一心多用型。这类人不愿意专注于一份工作或事业，在工作之余时常会给自己安排一些感兴趣的事，在稳定与创新之间寻找平衡点。

四、职业生涯发展的影响因素

不同的人可能有着种种不同的职业历程：有的人从事这种职业，有的人从事那种职业；有的人一生变换过多种职业，有的人终身在一个岗位上；有的人事业有成，有的人则碌碌无为。这是因为影响职业发展的因素是多方面的，有自身因素、职业因素，也有环境因素。

（一）自身因素

影响职业发展的自身因素包括健康、性别、教育、年龄、心理、家庭等。

1. 健康

俗话说"身体是革命的本钱"。健康的身体是职业生涯成功的首要条件，体质与健康在每一种职业中都是必不可少的。体质包括身体形态及其发育水平、生理机制、运动能力、适应能力、感知能力等；健康指身体健康、心理健康和具有良好的社会适应能力，它受遗传、营养、医疗保健与心理等因素的影响。需要注意的是，体质和健康条件有时会限制个体进行职业选择或职业流动，比如，飞行员职业对从业者的体质条件具有硬性要求。

2. 性别

随着科学技术的发展和社会的进步，人类由工业社会进入信息社会。生产方式的改变使得男女两性在职业分工上的差距逐步缩小，职业的性别色彩逐渐淡化，但是男女在生理特征、气质、社会对男女"社会角色"的期望等方面都存在差异。这些差异使他们在职业选择和职业发展上存在一定的差异,职业分工依然存在。在职业选择和职业发展中,要充分考虑到职业对性别的要求,选择从事那些能发挥自己特长的职业。

3. 教育

一个人的受教育程度和水平,直接影响其职业选择的方向和成功率。受教育程度与职业发展有明显的关系。因为它对劳动者的知识结构、职业能力和职业价值观等均会产生重要的影响。实践表明,缺乏文化科技素质的劳动者在生产过程中是很难发挥作用的。受教育程度虽然是事业成功不可缺少的因素,但不是唯一因素,因此,用人单位不仅要看应聘者的教育经历,还要看其能力和综合素质。

4. 年龄

年龄与职业发展关系密切。在各类招聘的资格要求中,经常会出现关于年龄的要求,比如,在招聘营销代表、技术专员时,年龄往往要求在 30 岁以下。年龄之所以会成为影响职业发展的因素,是因为不同年龄段的人在生理、心理、工作状态、价值观念、适应变化的速度、思维模式、固有习惯、学习能力、生活压力、经验能力等诸多方面存在着很大差异。职业机会会随着年龄的增长呈减少趋势,年龄的优势只体现在某个特定阶段。所以,我们应正视年龄因素对职业发展的影响,把握最佳年龄阶段发展自己的职业。

5. 心理

心理是影响职业发展的重要因素。心理主要包括性格、气质、能力及能力倾向、价值观、态度以及是否喜欢与人打交道、与人合作等。不同气质、性格、能力的人适合从事的工作类型也不同,如多血质的人较适合做管理、记者、外交等工作,不适合做过细的、单调的、机械性的工作。如果做与自己个性特征不吻合的工作,个体容易觉得自己的活力被束缚,思想被禁锢。

6. 家庭

职业发展与个体自身的成长环境和家庭环境关系密切。首先,教育方式不同会造成孩子认知世界的方法不同;其次,父母是孩子最早观察模仿的对象,所以其职业技能必然会对孩子产生重大影响;再次,父母的价值观、态度、行为、人际关系等都会对孩子的职业选择产生直接或间接的影响,这就是艺术世家、教育世家、商贾世家等出现的原因。

(二) 职业因素

职业需求、职业声望、行业发展状况与发展前景等因素,往往会影响个人的职业行为及未来的职业发展道路。对这些职业因素进行认真的分析、谨慎的考虑,将有利于个体进行正确的职业选择和职业发展规划。

1. 职业需求

职业需求是指在一定时间内各种不同职业对劳动者的需求量。职业需求可以鼓励和强化劳动者原有的职业倾向,抑制和打消劳动者不现实的设想,或者诱导劳动者产生新的职业期望。一般来说,职业需求越大,职业种类越多,就业机会就越多。

2. 职业声望

职业声望是在社会习俗、职业传统、社会舆论等因素的影响下,根据职业的社会功能、报酬、晋升机遇、工作条件及职业需求等方面对职业进行排序。职业声望的高低对职业选择具有重要影响。

3. 行业发展状况与发展前景

要对行业发展状况进行分析,首先应了解自己现在从事行业的类别、特征和发展趋势。对行业发展前景进行预测要考虑两个方面,即行业自身的生命力和国家对该行业的政策。

（三）环境因素

社会环境对每个人的职业发展都有重大影响,任何个人的职业选择和职业发展都无法摆脱经济发展水平、社会文化环境、政治制度和氛围、社会价值观念等因素带来的影响。

1. 经济发展水平

个体所处地区的经济发展水平会对其职业发展产生无形的影响。通常来说,在经济发展水平较高的地区,企事业单位相对集中,优秀企业较多,个人职业选择的机会也较多,因而有利于个人的职业发展;在经济较落后的地区,个人的职业发展就会受到一定的限制。但是,任何事情都不是绝对的。事实表明,越是艰苦的地方,人才越少,发挥才干的空间也就越大,成功的概率也就越高。

2. 社会文化环境

社会文化环境包括教育条件和水平、社会文化设施、社会文化氛围等。在好的社会文化环境下,个体可以受到良好的教育,从而为以后的职业发展打下良好的基础;反之,则会给个体的职业发展造成障碍。

3. 政治制度和氛围

政治制度和氛围对个体的职业发展具有重要影响。一方面,对某种职业的利好政策会引导个体选择从事该种职业,也会对个体职业发展产生推动作用;另一方面,政治制度和氛围还会影响经济体制,甚至是企业的组织体制,从而对企业中个体的职业发展产生间接影响。

4. 社会价值观念

任何人都无法摆脱社会价值观念的影响,大多数人的价值取向都会为社会主体价值观念所影响。从某种意义上讲,一个人思想发展、成熟的过程,就是认可、接受社会主体价值观念的过程。社会主体价值观念一旦形成,会直接决定人们对某种职业的认识、接受和认可程度,人们倾向于选择从事社会认可度高的职业,也会对其发展给予更多的关注和支持,从而影响某种职业的发展趋向。对大多数人而言,思想的发展、成熟是在职业发展的过程中完成的,所以,社会价值观念必然会对个体的职业发展产生影响。

第三节　职业素质

一、职业素质

（一）人的素质

素质是人在生理遗传因素的基础上,通过教育和环境的影响而形成和培养起来的相对稳定的内在的基本品质。生理遗传因素是后天基本品质形成的载体。教育包括家庭教育、学校教育和社会教育。环境主要是指社会环境和自然环境。

根据素质形成和发展过程由低级到高级的层次性,可以将素质划分为:生理素质、心理素质和社会文化素质。

1. 人的生理素质

人的生理素质是指人的生理机能特征,是人的整体素质发展的基础层次,它决定着个体素质发展的潜在可能性。

2. 人的心理素质

心理素质是一个人的遗传素质和人类在历史发展过程中所创造的文明成果相互作用、内化的结果,它是人与外部世界相互联系、相互作用的中介。心理素质是在生理素质的基础上发展起来的,同时又影响着社会文化素质的内化,它是由此及彼地连接生理素质和社会文化素质的桥梁。

3. 人的社会文化素质

人的社会文化素质是指人在特定的社会生活环境中,通过学习、教育所具备的与该社会发展要求相一致的属性。它可细分为思想政治素质、科学文化素质、道德素质、审美素质以及内潜素质(沉淀在心理深层的文化潜在意识)与外显素质(外部表现出来的从事各项社会实践活动的能力)等,它们既相互作用,又相互影响。

人的生理素质、心理素质和社会文化素质在人的整体素质中处于不同的发展层次,人的生理素质相当于动力系统,心理素质相当于平衡系统,社会文化素质相当于启动器,是指标和控制系统。这三者相互渗透,相互促进,相互制约,但不可相互替代,它们共同构成人的素质的完整图景。人的素质正是在这样的一种相互制约、相互作用、循环往复中不断得到完善与提高。

(二) 职业素质

职业素质是指劳动者在生理和心理条件的基础上,通过专业(职业)教育(培训)、职业实践和自我完善等途径而形成和发展起来的,在职业活动中起着重要作用的内在基本品质。

不同职业对从业人员的专业知识和技能有着特定的要求。例如,工程技术人员要有科研精神以及文字、图表的交流表达能力等;从事产品销售的职业者必须有较强的公关能力、市场分析能力等;作家对生活要有敏锐的感受力和较强的语言表达能力等。所以说,专业知识和专业技能是职业素质中最具特色的内容。

劳动者的职业素质具有五个方面的特性:专业性、稳定性、内在性、整体性和发展性。

1. 职业素质的专业性

它是指劳动者一般都具有一定的专门的业务能力。高等院校的每一个专业都有一个培养目标,其中业务要求和专业能力是培养目标的重要内容。培养目标告诉大学生毕业后将会从事什么样的专业性工作。大学生应该抓紧在校的学习机会,努力提高自己的专业能力。

2. 职业素质的稳定性

它是指劳动者的职业素质一经形成,便会在他的职业活动中稳定地表现出来。例如,一个具有良好职业素质的技术工人,那种吃苦耐劳、爱岗敬业的精神就会稳定地表现出来;一个优秀的营销人员,其娴熟的业务水平、诚实守信的品格,无论在哪都会稳定地表现出来。

3. 职业素质的内在性

它是指人们对所从事职业的业务要求和专业知识的内在表现。它一经形成就以潜能的形式存在,而在职业活动中就会充分呈现出来,职业活动是职业素质的外在桥梁。

4. 职业素质的整体性

它是指劳动者的业务知识、专业能力和其他良好品质在职业活动中的综合表现。一个人要取得职业生涯的成功,不仅要具备知识、技能,还要具备坚定的信念、社会责任感及良好的自我控制能力和耐挫折能力等。

5. 职业素质的发展性

它是指随着社会发展和科学技术的进步,不同社会历史发展时期对劳动者的职业素质有不同的要求。因此,劳动者必须从时代发展的需要出发,不断地提高和完善自身的职业素质,反之,如果一个劳动者不具备符合时代要求的职业素质,就可能失业。

二、职业素质的构成

(一)思想政治素质

思想政治素质是指从业者政治方向、政治态度、理想信念、价值观等方面的状况和水平。思想政治素质是职业素质的灵魂,对其他素质起统帅作用,决定着其他素质的性质和方向。大学生要树立科学的世界观,人生真正的价值在于对社会的贡献,只有在为人类创造幸福的过程中才能获得个人真正的幸福。

理想信念是思想政治素质的核心和灵魂,也是大学生奋发向上的动力。当代大学生应在把我国建设成为富强、民主、文明、和谐的社会主义国家的理想信念的指导下,从现实出发,确立正确的职业理想和进行科学合理的职业规划。自觉地把自己的人生追求同祖国的前途命运结合起来,珍惜年华,刻苦学习。

(二)职业道德素质

职业道德素质具有以下含义:

1. 职业道德的内容反映了鲜明的职业要求。职业道德总是要鲜明地表达职业义务、职业责任以及职业行为上的道德准则。

2. 职业道德的表现形式往往比较具体、灵活、多样。它总是从本职业的交流活动的实际出发,采用制度、守则、公约、承诺、誓言、条例,以至标语口号之类的形式,这些灵活的形式既易于为从业人员所接受和实行,又易于形成一种职业的道德习惯。

3. 职业道德是指所有从业人员在职业活动中应该遵循的行为准则,是一定职业范围内的特殊道德要求,即整个社会对从业人员的职业观念、职业态度、职业技能、职业纪律和职业作风等方面的行为标准和要求。

(三)科学文化素质

科学文化素质是指从业者对自然、社会、思维、科学知识等人类文化成果认识和掌握的状况和水平。它包括科学精神、求知欲望和创新意识。

科学文化素质是职业素质的基础,一个人科学文化素质如何,直接关系到职业素质的高低。

（四）专业技能素质

专业技能素质是指从业者从事某种职业活动时,掌握和运用专业知识、专业技能的状况和水平。专业知识是建立在科学文化基础之上的与从事的职业密切相关的知识,必须通过专业学习和职业活动获得。专业技能是在领会专业知识的基础上,经过专业学习过程中的实践训练和职业实践而逐步获得的。

从业者拥有熟练的专业技能,才能有效地拓展自己的生存空间,增强自身的竞争实力,实现人生价值。

（五）身体心理素质

身体心理素质是指从业者在职业活动中,身体各种机能的状况和水平以及承受挫折、适应环境、调节自我的状况和水平。

职业素质是一个有机系统的整体。科学文化素质是基础,专业技能素质是本领,身心素质是支柱,思想政治、职业道德素质是灵魂和保证。大学生应该珍惜大学校园的学习生活,努力学习,积极参加各项有益的活动,在增长科学文化知识的过程中提升思想政治素质,知行合一,德才兼备,和谐成长,为职业生涯的成功奠定基础。

案例 1－3

即将踏入职场的大学生,最关心的问题之一就是用人单位的选材标准,即对于用人单位来讲什么样的素质是最重要的。从某种意义上来说,用人单位的选材用人标准也是高校育人目标的参照。

2001 年 2 月至 2003 年 6 月《北京青年报/人才时代》《中国大学生就业》杂志,2001 年 8、9 期合刊"百家名企业门槛揭秘"和 2002 年 1 月至 2003 年 4 月的《中国青年》杂志上随机抽取了 100 家企业的招聘启事及人力资源经理对本企业的选材标准的阐述资料,并运用计算机对有关数据和资料进行了处理。这 100 家企业大体可分为国有企业、著名外资企业、合资企业和民营企业四种类型,其共同特征是具有较高的知名度,是大学生心仪的就业单位。

统计结果如表 1－2 所示:

表 1－2　百家企业用人要素统计表

序号	用人要素	提及企业数	占总企业比例
1	综合素质	46	46%
2	团队精神	36	36%
3	专业能力和背景	32	32%
4	创新能力	25	25%
5	适应公司文化的能力	23	23%
6	发展潜力	21	21%
7	外语（英语）能力	20	20%
8	社会实践能力与经验	18	18%
9	学习能力	17	17%

（续表）

序号	用人要素	提及企业数	占总企业比例
10	沟通能力	14	14%
11	品德	13	13%
12	责任意识	11	11%
13	诚信	11	11%
14	职业操守	8	8%
15	学习成绩	8	8%
16	动机目标	7	7%
17	学生党员、学生干部	6	6%
18	性格个性	6	6%
19	工作扎实努力	5	5%
20	积极主动	5	5%
21	名校名专业	5	5%
22	情商	5	5%
23	可塑性	5	5%
24	知识基础扎实	5	5%
25	奉献精神	4	4%
26	反应能力	4	4%
27	逻辑思维能力	4	4%
28	正直	4	4%
29	创业激情	4	4%
30	思考判断能力	3	3%
31	价值取向	3	3%
32	心理素质	3	3%
33	对企业的忠诚度	3	3%
34	技能证书	3	3%
35	悟性	2	2%
36	谦虚	2	2%
37	政治素质	2	2%
38	独立工作的能力	1	1%
39	承受压力的能力	1	1%
40	市场意识	1	1%
41	身体健康	1	1%

受用人单位欢迎的大学生的特点可以归纳为：在短时间内认同企业文化；对企业忠诚，有团队归属感；不苛求名校出身，只要综合素质好；有敬业精神和职业素质；有专业技术技能；沟通能力强，有亲和力；有团队精神和协作能力；工作有激情。

三、不同职业对人员素质的要求

（一）管理人员的素质要求

1. 全面了解、执行国家法律和政策，具有强烈的爱国热情；

2. 具有一定的哲学、经济学、管理学、现代科学、心理学、法学、社会学等方面的知识；

3. 在智力方面，应有敏锐的观察力、逻辑思维与概括能力、创造开拓能力、应变能力、分析判断能力；

4. 在组织管理方面，有决策能力、组织能力、认人用人能力、合作共事能力、社交能力、写作能力、激励能力和公关能力；

5. 在非智力方面，有顽强的意志、事业心、进取心、自信心、全局观念等；

6. 在品德方面，是非观念强、品行端正、谦虚谨慎、以身作则、乐于助人。

（二）工程技术人员的素质要求

1. 有较高的思想政治素质和水平，坚持真理，尊重事实；

2. 具有扎实的专业基础知识，注重理论联系实际，善于将科技转化为现实生产力；

3. 喜欢独立思考，有创新精神和探求能力；

4. 有较强的数学能力和语言、文字表达能力；

5. 有强烈的事业心、责任心、好奇心和进取心；

6. 有较好的外语水平和较强的计算机应用能力；

7. 有严谨的治学态度、敢于吃苦和坚忍不拔的精神；

8. 善于收集信息和发现问题。

（三）市场营销人员的素质要求

1. 懂得市场学、经济学理论及企业经营的一般规律，充分了解国家的政策和经济形势；

2. 独立性和自我管理能力较强；

3. 善于调研，能够捕捉信息，市场洞察力较强；

4. 思维灵活，应变能力、创新能力较强；

5. 适应能力和承受挫折能力强，吃苦耐劳；

6. 有亲和力，性格外向，善于与人沟通；

7. 口头表达和说服他人的能力强。

（四）教师的素质要求

1. 热爱教育事业，有献身精神，有责任心；

2. 具有较强的语言表达能力；

3. 专业知识扎实，知识面广；

4. 有较强的组织管理能力和从事教学活动的实践能力；

5. 有较强的记忆力和理解能力及创新能力；

6. 对学生有耐心，自我控制能力强；

7. 为人师表，以身作则；

8. 有良好的文化素养，掌握一定的教育学和心理学知识，有终身学习的意识和较强的学习能力。

（五）公务员的素质要求

1. 有较高的政治素质，坚持四项基本原则，遵纪守法，公正廉洁，有高度的责任感和强烈的事业心；

2. 有扎实的基础知识、专业知识、管理知识和宽广的知识面；

3. 有较强的组织能力、协调能力和决策能力；

4. 有较强的调研能力和较高的政策水平；

5. 具备良好的分析、综合、判断、比较、抽象、概括能力；

6. 有较强的文字表达能力和计算机操作能力；

7. 具有一定的社会交往能力，且能坚持原则性和灵活性的统一。

（六）秘书人员的素质要求

1. 了解企业内的结构、人员配置和外部业务环境，精通文秘工作的基本知识；

2. 有细致周到的思考习惯和一丝不苟的工作作风；

3. 办事条理清楚，记忆准确；

4. 有较高的文字能力和计算机应用能力，有对外业务关系的企业秘书人员还要精通外语；

5. 表达能力强，有一定的协调能力、社交能力和公关能力；

6. 忠诚度高，不喧宾夺主，能够给领导当好参谋；

7. 仪表得体，懂得社交礼仪知识。

（七）金融会计人员的素质要求

1. 不仅要熟练掌握本专业的基础知识，还要不断拓宽知识面，熟悉与本职工作有关的政策、法律法规与规章制度，掌握一定的法律学、经济学、管理学以及营销方面的知识，并且善于学习；

2. 有良好的职业道德素质，廉洁奉公，有正义感，能抵制各种诱惑，敢于坚持原则，诚实可靠；

3. 责任心强，认真踏实，谨慎细致；

4. 有较强的数字反映能力和运算能力；

5. 当好领导的参谋；

6. 有较强的社交能力。

（八）各种咨询人员的素质要求

1. 乐于为他人服务，遵守职业道德，坚持原则，具有高度的责任心；

2. 具备多方面的理论知识、专业知识、实践知识与操作技能；

3. 具备较强的语言表达能力和劝说能力；

4. 具备较强的社会调查能力、系统分析能力和逻辑推理能力；

5. 具备较强的观察力和想象力；

6. 具备感染力，愿意与人沟通，人际交往能力强；

7. 具备较强的记忆力和创造力；

8. 具备较强的学习能力，要不断地补充和掌握最新的相关知识。

（九）商业广告人员的素质要求

1. 擅长广告、绘画、装潢、文学等多方面才能；
2. 有丰富的想象力和直觉敏感性以及发散思维；
3. 有创新能力，喜欢标新立异、引人注目；
4. 具有销售领域的相关知识；
5. 具有市场洞察力和调研能力。

第四节　职业资格

近年来，高校特别是高等职业院校高度重视学生职业能力的培训和训练，以使学生适应职业岗位的要求。许多职业院校明确提出坚持学历证书与职业资格证书并重，提高职业院校毕业生"双证"的持有率。

一、职业资格的含义

职业资格是对从事某一种职业所需要具备的学识、技术和能力的基本要求。它包括从业资格和执业资格。所谓从业资格是指从事某一专业（工种）学识、技术和能力的起始标准。执业资格是指政府对某些责任较大、社会通用性较强，关系公共利益的专业（工种）实行准入控制，是依法独立经营或从事某一特定专业（工种）学识、技术和能力的必备标准。

职业资格强调的是个人的综合能力，包括从事某种职业所需的生理和心理素质、思想道德品质、职业知识、技能，也包括从事某种职业所必需的实践经历等。政府劳动部门依据对全社会就业人员所从事的各类职业的分析与研究，按职业性质、技术要求进行系统的划分，依据科学手段制定出各类职业资格证书。这是社会按一定的职业规格和标准，对劳力质量进行考核评定后，对劳动者拥有的劳力产权和质量的认定。职业资格也是劳动者具备从事某种职业所具备的专门技能和知识的证明。

职业资格制度不仅有利于选拔和培养一大批适应社会经济需要的专业人才，可以提高从业人员的业务素质、专业技能和市场竞争力，同时，它还可以促进相关行业管理体制的改革，规范市场经济秩序，并实现中国人才管理制度与国际标准的融合和接轨。

二、国家职业资格证书制度

（一）国家职业资格证书制度的含义

国家职业资格证书制度是指按照国家职业标准，通过政府认定的专业考核鉴定机构，对劳动者的技能水平和从业资格进行评价和认证的一项国家证书制度。

1. 国家职业资格证书制度的法律依据

《劳动法》第八章第六十九条规定："国家确定职业分类，对规定的职业制定职业技能标准，实行职业资格证书制度，由经过政府批准的考核鉴定机构负责对劳动者实施职业技能考核鉴定。"

《职业教育法》第一章第八条明确指出："实施职业教育应当根据实际需要,同国家制定的职业分类和职业等级标准相适应,实行学历文凭、培训证书和职业资格证书制度。"这些法规确定了国家推行职业资格证书制度的法律依据。

2. 国家职业资格证书

国家职业资格证书是反映劳动者具备某种职业所需要的专门知识和技能的证明。它是劳动者求职、任职的资格凭证,是用人单位招聘、录用劳动者的主要依据之一,也是境外就业、对外劳务合作人员办理技能水平公证的有效证件。职业资格证书与职业劳动活动密切相连,反映特定职业的工作标准和规范。

大学毕业生除了应获得本专业的毕业证书和学位证书以外,还应该具有与本专业相关的职业资格证书。如法学专业的学生,除了获取法学专业的毕业证书和学位证书以外,还应拥有律师职业资格证书。这是具有从业资格的基本条件。还有一些与此专业相关的资格证书,如注册会计师证、心理咨询师证等。此外,跨职业的能力水平证书,如外语、计算机、普通话和汽车驾驶证等,都是与提高求职成功率有关的证书。

(二) 国家职业资格证书制度的基本内容

国家职业资格证书制度集中体现在职业资格证书的管理体制上。我国职业资格证书制度主要包括职业资格证书制度体系、职业资格认证方式、职业资格证书等级体系三个方面的内容。

1. 职业资格证书制度体系

职业资格证书制度是国家证书制度的一个重要组成部分。国家以法律、法规等形式来规定,由政府认定和授权的机构来实施。

2. 职业资格认证方式

目前我国实行的是第三方认证方式。所谓第三方认证是由独立于供需双方的第三方,即由政府授权的独立鉴定机构对劳动者的职业技能做出认定。

3. 职业资格证书等级体系

社会上的许多职业都有相应的职业资格证书,如教师职业资格证书、医师资格证书等。只有达到相应职业水平要求才能取得职业资格证书,从事相关行业的工作。各种职业资格证书都根据不同的水平设立一定等级,以体现劳动者职业技术水平之间的差异。

(三) 相关职业资格证书介绍

经贸类专业:报关员、跟单员、外销员、货代员、物流师等。

管理类专业:导游员、高级营销师、商务策划师、企业人力资源管理师等。

财经类专业:会计员、初级会计师、证券从业资格证书、期货从业资格证书等。

计算机类专业:电子商务师、初级程序员、高新技术应用、信息管理师等。

外语类专业:翻译(笔译、口译)、秘书等。

案例 1 - 4

如何看待校园"考证热"?

我国现在有几十个行业采取了职业准入制度,因此,在"考证时代",大学校园出现"考证热"也就不足为怪了。目前在大学校园内,除传统的英语等级证书、计算机等级证书外,还有许多种证书,如计算机技术及软件专业资格(水平)考试以及微软认证考试等多类考试,证书门类多达几十种;各专业领域内也有各种各样的职业资格认证。

考证一般属于学生的个人行为,因而缺乏比较权威、科学的引导,为此也引发了不少问题,盲目考试会给大学生带来沉重负担,例如经济负担、时间负担、心理负担等。

辛苦考证增添就业砝码,文凭是知识的证明,职业资格证书则是对职业能力的要求。有了文凭,再去考各种不同的证书,说明大学生对能力这种外在表现的认识有了提高,这是与时俱进的。大学生应该理性地对待考证,应该说,考证在某种程度上对学生开阔视野、增强本领起到了一定的促进作用,但不应该把就业的砝码完全压在几张证书上,更不应该忽视自己专业课程的学习。考证应结合自身实际,联系自己所学专业和未来的职业,有选择地进行。重证书更重能力,注重自身能力的培养,做到考证和能力并重,才能符合用人单位的要求。

三、职业技能鉴定与就业准入

(一)职业技能鉴定

职业技能鉴定是一项基于职业技能水平的考核活动,属于标准参照型考试。它同考试考核机构对劳动者从事某职业所应掌握的技术理论知识和实际操作能力做出客观的测量和评价。职业技能鉴定是国家职业资格证书制度的重要组成部分。

1. 职业鉴定的主要内容

国家实施职业技能鉴定的主要内容包括职业知识、操作技能和职业道德三个方面。这些内容是依据国家职业技能标准、职业技能鉴定规范(即考试大纲)和相应教材来确定的。

2. 职业技能鉴定的主要方式

职业技能鉴定分为知识考核和操作技能考核两部分。知识考试一般采用笔试,技能考核采用现场操作、加工典型工件、生产作业项目、模拟操作等方式进行。所用试题须从国家职业技能鉴定统一题材库提取。

(二)就业准入

1. 什么是就业准入

所谓就业准入,是指根据《劳动法》和《职业教育法》等的有关规定,对从事技术复杂、通用性广,涉及国家财产、人民生命安全和消费者利益的职业(工种)的劳动者,必须经过培训,并取得职业资格证书后,方可就业上岗。实行就业准入的职业范围由中国人力资源和社会保障部确定并向社会公布。

2. 实行就业准入的职业资格

依据中国人力资源和社会保障部 2019 年向社会公布的《国家职业资格目录》,目前,国家规定的职业资格共计 139 项,其中准入类 40 项。

(1) 专业技术人员职业资格

共计 58 项,其中准入类 35 项,包括:教师资格、注册消防工程师、法律职业资格、中国委托公证人资格(香港、澳门)、注册会计师、民用核安全设备无损检验人员资格、民用核设施操纵人员资格、注册核安全工程师、注册建筑师、监理工程师、房地产估价师、造价工程师、注册城乡规划师、建造师、勘察设计注册工程师(包括注册结构工程师、注册土木工程师、注册化工工程师、注册电气工程师、注册公用设备工程师、注册环保工程师、注册石油天然气工程师、注册冶金工程师、注册采矿/矿物工程师、注册机械工程师)、注册验船师、船员资格(含船员、渔业船员)、兽医资格(包括执业兽医、乡村兽医)、拍卖师、演出经纪人员资格、医生资格(包括医师、乡村医生、人体器官移植医师)、护士执业资格、母婴保健技术服务人员资格、出入境检疫处理人员资格、注册设备监理师、注册计量师、广播电视播音员、主持人资格、新闻记者职业资格、注册安全工程师、执业药师、专利代理人、导游资格、注册测绘师、航空人员资格(包括空勤人员、地面人员、民用航空器外国驾驶员、领航员、飞行机械员、飞行通信员、航空安全员、民用航空电信人员、航行情报人员、气象人员)、特种设备检验、检测人员资格认定等。

(2) 技能人员职业资格

共计 81 项,其中准入类 5 项,包括:消防设施操作员、焊工、家畜繁殖员、健身和娱乐场所服务人员(包括游泳救生员、社会体育指导员〈游泳、滑雪、潜水、攀岩〉)、轨道交通运输服务人员(轨道列车司机)等。

拓展训练

我的家族职业树

我是＿＿＿＿＿＿＿＿＿

亲属:爸爸 职业:

亲属:妈妈 职业:

亲属: 职业:

亲属: 职业:

亲属: 职业:

亲属: 职业:

亲属: 职业:

亲属: 职业:

(1) 我的家族中最多人从事的职业是 _____
我想要从事这种职业吗？为什么？

_____

(2) 爸爸如何形容他的职业？爸爸平时提到哪些职业？他是怎么说的？

_____

爸爸的想法对我的影响是 _____
(3) 妈妈如何形容她的职业？妈妈平时提到哪些职业？她是怎么说的？

_____

妈妈的想法对我的影响是 _____
(4) 家族中还有谁对职业的想法对我影响深刻？他们怎么说？

_____

(5) 家族成员对别人的职业感到满意或羡慕的原因是什么？例如，"表哥在医院当医生，不但收入高，而且社会地位也高"。
家庭成员羡慕的职业是 _____
我对他们的想法觉得 _____
(6) 我觉得家人对我未来选择职业的影响是 _____
(7) 家人对职业的评价往往表现了他们的好恶，例如，"千万别当艺术家，可能连三餐都吃不饱""当医生好，不但收入高，而且社会地位也高"等。
我的家人最常提到的职业是 _____
对我的影响是 _____
(8) 哪些职业是我绝不考虑的 _____
(9) 哪些职业是我想考虑的 _____
(10) 选择职业时，我重视哪些条件 _____
(11) 家人对我未来的职业期望是 _____

第二章　自我认知

本章导读

　　择业事关一个人一生的幸福。理想职业不一定能挣大钱，也不是赶时髦，更不是只图清闲、舒适，相反，它必须与个人的人格、气质和性格、兴趣和特长、能力和价值观等相匹配。一个人如果一辈子从事不称心的工作，就会一辈子不痛快，工作将成为一份"苦差"，很容易遭受挫折。一个人如果对自己的能力估计太低，不敢尝试和努力，工作就会成为平淡的"闲差"，最终蹉跎岁月，一事无成。如果一个人对自己有客观的认识，能够选择自己乐意做又能够做好的工作，工作起来就会得心应手，也容易取得成功和感到快乐。因此，自我探索是职业生涯规划的基础和事业成功的前提。现代心理学研究表明，一个人要选择一个适合自己的职业，首先要正确地认识自己、了解自己，在职业选择中不要只注重报酬的高低和舒适程度，更要充分考虑是否适合自己，能否发挥自己的才智和特长。

学习目标

　　1. 态度层面：树立职业生涯规划自我认知意识。

　　2. 知识层面：理解自我人格、气质和性格、兴趣和特长、能力和价值观，并掌握自我测评的方法与步骤。

　　3. 技能层面：接受就业指导，进行自我认知。

案例导入

　　一位哲学家搭乘一个渔夫的小船过河。行船之际，这位哲学家问船夫："你懂数学吗？"船夫说："不懂。"哲学家说："那你至少失去了一半生命。"哲学家又问："你懂哲学吗？"船夫说："也不懂。"哲学家说："那你就失去了80％的生命。"突然，一个巨浪把船打翻了，哲学家和船夫都掉到了水里。看着哲学家在水中拼命地胡乱挣扎，船夫就问他："你会游泳吗？"哲学家说："不……会……"船夫说："那你就失去了整个生命。"

哲学家的学问,很明显远远高于船夫,但是哲学家的学问再高再深,相对于行船与游泳来说,都毫无用处。社会环境复杂多变,什么情况都会发生,因此我们需要不断学习,提高自身各方面的能力,这样才能应对各种变化情况。

第一节 自我人格的探索与分析

中国古代圣贤说过"人贵有自知之明","贵"就是难能可贵。如今,随着社会的不断发展,人们对于自我的认识,也进入了一个突破性的新阶段。事实上,每个人都有巨大的潜能,每个人都有自己独特的个性与长处,每个人都可以选择自己的目标,并通过不懈的努力去争取属于自己的成功。

一、人格的含义

人格是由需要、动机、能力、气质和性格组成的,是多种心理因素在具体个体上整合并表现出来的个人整体特征。需要、动机、能力、气质和性格是在不同环境中表现出来的、相对稳定的、影响人的外显和内隐行为模式的心理特征,都是人格的组成部分。需要是人体内部的一种不平衡状态;动机是推动人从事某种活动,并朝向一定目标前进的内部动力;能力是顺利、有效地完成某种活动所必须具备的心理条件;气质是心理活动动力特征的总和,表现在心理活动的速度、强度和稳定性方面;性格是表现在对事物的态度和习惯化了的行为方式上的人格特征。需要和动机表现人格的倾向性;能力、气质和性格表现人格的稳定性。

JOB 案例 2-1

刘巍,某高校电子商务专业的学生,性格开朗,爱好广泛,在校期间曾担任学校文艺部部长,热心组织院系文艺活动。刘巍不但多才多艺,组织能力强,学习成绩也很突出,各门功课都很好,特别是英语。毕业时,许多同学犹豫不决,到底是做技术还是做销售?什么样的工作才是好工作?这时,一家烟草物流企业来学校招聘,要招聘办公室文员,兼做企业外联,企业马上举行的产品推介会需要一些组织能力强的人员参与。但这家企业位置在离市区较远的一个郊区小镇。因为位置偏远,许多同学放弃了这次机会,而刘巍认为这个岗位很适合自己,不但能使用所学的商务知识,还能把自己的组织能力发挥出来,这份工作的外向型特点很适合他的性格,入职一年多的时间,他凭借自己高度的工作热情和出色的工作表现,已经成为企业的重点培养对象。当大批同届毕业生还在左顾右盼的时候,他的职业成长之路已经开启了。

二、人格理论

(一)弗洛伊德的人格结构理论

弗洛伊德是奥地利的精神病医生、精神分析学派的创始人,他把人格结构分为三个层次,即本我、自我、超我。

本我位于人格结构的最底层，是人的原始的无意识本能，包括各种生理需求。它寻求直接的满足，而不顾及社会现实是否有实现的可能，遵循快乐原则。

自我位于人格结构的中间层，是在本我的冲动与实现本我的环境条件之间的冲突中逐渐发展起来的，遵循现实原则。

超我位于人格结构的最高层，由社会规范、伦理道德、价值观念内化而来，是个体社会化的结果，遵循道德原则。

本我、自我和超我相互作用。自我在本我和超我之间起着调节作用，一方面要尽量满足本我的要求，另一方面又要受制于超我的约束。超我起着抑制本我冲动、对自我进行监控以及追求完善境界的作用。当三者和平相处，处于协调状态时，人格呈现健康状态；当三者发生冲突无法解决时，往往会导致心理疾病。

（二）荣格的内—外向人格类型理论

荣格是瑞士的精神分析学家，他在《心理类型论》一书中提出了内—外向人格类型理论。一个人的兴趣和关注可以指向内部，也可以指向外部。指向内部叫内向，指向外部叫外向，而且每个人都有内向和外向两种特征。根据一个人是内向还是外向占优势，可以将人格分为内向型和外向型。外向者主要定位于外部世界，倾向于通过感受来了解世界，经常被外部的人和事物所吸引，更趋向于参加许多活动，喜欢成为活动的焦点，而且容易接近，易于适应环境的变化。内向者主要定位于内部世界，倾向于把直觉和判断集中于观念和思想之上，更多地依赖于持久的观念而不是暂时的外部事件，有时难以适应环境的变化，总是避免成为注意的中心，爱独处，而且一般要比外向者喜欢沉思。

自我测评

测测你是内向还是外向

对于同一个标号后的条目择其一进行选择，最后统计 I 和 II 中被选中的条目数。如果 I 多，则人格外倾性比较高，反之人格内倾性比较高。

I	II
能量来源于外部的人、事、物及社会观念	能量来源于内心力量及自我观念
行动良好	善于沉思
兴趣泛	兴趣精
善于表现，交流自如	对人谨慎，不善言谈
先行动再反思行为的后果	先思考再行动最后反思行为
与人交流时思路清晰	独处时思路清晰，只与人交流特别清晰的问题
与人交往主动性强	与人交往主动性差，处于被动
善于交友，友谊有深有浅	不善交友，如有朋友则友谊深
倾向于谈话和听讲	倾向于读和写

（三）人格特质理论

特质理论把特质看成是决定个体行为的基本特性,是构成人格的基本元素,也是评价人格的基本单位。每一种特质都有两个对立的特性,例如,直率天真与精明世故是世故特质的两个极端,畏怯退缩与冒险敢为是敢为特质的两个极端,两端联系起来构成了一个变化的维度,每一个人在这个维度上都占据一定的位置。

1. 奥尔波特的特质论

美国心理学家奥尔波特是特质人格理论的创始人。他把人格特质分为两类,即共同特质和个人特质。共同特质是同一文化形态下的人们所共有的、相同的特质;个人特质是个人独有的、体现个体差异的特质。

个人特质是奥尔波特特质论的主要内容。个人特质可以分为首要特质、中心特质和次要特质。首要特质是影响个体所有行为的特质,它表现在一个人生活中无时不在的倾向。例如,乐于助人是雷锋的首要品质;忠君和足智多谋是诸葛亮的首要品质。中心特质是决定一个人的一类行为而不是全部行为,能够代表一个人的主要行为倾向的特质。例如,才华出众、温文尔雅是诸葛亮的中心特质。次要特质是只在特殊场合下才表现出来的个体的一些不太重要的特质,它所起的作用最小。例如,在特殊场合下,诸葛亮也会怒火冲天、大发雷霆。

2. 卡特尔的人格特质理论

卡特尔是英国的心理学家,他把人格特质分为表面特质和根源特质。表面特质是通过外部行为表现出来的,能够观察得到的特质;根源特质是人格的内在因素,是人格结构中最重要的部分,对人的行为具有决定作用,是一个人行为的最终根源。表面特质是从根源特质中派生出来的,每一种表面特质都根源于一种或多种根源特质,一种根源特质可能影响多种表面特质。卡特尔找出了16种互相独立的根源特质,认为每个人身上都有这16种特质,只是在表现程度上有差异。这16种人格根源特质分别是乐群性、聪慧性、稳定性、恃强性、兴奋性、有恒性、敢为性、敏感性、怀疑性、幻想性、世故性、忧虑性、实验性、独立性、自律性和紧张性。个体可以根据这16种人格根源特质对自己进行分析。

3. 艾森克的人格类型维度

艾森克是伦敦大学心理系和精神病学研究所教授。他发现,虽然可以区分出用以描述人格的特质,但却很难找出绝对独立的特质来,因为一些特质是连续变化的,它们之间存在着一定的联系。所以,艾森克主张用特征群,而不是散在的特质去描述人格。他把许多人格特质归结到三个基本的维度上,分别是内外倾、神经质和精神质。内外倾维度是表征人的性格是内倾向还是外倾向;神经质这一维度用稳定与不稳定来描述情绪的两个方向;精神质不是精神病,而是描述人的精神表现程度,如精神质表现程度明显的人是以自我为中心的、攻击性、冷酷、缺乏同情心、冲动好斗、不在乎别人的,反之是温柔善良、有爱心、沉稳的。

艾森克用内外倾和精神质这两个维度为坐标轴,构成一个直角坐标系,如图2-1所示。

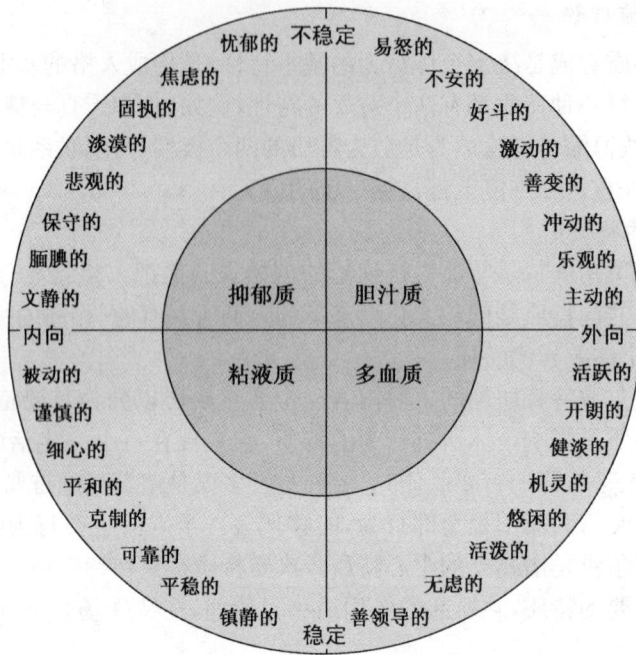

图 2-1 艾森克人格类型维度

在这个坐标轴中涵盖了各种人格特质,形成了四个象限,每个象限是不同特质的结合,从而形成了四种不同类型的人格,分别是内部稳定型、内部不稳定型、外部稳定型和外部不稳定型。这四种人格类型正好和四种气质类型相匹配。

三、人格与职业

(一)人格是择业的重要参考因素,也是影响事业能否成功的决定性因素

需要、动机、能力、气质和性格都是人格的组成部分,他们都与职业有着密不可分的关系,存在着同职业的匹配度问题。因此,人格与职业也要相互匹配,才能有助于事业的成功和人格的健康发展。

(二)人格影响工作的质量和效率

如果自己的人格特征正好符合所从事岗位的要求,则干起来就会得心应手,完成的质量和效率也就会高些,从而职业动机、职业适应感、成功率、职业成就感等都会相应增高。

(三)职业也可以影响人格的发展

职业的满意度高会让人获得较高的自我认同和自我满足感,促进人格的完善;职业的满意度低则会让人降低自我认同感,产生强大的内心冲突,不利于人格的健康发展。

四、人格的测评方法

人格测验主要用于测评性格、气质、兴趣、态度、动机、信念等方面的人格心理特征,亦即人格中除能力以外的部分。人格的测评方法一般有两类:结构明确的自陈式量表和结构不明确的投射术。

（一）自陈式量表

目前比较常用的自陈式量表主要有卡氏16种人格因素测验(16PF)和艾森克人格问卷(EPQ)，它们都是采用因素分析法编制的。因素分析法以因素分析的统计方法为基础，先给被测者大量的测验题目，然后找出相关题目构成一个因素，一个因素代表一种人格特质，最终形成可以测量多种人格特质的问卷。

1. 卡氏16种人格因素测验

卡氏16种人格因素测验(16PF)是根据卡特尔提出的16种根源特质编制的，共187道题，适用范围很广，对凡是有相当于初中以上文化程度的青壮年和老年人都适用。除聪慧性(因素B)是2级记分(0分、1分)，有两个可供选择的答案(A、B)外，其他题目都是3级记分(0分、1分、2分)，有三个可供选择的答案(A、B、C)。被试者应以直觉性的反应依次作答，无须迟疑不决，拖延时间。对每个问题的回答并没有"好"与"不好"之分，只是表明自己的态度，被测者应尽量表达自己的意见。在每种特质上，1~3分为低分，8~10分为高分，根据得分来了解被测者的人格特征。卡氏16种人格因素测验(16PF)结果分析如表2-1所示。

表2-1 卡氏16种人格因素测验结果分析

因　素	低分者特征	高分者特征
乐群(A)	缄默孤独	乐群外向
聪慧(B)	迟钝、学识浅薄	聪慧、富有才识
稳定(C)	情绪激动	情绪稳定
恃强(E)	谦逊顺从	好强固执
兴奋(F)	严肃审慎	轻松兴奋
有恒(G)	权宜敷衍	有恒负责
敢为(H)	畏怯退缩	冒险敢为
敏感(I)	理智、注重实际	敏感、感情用事
怀疑(L)	依赖随和	怀疑、刚愎
幻想(M)	现实、合乎成规	幻想、狂妄不羁
世故(N)	坦白直率、天真	精明能干、世故
忧虑(O)	安详沉着、有自信心	忧虑抑郁、烦恼多端
实验(Q1)	保守、服从传统	自由、批评激进
独立(Q2)	依赖、随群附众	自立、当机立断
自律(Q3)	矛盾冲突、不明大体	知己知彼、自律严谨
紧张(Q4)	心平气和	紧张困扰

自我测评

(1) 你今天去公园玩,遇到一个老板做套圈的生意,他刚开业,为了招揽顾客,他就免费送你一个圈,可以免费地套一个你喜欢的东西。有三个选项,你选哪一个?

    A. 套近处的   B. 套中间的   C. 套远处的

分析:

近处的这个便宜,但容易;远处的那个贵,但难些。选远的人的冒险的倾向性强。

(2) 你的愿望是当一名演员,当你去参加某部影片的演员招聘会时,接待人员告诉你考试按顺序进行,在叫到你的号码前,你可以在三间接待室的任何一间等待。你会选择哪一间?

    A. 第一间无人   B. 第二间有十人左右   C. 第三间两个人

分析:

选择 A,你是敏感性的人,内心感到强烈的不安,却不希望被别人看到。

选择 B,你有不安全感,希望从相同处境的人那里获得安慰和启示,以决定自己的行动。

选择 C,你的敏感性欠佳,或者说没有感到不安。

2. 艾森克人格问卷

艾森克人格问卷(EPQ)分为成人和幼年两套问卷,分别包括精神质(P)、内外向(E)、神经质(N)和说谎(L)四个量表,均为 88 个项目。每一个项目都规定答"是"或"不是"(或"否"),根据测量结果分析被测者的个性特点。得分在 43.3~56.7 分为中间型;得分在 38.5~43.3 或 56.7~61.5 分为倾向型;得分在 38.5 分以下或 61.5 分以上为典型型。内外向(E)维度:得分在 43.3~56.7 分为中间型,在 38.5~43.3 分为倾向内向,56.7~61.5 分为倾向外向,38.5 分以下为典型内向,61.5 分以上为典型外向。神经质(N)维度:得分在 43.3~56.7 分为中间型,在 38.5~43.3 分为倾向情绪稳定,56.7~61.5 分为倾向情绪不稳定,38.5 分以下为典型情绪稳定,61.5 分以上为典型情绪不稳定。艾森克人格问卷测验结果解释如图 2-2 所示。

(二) 投射技术

投射技术在下文性格测评的内容中会做详细介绍,在此仅介绍一下罗夏测验。罗夏测验又叫罗夏墨迹测验,是由瑞士精神科医生、精神病学家罗夏(Hermann Rorschach)创立的。罗夏测验是由 10 张经过精心制作的墨迹图构成的,其中 7 张为水墨墨迹图,3 张为彩色墨迹图。这些图片在被测者面前出现的次序是有规定的。主测者的说明很简单,如"这看上去像什么?""这可能是什么?""这使你想到什么?"等。主测者要记录被测者的语句、每张图片从出现到被测者开始有反应所需的时间、被测者各反应之间较长的停顿时间、被测者对每张图片反应总共所需的时间、被测者的附带动作和其他重要行为等。目的都是为了诱导出被测者的生活经验、情感、个性倾向等。被测者在不知不觉中便会暴露出自己的真实心理,因为他在讲述图片上的故事时,已经把自己的心态投射到情景之中了。因此,通过投射技术可以了解被测者的人格特征、意识和潜意识倾向。

```
                           120
            多血质(外向、情绪稳定)          胆汁质(外向、情绪不稳)


           0                50                      120
        N

            黏液质(内向、情绪稳定)          抑郁质(内向、情绪不稳)



                            0
        E
```

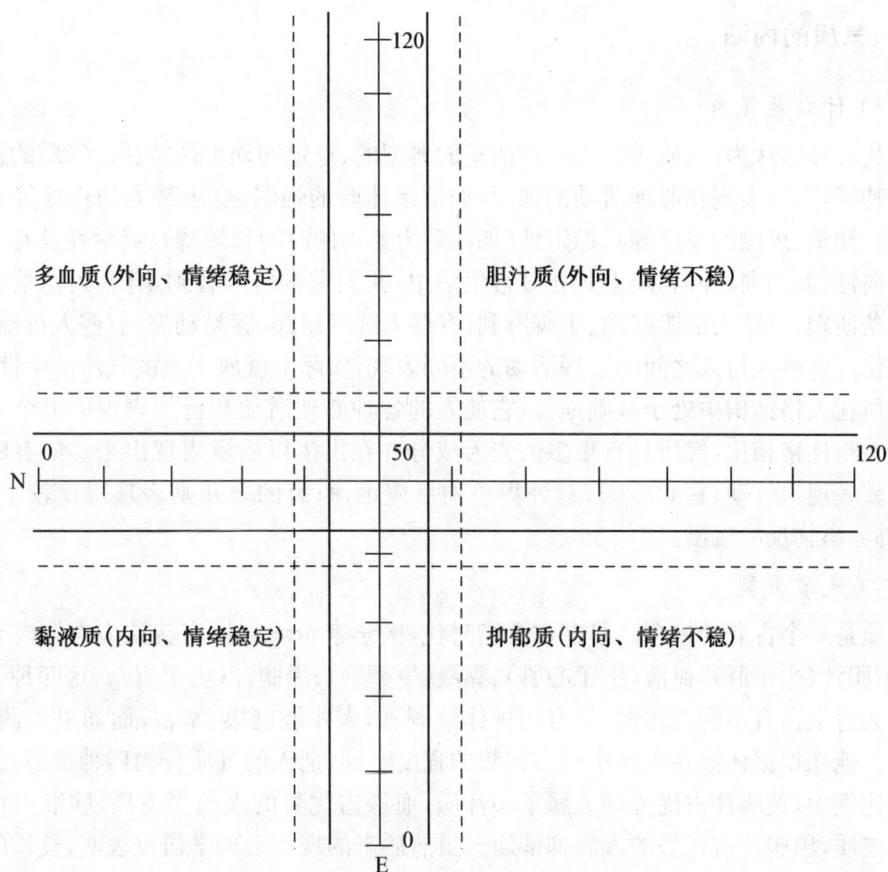

图2－2　艾森克人格问卷测验结果解释

　　综上所述,自知对于职业规划至关重要。《老子》中有一句哲言:"知人者智也,自知者明也。"自知,自己了解自己;明,看清事物的能力。自知之明指了解自己的情况,并对自己有正确的估计。人贵有自知之明,只有正确认知自己,个体才能选择一份合适的职业,才能根据自身的发展变化不断调整职业生涯规划,也才能知道并从事自己愿意做、喜欢做、有能力做、适合做的工作。

第二节　气质与性格

　　气质和性格虽不能直接决定一个人成就的大小和社会价值,而且各种气质和性格类型的人都可以做出对人类有价值的贡献,但是气质和性格对人们从事生活、生产活动的效率都具有明显的影响。当一个人所具有的气质特点和性格类型符合其工作特点要求时,这个人就容易适应,工作起来也比较轻松;而当一个人所具有的气质特点和性格类型不符合其工作特点要求时,就比较难适应,工作起来也比较吃力。因此,了解自己的气质和性格并根据自身的气质特点和性格类型选择职业,对于发挥个人的潜力及提高工作效率具有极为重要的实践意义。

一、气质的内涵

（一）什么是气质

现代心理学认为,气质是指人心理活动的典型的、稳定的动力性特征。气质的这种心理活动特征,主要表现在心理活动的强度(如情绪体验的强弱、意志努力的程度等)、速度(如言语、知觉、思维的速度等)、稳定性(如注意力集中的时间长短等)、灵活性及心理倾向性和指向性(如内向、外向等)上。在日常生活中,我们常常可以看到,有些人稳重、沉着、办事慢条斯理;有些人活泼好动、手脚麻利;有些人脾气暴躁、容易动怒;有些人行动缓慢、容易感伤。这些人与人之间的心理活动的不同表现,实际上就属于人的气质的个性差异。

气质在人格结构中处于基础地位,它使人的各种心理活动和行为表现染上个人独特的色彩。与性格相比,气质具有更多的先天成分并在出生以后就表现出来。如有的婴儿一出生就表现得好动、喜欢吵闹,对外界事物反应迅速;有的婴儿则表现得比较平稳、安静,对外界事物反应缓慢。

（二）气质类型

气质是一个古老的概念。早在古希腊时代,医学家希波克拉底就认为人体内有四种液体:黄胆汁(生于肝)、血液(生于心脏)、黏液(生于脑)、黑胆汁(生于胃)。这四种体液在不同的人身上占有不同的比例,只有四种体液调和,人才能健康、幸福;而如果失调,人就会生病。他还根据体液在人体中所占优势的程度不同,把人的气质分为四种类型:在体液的混合比例中,黄胆汁占优势的人属于胆汁质,血液占优势的人属多血质,脑液占优势的人属黏液质,黑胆汁占优势的人属抑郁质。虽然后来的现代心理学研究表明,气质的生理基础是人的高级神经活动类型,气质的形成与人的体液无关,但希波克拉底把人的气质分为四种基本类型比较符合实际,所以,被许多学者所采纳并沿袭至今。

1. 胆汁质

属于这种气质的人,其基本特点是具有很高的兴奋性和较弱的抑制性,以及由此在行为上表现出的均衡性。他们直率热情,精力旺盛;脾气急躁,易于冲动;反应迅速,智慧敏捷;情绪明显外露,易冲动,好挑衅,心境变化激烈,但情感体验不深刻。胆汁质的人能以极大热情投向事业,积极、生气勃勃,但一旦精力消耗殆尽,往往情绪也就跟着低落下来,工作带有明显的周期性。

2. 多血质

属于这种气质的人,神经过程平衡而灵活,容易适应环境,他们活泼好动、敏感,反应迅速;不甘寂寞,善于交际;智慧敏捷,注意力易于转移,兴趣易变;接受新事物容易,但印象不是很深刻;情绪和情感易于产生,也易于改变,体验不深刻;多血质的人精神愉快,朝气蓬勃,在新的环境里不感到拘束,但如工作受挫或事业不顺,或需付出艰苦努力时,热情会锐减,容易见异思迁。

3. 黏液质

属于这种气质的人,基本特点是安静、均衡。他们性格稳重,交际适度;反应缓慢、沉默寡言;善于克制自己,情绪不易外露;注意力稳定且难以转移;善于忍耐,沉着坚定;不尚空谈,埋头苦干。

4. 抑郁质

属于这种气质的人,行为孤僻,反应迟缓;多愁善感,体验深刻;具有很高的感受性,不能忍受太大或太小的神经紧张,敏感,比较容易受挫折;能与别人很好地相处,胜任别人的委托,能克服困难,具有坚定性;在事物面前优柔寡断,面临危险时容易感到紧张、恐惧。

在实际生活中,具有上述四种气质类型的典型代表只是少数人,大多数人是接近某种气质,同时又具有其他气质的某些特点。因此,判断一个人的气质,主要是观察和测定某个人具有哪些气质特点,而不能简单地用模式去套。

例如,有一项关于大学生气质类型的调查表明:(1)大学生中混合型气质多于单一型气质。总的趋势是多血质类型人数最多,共占56.32%;其次为黏液质,占24.18%;抑郁质类型最少,占5.77%。(2)文、理科大学生四种气质分配的差异是:理科大学生属于黏液质者比文科大学生多;文科大学生中属于胆汁质、多血质、抑郁质者多于理科大学生。(3)男大学生属于胆汁质、多血质者多于女大学生;女大学生中属于黏液质者多于男大学生。

(三)正确认识气质

首先我们应当认识到,气质类型本身并无好坏之分。每一种气质类型都有积极方面和消极方面。例如,胆汁质的人容易做出迅速有力的动作,养成勇敢、爽朗等积极品质,但也容易养成粗心、暴躁等消极品质。多血质的人容易形成活泼、机敏、爱交际、富于同情心等积极品质,但也容易形成轻浮、精力分散、注意力不稳定、忽冷忽热等消极品质。黏液质的人容易形成稳重、坚毅、有耐心等积极品质,也容易养成冷淡、固执、拖拉等消极品质。抑郁质的人容易形成细心、观察力敏锐、善于察觉别人不易察觉的细小事物、做事小心、情感细腻等积极品质,但也容易表现出耐受力差、胆小怕事、不爱交际、孤僻、怯懦和多疑等消极品质。因此,各种气质类型的学生都应向积极方向发展,并采取措施防止与纠正消极品质的形成。

其次,我们应当认识到,气质类型并不能决定一个人的品德、智力发展的水平及将来的成就、贡献和价值。每种气质类型的大学生,既有可能成为富有创造性、对社会做出贡献的人,也有可能成为智力平庸、一事无成者。

最后,我们还应该认识到,虽然气质的特征是天生的,但人是有能力对其表现加以控制和调节的。人是具有主观能动性的,在适应环境和改造环境的同时,人完全可以自觉地改造自身气质的某些特点,有意识地完善自身的气质。

二、气质与职业

(一)气质与职业选择

人们在进行职业选择的时候,气质是依据之一。现实生活中,我们经常看到这样的情形,一个性情暴烈、缺乏耐心的人选择了教师职业;一个生性沉稳、反应迟缓的人选择了记者的行当。于是,职业失去了它原有的色彩。究其原因,并非是因为能力低下,而恰恰是他们的气质没有与职业的要求相适应。可见,气质不仅影响人们的职业选择,也可能直接影响人们的职业成就。结合自己的气质特征进行职业设计,就可能更好地适应职业生活,也能更好地发扬自己的长处,抑制自己的短处,在职业世界表现得更加得心应手。

1. 胆汁质与职业选择

胆汁质的人精力充沛,态度直率,情绪、情感外显性强,动作、言语反应快,但不灵活,缺乏正确性。他们较适合做反应迅速、动作有力、应急性强但要求不细致的工作,如导游、推销员、节目主持人、演讲者和服务员等。

2. 多血质与职业选择

多血质的人感受性低而耐受性高,反应迅速而灵活,情绪丰富且易兴奋,善于交际,易于适应新环境。他们适宜做反应敏捷且有一定创造性的工作,而不适合从事单调、机械和要求细致的工作。适合他们的职业有管理人员、外交人员、律师、警察、演员、新闻记者和侦察员等。

3. 黏液质与职业选择

黏液质的人具有较强的自我克制能力,踏实肯干,但灵活性相对较差,较适合做有条不紊、刻板平静、耐受性较高的工作,而不适宜从事灵活多变的工作。可从事的职业有医生、法官、一般管理人员、出纳员和会计等。

4. 抑郁质与职业选择

抑郁质的人喜欢独处、好静、情绪兴奋性高,而且体验深刻,易伤感。他们做事审慎小心,观察力敏锐,善于察觉别人不易察觉的细小环节,但工作的耐受性差,容易疲劳,而且易产生惊慌失措的情绪。他们所适宜承担的工作与胆汁质的人正好相反,如排版工、检查员、化验员和机要秘书等。

(二)气质是职业适应性最主要的影响因素

不同职业对人的气质特点也有一定的要求,气质对人们所从事的职业并不具有决定性作用,而是辅助性的,其作用主要表现在对工作效率的影响上。气质与职业匹配程度高就可以起到促进作用,反之,可能会起到消极作用。所以,在把兴趣、需要、能力、性格作为职业决策的最主要因素时,也要考虑人的气质特点并加以顺应,以进一步提高职业适应性。

(三)大学生的职业气质塑造

1. 正确认识气质与职业

既然根据自己的气质特点去选择职业是较为适宜的,那么,是不是每个人都必须根据自己的气质去选择适宜的职业呢?这要视具体情况而定。现实生活中,除了极少数职业对气质特点的选择性较高(如宇航员、飞行员、竞技性较高项目的运动员等),绝不是说具有某种气质的人只能从事某种类型的职业或绝对不能从事某种类型的职业。这是因为:

(1)职业的性质是比较复杂的,大多数类型的职业既要求情感激烈,又要求性格稳重;既要求灵活敏捷,又要求细致、有耐性等。

(2)大多数人的气质不是属于单纯的某一种类型,而是"混合型""交叉型"。只要充分认识这一点,把每个人的气质中的潜在特点发挥出来,顺应职业的要求,就会产生积极的作用。

(3)虽然气质是不易改变的、稳定的个性心理,但它并不是绝对不变的。在一定条件影响下,其可以产生一定程度的变化,具有一定的可塑性。

(4)每种气质类型都具有易于形成某些积极的或消极的性格特点的条件,相同气质的人可以形成互不相同的性格特征,如同是胆汁质者,有的骄傲,有的谦虚;有的慷慨,有的吝啬。而不同气质类型的人又可能形成同一性格特征,如形成爱祖国、守纪律,坚强、勇敢的性格等。

(5) 对某一职业而言,每一类型的气质特点均非完全地符合其职业气质的要求。

因此,虽然大学生的气质各异,甚至存在着许多与从事职业不相适宜之处,但只要经过严格系统的职业教育就能改造自身气质中某些不相适宜之处,调动其尚未充分发挥的、与职业气质相适宜的特点,塑造出大批具有优秀职业气质的人才。

2. 大学生的职业气质塑造

现实生活中,由于受种种客观条件的制约,人们的气质特征不一定正好符合职业的要求,这时就需要换一个角度思考问题。通过扬长避短、特征互补、运用意志力克服气质弱点,以个性修养来控制、改造气质等途径使自己比较适应职业要求。

一般来说,胆汁质类型的学生,精力旺盛、动作迅速、热情开朗,但任性、暴躁、思维不灵活,易感情用事。因此,胆汁质类型的学生在充分发挥自己勇于进取、豪放的品质等优点的同时,要注意矫正任性、粗暴的缺点,培养冷静、理智的处事习惯,随时注意思维的灵活性。

多血质类型的学生,有朝气、活泼好动、灵活、亲切、易与人相处,但兴趣缺乏一贯性,不够细致,情绪不稳定。因此,多血质类型的学生在发展自己机智、灵敏、兴趣广泛、善于应付多变的环境等优点的同时,要注意培养自己在情绪和兴趣方面的稳定性和忍耐力,要注意克服做事容易粗心大意、虎头蛇尾的气质弱点。

黏液质类型的学生,稳重、忠实、冷静、自制,但死板、生气不足、冷淡、易固执。因此,黏液质类型的学生在发展自己稳重、踏实、冷静、顽强、认真的品格等优点的同时,要多参加学校、班集体的活动,积极探索新问题,培养活泼、机敏的品质,要防止墨守成规、畏首畏尾等不良品质的发展。

抑郁质类型的学生,敏锐、细致、情绪体验深刻,但缺乏热情,易多疑、懦弱、孤独,行动缓慢。因此,抑郁质类型的学生在发展自身机智、敏锐、细心、踏实、坚韧等优点的同时,要注意克服多疑、淡漠、孤独、怯懦等不良品质,培养行动的敏捷性。

三、气质的自我探索

指导语:下面 60 道题大致可确定你的气质类型。若与你的情况"很符合"记 2 分,"较符合"记 1 分,"一般"记 0 分,"较不符合"记 −1 分,"很不符合"记 −2 分(如表 2-2 所示)。

表 2-2　气质量表

题　目	2	1	0	−1	−2
1. 做事力求稳妥,一般不做无把握的事					
2. 遇到可气的事就怒不可遏,想把心里话全说出来才痛快					
3. 宁肯一个人干事,不愿很多人在一起					
4. 到一个新环境很快就能适应					

（续表）

题　目	2	1	0	-1	-2
5. 厌恶那些强烈的刺激，如尖叫、噪声、危险的镜头等					
6. 和人争吵时，总是先发制人，喜欢挑衅					
7. 喜欢安静的环境					
8. 喜欢和人交往					
9. 羡慕那种能克制自己感情的人					
10. 生活有规律，很少违反作息制度					
11. 在多数情况下情绪是乐观的					
12. 碰到陌生人觉得很拘束					
13. 遇到令人气愤的事，能很好地自我克制					
14. 做事总是有旺盛的精力					
15. 遇到问题常常举棋不定，优柔寡断					
16. 在人群中从不觉得过分拘束					
17. 情绪高昂时，觉得干什么都有趣					
18. 当注意力集中于一件事时，别的事很难使我分心					
19. 理解问题总比别人快					
20. 碰到危险情境，常有一种极度恐惧感					
21. 对学习、工作、事业怀有很高的热情					
22. 能够长时间做枯燥、单调的工作					
23. 符合兴趣的事，干起来劲头十足，否则就不想干					
24. 一点小事就能引起情绪波动					
25. 讨厌做那种需要耐心的工作					
26. 与人交往不卑不亢					
27. 喜欢参加集体活动					
28. 爱看感情细腻、描写人物内心活动的文学作品					
29. 工作、学习时间长了，常感到厌倦					
30. 不喜欢长时间谈论一个问题，愿意实际动手干					
31. 宁愿侃侃而谈，不愿窃窃私语					
32. 别人说我总是闷闷不乐					
33. 疲倦时只要短暂的休息就能精神抖擞，重新投入工作					
34. 理解问题常比别人慢些					
35. 心里有话宁愿自己想，不愿说出来					
36. 认准一个目标就希望尽快实现，不达目的，誓不罢休					

（续表）

题　目	2	1	0	-1	-2
37. 学习、工作同样一段时间后，常比别人更疲倦					
38. 做事有些莽撞，常常不考虑后果					
39. 老师或师傅讲授新知识、新技术时，总希望他讲慢些，多重复几遍					
40. 能够很快地忘记那些不愉快的事情					
41. 做作业或完成一件工作总比别人花的时间多					
42. 喜欢运动量大的剧烈体育活动，或参加各种文娱活动					
43. 不能很快地把注意力从一件事转移到另一件事上去					
44. 接受一个任务后，希望把它迅速完成					
45. 认为墨守成规比冒风险强					
46. 能够同时注意几件事物					
47. 当我烦闷时候，别人很难使我高兴起来					
48. 爱看情节起伏跌宕、激动人心的小说					
49. 对工作抱有认真严谨、始终如一的态度					
50. 和周围人的关系总是相处不好					
51. 喜欢复习学过的知识，重复做已经掌握的工作					
52. 喜欢做变化大、花样多的工作					
53. 小时候会背的诗歌，我似乎比别人记得清楚					
54. 别人说我"出语伤人"，可我并不觉得这样					
55. 在体育活动中，常常因反应慢而落后					
56. 反应敏捷，头脑机智					
57. 喜欢有条理而不甚麻烦的工作					
58. 兴奋的事常使我失眠					
59. 老师讲新概念，常常听不懂，但是弄懂以后就很难忘记					
60. 假如工作枯燥无味，马上就会情绪低落					

各气质类型对应的题号

气质类型	题　号	总　分
胆汁质	2、6、9、14、17、21、27、31、36、38、42、48、50、54、58	
多血质	4、8、11、16、19、23、25、29、34、40、44、46、52、56、60	
黏液质	1、7、10、13、18、22、26、30、33、39、43、45、49、53、57	
抑郁质	3、5、12、15、20、24、28、32、35、37、41、47、51、55、59	

评分方法如下：

如果某人的某种气质类型得分明显地高出其他三种（均高出4分以上），就可定为该气质类型。如果该类气质得分超过20分，则为典型型；如果该类得分为10～20分，则为一般型；如果两种气质的得分接近（差异低于3分），而又明显高于其他两种（高出4分以上），则可定为两种气质的混合型；如果三种气质的得分相近，但均高于第四种，则为三种气质的混合型；如果4栏分数皆不高且相近（差异低于3分），则为四种气质的混合型。多数人的气质是一般型气质或两种气质的混合型，典型气质和数种气质混合型的人较少。

此外，凡是在1、3、5……奇数题上选"2"或"1"，或在2、4、6……偶数题上选"－1"或"－2"的，每题各得1分，否则得半分。如果你是男性，总得分在0～10分之间则非常内向，11～25分之间则比较内向，26～35分之间为介于内、外向之间，36～50分之间为比较外向，51～60分之间为非常外向。如果你是女性，总得分在0～10分之间为非常内向，11～21分之间为比较内向，22～31之间为介于内、外向之间，32～45分为比较外向，46～60分之间为非常外向。

四、性格的内涵

"性格即命运，选择即人生"，这是大家熟悉的一句话。选择的职业究竟是否合适，判定的尺度有很多，但最基本的原则是适合自己的性格。

（一）性格的含义

性格是一个人在对现实的稳定的态度和已习惯化的行为方式中表现出来的人格特征。性格是在社会生活实践中逐渐形成的，一经形成便比较稳定，它会在不同的时间和情况下表现出来。性格的稳定也并不是绝对、一成不变的，而是可塑的。

（二）性格的特征

从性格的组成来分析，可以把性格分解为态度特征、意志特征、情绪特征和理智特征四个组成部分。

1. 性格的态度特征

性格的态度特征是指一个人如何处理与社会各方面的关系的性格特征，即对社会、集体、工作、劳动、他人及自己的态度的特征，亦即忠于祖国、热爱集体、认真负责、一丝不苟、谦虚谨慎、乐于助人、善待自己等。

2. 性格的意志特征

性格的意志特征是指一个人对自己的行为自觉地进行调节的特征，如有远大理想、行动有计划、有团队精神、果断、有耐心、有毅力等。

3. 性格的情绪特征

性格的情绪特征是指一个人的情绪对他的活动的影响，以及他对自己情绪的控制能力。例如，有的人善于控制自己、情绪稳定、积极乐观；而有的人感情脆弱、情绪波动较大、心境容易悲观等。

4. 性格的理智特征

性格的理智特征是指一个人在认知活动中所表现出来的特征，如独立或依赖、现实感强或爱幻想、深思熟虑或人云亦云、思维精确或思维模糊等。

性格的态度特征是核心,尤其是对社会、集体的态度最为重要,因为态度直接表现出了一个人对事物所特有的、比较恒常的倾向,同时也决定了其他特征。所以,分析性格时,要抓住主要特征,结合次要特征,综合分析。

在现实生活中,纯属于某一性格特征类型的人不多,大多数人属于混合型性格,在不同的场合下会显露出不同的一面。例如,鲁迅先生既"横眉冷对千夫指",又"俯首甘为孺子牛",可见性格的丰富性和辩证统一性。

五、性格与职业

人的性格千差万别,或热情外向,或沉着冷静,或火暴急躁。职业心理学的研究表明,不同的职业有着不同的性格要求,例如,对驾驶员要求具备注意力稳定、动作敏捷的职业性格特征;对医生则要求具备耐心细致、热情待人的职业性格特征。当然每个人的性格都不能百分之百地适合某项职业,但可以根据自己的职业方向来培养、发展相应的职业性格。对组织而言,性格决定了每个员工的工作岗位和工作业绩;对个人而言,性格决定着自己事业能否成功。因此,性格是组织选人、个人择业的重要因素之一。

（一）性格的类型

在研究性格和职业的关系时,一般根据对外界的态度把性格分为外向型和内向型两种;还可以根据对外部世界的感知和认识方法分为敏感型、感情型、思考型、想象型四种。高校毕业生在考虑或选择职业时,一定要考虑自己的职业性格特点,从而根据自己的性格特点选择最适应的职业,以达到性格和职业的匹配。

（二）性格类型与职业匹配

1. 内向性格的人有耐心、谨慎,适合做有计划、稳定、类似研究的工作,如医生、科学家、机械师、编辑、工程师、技术人员、艺术家、会计师、录排员、程序设计员等。

2. 外向性格的人爱好交际,善于活跃气氛,适合做与人交往的工作,如人事顾问、管理人员、律师、记者、政治家、警察、售货员、演员、推销员、广告人员等。

3. 敏感型性格的人精神饱满,办事爱速战速决,但行为常有盲目性;与人交往中,往往会拿出全部热情,但受挫时又容易消沉、失望。这类人最多,约占40%,在运动员、行政人员等各种职业中均有。

4. 感情型性格的人感情丰富,喜怒哀乐溢于言表,不喜欢单调的生活,爱寻找刺激、爱感情用事,对新生事物很有兴趣;但往往在与人交往中容易冲动,有时反复无常,傲慢无礼,与其他性格类型的人不易相处。这类人约占25%,在演员、活动家和护理人员中较多。

5. 思考型性格的人善于思考,逻辑思维发达,有成熟的观点,一切以事实为依据,一旦做出决定,能够持之以恒,生活、工作有规律,爱整洁,时间观念强,重视调查研究和精确性;但这类人有时思想僵化、教条,纠缠细节,缺乏灵活性。这类人约占25%,在工程师、教师、财务人员和数据处理人员中较多。

6. 想象型性格的人想象力丰富、憧憬未来,在生活中不太注重小节,对那些不能了解其思想价值的人往往不耐烦,有时行为刻板,不易合群,难以相处。这类人不多,大约占10%,在科学家、发明家、研究人员和艺术家、作家中居多。

当然,在实际生活中,纯粹的外向型或内向型的人很少,绝大多数都是混合型,不少人

兼有内向和外向两种性格,生活中的例子屡见不鲜。比如一个从前腼腆内向的人最后却成了成功的企业家,而一个开朗好动的人在安静的实验室度过了一生。所谓"性格决定命运",一种不好的性格对一个人的职业生涯也许是致命的问题。但是很多人只把它归于先天造就,而没有意识到,性格在很大程度上是靠后天的培养。事实上,每个人一生中都会因为这样那样的原因而改变原先的性格,这种改变未必是坏事,正是因为有了自觉不自觉的某些改变,才发现自己有一些意想不到的潜能。

（三）性格对于职业选择有直接影响

不同性格的人适合不同职业,不同职业需要不同性格的人来从事。精力旺盛、有毅力、有耐心、有韧劲的人适合从事困难较大的工作;比较安静平稳、被动的人适合从事有条理和持久性的工作,不适宜做开创性工作。外向性格的人适合从事与外界广泛接触的工作,如主持人、记者、教师、公关等;内向性格的人更适合从事有计划性、相对独立的工作。以理智去衡量一切并支配其行动的人,比情绪波动较大、情感因素较为浓重的人更适合从事科学研究工作。

JOB 案例 2－2

吴旭的选择

吴旭从一所高校的管理学专业毕业后,就进了一家公司的综合部从事内勤工作。在一起毕业的同学中,他的运气还算不错,这份工作的薪水、福利、环境和前途都属于中上水平,但他老觉得不满意,回到学校想改签协议。在接受就业指导老师的辅导之后,他发现自己是一个非常外向、重视人际关系、喜欢与人接触、很有冒险精神、时常希望给予别人实质上帮助的人,他的兴趣类别更适宜于从事销售、公关等与人打交道较多的职业。同时,就业指导老师帮他分析了变换工作单位的利弊,基于目前这个公司在发展上的优势,他决定在公司内部改变工种。吴旭回公司后,立即向领导提出转到营销部从事销售工作的要求,公司同意了他的要求。吴旭在新的岗位上如鱼得水,工作非常出色,很快就当上了公司的区域销售主管,他的收入也提高了好几倍。他现在能够接触不同的人,而且能做很多具有创造性的工作,进入了公司的管理层,他说:"现在我才算真正地生活!"

六、气质和性格的联系与区别

不同气质类型的人在形成性格时是具有倾向性的。例如,多血质容易形成热情好客、机智开朗的性格特征,而黏液质则难以形成这些性格。性格也反映着一个人的气质,性格内向的人往往总体表现出黏液质或抑郁质气质,而性格外向的人往往表现出多血质或胆汁质的气质。

气质更多地体现了人格的生物属性,性格则更多地体现了人格的社会属性。气质没有好坏之分,不决定一个人成就的高低,任何一类气质的人,都可能成为优秀的人,也可能成为碌碌无为的人。而性格受社会历史文化的影响,有明显的社会道德评价的意义,直接反映了一个人的道德风貌。个体之间的人格差异的核心是性格差异。

七、气质和性格的测评方法

（一）量表法

在一个有定量单位和参照点的连续体上把事物的属性表现出来，这个连续体称为量表。性格测验经常采用的量表有荣氏十六型性格量表。心理类型是由著名心理学家荣格（Jung）研究出来的一个理论，目的是揭示一些个人行为之间存在的显著的随机性差异。根据荣格的理论，不同的行为是由于人们乐于采用不同的思考方法导致的，每一个人都有一种偏好，那就是特别喜欢用一种固定的接受和判断的方法。通过对这一理论的进一步发展，人们建立了一套将人的性格分为十六种不同类型的方法，其中最有名的测验就是MBTI测验（Myers-Briggs Type Indicator）。MBTI并不测试心理状态，旨在反映性格类型，对个人成长、发掘性格潜能、改善人际关系，以及了解自己在压力之下的心理反应都很有帮助，对个人兴趣及职业发展取向也有很好的预测作用。

（二）投射法

投射法就是让被测试者通过一定的媒介，建立起自己的想象世界，在无拘束的情境中，显露出其性格特征的一种测试方法。测试中的媒介没有明确的意义，可以是一些没有规则的线条，可以是一些意义不确定的图片；也可以是一些有头没尾的句子，也可以是一个故事的开头，让被测试者来编故事的结尾等等。被测试者做出反应时，一定凭自己的想象力加以填补，使之有意义。在这个过程中，恰好投射出被测试者的思想、情感和经验。

主题统觉测验，是由 H. A. 默里于 1935 年为性格研究而编制的一种测量工具。全套测验共有 30 张内容隐晦的黑白图片，另有空白卡片一张，图片的内容以人物或景物为主。每张图片都有字母号，按照年龄、性别把图片组合成四套测验，每套 20 张，分为两个系列，每系列各有 10 张，分别用于男人、女人、男孩和女孩，其中有些照片是共用的。测验进行时，主测者按照顺序逐一出示图片，要求被测者对每一张图片都根据自己的想象和体验，讲述一个内容生动、丰富的故事。这样，就可以对故事内容进行分析，捕捉蛛丝马迹，从而了解被测者特定的内心世界。

自我测评

一个简单的性格投射实验

1	2	3
4	5	6
7	8	9

九张图片代表九种不同的性格，找出其中你最喜欢的一张，根据图片的编号查看答案。

选择图1：无忧无虑，顽皮，愉快的人

　　喜欢自由自在、无拘无束的生活。

　　座右铭是：人只能活一次，因此应尽量享受每一刻。

　　好奇心旺盛，对新事物抱有开放的态度；向往改变，讨厌束缚。

　　觉得身边的环境都在不断变化，而且经常为自己带来惊喜。

选择图2：独立，前卫，不受拘束的人

　　追求自由、不受拘束、自我的生活。

　　工作及休闲活动都与艺术有关。

　　因对于自由的渴求有时候会做出让人出乎意料的事。

　　生活方式极具个人色彩；永远不会盲目追逐潮流。

　　会根据自己的意思和信念去生活，就算是逆流而上也在所不惜。

选择图3：时常自我反省，敏感的思想家

　　对于自己及四周的环境能够比一般人控制得更好更彻底。

　　讨厌表面化及肤浅的东西；宁愿独自一人也不愿跟别人闲谈，但跟朋友的关系却非常深入，这令心境保持和谐安逸。

　　不介意长时间独自一人，而且绝少会觉得沉闷。

选择图4：务实，头脑清醒，和谐的人

　　作风自然，喜欢简单的东西。

　　人们欣赏你脚踏实地，他们觉得你稳重，值得信赖。

　　能够给予身边的人安全感，给人一种亲切、温暖的感觉。

　　对于俗气的、花花绿绿的东西都不屑一顾；对时装潮流抱着怀疑的态度，对于你来说，衣服必须是实用及大方得体的。

选择图5：专业，实事求是，自信的人

　　掌管自己的生活，相信自己的能力多于相信命运的安排。

　　以实际、简单的方式去解决问题。

　　对日常生活中所遇到的事物抱有现实的看法，并且能够应付自如。

　　人们知道你可担当重任，因此都放心把大量工作交给你处理。

　　坚强的意志使你时刻都充满信心。

　　未达到自己的目标之前，决不罢休。

选择图6：温和，谨慎，无攻击性的人

　　生性随和，处事谨慎。

　　很容易认识朋友，但同时享受你的私人时间及独立生活。

　　有时候，会从人群中抽身离开，一个人静静地思考生活的意义，并自娱一番。

　　需要个人的空间，因此有时会隐匿于美梦当中，但你不是一个爱孤独的人。

　　跟自己及这个世界都能够和睦共处，而对现状亦非常满意。

选择图7：较高的感知力、分析力，可靠、自信的人

　　对事物的灵敏度令你可以发现旁人忽略了的东西。

　　喜欢发掘美好的东西。

　　教养对于你的生活有很特别的影响。

　　有自己高雅独特的一套，无视任何时装潮流。

理想的生活是优雅而愉快的,而亦希望跟自己接触的人都是高雅而有教养的。

选择图8:浪漫,爱幻想,情绪化的人

是一个感性的人,拒绝只从一个严肃、理智的角度去理解事物。

感觉亦十分重要,事实上,觉得人生必须要有梦想才叫活得充实。

不接受那些轻视浪漫主义及被理智牵着鼻子走的人,而且不会让任何事物影响你那丰富的感情及情绪。

选择图9:爱冒险、喜欢竞争和表现的人

不介意冒险,特别喜欢有趣的、多元化的工作。

相比之下,例行公事及惯例会令其无精打采。

最兴奋的是可以积极参与任何比赛活动,因为这样就可以在众人面前大显身手了。

第三节　兴趣与特长

一、兴趣的内涵

(一)兴趣及其种类

兴趣(Interest)是人们认识、探究某种事物的心理倾向,由获得这方面的知识在情绪体验上得到满足而产生,它和需要相联系。由生理需要所引起的兴趣是暂时的兴趣,这种兴趣一旦满足就会消失,它不属于个性倾向性范畴。稳定的兴趣是后天形成的。

在实践活动中,社会需求为人所反映并变成个人的需要,从而形成和发展了具有个性倾向性的兴趣。兴趣是多种多样的,依据兴趣是由事物本身还是由事物结果所引起的,可以把兴趣分为直接兴趣和间接兴趣;依据兴趣效能可以把兴趣分为积极兴趣和消极兴趣;依据兴趣持续时间可以把兴趣分为短暂兴趣和稳定兴趣。兴趣是受社会历史条件制约的。人们在生产实践和日常生活中,形成对科学、文化和体育等共同性的兴趣。个人所处的时代不同,社会地位不同,他所感兴趣的客观价值也有所不同。兴趣在社会生活实践过程中形成,也随着生活实践的变化而改变。

(二)兴趣的心理品质

1. 兴趣的稳定性

兴趣的稳定性(Stability of Interest)是指兴趣持续时间的长短,也称兴趣的持久性(Persistence of Interest)。稳定而持久的兴趣才能推动人深入钻研问题,获得系统而深刻的知识。朝三暮四、见异思迁的人必定是缺乏稳定而持久的兴趣的人,也是没有恒心的人,这种人不论在任何实践领域中都不可能取得成果。兴趣的稳定性和人的理想、信念、价值观直接相联系。

2. 兴趣的广度

兴趣的广度(Span of Interest)是指兴趣范围的广阔程度。兴趣广度存在着个别差

异。兴趣狭窄的人，生活单调，容易把自己陷于狭小圈子之内。兴趣广泛的人则会经常注意多方面的新问题，获得广博的新知识，从而促使其个性的全面发展。广泛发展并不排除中心兴趣的存在。在广泛兴趣的背景上，围绕中心兴趣并与其结合起来，才是优秀的兴趣品质。

3．兴趣的效能

兴趣的效能（Effect of Interest）是指兴趣对活动的推动所产生的效果。依据兴趣有无效能分为积极兴趣和消极兴趣。积极兴趣是有效能的兴趣，它不停留在静观阶段，而是为获得兴趣的对象而积极活动，成为掌握知识、发展个性的优良的兴趣品质。消极兴趣是被动的兴趣，使人处于静观状态，不能成为实际活动的动力，因而也不可能产生实际效果，是一种不良的兴趣品质。

4．兴趣中心

兴趣中心（Center of Interest）是指一个人在诸多兴趣中有一个中心的、主要的兴趣，形成一种核心，其他兴趣则围绕着它，并与其结合，共同支配着人的行动。这种兴趣品质对从事某种专业活动、培养专门人才具有重要意义。如果有多方面求知欲，但知识浅薄，则很难取得重大成就；某种兴趣深刻，但缺乏多方面兴趣，也很难得到全面发展。广泛兴趣只有和某种中心兴趣结合起来，才是一种良好的品质。

案例 2 - 3

网络成了他的专业

杨乐从初中开始就喜欢玩电子游戏，后来发展为沉迷于网络游戏。高中毕业，杨乐毅然选择了某高职院校计算机网络专业，以满足自己上网的愿望。

接触了网络专业后杨乐才知道该专业也并非整天上网，好在自己对网络感兴趣，所以杨乐还是感到心满意足。在老师的引导下，杨乐掌握了计算机网络知识，并逐渐成为网站建设和网页设计高手。毕业后杨乐进了一家网络公司，不满足于现状的他，在原有基础上继续钻研网络知识，并渐渐成为该公司的业务骨干。

其实，在我们的身边有许多像杨乐一样的同学，他们选择的专业往往与自己的某种兴趣相关，而且他们往往在兴趣的基础上，干出了优异的业绩，他们看似平凡的经历和故事让在校的我们受到启发。

二、兴趣与职业

当人的兴趣对象指向职业活动时，就形成了人的职业兴趣。职业兴趣对人的职业活动有着重要的影响。一份符合自己兴趣的工作常常能够给自己带来愉快感、满足感。在选择职业时，人们总会将自己是否有兴趣作为考虑因素之一。从感到有趣开始，逐渐地形成更加稳定、持久的乐趣，进而再与自己远大的奋斗目标相结合，形成有明确方向性和意志性的志趣，这是人的兴趣发展的阶段。

（一）兴趣在人们的职业活动中具有重要的作用

1. 兴趣是最好的老师，是一种强大的精神力量

兴趣可以使人集中精力去获得知识、开发智力并创造性地开展工作。当一个人对某种事物发生兴趣时，他就能调动整个身心的积极性；就能积极地感知、观察事物，积极思考，大胆探索；就能情绪高涨，想象丰富；就能增强记忆效果，增强克服困难的意志。反之，"牛不喝水强按头"是不会取得好效果的，当然也就不可能充分发挥一个人的聪明才智。从事自己感兴趣的职业活动，可以激发出人们强烈的探索和创造的热情；可以在良好的体能、智能、情绪状态之下从事有意义的职业活动；可以促使自己全身心地投入；可以使人比较容易适应变化的职业环境；可以使人在追求职业目标时表现出坚定的、百折不挠的意志力。可见，职业兴趣是大学生在进行职业设计时必须考虑的重要因素之一。

2. 兴趣可以提高人的工作效率

当对某一工作有兴趣时，枯燥的工作也会令人觉得丰富多彩、趣味无穷。兴趣使工作不再是一种负担，而是一种享受。兴趣可以调动身心的全部精力，以敏锐的观察力、高度集中的注意力、深刻的思维和丰富的想象力投入工作，从而有助于工作效率的提高。据研究，如果个人对某一工作有兴趣，能发挥他全部才能的 $80\% \sim 90\%$，并且长时间保持高效率工作而不感到疲倦。而对工作没有兴趣的人，只能发挥其全部才能的 $20\% \sim 30\%$，也容易筋疲力尽。

3. 兴趣是促使事业成功的重要因素

对某一职业有浓厚的兴趣，是智力开发的"催化器"。兴趣是动力的源泉。对一个人来说，对工作感兴趣，就愿意钻研，就容易出成就，这就是兴趣的作用所在。多方面的兴趣可以使人善于应付多变的环境。如需变换工作，只要自己感兴趣，也能很快熟悉、适应新的工作。

JOB 案例 2 - 4

兴趣是可以培养的

杜晨是一名就读于某高校商务英语专业的一年级学生。他从小就喜欢设计，想选择设计专业。但是爸爸却要他选择商务英语专业，说读这个专业将来能有一份好的工作。杜晨对商务英语一点儿兴趣都没有，可是又没有办法改变现状。

后来，在学校他向辅导员求助，辅导员为他进行了细致全面的分析。如果无法改变父母的决定，就需要接受这个专业；如果因为商务英语专业与自己的兴趣不符而不去努力学习，最终会让时光白白流失；如果试着了解这个专业，在学好商务英语专业的同时，利用业余时间学习自己喜欢的设计，那么既能学好现在的专业，也能把设计自学好。通过与老师交流，杜晨认识到不能学习自己感兴趣的专业并不一定会导致自己的理想破灭，商务英语本身与自己的兴趣和理想并没有冲突。辅导员还给他看了此前本专业的就业情况，去年的毕业生在当地的会展中心工作，那儿需要的恰好是那种既懂商务英语，又有一些美术才能的人才。观念转变后，杜晨渐渐地喜欢上了现在的这个专业。他说："我现在对这个专业也挺感兴趣的。"

(二)兴趣与职业的吻合

兴趣对人生事业的发展至关重要,所以,兴趣自然是职业选择应考虑的重要因素之一。为便于大家根据自己的兴趣选择合适的职业,这里介绍一下加拿大职业分类词典中各种职业兴趣类型的特点与相应的职业,如表2-3所示:

表2-3 职业兴趣类型的特点与相应的职业

序号	类型特征	适应的职业
1	愿与事物打交道,喜欢接触工具、器具或数字,而不喜欢与人打交道。	制图员、修理工、裁缝、木匠、建筑工、出纳员、记账员、会计及勘测、工程技术和机器制造人员等
2	愿与人打交道,喜欢与人交往,愿与人接触,对销售、采访、传递信息一类的活动感兴趣。	记者、推销员、营业员、服务员、教师、行政管理人员和外交联络员等
3	愿与文字符号打交道,喜欢常规的、有规律的活动,习惯于在预先安排好的程序下工作,愿做有规律的工作。	邮件分类员、办公室职员、图书馆管理员、档案整理员、打字员和统计员等
4	愿与大自然打交道,喜欢地理、地质类的活动。	地质勘探人员、钻井工和矿工等
5	愿从事农业、生物、化学类工作的实验性活动。	农业技术员、化验员、制药工和菜农等
6	愿从事社会福利类的工作,喜欢帮助别人解决困难。这类人乐意帮助人,他们试图改善他人的状况,帮助他人排忧解难,喜欢从事社会福利和助人工作。	律师、咨询人员、科技推广人员、教师、医生和护士等
7	愿做组织和管理工作,喜欢掌管一些事情,以发挥重要作用,希望受到众人尊敬和获得声望,愿做领导和组织工作。	各级各类组织领导管理者,如行政人员、企业管理干部、学校领导和辅导员等
8	愿研究人的行为和心理,喜欢谈涉及人的主题,对人的行为举止和心理状态感兴趣。	研究人、管理人的工作,如心理学、政治学、人类学、人事管理、思想政治教育等研究工作,以及教育、行为管理工作、社会科学工作和作家等
9	愿从事科学技术事业,喜欢通过逻辑推理、理论分析、独立思考或实验发现来解决问题,对分析的、推理的、测试的活动感兴趣,善于理论分析,喜欢独立地解决问题,也喜欢通过实验得到新发现。	生物、化学、工程学、物理学、自然科学工作者和工程技术人员等
10	从事有想象力和创造力的工作。喜欢创造新的式样和概念,大都喜欢独立的工作,对自己的学识和才能颇为自信。乐于解决抽象的问题,而且急于了解周围的世界。	科学研究工作和实验室工作,如社会调查、经济分析、各类科学研究工作、化验、新产品开发,以及演员、画家、创作或设计人员等
11	愿做操作机器的技术工作,喜欢通过一定的技术来进行活动,对运用一定技术、操作各种机械、制造新产品或完成其他任务感兴趣。喜欢使用工具特别是大型的、马力强的先进机器,喜欢具体的东西。	飞行员、驾驶员、机械制造技术员等

（续表）

序号	类型特征	适应的职业
12	愿从事具体的工作,喜欢制作看得见、摸得着的产品并从中得到乐趣,希望能很快看到自己的劳动成果,并从完成的产品中得到满足。	室内装饰师、园林师、美容师、理发师、手工制作师、机械维修人员和厨师等

根据这种分类,一种兴趣类型可以对应许多职业,同时绝大多数的职业也都与几种兴趣类型的特点相近,而每一个人往往又都同时具有其中几种类型的特点。假如你要成为一名护士,那你就应有愿与人打交道(类型 2)、乐于助人(类型 6)、愿做具体工作(类型12)这三方面的兴趣特征;如果你对其中的某一方面缺乏兴趣,那就应努力培养和发展这方面的兴趣以适应护士职业的要求,否则,还是选择更适合你兴趣特征的职业为好。

但是,个人的兴趣、爱好只是职业设计和职业决策的重要依据,而非全部的依据。因为只有把它们建立在一定能力的基础之上,并且与社会的需要相结合,兴趣、爱好才会获得现实的基础,也才有实现的可能。因此,大学生应努力培养自己多方面的兴趣和爱好,并且注意培养自己的中心兴趣,努力发展自己的专长,从而使自己的兴趣和爱好有明确的针对性,在进行职业选择时可以既有一个较广的适应范围,又有一个明确的指向。

JOB 案例 2-5

我从法学系转入计算机系

找到自己真正的兴趣、爱好,并不是一件很容易的事,有时还要经过许多反复和波折;不过,一旦发现了兴趣所在,每个人都可以在激情的推动下走向成功。

拿我自己来说,我读高中的时候一心想做个数学家,刚进入大学时又打算当一名出色的政治家,可直到大二时我才逐渐发现,自己无法全身心地喜爱数学和政治,学习成绩也只在中游徘徊。与此同时,我接触并喜欢上了计算机,每天疯狂地编程,很快引起了老师、同学的注意。

终于,大二的一天,我做了一个重大的决定:放弃此前一年多在全美前三名的哥伦比亚大学法律系已修成的学分,转入哥伦比亚大学默默无闻的计算机系。我告诉自己,人生只有一次,不应浪费在没有快乐、没有成就感的领域。当时也有朋友对我说,做一个没有激情的工作将会付出更大的代价。

那一天,我心花怒放、精神振奋,我对自己承诺,大学后三年的每一门功课都要拿 A。如果不是那天的决定,今天的我就不会在计算机领域取得这样的成就;如果不是那天的决定,今天的我很可能是美国某一个小镇上一名既不成功又不快乐的律师。

(资料来源:李开复.做最好的自己.北京:人民出版社,2005.)

(三)霍兰德的职业兴趣理论

目前,在国外职业兴趣研究中影响较大的是霍兰德的职业兴趣理论。它源于人格心理学的概念和大量职业咨询的实践与研究。霍兰德从整个人格的角度来考察职业选择问题,因此,他的职业兴趣理论超越了心理学和非心理学的理论框架,基本上属于包含职业选择和职业适应理论在内的职业人格理论。

首先,霍兰德提出了4个假设:

(1) 大多数人的人格可以分为现实型、研究型、艺术型、社会型、企业型和常规型六种类型,这些是在个人与环境的相互作用中形成的。每一种特定人格类型的人会对相应的职业类型中的活动感兴趣。

(2) 人们所生活的职业环境也同样可以划分为上述六种类型。各种职业环境大致由同一种类型的人占据。

(3) 人们寻求的是能够充分施展自己的能力,充分表现自己价值观的职业环境。

(4) 个人的行为是由个人的人格和其所处的环境相互作用决定的。

在上述假设之下,霍兰德提出人格类型模式和职业类型模式应互相配合,否则,人们难以在职业活动中获得自己需要的机会和奖励。

霍兰德职业兴趣理论中所指的六种人格类型的特征分别是:

(1) 现实型(Realistic)。其基本的人格倾向是喜欢以物、机械等为对象,从事有规则的、明确的、有序的、系统的活动。因此,这类人偏好的是以物和机械为对象的技能性和技术性职业。为了胜任,他们需要具备与手工、机械、电气技术等有关的能力。他们的性格往往是顺应、具体、朴实的,社交能力比较缺乏。

(2) 研究型(Investigative)。其基本的人格倾向是分析型的、智慧的、有探究心的和内省的,喜欢根据观察而对物理的、生物的、文化的现象进行抽象的、创造性的研究活动。因此,这类人偏好的是智力的、抽象的、分析的、独立的、带有研究性质的职业活动,如科学家、医生和工程师等。

(3) 艺术型(Artistic)。其基本的人格倾向是具有想象、冲动、直觉、无秩序、情绪化、理想化、有创意和不重实际等特点,他们喜欢艺术性的职业环境,也具备语言、美术、音乐和表演等方面的艺术能力,擅长以形态和语言来创作艺术作品,而对事务性的工作则难以胜任。文学创作、音乐、美术、演艺等职业特别适合他们。

(4) 社会型(Social)。其基本的人格倾向是合作、友善、助人、负责任、圆滑、善于社交言谈、善解人意等。他们喜欢社会交往,关心社会问题,具有教育能力和善于与人相处等人际关系方面的能力。适合这一类人的典型的职业有教师、公务员、咨询员、社会工作者等以与人接触为中心的社会服务型的工作。

(5) 企业型(Enterprising)。其基本的人格倾向是喜欢冒险、精力充沛、善于社交、自信心强。他们强烈追求目标的实现,喜欢从事为获得利益而操纵、驱动他人的活动。由于具备优秀的主导性和说服他人、与人接触的能力,这一类型的人特别适合从事领导工作或企业经营管理。

(6) 常规型(Conventional)。其基本的人格倾向是顺从、谨慎、保守、实际、稳重、有效率、善于自我控制。他们喜欢从事记录、整理档案资料、操作办公机械、处理数据资料等有系统、有条理的活动,具备文书、算术等能力,适合他们从事的典型职业包括事务员、会计师、银行职员等。

当然,兴趣类型与职业类型的对应关系不能绝对看待,更何况大多数人尽管可以找到自己所主要归属的那种兴趣类型,但是也有其他相近的兴趣类型。换言之,人的适应性比较宽泛,不同类型之间也存在某种相关性。

(四)如何培养职业兴趣

1. 从注重间接兴趣培养开始

人在最初接触某种职业时,往往对职业本身缺乏强烈兴趣,必须要从间接兴趣着手培养职业兴趣。可以通过了解职业在社会活动中的意义,对人类活动的贡献等以引起兴趣,也可以通过了解某项职业的发展机会引起兴趣,还可以通过实践逐步提高间接兴趣。

2. 从社会实践活动中培养

人只有通过实践活动才能认识社会,了解社会职业。实践活动不能仅限于参观访问等"走马观花"的形式,要注重参与性。要参加职业活动的全过程,了解该职业活动中人与人之间的关系、人与物之间的关系以及职业对社会产生的影响等。

3. 从提升从业者的能力角度来培养

对某项职业有浓厚的兴趣是成功的前提,但事业要取得成功也必须具备该职业所要求的能力。因此在培养职业兴趣的同时也要客观评价从业者的能力,看其是否适合某种职业,在此基础上形成的职业兴趣才是长久的。

4. 从自己广泛的兴趣中找寻职业兴趣

具有广泛职业兴趣的人,不仅对自己的职业领域的东西有浓厚的兴趣,而且对其他方面也有一定的兴趣。这种人眼界比较开阔,解决问题时也可以从多方面得到启发,在职业选择、变动上有较大的余地。兴趣范围狭窄、涉足面小的人,对新事物的适应性要差些,在职业选择上所受的限制也多些。

5. 聚焦中心兴趣

人的兴趣应广泛,还要有一定的集中爱好。既广且精,才能学有所长,获得深邃的知识。如果只具有广泛性而无中心职业兴趣,人往往会知识肤浅,没有确定的职业方向,心猿意马,这样难以有所成就。所以,还应注重培养自己在某一方面的职业兴趣,促进自己的发展和成才。

6. 保持稳定的职业兴趣

要在某一方面有持久稳定的兴趣,不要朝三暮四、见异思迁,投入更多的热情和精力,深入钻研相关内容,才会有所发展和成就。

7. 培养与现实吻合的职业兴趣

兴趣的培养不能为追求清高而不考虑外界提供的客观现实条件。否则,过分曲高必然和寡,只能是画地为牢,自缚身手。

三、兴趣测验

兴趣测验(Interest Test)的目的在于测量个人的兴趣,以协助教学辅导和职业辅导。通过个人对客观事情做出反应时具有的选择性,对陈述的项目,指出其中自己爱好的部分,以检验出其个性行为的倾向性。兴趣测验的基本假设为:(1)个人对事物的爱好和厌恶,代表其对事物的兴趣;(2)相同职业或工作有成就者,其兴趣多半大同小异;(3)职业上有成就的不同群体,应有可识别的、不同的兴趣类型;(4)个体在学习期间所表现的兴趣类型,常表现出以后的职业兴趣。

(一) 兴趣测验的由来

桑代克(Thorndike)于1912年对兴趣和能力的关系进行了探讨。1915年詹姆斯(James Miner)发表了一个关于兴趣的问卷,这标志着对兴趣测验的系统研究的开始。斯特朗(E. K. Strong)于1927年编制了斯特朗职业兴趣调查表(Strong Vocational Interest Blank, SVIB),这是最早的职业兴趣测验。与此同时,库德(G. F. Kuder)也开始了他对职业兴趣测验的研究,并于1934年发表了库德偏好记录—职业篇(Kuder Preference Record—Vocational)。后来,霍兰德(Holland)在1953年编制了职业偏好量表(Vocational Preference Inventory, VPI),在此基础上发展了自我指导探索(Self-Directed Search, SDS)(1969),并提出了"人格物质与工作环境相匹配"理论(1970),其影响渐渐增大,与斯特朗、库德形成了鼎足之势。

自1965年后,各个职业兴趣测验出现相互吸收、相互整合的现象:第一是库德(1966)在其职业兴趣调查表(Kuder Occupational Interest Survey, KOIS)中引入了斯特朗的一些思想;第二是坎波尔(D. Campbell)(1968)把KOIS中的同质性量表引入SVIB中;第三是经验和理论的模式的整合,即将霍兰德的理论作为斯特朗等职业兴趣量表的理论基础。

1969年,Roe提出了职业兴趣和职业选择结构的八分仪模型。在这个模型中,八种职业类型根据彼此之间相似性的大小被分配在一个圆中。后来,有人把霍兰德和Roe的理论共同整合了起来。Oati(1991)针对霍兰德的正六边形模型中有关相邻各类职业群之间距离相等这一假设的局限性,提出了他自己的三层次模型。Prediger(1993)在霍兰德六边形模型的基础之上加上了两个维度——人和物维度、数据和观念维度——形成了维度模型,这样,职业的类型和职业的性质得以有机地结合起来。美国大学考试中心(ACT)把Prediger的研究做了进一步的深入研究,他们在兴趣的两维基础上,将职业群体的具体位置标定在坐标图上,从而得到工作世界图。该图共分12个区域,有23个职业群被标定在坐标图中。如果受试者知道了自己的兴趣类型,就可以通过计算和查表确定自己的职业兴趣在该图中的位置,通过与不同群的远近位置的比较可以进一步扩展职业兴趣的搜寻范围。

经过多年的发展,职业兴趣测验已经在教育培训、人事组织管理等领域有了越来越多的应用。在这个过程中,兴趣测验本身也得到了逐步完善。

(二) 常用兴趣测验简介

国内外广泛应用的兴趣测验主要是霍兰德的职业偏好测验与斯特朗—坎波尔(Strong-Campbell)的兴趣测验(SCII)。

美国学者霍兰德提出人格—职业匹配理论,他认为人的人格类型、兴趣与职业密切相关,兴趣是人们活动的巨大动力,可以提高人们的积极性,促使人们积极地、愉快地从事该职业,而且,职业兴趣与人格之间存在很大的相关性。他把人格划分为六种类型:现实型(Realistic)、研究型(Investigative)、艺术型(Artistic)、社会型(Social)、企业型(Enterprising)和常规型(Conventional),简称RIASEC。每一个人都可以匹配一种人格类型,并对应于一种职业兴趣。而每一种职业兴趣都有两种相近的职业兴趣和一种相互排斥的职业兴趣,如图2-3所示。

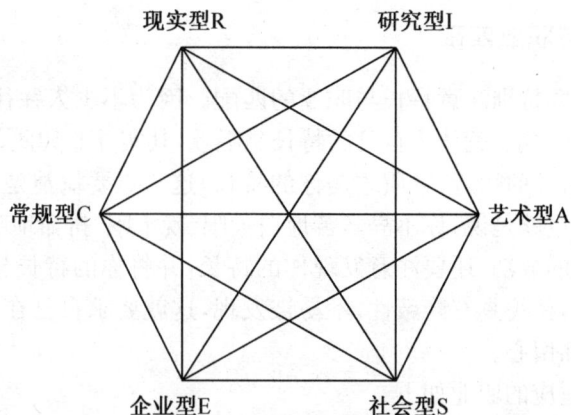

图 2-3 六大类型关系图

基于这种理论,霍兰德先后编制了职业偏好量表(Vocational Preference Inventory, VPI)和自我指导搜寻表(Self-Directed Search, SDS)两种职业兴趣量表。

职业兴趣是与人们的日常生活、工作和学习密切联系的。因此,职业兴趣量表的编制必须符合本国国情、文化和职业分类体系的特点。中国科学院心理研究所方俐洛等编制了霍兰德式的中国职业兴趣量表,简称 H-C 职业兴趣量表。该测验有活动(Activity)、潜能(Competence)、职业(Vocation)和自我评判(Self-Estimation)4 个分量表,每个表包含 6 个因素,分别对应于现实型、研究型、艺术型、社会型、企业型和常规型。该量表有较好的构想效度、效标效度及较好的信度。

斯特朗—坎波尔兴趣量表(Strong-Campbell Interest Inventory, SCII)是国外最为流行的职业兴趣测验,被广泛地应用于人才测评中,为企业选员提供了非常有益的信息。

SCII 的 1985 年最新版本中包括 325 个项目,构成 264 个量表,其中包括 6 个一般职业主题量表(The Basic Internet Scale, BIS),207 个职业兴趣量表(The Occupational Scale, OS),2 个特殊量表(The Special Scale, SS),26 个管理指标量表(The Administrative Index, AI)。

一般职业主题量表是根据霍兰德职业理论建立起来的。6 个量表即霍兰德的 6 个职业兴趣 RIASEC,每个量表包括 20 题,共 120 个题目。统计表明,这 6 个量表得分存在不同程度的相关。

基本职业兴趣量表是由在内容上具有相似性且在统计上具有高相关的题目组成,因此,这种量表属于同质性量表。

具体职业量表是根据斯特朗的经验性方法建立起来的。在 SCII 的 1985 年版本中,共包括 106 种职业,除其中 5 种为男女共用同一常模外,其余各有自己的常模。

特殊量表包括学术满意量表(Academic Comfort Scale)和内—外向量表(Introversion-Extroversion Scale)两个量表。

测验管理指标量表对每一份答案进行常规性统计,以确保在施测及数据录入过程中没有意外情况发生。它包括 3 个统计量:整体反应指标、异常反应指标和反应类型指标。无论应试者在哪种测验管理指标上出现异常情况,都应引起施测者的注意,查找出产生这种情况的原因。

四、个体特长与职业匹配

在选择职业时,要特别注意特长与职业的匹配。因为不少人往往将兴趣误认为是特长。比如有的人喜欢唱歌,就认为自己的特长是唱歌,其实并非如此,喜欢唱歌,仅是自己的兴趣,而不是特长,你的嗓音、音质才是你的特长,这一点要搞清楚。否则,你将进入误区,事业难以成功。也就是说,你不辞辛苦地白天唱、晚上唱、拼命地唱,也难以成为歌星。所以,要想获得事业的成功,还要注意发现你的特长,并将你的特长与职业相匹配。但要注意,一个人的特长,往往具有隐蔽性,不易被发现,这就要求自己在自我分析时,或在日常生活与工作中多加留心。

与学科特长相适应的职业如下:

拥有数学特长的人适应的职业有:工程师、数学家、建筑设计师、制图员、计算机及信息类职业、数理统计、会计、营业员、银行职员、出纳员、保险公司职员、数学学科的教师、机械工程师、测量员、经济学家、哲学家及其他与理学、工程相关的职业。

拥有物理特长的人适应的职业有:设计师、建筑工程师、机械工、电工、飞行员、制模工、领航员、无线电修理工等。

拥有化学特长的人适应的职业有:牙科医生、药剂师、兽医、原子科学家、实验室技术员、护士、临床检验师、农技员、美容师、画家、地质学家、皮肤科医生等。

拥有生物特长的人适应的职业有:人类学、动物学、营养学、植物学、遗传学、免疫学等学科研究人员、博物馆管理员、实验室技术人员、内外科医生、农场工人、园林工人等。

拥有语文特长的人适应的职业有:编辑、作家、评论家、记者、教师、演员、图书管理员、办公室职员、翻译、秘书、法官、律师、作曲家等。

拥有美术特长的人适应的职业有:画家、建筑师、艺术教师、裁缝、理发师、摄影师、形象设计师、制图员等。

拥有外语特长的人适应的职业有:演员、作曲家、外交官、导游、律师、外事工作人员、图书管理、翻译、教师、宾馆服务员等。

拥有体育特长的人适应的职业有:运动员、体育教师、军人、船员、导游、救生员、体育编辑、侦探、公安人员、警卫员、教练、裁判等。

拥有音乐特长的人适应的职业有:音乐家、歌唱家、教师、剧作家、演奏家、音乐评论家、作曲家等。

第四节　能力探索

当一个人的能力和工作要求相匹配时,最容易发挥自己的潜能,并且获得一种满足的感觉。相反,当一个人去做自己力所不能及的工作时,就会感到焦虑,甚至产生挫败感。而当一个人能力超出工作要求太多时,又容易感到工作缺乏挑战,比较乏味。因此,我们要寻求个人能力与职业技能要求的适配。

一、能力及相关概念

(一) 能力的心理学定义

能力的概念很复杂。一般认为,能力是一种心理特征,是顺利实现某种活动的条件。

能力表现在所从事的各种活动中,并在活动中得到发展。一个有绘画能力的人只有在绘画活动中才能施展自己的能力;一个人的管理才能,也只有在领导一个企业、学校等组织的活动中才能显示出来。当一个人能顺利完成某种活动时,也就多少表现出他在这方面的能力。

在英语中,能力通常用两个意义相近但又不完全相同的词来表示:ability 和 capacity。ability 指对某项任务或活动的现有成就水平,因而人们已经学会的知识和技能就代表了他的能力;而 capacity 指容纳、接受或保留事物的可能性。在这个意义上,能力不是指现有的成就,而是指个体具有的潜力和可能性。我们平时所说的能力包含了以上两方面的内容。

能力的产生和发展是和人类的社会生活分不开的。以人类发展的早期阶段抽象思维能力的形成为例,原始人在实践活动中,一方面不断地把各种物体分解为它们的组成部分;另一方面又把它们联合成一个统一的整体。人们在这个过程中逐渐学会了在头脑中的分析和综合,即思维的分析与综合。这种思维的分析和综合,是在历史实践的基础上、在实际的分析和综合的基础上发展起来的。

(二) 能力与知识、技能的关系

知识是人脑对客观事物的主观表征。知识有不同的形式,一种是陈述性知识,即我们日常所说的知识,如北京是中国的首都,埃菲尔铁塔在法国巴黎等;另一种是程序性知识,即"如何做"的知识,如骑马的知识、开车的知识、计算机数据输入的知识等。掌握了知识,人们就会运用这些知识指导自己的活动。从这个意义上来说,知识是社会活动机制中一个不可缺少的构成要素,也是能力基本结构中的一个不可缺少的组成部分。

技能指人们通过练习而获得的动作方式和动作系统。技能也是一种个体经验,它是动作执行的经验,因而与知识有区别。技能作为活动的方式,有时表现为一种动作方式,有时表现为一种心智活动(智力活动)方式。因此,按活动方式又可分为操作技能和心智技能。操作技能的动作是由外显的机体运动完成的,其动作的对象为物质性的客体,即物体。心智技能(智力活动)的动作,借助于内在的智力操作来实现,其动作对象为事物的信息,即观念。操作技能依赖于机体运动的反馈信息,而心智技能则是通过操作活动模式的内化才形成的,这是两种不同的技能。由于技能直接控制活动的动作程序的执行,因此是激活调节机制中的又一个组成要素,也是能力结构的基本组成部分。

知识和技能是能力的基础。但只有那些能够广泛应用和迁移的知识和技能,才能转变为能力(冯忠良,1992)。能力不仅包含一个人现在已经达到的成就水平,而且包含个人具有的潜力。例如,一个读书很多的人,可能有较丰富的知识,但在解决实际问题时,却显得能力低下,说明他的知识只停留在书本上,既不能广泛迁移,也不能解决实际问题。可见,知识与能力是有区别的。知识渊博、能力平平的人并不少见。为什么会这样呢? 这里边还有一个知识结构的问题。大家可能都听过田忌赛马的故事,田忌并没有换马,只是调

整了良、中、劣马的出场顺序就获得了比赛的胜利。这就好比知识内容和容量没有改变但知识的结构改变了。技能也并不等于能力,但知识、技能与能力又有密切的关系。能力的形成依赖于知识、技能的获得。随着人的知识、技能的积累,人的能力也会不断提高;能力的高低又会影响掌握知识、技能的水平。一个能力强的人较易获得知识,他们付出的代价也比较小;而一个能力较弱的人可能要付出更大的努力才能获得一定的知识和技能。所以,从一个人掌握知识、技能的速度和质量上,可以看出其能力的大小。

理解能力与知识、技能的关系,对工作具有重要的意义。第一,我们不应该仅仅根据一个人知识的多少去简单地断定这个人能力的高低。一个人的能力可能已经表现出来也可能还没有表现出来,仅仅根据知识的多少来断定能力的大小,常常会做出错误的抉择。如果认为知识、技能等于能力,就可能导致只关心知识的学习而忽视能力发展的倾向。第二,由于能力不等于知识,人们才有必要研究评定能力的特殊方法,而不能用知识的评定来代替对能力的鉴定。

综上所述,能力是掌握知识、获得技能的前提,又是知识和技能的结果。掌握知识、获得技能、形成能力三者之间相互转化、互为促进。正确理解能力与知识、技能的关系,有助于形成、发展能力,这对个人和社会都非常重要。

(三)能力的种类

人的能力是各种各样的,按照不同的尺度可以将能力做如下区分:

1. 一般能力和特殊能力

一般能力指在不同种类的活动中表现出来的能力,如观察力、记忆力、想象力和创造力等。其中抽象概括力是一般能力的核心。平常我们所说的智力就是指一般能力。人要完成任何一种活动,都和这些能力的发展分不开。

特殊能力指在某种专业活动中表现出来的能力。它是顺利完成某种专业活动的心理条件。例如,画家的色彩鉴别力、形象记忆力;音乐家的区别旋律的能力、音乐表象能力及感受音乐节奏的能力等。

一般能力与特殊能力的关系是十分密切的。一方面,一般能力是特殊能力的组成部分。人的一般听觉能力既存在于音乐能力中,也存在于言语能力中。没有听觉一般能力的发展,就不可能发展音乐和言语听觉能力;另一方面,特殊能力的发展有助于一般能力的发展。例如,音乐能力的发展会提高一般的听觉能力,并进而影响言语听觉能力的发展。

2. 模仿能力和创造能力

模仿能力(Imitative Ability)是指人们通过观察别人的行为、活动来学习各种知识,然后以相同的方式做出反应的能力。如儿童在家庭中模仿父母的语言、表情,从电视中模仿演员的动作、服饰,从字帖上模仿前人的书法等。模仿不但表现在观察别人的行为后做出的相同反应中,而且表现在某些延缓的行为反应中。模仿是动物和人类的一种重要的学习能力。

创造能力(Creative Ability)是指产生新的思想和新的产品的能力。一个具有创造力的人往往能超脱具体的知觉情景、思维定式、传统观念和习惯势力的束缚,在习以为常的事物和现象中发现新的联系,提出新的思想,产生新的产品。作家在头脑中构思新的人物形象,创造新的作品;科学家提出新的理论模型并用实验证实这些模型,都是创造力的具体表现。

　　模仿力和创造力是两种不同的能力。动物能模仿,但不会创造。模仿只能按现成的方式解决问题,而创造力能提供解决问题的新方式与新途径。人的模仿力和创造力有明显的个别差异。有的人擅长模仿,而创造力较差;有的人既善于模仿又富有创造力。了解这一点对选拔和使用人才具有现实意义。模仿力和创造力有密切的关系,人们常常是先模仿,然后再进行创造。科研工作者先通过观察模仿别人的实验,再提出有独创性的实验设计;学习书法的人先临摹前人的字帖,以后才创作出具有个人独特风格的作品。在这个意义上,模仿也可以说是创造的前提和基础。

　　3. 流体能(智)力和晶体能(智)力

　　根据能力在人的一生中的不同发展趋势以及能力和先天禀赋与社会文化因素的关系,可以将能力分为流体能力和晶体能力。

　　流体能力(Fluid Intelligence)指在信息加工和问题解决过程中所表现的能力。如对关系的认识,类比、演绎推理能力,形成抽象概念的能力等。它较少地依赖于知识和文化的内容,而取决于个人的禀赋。流体能力的发展与年龄有密切关系。一般人在 20 岁以后,流体能力的发展达到顶峰,30 岁以后将随年龄的增长而降低。此外,心理学家们也发现,流体能力属于人类的基本能力,其个体差异受教育文化的影响较小。因此,在编制适用于不同文化的所谓文化公平测试时,多以流体能力作为不同文化背景者的智力比较的基础。

　　晶体能力(Crystallized Intelligence)指获得语言、数学知识的能力,它取决于后天的学习,与社会文化有密切的关系。晶体能力在人的一生中一直在发展,只是到 25 岁以后,发展的速度渐趋平缓。

　　晶体能力依赖于流体能力。如果两个人具有相同的经历,其中一个有较强的流体能力,那么他将发展出较强的晶体能力。然而,一个有较高流体能力的人如果生活在贫乏的智力环境中,那么,他的晶体能力的发展将是低下的或平平的。

　　将能力分为流体能力和晶体能力,使我们对个体能力发展的多维性有了更好的了解。不同的能力具有不同的发展速度,达到成熟和出现衰退的时期也是不同的。

　　4. 认知能力、操作能力和社交能力

　　认知能力(Cognitive Ability)是指人脑加工、储存和提取信息的能力,即我们平常所讲的智力,如观察力、记忆力、想象力等。人们认识客观世界,获得各种各样的知识,主要依赖于人的认知能力。

　　操作能力(Operation Ability)是指人们操作自己的肢体以完成各项活动的能力,如劳动能力、艺术表演能力、体育运动能力等。操作能力是在操作技能的基础上发展起来的,又成为顺利掌握操作技能的条件。操作能力与认知能力不能截然分开。不通过认知能力积累一定的知识和经验,就不会有操作能力的形成和发展。反过来,操作能力不发展,人的认知能力也不可能得到很好的发展。

　　社交能力(Social Ability)是在人们的社会交往活动中表现出来的能力,如组织管理能力、言语感染力、判别决策的能力、调解纠纷和处理意外事故的能力等。这种能力对组织团体、促进人际交往和信息沟通有重要作用。

二、能力与职业

(一) 能力与职业的关系

大学生对自己的能力有正确的认识,是进行合适的职业设计的重要前提。过高地估计自己的能力或者对自己的能力特点认识不正确,就有可能对自己的职业定位出现偏差,在职业活动中难以取得预期的成就,也找不到成就感,从而陷入自我挫败的误区。相反,过低地估计自己的能力或者对自己的能力特点认识不正确,即使在"眼光向下"的职业定位中找到自己的位置并有所表现,也难以获得满意的感受,更不要说让生命的意义得到充分的体现。我国职业教育奠基者黄炎培先生指出:"一个人职业和才能相当和不相当,相差很大。用经济眼光看起来:要是相当,不晓得增加多少效能;要是不相当,不晓得埋没多少人才。就个人论起来:相当,不晓得有多少快乐;不相当,不晓得有多少怨苦。"

因为人的能力不尽相同,要想根据自己的能力成功地进行职业设计,就需要对自己的能力进行测评。广义的能力倾向测验包括体格及生理机能检查,运动机能和感官机能测定,还有智力、特殊能力测验等。至于特殊能力测验,分类就更加繁多。比如,有数字和逻辑能力、语言能力、控制肌肉的能力、空间能力、自我感觉能力和交往能力等测验。这些测验不仅能使自己在进行职业设计时有所参考,也有助于自己根据职业领域的现实情况明确自己在哪些方面需要改善,以便增强自己的适应能力和应变能力。

(二) 能力与职业的吻合

对任何一种职业而言,必须要求从业者具备相应的能力。能力是职业适应性的首要的和基本的制约因素。因此,个人在择业时,需要考虑到能力与职业的吻合问题。一般来说,一项职业总是需要几种能力的综合,择业时就应考虑自己是否具备这些能力。试想一下,倘若鲁迅继续学医,就不会成为伟大的文学家;假如陈景润还当中学教师,便没有举世闻名的"陈氏定理";要是达尔文当初听从父亲之命放弃科学考察而去做一名牧师的话,自然界的生物进化之谜不知何时才能解开。

能力不同,对职业选择就有差异。从能力差异的角度来看,在职业选择时应遵循以下原则:

1. 注意能力类型与职业相吻合

(1) 人的能力类型是有差异的,即人的能力发展方向存在差异。对职业的研究表明,职业也是可以根据工作的性质、内容和环境而划分为不同的类型的,并且对人的能力也有不同的要求,因此,应注意能力类型和职业类型的吻合。

(2) 能力水平要与职业层次一致或基本一致。对一种职业或职业类型来说,由于所承担的责任不同,又可分为不同层次,不同层次对人的能力有不同的要求。因此,在根据能力类型确定了职业类型后,还应根据自己所达到或可能达到的能力水平确定相吻合的职业层次。只有这样,才能使能力与职业的吻合具体化。

(3) 充分发挥优势能力的作用。每个人都具有一个多种能力组成的能力系统。每个人在这个能力系统中,各方面能力的发展是不平衡的,常常是某方面的能力占优势,其他方面能力不太突出。对职业选择和职业指导而言,应主要考虑其最佳能力,选择最能运用其优势能力的职业。同样,在人事安排中,如能注重一个人的优势能力并分配相应的工作,会更好地发挥一个人的作用。

2. 注意一般能力与职业相吻合

一般能力通常又称为智力,包括注意力、观察力、记忆力、思维能力和想象力等。不同的职业对人的一般能力的要求不同,有些职业对从业者的智力水平有要求,如律师、工程师、科研人员、大学教师等都要求有很高的智商。智力在相当大的程度上决定着其所从事职业的类型。

3. 注意特殊能力与职业相吻合

特殊能力是指从事某项专业活动的能力,也可称特长,如计算能力、音乐能力、动作协调能力、语言表达能力、事务能力、空间判断能力、形态知觉能力、手指灵活度与灵巧度等。要顺利完成某项工作,除要具有一般能力外,还要具有该项工作所要求的特殊能力,如从事教育工作需要有阅读能力和表达能力,从事数学研究需要有计算能力、空间想象能力和逻辑思维能力等。

案例 2-6

小静在学校的时候就喜欢写作,担任院刊的主编,出了多期有质量的刊物,她自己也在大大小小的刊物上发表了不少文章。小静希望自己毕业后能从事与文字有关的工作。毕业前,她在某厅局级下属的内部报刊编辑部实习,因为内部报刊没有市场的竞争压力,机关气息很重,小静认为自己的文字功底无法发挥。后来,电视台招记者的时候,她前往报名,一路过关斩将,通过了三试,可最后复试却失败了。毕业在即,受挫的她只好回到自己的市场营销专业上去找工作,并很快和一家条件不错的企业签约,进了该企业的采供部门。部门分配给她的工作岗位是和各种原料的账目打交道的会计工作,幸好在高校学习时小静有一些会计的知识基础,加之她认真负责、细致耐心,工作很快就上手了。领导也觉得小静做得不错,也无意让她换岗位。但小静自己却觉得自己这份工作做得太累,有了严重的倦怠感。

就业指导咨询中心对小静进行了多方面的测试,希望帮她寻找占优势的智能。结果显示,小静的语言、内省、人际智能优势非常明显,而和财务报表打交道需要具备的逻辑—数学智能并不是她的优势。尽管由于个性上的认真细致,小静能做好目前的工作,但长期从事并不符合自身优势也非感兴趣的工作,难怪她会产生职业倦怠感。

小静的经历说明,个体的职业愉悦度与其能力有着重要的关联,当一个人的能力与其职业不相称或者说不匹配时会对工作感到厌烦,产生倦怠感。

（三）能力是可以培养的

十年磨一剑,很多能力是可以通过后天的努力培养出来的。其实,我们人类先天就具备很多能力,但由于后天开发得不够,很多能力因此而消失。比如,每个婴儿都会游泳,但不是每个成年人都会游泳。再比如,一只雄鹰因为和鸡生活在一起而变得不会飞翔。所以挖掘自身潜能,不断培养自身能力,就显得尤为重要。李开复在大学期间是学计算机专业的,他性格内向,喜欢思考,不善言辞,但是他追求影响力,而语言表达可以提高他的影响力。为了实现自己的梦想,他开始了不懈的努力,他每周都要写好发言稿,然后把自己的好朋友叫到一起听他演讲,不断地训练之后,我们看到演讲台上的李开复自信而幽默,我们以为他天生就是演讲的材料，其实是后天努力的结果。

（四）如何培养职业能力

需要说明的是，职业能力同样更应该有意识地培养。

1. 主观能动性能促进职业能力的培养

能力的形成和发展有其自然的前提，即人的遗传素质。如果个体在脑神经系统、运动器官、感觉器官的解剖生理结构和机能方面有缺陷，就难以形成和发展相应的能力。不过，马克思说："搬运工和哲学家之间的原始差别要比家犬和猎犬之间的差别小得多，他们之间的差异是分工形成的。"因此，对常人来说，能力特别是职业能力的形成发展不取决于先天，而在于后天的环境、教育训练以及实践活动。如世界著名选手、奥运会乒乓球金牌得主、优秀运动员邓亚萍，小时候由于个子不高，在行家看来不是打乒乓球的料，但由于她勤奋拼搏，能够吃常人难吃之苦，终于成为世界乒坛一颗璀璨的明星。这就说明充分发挥人的主观能动性何等重要。

2. 接受教育和培训能促进能力的形成

父母是我们的第一任老师，我们从父母那里接受了最初的职业意识，并获得了最初的基本能力。个体要获得知识能力，主要来自间接经验的传递。有目的、有计划、有组织的学校教育正可以充当这一媒介。提高职业能力最有效的方法就是接受教育和培训，短期职业教育和高等教育都能使人获得一定的基础知识和职业技能，在上岗前再参加一些针对性强的专门培训，对上岗后更好地胜任岗位职责会有很大的帮助。

3. 通过不断地实践能够提高职业能力

我国古代思想家王充，在他的论著中就指出"施用累能"，就是说能力是在使用中积累的，从事不同职业活动的人积累不同的能力。苏联著名戏剧家斯坦尼斯拉夫斯基也说："没有顽强的细心的劳动，即便是有才华的人也会变成绣花枕头似的无用的玩物。"这都突出了实践活动在能力形成和发展中的作用。职业能力和职业实践互为因果，从事一定的职业活动需有一定的能力为前提，但在实践活动中不断涌现出来的新问题、新要求则会促使相应能力水平的持续提高。

4. 一些良好的品质对能力的形成和发展有重要的意义

如谦虚能使人保持旺盛的求知欲和进取精神，这样就不仅会激发人发挥自己的能力，而且还可以挖掘自己的潜能，从而促进能力的发展。再如，毅力不仅能帮助人战胜困难，成为成功的外部条件，而且能使人战胜身体上的某些缺陷（如口齿不清）使能力得到发展。另外，"勤能补拙"也说明了个人的勤奋努力对能力的发展有着积极作用。

三、能力与技能测评

能力测评是指依据一定能力结构理论所编制的能力测验量表，测定一个学生所具有的实际能力和可能具有的潜在能力，并用数量化方法加以评定。能力与技能的测评主要包括智力测评、技能测评、能力倾向测评、学习能力测评几个方面。

智力测评的目的在于测量智力的高低、辨别智力的发展水平；技能测评的目的在于对一个人技能技巧的实际水平进行测验；能力倾向测评的目的在于发现一个人的潜在才能，预测个体在将来的学习或工作中可能达到的成功程度；特殊能力测评的目的是了解个体在某个专业领域的既有水平，预测个体今后在此专业领域成功的可能性；创造力测评的目的是评定个体创造力的高低和发展水平。

（一）智力测评

1. 智力测评

智力测评是用来测量人的智力水平的一种方法。测量智力的工具称为智力量表。由于一个人智力的高低通常用智商来表示，所以智力测评又叫智商测验。

世界上第一个智力量表是由法国心理学家比奈（A. Binet）和他的同事西蒙（T. Simon）于1905年编制而成的比奈—西蒙量表。该量表是应法国教育部区分正常儿童和低能儿童的需要而编制的。此后陆续编制的各种智力量表和类似智力量表的测量工具有200种以上，其中斯坦福—比奈量表和韦克斯勒智力量表最具影响力和权威性。我国也先后对比奈—西蒙量表和韦氏量表进行了修订，从而将其使用面推广到全国。

2. 对智力测评结果的解释

1908年比奈—西蒙量表首先使用智力年龄（IA）的概念，该量表把测验项目依难度大小归入相应的年龄组，编成年龄量表，以智力年龄表示智力水平的高低。所谓智力年龄，是指在智力年龄量表上实际所达到的年龄，又被称为心理年龄（MA）。例如，一个实际年龄为7岁的儿童，他若能通过7岁量表测验，则其智力年龄也为7岁，表示他达到了7岁的智力水平；若他能通过8岁量表测验，则其智力年龄为8岁，表示他达到了8岁的智力水平。但在实际测试中，被试者往往在某个低年龄水平的题目上失败，却通过了更高年龄水平的题目。因此，要确定智力年龄，首先必须确定基础年龄。一般把正确回答了全部问题的最高年龄作为基础年龄，基础年龄加上完成高年龄组题目所代表的年龄，这个和值就是被测试的智力年龄。例如，在吴天敏修订的比奈量表中，每个年龄组都有6个测试题，答对每题得智龄2个月。某人被试5岁组题目全部通过，6岁组通过4题，7岁组通过3题，8岁组通过2题，则其智力年龄＝5（岁）＋4×2（月）＋3×2（月）＋2×2（月）＝5岁＋18个月＝6岁6个月。这样所得的智力年龄，只表示个人当时的智力发展水平，并不能直接作为表示个人智力发展优劣的标准。

德国心理学家斯特恩（W. Stern）首先提出用一个比率或商数的方法来表示智力水平。他认为比奈—西蒙量表所使用的智力年龄，只能表示绝对的智力水平而不能表示比较的或相对的智力水平。例如，一个6岁儿童智龄为8岁，一个10岁儿童智龄为12岁，两者的智龄都是早两岁，仿佛智力水平相等，但由于年龄大小不同，其意义是不一样的。这个差异用智力年龄无法表示。于是，斯特恩提出用心智商数来衡量智力水平的高低，其公式为：心智商数＝智龄/实龄。根据这个公式，上述6岁儿童的心智商数为8/6＝1.33，而10岁儿童的心智商数为12/10＝1.2。这样就可以表示这两个儿童的智力差异了。

1916年推孟在他修订的斯坦福—比奈量表中首先使用智力商数来表示智力水平的高低。他认为心智商数常常是一个小数，既烦琐又不易理解，于是他主张将心智商数乘以100，并称作智力，简称比率智商或智商（IQ）。其公式为：智商（IQ）＝智龄/实龄×100。根据这个公式，上述两个儿童的智商分别为133和120。斯坦福—比奈量表在计算智商时对实际年龄有一些特殊规定。1916年斯坦福—比奈量表规定：凡实龄在16岁以下者，用实龄作除数；凡实龄在16岁以上者，一律以16作除数。1937年修订的斯坦福—比奈量表规定：13岁以下者用实龄作除数；16岁以上者一律以15作除数；年龄在13～16岁之间者，以13加上超过13岁的月数的2/3为除数。例如，15岁儿童以13岁

16 个月为除数（13＋24×2/3）。推孟的这一规定是依据随着年龄增长智力发展减慢的理论而提出的。

（二）技能测评

技能测评是对一个人技能技巧的实际水平的测验，而不是潜在水平的测验，属于成就测验。测验的方式大多数是作业实例测验，如 SRA 听写技巧测验、DAT 语言使用测验、明尼苏达工程类类推测验、业务打字测验等。例如，汽车修理厂在挑选汽修技工时，所进行的测评就是技能测评。

案例 2－7

技能的重要性

子宁，某高职毕业生，计算机专业。子宁学习刻苦，老师讲的、课本上写的都学得很透彻，每次考试分数都很高。但让子宁苦恼的就是他的动手实践能力太差。大学毕业面临找工作，笔试都顺利过关，但当测试实际编程技能时，他一次次被刷下来，有一位面试官建议他去参加一个 Java 培训班，加强一下动手实践能力的训练。通过在培训班的学习，子宁掌握了作为一个程序员应具备的技能，再加上优异的学习成绩，最终找到了一份理想的工作。

（三）能力倾向测评

能力倾向是指天生或遗传的、并不直接依赖于专门的教学或训练的潜在的能力趋势，它反映的是个体从未来训练中获益的能力。能力倾向测评主要用于测量被试者的潜在成就或预测将来的作为水平，也就是预测个体在将来的学习或工作中可能达到的成功程度。例如，某人的测验结果表明他在逻辑推理能力上有明显的优势，我们就可以预测此人将来在理科课程的学习上可能获得较好的成绩，从而可以帮助他在未来的专业或职业选择中做出正确决策。能力倾向测验可用于学术和职业咨询、职业安置等，该测验的分数可以帮助决策者和被试者自己选择合适的训练程序或职业。

1941 年，瑟斯顿（Thurstone）编制了第一个能力倾向成套测验。此后，能力倾向测验得到迅速发展，成为学校教育和人事工作的有效辅助工具。能力倾向测验包括一般能力倾向测验和特殊能力倾向测验。

1. 一般能力倾向成套测验（GATB）

一般能力倾向测验测量一个人的多方向的特殊潜能。它强调的是对能力的不同方向的测量，测量的结果不是得到单一的 IQ 分数，而是产生一组不同的能力倾向分数，从而提供表示个人特有长处和短处的能力轮廓。一般能力倾向测验的结果通常是职业咨询、分类和安置决策中最有效的信息。

一般能力倾向成套测验是由美国劳工部就业保险局于 20 世纪 50 年代编制、70 年代修订的，是职业咨询和安置中最有效的一套测验。GATB 是在各种职业团体施测几十个测验后进行因素分析的基础上编制的，为美国各州就业办事机构所采用，并为其他国家制定能力倾向成套测验所借鉴。这个成套测验包括名称比较、自述、三维空间、词汇、工具相配、算术推理、形状相配、做记号、放置、转动、装配和拆卸 12 个分测验，前 8 个分测验为书面测验,后 3 个分测验为器具测验。共测量一般智慧能力、言语能力、数字能力、空间能力、形状知觉、书写知觉、运动协调、手工灵巧和手指灵活 9 种能力。GATB 适用于初三以上年级的中学生及成年人,为团体测验,测验时限为 120~130 分钟,主要用于职业指导和就业咨询。

我国心理学工作者通过实验研究和调查研究,在能力倾向和各种不同的职业之间建立了联系,这样我们就可以根据被试者在职业能力测验的各个分测验上的得分,来评价他在各种不同职业上的潜力。因此,在我国便出现了各类颇多的职业能力倾向测验,其中一类是一般职业能力倾向测验,它用于职业定向,通常包括一组涉及各种职业活动的分测验。《BEC 职业能力测验(I 型)》是 1988 年由北京人才评价与考试中心(简称 BEC)参照美国教育与工业测验服务中心编制的《职业能力安置量表(CAPS)》而开发的,是我国最早的一个成套职业能力倾向测验。该测验包括机械推理、空间关系、言语推理、数学能力、言语运用、字词知识、知觉速度和准确性、手指速度和灵活性 8 个分测验。

自我测评

能力倾向的自我测评

下面的测试包括九个方面的能力的简易量表,每种能力倾向都有四道试题。测验时,请仔细阅读每一道题,并采用五级评分法对自己进行判定。

(一)一般学习能力倾向(G)	强 1	较强 2	一般 3	较弱 4	弱 5
1. 快而容易地学习新内容					
2. 快而正确地解答数学题					
3. 对课文的字、词、段落、篇章的理解、分析和综合能力					
4. 对学习过的材料的记忆能力					
(二)言语能力倾向(V)	强 1	较强 2	一般 3	较弱 4	弱 5
1. 善于表达自己的观点					
2. 阅读速度和理解能力					
3. 掌握词汇量的程度					
4. 你的语文成绩					
(三)算数能力倾向(N)	强 1	较强 2	一般 3	较弱 4	弱 5
1. 做出精确的测量					
2. 笔算能力					
3. 口算能力					
4. 你的数学成绩					
(四)空间判断能力倾向(S)	强 1	较强 2	一般 3	较弱 4	弱 5
1. 解决立体几何方面的习题					

（续表）

	强1	较强2	一般3	较弱4	弱5
2. 画三维度的立体图形					
3. 想象盒子张开后的平面图					
4. 想象三维度的物体					
（五）形态知觉能力倾向（P）	强1	较强2	一般3	较弱4	弱5
1. 发现相同图形中的细微差别					
2. 识别物体的形态差异					
3. 注意物体的细节部分					
4. 观察物体的图案是否正确					
（六）书写知觉能力倾向（Q）	强1	较强2	一般3	较弱4	弱5
1. 快而准地抄写资料					
2. 发现错别字					
3. 发现计算错误					
4. 能很快查找编码卡片					
（七）眼手运动协调能力倾向（K）	强1	较强2	一般3	较弱4	弱5
1. 玩电子游戏					
2. 打篮球、打排球、踢足球一类的活动					
3. 打乒乓球、打羽毛球等运动					
4. 打字能力					
（八）手指灵活度（F）	强1	较强2	一般3	较弱4	弱5
1. 灵巧地使用很小的工具					
2. 穿针眼、编织等使用手指的活动					
3. 用手指做一个小工艺品					
4. 使用计算器的灵巧程度					
（九）手腕灵活度（M）	强1	较强2	一般3	较弱4	弱5
1. 用手把东西分类					
2. 在推拉东西时手的灵活性					
3. 很快地削苹果					
4. 灵活地使用手工工具					

计分方法：选"强"得5分，选"较强"得4分，选"一般"得3分，选"较弱"得2分，选"弱"得1分。计算每一类能力的自评等级：自评等级＝总分÷4。最后，将自己的等级填入下表。

职业能力倾向	自评等级	职业能力倾向	自评等级	职业能力倾向	自评等级
G		S		K	
V		P		F	
N		Q		M	

根据结果对照下表，找到适合你的职业。

职业类型	职业能力倾向								
	G	V	N	S	P	Q	K	F	M
生物学家	1	1	1	2	2	3	3	2	2
物理科学技术人员	2	3	3	3	2	3	3	3	3
数学家和统计学家	1	1	1	3	3	2	4	4	4
系统分析和计算机程序员	2	2	2	2	3	3	4	4	4
经济学家	1	1	1	4	4	2	4	4	4
社会学家、人类学家	1	1	2	2	2	3	4	4	4
心理学家	1	1	3	4	4	3	4	4	4
历史学家	1	1	4	3	3	3	4	4	4
哲学家	1	1	3	2	2	3	4	4	4
政治学家	1	1	3	4	4	3	4	4	4
社会工作者	2	2	3	4	4	3	4	4	4
法官	1	1	3	4	3	3	4	4	4
律师	1	1	3	4	3	4	4	4	4
职业指导者	2	2	3	4	4	3	4	4	4
大学教师	1	1	3	3	3	3	4	4	4
小学和幼儿园教师	2	2	3	3	3	3	3	3	3
中学教师	2	2	3	4	3	3	4	4	4
营养学家	2	2	2	3	3	3	4	4	4
画家、雕刻家	2	3	4	2	2	5	2	1	2
产品设计和内部装饰者	2	2	3	2	2	4	2	2	3
舞蹈家	2	2	4	3	4	4	4	4	4
演员	2	2	3	4	4	3	4	4	4
电台播音员	2	2	3	2	2	4	2	2	2
作家和编辑	2	1	3	3	3	3	4	4	4
翻译人员	2	1	4	4	4	3	4	4	4
体育教练	2	2	2	4	4	3	4	4	4

（续表）

职业类型	职业能力倾向								
	G	V	N	S	P	Q	K	F	M
体育运动员	3	3	4	2	3	4	2	2	2
秘书	3	3	3	4	3	2	3	3	3
统计员	3	3	2	4	3	2	3	3	4
一般办公室职员	3	4	3	4	4	3	3	4	4
商业经营管理	2	2	3	4	4	3	4	4	4
警察	3	3	3	4	3	4	3	4	3
导游	3	3	4	3	3	5	3	3	3
驾驶员	3	3	3	3	3	3	3	4	3

2. 特殊能力倾向测验

所谓特殊能力是指从事某种专业活动的能力，如运动能力、机械能力、音乐和艺术能力、飞行能力等。特殊能力测验就是对这些能力的测量，也可以说是测定智能的特殊因素的一种测验。它具有诊断和预测的职能，能够判断一个人具有什么样的能力及测定在所从事的活动中适应和成功的可能性。现有常用的特殊能力测验一般是针对一种特殊能力所包含的各方面因素进行测量，其内容与相应的专业或职业训练的重点一致，而测量的目的是既想了解个体在此专业领域的既有水平，又想预测个体今后在此专业领域成功的可能性。在教育领域，特殊能力测验可以作为制订和实施有关教育计划的依据；可以对学生的发展潜能进行测定，以便了解学生的情况，更好地贯彻因材施教的原则；可以为中学毕业生的升学和就业咨询及学校专业的招生工作提供服务。

（四）学习能力测评

学习能力测评是用笔试的方式测评学习能力。学习能力测评中最常用的题型包括必答题、选答题与综合题。例如，升学考试就是一种学习能力的测评，通过考试的人有能力进入更高层次的学习。

第五节　价值观探索

一个人的价值观相对稳定，而且持续终身，所以，价值观的澄清与确认成了职业生涯决策过程中非常重要的步骤。

一、价值观和职业价值观

（一）价值观

价值观是指一个人对周围客观事物（包括人、事、物）的意义、重要性的总的看法和评价。价值观是社会成员用来评价行为、事物以及从各种可能的目标中选择自己满意的目标的准则。价值观通过人们的行为取向及对事物的评价、态度反映出来,是世界观的核心,是驱使人们行动的内部动力。在同一客观条件下,对于同一个事物,由于人们的价值观不同,就会产生不同的行为。

（二）职业价值观

职业价值观是人们对社会职业需求所表现出来的评价,是人生价值在职业问题上的反映。每个人的职业价值观不同,因而对某一职业的评价和取向也会不同。有的人喜欢与人打交道的工作,有的人喜欢人际交往少的工作;有的人喜欢刺激、有挑战性的工作,有的人喜欢安安稳稳、挑战性小的工作;有的人择业看重收入,有的人择业看重工作的价值,有的人择业看重发展空间,有的人择业看重工作地点和环境等。不同的人有不同的职业价值观,不同的职业价值观适合从事不同的职业或岗位。如果在择业时选择了与自己的职业价值观不符的职业,就很难在这个岗位上工作下去。

自我测评

21种个人价值观排序

请你按照下面给出的21种个人价值观对你的重要程度来排列它们的顺序。如果你有时间,还可以先把这些价值观的名字写在小纸片上,然后再将它们排序。在排序的过程中,留意自己的语言和行为,排序结束后解释一下自己这样排序的原因,并举出一些具体的事例,从而审视一下自己的价值观。

——成就:成功;通过决心、坚持和努力而达到预定的目标。

——审美:为了美而欣赏、享受美。

——利他:关心别人,为别人的利益献身。

——自主:能够独立地做出决定的能力。

——创造性:产生新思想及革命性的设计。

——情绪健康:能够克制焦虑的情绪,有效阻止坏脾气的产生;思绪平静,内心感觉安全。

——健康:生命存在的条件,没有疾病和痛苦,身体总体条件良好。

——诚实:公正或正直的行为,忠诚、高尚的品质或行为。

——正义:无偏见,公正、正直;遵从真理、事实和理性;公平地对待他人。

——知识:为了满足好奇心,运用知识或满足求知欲而寻求真理、信息。

——爱:建立在钦佩、仁慈基础上的感情。温暖的依恋、热情、献身;无私奉献,忠诚地接待他人,谋求他人的益处。

——忠诚:效忠于个人、团队、组织或政党。

——道德:相信并遵守道德标准。

——身体外观:关心自己的容貌。

——愉悦:是一种惬意的感觉,是伴随着对美好事物的期待和对伟大愿望的拥有而产生的。愉悦不在于表面上的高薪,而在于内心的满足和喜悦。

——权力:拥有支配权、权威或对他人的影响。

——认可:由于他人的反映而感到自己很重要、很有价值;得到特别的关注。

——宗教信仰：与神交流，服从神，代表神行动。

——技能：乐于有效使用知识，完成工作的能力；具有专门技术。

——财富：拥有大量的物质财富；富足。

——智慧：具有洞察内在品质和关系的能力；洞察力、智慧、判断力。

请你列出自己排在前六的价值观：

1. _____　2. _____　3. _____　4. _____　5. _____　6. _____

二、价值观与职业

（一）价值观与职业的关系

价值观对职业生涯的影响最主要的还是体现在选择职业时，即对生活方式、工作角色的选择上。在职业规划中，价值观是职业定位的最关键因素。只有所从事的职业与自我价值观相符合时，才不会有心理冲突，才能充分调动积极性，最大限度地发挥能力，满足高层次自我实现的需要，产生成就感。

"打工皇后"吴士宏，从一个护士成为微软中国公司的总经理，这看起来是多么的不可思议，但是她在这个位置上只做了15个月就毅然决定离开。为什么她会放弃这样一个位高权重的职位？她对微软大中华区总监乔治说："我来微软是为了一个理想，做了很多，忍了很多，努力了很多。您清楚地了解，我不同意公司在中国的很多重大决策。既然不同意，而在无数次努力之后都无法对其有任何影响，这个总经理职位对我也就失去了意义。我决定，辞职。"可见，她选择离开是因为她个人的价值观和微软不同。

好利来集团总裁罗红不是生下来就爱蛋糕，从脱离家庭独立生活的那天起，他爱上了照相，他喜欢"咔嚓"声。凭着他的吃苦能干和对摄影的痴迷，他在一家照相馆里工作了八个月，就掌握了照相的全部技能。一年后，他有了属于自己的照相馆，原本以为自己的一生都可以做自己热爱的摄影事业，可是一天买生日蛋糕的经历，却改变了他人生的轨迹。那是他母亲退休后的第一个生日，为了尽一片孝心，他希望能为母亲选购一个样式新颖、口味甜美的生日蛋糕，然而几乎跑遍了成都，也没有选购到一个合适的生日蛋糕，罗红由此下定决心创立自己的蛋糕店。从事艺术蛋糕事业的最初朦胧的梦想，如一粒春种，深深植入了他的心际，如此温馨而富于感情色彩的开始，决定了好利来永久的品牌内涵——甜蜜的事业，快乐与爱心的使者。可见罗红的核心价值观是爱，为了让全天下的母亲都能在自己生日的时候品尝到美味的蛋糕，他放弃了自己心爱的摄影事业。也正因为罗红的价值观是爱，所以好利来的企业文化的核心内容也是爱。

生活中，这样的例子比比皆是！那么，你的价值观又是什么？在你的生命中，什么东西是你无论如何都不会放弃的？值得注意的是，在日常生活中，每个人的价值观并不是单一的，而是混合的，没有一项工作能够满足我们全部的价值观，所以，明确自己价值观的主要方面是至关重要的。

（二）价值观是会发生改变的

价值观是一种社会意识，它在一定社会存在的基础上产生并随着社会存在的变化而变化。

生命中的不同时期，一个人的价值观也是可能发生改变的。例如，少年的时候，我们更看重的是朋友，愿意为朋友的事两肋插刀；青年的时候，我们更看重的是事业，愿意为事业成功贡献终生；中年的时候，我们更看重的是家庭，觉得家庭是我们生命中的港湾，可以让我们疲惫的身心得到休整。

生命中的重大事件发生也会让人的价值观产生巨大的改变。据调查，5·12汶川大地震发生以后，很多人的价值观发生了巨大的改变，比较有代表性的是原本一心努力工作、拼命赚钱的人开始追求今朝有酒今朝醉；原本疏于照顾家庭的人体会到亲情的重要；原本没有斗志的孩子愿为汶川雄起而读书。

基于对所从事职业的认知、了解和体验，人的价值观的内容也会不断改变和更新。从事某项工作之前，对工作的认识是表面的、肤浅的，只有亲身经历后，才能有所收获，才能体会到它的价值所在。

所以，时刻问问自己的心，在自己的生命中，到底哪些才是最重要的，可以帮助我们不断改变自己的价值观。

案例 2 - 8

职业价值观的改变

2011年孙晓鸥毕业于北京一所大学计算机专业，毕业那一年，他曾把当公务员作为自己最理想的职业选择，认为公务员工作稳定、体面、收入可观，也不太累。于是，他刻苦学习，准备公务员的考试。笔试成绩比较高，顺利进入面试。但是，面试自觉很糟糕，最后也因为面试成绩较差而没被录用。后来，孙晓鸥去了一家公司从事软件开发工作，他在公司表现很好，目前已升为项目经理，并自述："以前总是感觉公务员工作收入稳定、体面、轻松，只要完成领导布置的任务就可以，工作环境也好，但现在感觉进公司从事技术工作是正确的选择，这种工作有挑战性、充实、成就感比较强，有利于自我成长，收入也相当可观。"

由此可以看出，孙晓鸥在经过工作实践以后，职业价值观发生了改变，也更进一步认识了自我。

三、价值观的类型

美国心理学家洛特克在1973年对人类价值观的本质进行论述时，提出了成就感、美感、挑战、健康、收入和财富、独立性、爱及家庭、道德感、欢乐、权力、安全感、自我成长、协助他人等13种价值观。日本一家调查所在一项职业调查中选择和设计了7种价值取向，即能推动社会发展，助人、为社会服务，得到人们高度评价，受人尊重，能赚钱，虽平凡但有固定收入，自谋职业。我国职业专家通过大量的调查，把职业价值观分为6种类型，并将个人适合的职业类型与之相对应，这六种价值观分别是自由型、小康型、支配型、自我实现型、志愿型和技术型（如表2-4所示）。

表 2-4　六类职业价值观的特点和相对应的职业类型

职业价值观	特点	相应职业类型
自由型	不受别人指使,凭自己的能力拥有自己的"小城堡",不愿受人干涉,想充分施展本领。	室内装饰员、图书管理专家、摄影师、音乐教师、作家、演员、记者、诗人
小康型	追求虚荣,优越感也很强。很渴望能有社会地位和荣誉,希望常常受到众人尊敬。欲望得不到满足时,由于过于强烈的自我意识,有时反而很自卑。	记账员、会计、银行出纳、法庭速记员、成本估算员、税务员、核算员、打字员、办公室职员、统计员、计算机操作员等
支配型	想当组织的一把手,飞扬跋扈,无视他人的想法,为所欲为,且视此为无比快乐。	推销员、进货员、商品批发员、旅馆经理、饭店经理、广告宣传员、调度员、律师、政治家、零售商等
自我实现型	不关心平常的幸福,一心一意想发挥个性,追求真理。不考虑收入、地位及他人对自己的看法,尽力发掘自己的潜力,施展自己的本领,并视此为有意义的生活。	气象学者、生物学者、天文学家、药剂师、动物学者、化学家、科学报刊编辑、地质学家、植物学者、物理学者、数学家、实验员、科研人员等
志愿型	富于同情心,把他人的痛苦视为自己的痛苦,不愿干表面上哗众取宠的事,把默默地帮助不幸的人视为无比快乐。	社会学者、导游、福利机构工作者、咨询人员、社会工作者、社会科学教师、护士等
技术型	认为立足社会的根本在于一技之长,因此钻研一门技术,认为靠本事吃饭既可靠,又稳当。	木匠、农民、工程师、飞机机械师、野生动物专家、自动化技师、机械工、电工、火车司机、公共汽车司机、机械制图员等

四、价值观的测评

(一)价值问卷

价值问卷是个人价值观的测量问卷。用于职业生涯辅导的价值问卷主要是测量与个体生涯选择有关的价值。对于价值观的测评,国内外一般都采用量表法(测量法),即根据一定的理论依据编制相应的问卷。国外的量表一般都是基于研究者自己对于职业价值观定义与结构的理解而编制的,比较著名的有明尼苏达重要性问卷(Minnesota Importance Questionnaire, MIQ)、高登的职业价值观量表(Occupational Values Inventory, OVI)和塞普尔的工作价值观量表(Work Values Inventory, WVI)。我国的职业价值观研究起步较晚,早期主要以引进和修订西方成熟量表为主。近十年来,许多研究者也自觉、严谨地编制了一系列具有中国特色的量表,如于海波的师范生职业价值观量表,但不具有通用性,因而没有得到普遍使用。

(二)观察法和面谈法

观察法就是通过对个体日常言谈举止、情绪行为进行一段时间的观察,然后从观察者角度去评价其价值取向。面谈就是对一些大学生进行访谈,询问他们对就业的准备和看法,让他们描述就业前的心理状态等。

拓展训练

一、请根据对每一题目的第一印象作答,不必仔细推敲,答案没有好坏、对错之分。具体填写方法是,根据自己的情况回答"是"或"否"。

1. 我喜欢把一件事情做完后再做另一件事。

2. 在工作中我喜欢独自筹划,不愿受别人的干涉。

3. 在集体讨论中,我往往保持沉默。

4. 我喜欢做戏剧、音乐、歌舞、新闻采访等方面的工作。

5. 每次写信我都一挥而就,不再重复。

6. 我经常不停地思考某一问题,直到想出正确的答案。

7. 对别人借我的和我借别人的东西,我都能记得很清楚。

8. 我喜欢抽象思维的工作,不喜欢动手的工作。

9. 我喜欢成为人们注意的焦点。

10. 我喜欢不时地夸耀一下自己取得的成就。

11. 我曾经渴望有机会参加探险。

12. 当我独处时,会感到更愉快。

13. 我喜欢在做事情前,对此事情做出细致的安排。

14. 我讨厌修理自行车、电器一类的工作。

15. 我讨厌参加各种各样的聚会。

16. 我愿意从事虽然工资少、但是比较稳定的职业。

17. 音乐能使人陶醉。

18. 我办事很少思前想后。

19. 我喜欢经常请示上级。

20. 我喜欢需要运用智力的游戏。

21. 我很难做那种需要持续集中注意力的工作。

22. 我喜欢亲自动手制作一些东西,从中得到乐趣。

23. 我的动手能力很差。

24. 和不熟悉的人交谈对我来说毫不困难。

25. 和别人谈判时,我总是很容易放弃自己的观点。

26. 我很容易结识同性别朋友。

27. 对于社会问题,我通常持中庸的态度。

28. 当我开始做一件事后,即使碰到再多的困难,我也要执着地干下去。

29. 我是一个沉静而不易动感情的人。

30. 当我工作时,我喜欢避免干扰。

31. 我的理想是当一名科学家。

32. 与言情小说相比,我更喜欢推理小说。

33. 有些人太霸道,有时明明知道他们是对的,也要和他们对着干。

34. 我爱幻想。

35. 我总是主动地向别人提出自己的建议。

36. 我喜欢使用榔头一类的工具。

37. 我乐于解除别人的痛苦。

38. 我更喜欢自己下了赌注的比赛或游戏。

39. 我喜欢按部就班地完成要做的工作。

40. 我喜欢能经常换不同的工作来做。

41. 我总留有充裕的时间去赴约会。

42. 我喜欢阅读自然科学方面的书籍和杂志。

43. 如果掌握一门手艺并能以此为生,我会感到非常满意。

44. 我曾渴望当一名汽车司机。

45. 听别人谈"家中被盗"一类的事,很难引起我的同情。

46. 如果待遇相同,我宁愿当商品推销员,而不愿当图书管理员。

47. 我讨厌跟各类机械打交道。

48. 我小时候经常把玩具拆开,把里面看个究竟。

49. 当接受新任务后,我喜欢以自己的独特方法去完成它。

50. 我有文艺方面的天赋。

51. 我喜欢把一切安排得整整齐齐、井井有条。

52. 我喜欢做一名教师。

53. 和一群人在一起的时候,我总想不出恰当的话来说。

54. 看情感片时,我常禁不住眼圈红润。

55. 我讨厌学数学。

56. 在实验室里独自做实验会令我寂寞难耐。

57. 对于急躁、爱发脾气的人,我仍能以礼相待。

58. 遇到棘手的问题时,我常常放弃。

59. 大家公认我是一名勤劳踏实、愿为大家服务的人。

60. 我喜欢在人事部门工作。

职业人格的类型:(符合"是"的记 1 分,"否"的记 0 分;得分最多者则为类型归属)

常规型 C"是"(7,19,29,39,41,51,57),"否"(5,18,40)

现实型 R"是"(2,13,22,36,43),"否"(14,23,44,47,48)

研究型 I"是"(6,8,20,30,31,42),"否"(21,55,56,58)

企业型 E"是"(11,24,28,35,38,46,60),"否"(3,16,25)

社会型 S"是"(26,37,52,59),"否"(1,12,15,27,45,53)

艺术型 A"是"(4,9,10,17,33,34,49,50,54),"否"(32)

二、兴趣探索

我的岛屿计划

如果你获得了一次免费度假旅游的机会,有机会去下面岛屿中的一个。唯一的要求是你必须在这个岛屿上待满至少半年的时间,请不要考虑其他因素,仅凭自己的兴趣按一、二、三的顺序找出你向往的 3 个岛屿。

R 岛——"自然原始"岛

这是个自然生态优良的绿色小岛。岛上保留原始森林,自然生态保持得很好,有各种各样的野生动物。岛上居民生活状态还相当原始,他们以手工见长,自己种植瓜果蔬菜、修缮房屋、打造器物、制作工具,喜欢户外活动。

I 岛——"深思冥想"岛

岛上人迹较少,建筑物多偏处一隅,绿野平畴,适合夜观天象,岛上有多处天文馆、科技博物馆以及科学图书馆等。岛上居民喜好观察、学习、探究、分析、崇尚和追求真知,常有机会和来自各地的哲学家、科学家、心理学家等交换心得。

S 岛——"温暖友善"岛

岛上居民个性温和、十分友善、乐于助人,社区均自成一个个密切互动的服务网络,人们重视互助合作,重视教育,关怀他人,处处充满着人文气息。

C 岛——"现代井然"岛

岛上建筑十分现代化,是进步的都市形态,以完善的户政管理、地政管理、金融管理见长。岛上的人个性冷静保守,处事有条不紊,精于组织策划,细心高效。

E 岛——"显赫富庶"岛

岛上的居民善于企业经营和贸易,能言善道,以口才见长。岛上的经济高度发展,处处是高级饭店、俱乐部、高尔夫球场。来往者多是企业家、经理人、政治家、律师等,曾多次在这里召开财富论坛和其他行业的巅峰会议。

A 岛——"美丽浪漫"岛

岛上充满了美术馆、音乐厅、街头雕塑和街边艺人,弥漫着浓厚的艺术文化气息。当地的居民很有艺术、创新和直觉能力,他们保留着传统的舞蹈、音乐与绘画。许多文艺界人士都喜欢来到这里寻找灵感。

如果是在团队内做这个活动,可将房间分为 6 个区域,分别代表 6 个岛屿,按自己的第一选择就座。选择同一个岛屿的人可以相互交流一下,自己为什么选择这个岛屿,看看大家有什么共同的兴趣爱好,归纳关键字。根据大家的交流情况给自己的小组命名并选取一个标志物,在白纸上制作一张宣传图,每个小组请一位代表用 2 分钟的时间展示自己小组的图,并在全班分享一下小组成员共同的特点。

我最想前往的三个岛屿是 _____,_____,_____;

我们岛屿的名称 _____;

岛屿的标志物及其含义 _____;

岛屿的关键字 _____;

六岛环游游戏是对霍兰德职业兴趣理论的一个简单应用,每一个岛代表霍兰德职业兴趣理论的一个类型。你最想去的三个岛反映了你的兴趣和职业倾向。

三、价值观分析

价值澄清

按照指示语填写,然后分析一下填写的内容,发现自己的内在需求、价值观的特点。

在你的生命历程中,对你影响最深的事情有哪些? 你最想做的事情是什么? 完成下面 12 个句子,你便可以找到一些答案。

如果我有 500 万,我会 _____。

我最欣赏的一个理念是 _____。

在这个世界上,我最想改变的是 _____。

我一生中最想要的是 _____。

我在下面这种情况下表现最好 _____。

我最关心的是 _____。

我幻想最多的是 _____。

我的父母最希望我能 _____。

我生命中最大的喜悦是 _____。

我认为我自己是 _____。

熟知我的人认为我是 _____。

我相信 _____。

第三章　大学生学业规划与职业准备

本章导读

　　大学期间你想把自己培养成什么样的人,如何将自己培养成这样的人,这就是你在大学里的任务。为了实现这一任务,在大学阶段我们需要学会自我探索、自我管理及自我规划。自我探索,即探索自己的人格、兴趣、能力及价值观,不断完善自己的人格,并弄明白自己适合什么,喜欢什么,擅长什么,以及怎样选择。自我管理,即进入大学,我们离开父母独立生活,这时我们应当管理好自己的学习和生活。我们只有科学地管理自己的学习与生活,才能实现成才的目标。从进入大学的第一天起,我们就要开始规划我们的大学生活,在学习发展、身心健康、素质拓展和职业生涯等方面自我规划,为我们一步步实现自己的目标而努力。

学习目标

　　1. 态度层面:树立学业规划的观念和意识,意识到在校期间就进行职业准备的重要性。

　　2. 知识层面:了解学业规划的基本知识,思考在校所学与未来理想职业的关系,增强大学生在校期间学习的目的性和主动性。

　　3. 技能层面:进行大学生学业规划,为逐步确立长远而稳定的职业生涯规划打下坚实的基础。

案例导入

好的学业规划赢来华丽的人生

　　大家都熟悉的凯特·米德尔顿,从一个平民成为人人羡慕的王妃,就离不开学业规划。货真价实平民出身的凯特父母,生意成功之后,花费大量金钱和经历培养孩子,把他们全部送入英国最昂贵的私立学校,目的很明显:要想进入贵族阶层,就必须要进入英国最昂贵的学校,从小做好学业规划。即便凯特的双亲负债累累,被英国政府多次下达传令(因为他们的巨额贷款)。他们还是坚持把三个孩子都送进莫尔伯勒学院读书。这是英国最昂贵的学校之一,每年的学费高达 3 万英镑。最后你看到了,凯特嫁给了威廉王子,她的妹妹也嫁给了一个富豪。

凯特王妃成功从平民逆袭为英国皇家贵族,正是学业规划的最成功案例。凯特的父母正是通过科学、合理的学业规划,使凯特一步一步从平民最终进入皇室贵族圈,达到自己的生涯目标。当然,不是每个人都有凯特父母这样的魄力去完成如此华丽的逆袭。但,不得不承认,学业规划很重要,从大学、中学乃至小学开始,就要进行学业规划。

"凡事预则立,不预则废",有效的学业规划,可以使我们的发展更有目的性与计划性,为我们的努力方向确立一种全新的生活方式,也为实现自我价值创造机会。

第一节 大学生学业规划

大学生学业规划,从属于大学生职业生涯规划,是职业生涯规划在大学阶段的体现,它是指大学生对与其事业(职业)目标相关的学业所进行的安排和筹划。具体来讲,是指大学生通过对自身特点(性格特点、能力特点)和社会未来需要的深入分析和正确认识,确定自己的事业(职业)目标,进而确定学业发展方向,然后结合自己的实际情况(经济条件、生活状况、家庭情况等)制订学业发展计划。换言之,学业规划就是大学生通过解决学什么、怎么学、用什么学和什么时候学等问题,以确保自身顺利完成学业,为成功实现就业或开辟事业打好基础。大学生学业规划是一个近年来才提出的全新理念,是一种新型的人才成长观念,特别是对于刚入学的大学新生来说,这是一堂必修课。

大学生学业规划,需要遵循可行性、可调节性、最优化、共性与个性相结合 4 项原则。

(1)可行性:学业规划应切实可行,具有现实性和可操作性,每个阶段的目标及达到目标的方法应力求科学、合理,是经过努力可以实现的。

(2)可调节性:学业规划具有发展性的特点,它不是孤立的、静止的,而是根据社会需求发展变化与学生个体主观条件变化随时修正的,比如在阶段性目标上,可以根据进展的程度,酌情提高目标或降低目标。

(3)最优化:学业规划应力求做到身心和谐,使个人的性格、兴趣、知识和能力等与目标和谐统一,实现优化组合。

(4)共性与个性相结合:学业规划既要反映学生发展的共性问题,又要满足学生的各种需求,有效地培养和发展学生的兴趣、爱好和特长,使学生的先天禀赋和个性潜能得到充分发展。

深刻认识学业规划的意义,对于大学生具有重要价值。

一、大学生学业规划的意义

（一）学业规划可以指导大学生圆满完成大学学业

大学生刚刚步入大学校园，往往要经过一段"真空期"，学习和生活方式的改变、环境的变化、人际关系的复杂性和自我认识的重新定位等都会让新生产生无所适从的感觉。学业规划通过分析其个人的兴趣和潜能，帮助其树立目标，科学、合理地安排学习和生活，能使新生都稳定度过适应期，用最短的时间找到适合自己成长的行动方向；使学生积极主动地学习理论知识，掌握各种技能，提高专业技能和综合素质，为将来的发展储备各方面的能量。

（二）学业规划可以增强大学生的自我约束和自我管理能力。

大学生学业规划对大学生的日常学习具有指导作用，让大学生明白，现在做的每一点都是实现未来目标的一部分，从而增强自我约束力。同时，让大学生重视现在、把握现在，集中时间、精力和资源于自己选定的学业上，继而提高大学生的自我管理能力。

（三）学业规划能提高大学生的学习主动性

科学的学业规划使大学生学习和工作的目的性更加明确，既有近期目标，又有远期目标，这就增强了大学生学习成才的热情，把"要我学"的外部动力内化为"我要学"的内在动力，大大提高大学生活效率，让大学真正发挥培养人才的平台作用。如果大学生没有自己的学业规划，大学生的时间、精力就会处于荒废和散乱之中，很容易陷入与学业无关的琐事中，虚度美好光阴。相反，拥有自己学业规划的学生能够合理调节自己的日常学习。学业规划使得大学生心中的理想具体化，更容易实现，对学业的顺利完成做到心中有数，热情高涨；也使得他们的学习意识，由被动变为主动，增强大学生的主动性。

（四）学业规划可以促进大学生自我发展、自我完善

大学生学业规划是大学生努力的依据，也是对大学生的鞭策，使大学生看清使命、产生动力。一份有效的学业规划设计，包括自身条件和现实问题两方面，因此，它能够引导大学生认识自身的个性特征、现有的和某些潜在的资源优势，帮助他们重新认识自身的价值并使其持续增值，引导他们对自身的长处和短处及综合素质进行对比分析，引导他们弄清个人目标与现状之间的距离，引导他们学会如何应用科学有效的方法、采取切实可行的步骤，不断增强自己的专业竞争力，从而实现自己最初的梦想。随着大学生每一个学业规划具体目标的实现，大学生的思想方式及心态就会向着更积极向上的方向转变。大学生学业规划为大学生提供了完成学业的清晰图画，使大学生对自己学业的实现过程有了清晰透彻的认识，达到自我完善的目的。

（五）学业规划有助于大学生进行自我定位，尽早明确自我的人生目标

大学生学业规划确立的过程是一个有弹性的动态规划过程，是一个认识自身优势与不足、面对机会与挑战的过程，是一个自我定位、规划人生的过程，学业规划帮助大学生明确"我能干什么""社会可以提供给我什么机会""我选择干什么"等问题，进而使理想具有可操作性，为大学生融入社会提供明确方向。学业规划的前提是认识自我，只有认识自我、了解自我，才能有针对性地明确学业方向，而不盲目。认识自我是对自我深层次的剖析,了解自己能力的大小,明确自己的优势和劣势,根据过去的经验、经历,选择未来可能的工作方向,从而解决"我想干什么"和"我能干什么"的问题。自我定位是学业规划乃至人生规划和行动得以成功的基本依据,正所谓"知己知彼,百战不殆"。

（六）学业规划为未来的职业规划奠定基础,更好地迎接社会的挑战

大学生正处在职业准备和选择阶段,学业规划正是其职业规划的前期体现。通过学业规划,大学生能够认清自我,认识到自己的兴趣、爱好和潜力,根据自己的特点,结合社会实际需要规划好自己努力的方向,在市场经济条件下,招聘者越来越强调员工的主动性和创造性,他们更喜欢有准备的人才。另外,目前就业形势十分严峻,社会职业竞争也越来越激烈,大学生所面临的挑战越来越大。除此之外,大学新生在高中时对大学生活充满幻想,一到大学,面对新的学习方式和丰富的课余时间,除了学习,他们实在不知道还需要做些什么。因此,在学生入学时,对他们的学业规划进行引导,可以使他们正确地认识自我和及早实施职业生涯规划。同时也可以使他们感受到自己对个人、家庭、学校、社会及国家的责任,有助于他们的学习和发展,更好地迎接社会的挑战。

（七）学业规划可以促使大学生对人生意义进行深刻思考

经历高考,进入高校,是人生的一次选择。首先,升学的选择,就是人生道路的选择。这些选择体现了大学生的人生观、价值观,同时也深刻地影响着大学生的人生观和价值观。高中毕业,选择接受国家高等教育,说明大学生崇尚知识,愿意从事知识、技术含量高的工作。其次,所学专业和职业的选择,则更加具体地体现着他们的理想、志向和追求。在选择专业和职业时,起决定作用的是大学生及其家长的人生观和价值观。价值观的确是影响生涯决策的因素之一,并且价值观与随后的工作满意度水平有关。当人们依循自己的价值观生活时,会有最大限度的幸福感和自尊感。再次,如何对待自己的学业,也体现着大学生的人生观和价值观。例如,以享乐主义人生观为主导的学生会选择过轻松自在的大学生活。最后学业和职业的选择,又在一定程度上影响着一个人的人生观和价值观。存在决定意识,生存环境和条件在一定程度上影响着、雕琢着人生观和价值观,所以我们说选择职业,就是选择生存方式,就是选择人生。我们不妨认为,大学生学业规划是大学生对人生的规划。

（八）学业规划是高等院校管理制度完善的重要体现

目前,对大学生执行的是制度管理,制度管理,只是告诉大学生不应该做什么,大学生应该做什么、怎么做是制度管理所不能体现的。目标管理则引导大学生明白应该做什么,并激励大学生努力去做。大学生学业规划正是目标管理的具体应用和体现。所以,进行大学生学业规划教育是把高等院校制度管理和目标管理结合的具体体现,有助于高等院校管理制度的进一步科学化。

二、大学生学业规划的内容

学习,对于每个学生来说是再熟悉不过的事情了。从进入小学开始,我们就不断地学习,可以说,学习早就已经成了我们生命中的主要内容之一,我们也已经习惯了那种整天围着语、数、外等几门课程而努力的日子。然而,进入大学,你会发现学习方式已经发生了明显的变化。课程的学习已不再像过去那样占据我们大部分的时间和精力。面对许许多

多要做的事情,如实习、社团活动、兴趣发展等,我们有多元的选择。

（一）大学生学业规划的内容

大学生学业规划包括4个方面:读书、听课、研究、运用。

1. 读书

读书是大学生学习的基础性环节。

关于读书,周氏兄弟有两个出人意料却意味深长的比喻。鲁迅说:"读书如赌博。"就像今天爱打麻将的人,天天打、夜夜打,连续地打,有时候被公安局捉去了,放出来还继续打。打麻将的妙处在于一张一张的牌摸起来永远变化无穷,而读书也一样,每一页都有深厚的趣味。真正会打牌的人打牌不计输赢,为赢钱去打牌的人在赌徒中被称为"下品",赌徒中的高手是为打牌而打牌,专去追求打牌中的趣味。读书也一样,要为读书而读书,要超功利,要为了好玩去追求读书的无穷趣味。周作人也有一个比方,他说:"读书就像烟鬼抽烟。"爱抽烟的人是手、嘴空闲就觉得无聊,真正的烟鬼不在于抽而在于进入那种烟雾缥缈的境界。读书也是这样,就在于那种读书的境界——它是其乐无穷的。

那么大学生应该读什么书?

大学期间读什么书? 这是一个如何设计自我知识结构的问题。周作人对知识结构的设计能给我们很大启发。他说:"我的知识要围绕一个中心,就是认识我自己。"要围绕着设计人自身来设计自己的知识结构,周作人提出从五个方面来读书:第一,要了解作为个体的人,因此,应学习生理学(首先是性知识)、心理学和医学知识;第二,要认识人类,就应该学习生物学、社会学、民俗学和历史;第三,要认识人和自然的关系,就要学习天文、地理、物理和化学等知识;第四,关于科学基本,要学习数学和哲学;第五,关于艺术,要学习神话学、童话学、文学、艺术及艺术史。他说的这些方面,我们每个人都应该略知一二。

2. 听课

听课是大学生学习的主导性环节,课程学习是大学生学习的主要形式;听课也是学生与老师交流的主要途径;听课是在校学生比起社会青年的主要优势。

大学与中学不同,首先,大学里上课,虽然也有教材,但老师们所讲授的,有时与教材并不一致;其次,老师讲课一般不顾及学生们做笔记是否能跟得上他。面对这种情况,第一,不要忽视教材,不管教师怎么讲,毕竟"万变不离其宗",因此教材不能丢,并且最好能做到课前预习;第二,上课时要认真做笔记。

这里介绍三种听讲和记听课笔记的方法。

（1）听而不记。聚精会神地掌握讲课人的要点,不做笔记,依靠记忆力保存讲课的最重要的内容。这种听讲方法,可以避免做笔记时的分心,有利于把握整个讲课的主要内容与结构。

（2）有闻必录。即逐字记录,有待于听后重新整理、再组织和复习思考。

（3）选择记录。记要点、记精华、记结论。听后可以把简短记录扩充为完整的记录,是主动复习的具体运用。

但是,笔记不是单纯的记录,而是为了学习,应当体现出自己的知识水平、理解水平,因此,我们可以采用自学式的笔记。自学式的笔记是理解式的笔记,主要是记下你认为不了解的、疑惑不解的问题,这样,通过笔记,可以增长知识,取得进步。自学式的笔记是主动式的笔记。学科不同,重点不同,学习方法不同,笔记方式也不同。只有主动地记笔记,才能抓住重点。

自学式的笔记法因人而异，一般有以下几种：

（1）纲要笔记法。读一本内容宽广的书，记笔记不能每言必录，而要择其纲目，记下大致的轮廓和主要内容，这样就能基本上把全貌反映出来。

（2）书头笔记法。每一本书都有若干空白处，我们可以充分利用，既简单又方便，可以随看随记，把疑难问题及时写在旁边，或者打上各种记号，以便再读时查找。

（3）摘引笔记法。根据自己的需要和兴趣，摘引某些精华部分或字句记录下来。

（4）日记笔记法。像写日记一样，每天记笔记，把一天的所见、所闻、所思记录下来，天长日久，能积累广博的见闻，对于总结经验、提高学习效率大有益处。

（5）索引笔记法。为了阅读的方便可以用此法。这种笔记像图书馆的目录卡片一样，记录着你要查找的资料的位置，可以节省找书时间。

3. 研究

研究是大学生学习的动力性环节，是大学生区别中学生应有的要求，是中学生变成大学生的主要标志。

中学时代，我们不必考虑学什么，书本就是要学的东西，当然也不必花很多时间思考怎么学、学到什么程度，因为程度是统一的，考试的分数就是学习程度和水平的绝对代表。但到了大学以后，我们要学会研究，学会在研究中学习。在研究型的学习中，我们自己选择学什么，围绕自己提出的问题展开思考、研究。

在研究性的学习中，完成一项学习任务需要经历 3 个阶段。

首先，进入问题情境阶段。在这个阶段，同学们以原有的知识储备和经验积累为基础，在老师的帮助下，在与同学们的交流讨论中，进入研究性学习的探究状态，通过搜寻与学习相关的信息资料，归纳出准备研究的具体题目，形成基本的目标和认识。

其次，具体实施阶段。在这个阶段，同学们要运用一定的方法，发挥自己和集体的智慧，创造性地去解决提出的问题。

最后，表达交流阶段。在这个阶段，同学们将自己在研究性学习中获得的成绩和成果用一定的形式总结出来，采取汇报、辩论、研讨、展览和编刊等各种方式与同学和老师交流。

4. 运用

运用是大学生学习的实践性环节。学习本身并非终极目的，学习的目的在于运用。在学习的过程中就要求理论联系实际，为了解决实际问题而去找立场、找观点、找方法。

有一句关于实践的谚语是这样说的："我听到的会忘掉，我看到的能记住，我做过的才真正明白。"无论学习何种专业、何种课程，如果能在学习中努力实践，做到融会贯通，我们就可以更深入地理解知识体系，可以牢牢地记住学习过的知识。

因此，大学期间我们应该多实践。实践时，最好是几个同学合作，这样，既可以经过实践理解专业知识，也可以学会如何与人合作，培养团队精神。如果有机会帮助老师做些实际的项目，或者走出校门打工，只要不影响学业，这些做法都是值得鼓励的。外出打工或做项目时，不要只看重薪酬待遇（除非生活上确实有困难），有时候，即使待遇不满意，但有许多培训和实践的机会，我们也值得一试。以计算机专业为例，实践经验对于软件开发来说是必不可少的。微软公司希望应聘程序员的大学毕业生最好有 10 万行的编程经验。

理由很简单:实践性的技术要在实践中提高。计算机归根结底是一门实践的学问,不动手是永远也学不会的。因此,最重要的不是在笔试中考高分,而是实践能力。

大学生不仅要有探求真理的欲望,而且应该具有探求真理的能力。要对原有的认识进行再认识,要研究新情况,总结新经验,形成新认识。

(二)大学重点培养三种能力

1. 大力培养自学能力

大学学习对教师的依赖性减少了,取而代之的是主动自觉的学习。大学教育专业性很强,知识的深度和广度比中学大为扩展,教师课堂教学往往是提纲挈领式的,其余部分要由学生自己去攻读、理解和掌握,大部分时间也是留给学生自学的。自主是大学的学习方式,并贯穿于大学学习的全过程。大学生要自主安排学习时间、学习内容,自主选择学习方法。另外,有的大学生可能根据自己的兴趣、爱好、发展方向、职业考虑及教师水平等因素来学习其他专业的知识。而进行这类学习时就要求有极强的自觉性、主动性和积极性。

自学能力的培养,是适应大学学习自主性特点的一个重要方面,也是衡量一个大学生能力的重要方面。

(1)大学生不应该只会跟在老师的身后亦步亦趋,而应当主动走在老师的前面。大学老师在一个课时里通常要涵盖课本中几十页的信息内容,仅仅通过课堂听讲是无法把所有知识学通、学透的。最好的学习方法是在老师讲课之前就把课本中的相关问题琢磨清楚,然后在课堂上对照老师的讲解弥补自己在理解和认识上的不足之处。

(2)中学生在学习知识时更多的是追求"记住"知识,而大学生就应当要求自己"理解"知识并善于提出问题。对每一个知识点,都应当多问几个"为什么"。一旦真正理解了理论或方法的来龙去脉,大家就能举一反三地学习其他知识,解决其他问题,甚至达到无师自通的境界。

(3)很多问题都有不同的思路或观察角度。在学习知识或解决问题时,不要总是死守一种思维模式,不要让自己成为课本或经验的奴隶。只有在学习中敢于创新,善于从新的角度出发思考问题,学生潜在的思考能力、创造能力和学习能力才能真正被激发出来。

(4)大学生应当充分利用学校里的人才资源,从各种渠道吸收知识和方法。如果遇到好的老师,你可以主动向他们请教,或者请他们推荐一些课外的参考读物。还有自己的同班同学也是最好的知识来源和学习伙伴。每个人对问题的理解和认识都不尽相同,只有互帮互学,大家才能共同进步。

(5)大学生应该充分利用图书馆和互联网,培养独立学习和研究的本领,为适应今后的工作或进一步深造做准备。第一,除了学习老师规定的课程以外,大学生一定要学会查找书籍和文献,以便接触更广泛的知识和研究成果。第二,在书本之外,互联网也是一个巨大的资源库,大学生们可以借助搜索引擎在网上查找各类信息。

2. 培养扎实的基础技能和专业技能

大学是一个学习和进步的平台,这个平台的地基就是大学里的基础课程。在大学期间,同学们一定要学好基础知识,包括数学、英语、计算机和互联网的使用,以及本专业要求的基础课程。在科技发展日新月异的今天,应用领域里很多看似高深的技术在几年后就会被新的技术或工具所取代,而对基础知识的学习则可以受益终生。另外,如果没有打下好的基础,大学生们也很难真正理解高深的应用技术。

(1) 数学是理工科学生必备的基础。绝大多数理工科专业的知识体系都建立在数学的基石之上。同时,数学也是人类几千年积累的智慧结晶,学习数学知识可以培养和训练人的思维能力。所以,大家一定要用心把数学学好,不能敷衍了事。学习数学也不能仅仅局限于选修多门数学课程,而要知道自己为什么学习数学,要从学习数学的过程中掌握认知和思考的方法。

(2) 21 世纪最重要的沟通工具就是英语。有些同学在大学里,为了考过大学英语四级、六级而学习英语,有的同学仅仅把英语当作一种求职必备的技能来学习。其实,学习英语的根本目的是为了掌握一种重要的学习和沟通工具。在未来的几十年里,世界上最全面的新闻内容,最先进的思想和最高深的技术,以及大多数知识分子间的交流都将用英语进行。因此,除非你甘心做一个与国际脱节的人,否则,英语学习是至关重要的。

(3) 信息时代已经到来,大学生在信息科学与信息技术方面的素养也已成为进入社会的必备基础之一。虽然不是每个大学生都需要懂得计算机原理和编程知识,但所有大学生都应能熟练地使用计算机、互联网、办公软件和搜索引擎,都应该熟练地在网上浏览信息和查找专业知识。在 21 世纪,使用计算机和网络就像使用纸和笔一样是人人必备的基本功。不学好计算机,你就无法快捷、全面地获得自己需要的知识和信息。

(4) 大学学习具有明显的专业性特点。从被录取上大学那一刻起,专业方向就已经确定了,大学学习的内容都是围绕着这一大方向来安排的。专业知识通常是指大学生各自所学专业课程的知识,是大学生知识结构的主题特色所在,是大学生今后走向工作岗位的一技之长和赖以生存的资本。因此,大学生在校期间必须系统地学习和牢固地掌握本专业的知识,对所学专业现状和最新成就要有较深的和广泛的了解,具有对专业知识的提取、转换、迁移的能力,这是大学生事业成功的必要条件。

3. 拓展学习范围,培养综合能力

社会对专业的要求是变化和发展的,为了适应社会高度分化又高度综合的特点,要求大学生在学习中还要尽可能扩大自己的学习范围,在大学期间除了学好本专业知识外,还应学习课外知识,即根据自己的能力、兴趣和爱好,选修或自学其他课程,或提高其他方面的能力。

以是否具有专业性为标准,课外知识分为专业性课外知识和非专业性课外知识。专业性课外知识包括与大学所设专业密切相关的各类知识和信息,如专业领域的学术知识、前沿问题和学术动态。专业性课外知识的学习需要大学生主动和自觉地学习,因为老师和学校一般不会对此类知识做出硬性的学习要求,但由于学习这些专业性课外知识的目的是扩大专业知识面,了解专业发展态势,增强专业知识背景,因此,需要我们自觉地学习。非专业性课外知识是指有关使用技能、为人处世、社会信息和社会经验等非系统性信息。这类知识的总量庞大,零散、杂乱,不成体系。大学生对此类知识的学习常常是在不知不觉中进行的,但这些知识对大学生一生的成长却都发挥着潜在的、长期的和持续的影响力。也许是一种思想、一种理念或者一种处世的态度,都将影响到大学生的就业及未来的事业发展和人生路程。大学生也应该重视这类非专业性课外知识的学习和掌握。

当然，人才的根本标志不在于积累了多少知识，而在于其是否具有利用知识进行创造的能力。知识的积累是培养和发挥能力的基础，而良好的能力又可以促进对知识的掌握。大学生的能力包括科学研究能力、发明创造能力、捕捉信息的能力、组织管理的能力、社会活动的能力、仪器设备的操作能力和语言文字的表达能力等。这就要求大学生在掌握本专业知识的基础上，还要加强本专业技能的培养，认真做好课程实习、积极参加学校组织的社会调查和社会实践活动。

三、大学生学业规划的实施

大学生作为学业规划的主体，应充分发挥自身的主观能动性，有条不紊地做好学业规划。

（一）大学生学业规划的六大步骤

1. 学业规划的选定

我们知道，事物都是普遍联系的，事物的相互联系使得事物相互作用，而相互作用必然导致事物的运动、变化、发展。人类社会的发展也是主观（人类自身）和客观（社会和自然界）相互联系、相互作用的结果。学业规划的制定也是由学生本身和现代社会的发展前景相互作用而产生的。

首先，分析自己的兴趣和爱好，认定自己想做什么。古今中外，因兴趣火花而点燃成功之火的事例不胜枚举。兴趣是理想产生的基础，但目前很多大学生对自己的兴趣认识模糊，甚至没有兴趣。所以，一定要认清自己的兴趣和爱好是什么，选择自己喜欢的专业方向和研究领域而进行奋斗和学习。

其次，分析自己的能力和特长，确定自己能干什么。能力是一个人综合素质在现实行动中的表现，任何职业都要求从业者掌握一定的技能，具备一定的条件，所以，学生应该结合自己的兴趣和爱好，在认定自己想干什么的基础上确定已经具备的能力和应该开发、培养的潜在能力。

再次，根据现代社会的发展前景和方向，确定社会需求的是什么。只有选择符合社会需求又最适合发挥优势的专业方向和研究领域，同时充分听取他人意见及各种有关规划的事例，并联系自己所在学校的教育方式、背景，才能做出好的决策。

2. 学业规划的动力测试

学业规划的动力测试是用于考察参测人员与个人思想密切相关的动机结构特征及其强度，包括影响愿望与成功愿望的动机、挫折承受的动机、人际交往等。

（1）影响愿望：在组织行为过程中，力图获得、巩固和利用权力的内在需要，试图以自己的思想、意图影响和控制他人，控制环境和牵引对自己有影响的作用力的愿望。

（2）成功愿望：在面对任务环境时，朝向高标准设置具有挑战性的工作目标，并为实现这一目标进行艰苦的努力，希望得到优秀成绩的愿望。

（3）挫折忍受：在现在或将来可能遇到的挫折、困难和失败面前的心态、情绪反应及特定的行为方式。

（4）人际交往：在生活和工作中对人际关系的关注与重视程度、与他人建立并保持良好关系的愿望和技巧即能够获得的人际支持的程度。

3. 强化自己的学业规划，做出良好的心理暗示

当学业规划选定以后，很多大学生或者拖延不动，或者立即行动，结果导致他们有了学业规划却不能实施或实施后不能持久，最终无法实现既定的目标。这些现象的出现是因为大学生在制定学业规划时缺少了一个重要的环节——对学业规划的强化。强化学业规划，就是学业规划的执行者在执行之前充分运用想象，详细地将达成学业规划的好处罗列出来，从而培养出积极的心态，进而增强动力，产生更大的执行力，确保学业规划的顺利完成。

4. 学业规划的分解

学生在制定出学业总目标以后，要对学业规划进行自上而下的分解，即制订学习计划。这可以按照以下的思路进行：在校期间的学习目标、一年的学习目标、一学期的学习目标、一月的学习目标、一周的学习目标、一日的学习目标，从而使自己的学业规划落实到学习生活的每一天，确保学业规划的严格执行。

5. 对学业规划的评估

在实施过程中，及时地对环境和条件做出评价和估计，对自己的执行情况做出评估。在市场经济条件下，由于现实生活中种种不确定因素的存在，使得学业规划的设计具有一定的弹性。我们应该及时反省和修正自己的学业目标，变更实施措施与计划，做到定期评估：每年、每学期、每月、每日进行检查和评估，进而分析原因和障碍，找出改进的方法和措施。

6. 进一步提升自己的兴趣和爱好——激励和惩罚

对于一般人而言，激励措施能将人的潜能和积极性激发出来，惩罚可以有效地防止惰性的产生。一定要制定出完成阶段目标后对自己的奖励和惩罚措施：完成后怎样奖励自己？完不成将怎样惩罚自己？学生可以将自己的学业规划告诉老师、家长，让他们来引导自己，激发自己的兴趣，也可以联系自己的同学，在某项与自己相同的短期规划方面，两人进行比拼，这同样可以激发自己的兴趣和爱好。

案例 3 - 1

大学生学业生涯规划书(简例)

告别了高中三年的艰辛，告别了脸上最后的稚嫩与不安，踏上了曾经梦想的舞台，享受期待已久的大学时光。大学生活是梦想的开端，是追求自由的天空，每个人都可以有飞翔的向往，这里是一个广阔的舞台，每个人都可以有展示自我的机会，没有了以往的束缚，每个人都可以遨游在苍穹之上。大学不能默默无闻，也不能虚度时光，学习之余更要培养自己的能力，不能这样荒废青春，于是我拟订了一份大学生涯学业规划以时时鞭策自己，激励自己奋发前行。

生命就像一张白纸，等待着我们去描绘，去谱写。我相信我能够绘出我向往的绚丽色彩，制造出伟大的蓝图。

一、自我盘点剖析

1. 自己的优点盘点

我是一个不甘平凡的男孩，心中总有一种不服输的信念，我想每天都会是一个崭新的开始，面对新的希望，我没有理由去逃避。对待学习，热爱学习，刻苦钻研；对待同学，我宽以待人,乐于助人;对待自己,我严以律己,坚持原则;对待工作,我态度端正,有责任感;对待生活,我热爱生活,积极乐观,艰苦奋斗。因此,面对未来,我信心十足,不管人生道路何等艰辛,我都会勇敢走下去,直至成功。

2. 自己的缺点盘点

在过去的高中三年中,自己的表达能力还不行,遇事的交际能力有限,因为没有像大学一样的环境,演讲基本无经验,尤其是英语口语能力薄弱,在有些事情上会比较害羞,不敢积极发言。

3. 爱好

篮球,唱歌,写作,羽毛球,电子竞技……

二、外部环境分析

1. 英语在日常生活中、学习工作中愈发重要。英语是世界上使用最普遍的语言,中国面向世界,世界一体化要求我们在英语的运用及表达上有一定的水准。

2. 信息时代的来临,要求我们掌握一定的计算机知识,使用计算机和网络就像使用纸和笔一样是人人必备的基本功。不学好计算机,你就无法快捷全面地获得自己需要的知识或信息。

3. 就业形势的严峻,要求我们不仅仅只在一方面突出,要做到各方面突出,社会需要全方位的人才,能力的培养尤为重要。

三、目标设定

◎ 大一:试探期。刚刚进入大学,要适应大学的生活,同时锻炼提升自己各项能力,改变自己的学习习惯,明确自己的兴趣所在,积极地加入社团,培养友情,建立起良好的人际关系,提高自己的独立能力和交往技巧,争取通过大学英语4级考试。

◎ 大二:定向期。当各个方面已经稳定下来,要以学习为主,重点放到专业课上,努力学好英语,争取通过英语6级考试,计算机2级考试。适度打工,接触社会,积极参加社会实践活动,培养社会实践能力,进一步提升自己,为今后迈出重要的一步。

◎ 大三:冲刺期。大三相当于当时的高二,决定着今后的学习生涯,于是需要加强自己的专业技能训练,通过一些专业资格的认证考试。同时多接触社会,培养社会实践能力,锻炼自己的工作能力及应聘能力。作为电子信息工程专业的学生,需要进一步深造,要做好考研的准备。

◎ 大四:分化期。同学会各忙各的,有的攻工作,有的攻考研,向自己今后的目标迈进。

四、行动具体计划

◎ 大一

1. 寻找合适的机会去锻炼提升自己的能力,多与辅导员交流。

2. 学习专业课程和课外知识,开阔视野,多去图书馆查阅书籍。

3. 多听英语听力及英文歌,通过英语4级考试。

4. 明确自己的兴趣所在,多参加社团活动,培养自己的兴趣。

5. 以诚待人,以责人之心责己,以恕己之心恕人。培养真正的友情。从周围的人身上学习,提高自身修养和增强人格魅力。

6. 认真学习,拿奖学金。

7. 组织并参加学校的各项活动,参加社团、学生会活动等。

8. 学习专业课程,充分利用图书馆和互联网,多读书,读好书。

9. 努力学习英语,特别是口语。每天按照一定的学习规律,坚持大声朗读英语,在规定时间里做 2 篇阅读理解,每天记忆新单词,抓住每个机会与老外交流。

◎ 大二

1. 主要以学习为主,利用充足的时间去学习英语和计算机,争取一次通过英语 6 级考试,通过计算机 2 级考试。

2. 多参加社会实践活动,做义工,培养社会实践能力。

3. 努力学习,拿奖学金。

4. 努力学好英语,学习计算机基本操作如:word 基本操作,excel 表格处理,photoshop 操作等,为未来职业做好准备。

5. 在学校周围找一份工作,锻炼自己的工作能力,挣一点外快。

◎ 大三

1. 开始为就业积极做准备,学会简历的撰写,把所学的专业知识与现实相结合,理论联系实际。

2. 锻炼自己的工作能力及应聘能力,继续学好各门功课。

3. 继续对目标完成情况做出判断及总结并及时修正目标计划,使得各项准备更加科学化。

4. 根据奖学金规定努力。

5. 走向社会,积极实践。

◎ 大四

1. 以准备考研为主,同时不缺乏锻炼。

2. 参加社会公益活动,走向社会,培养社会实践能力。

3. 找适合自己的工作,让自己的生活更充实一些。

五、规划总结

水无点滴的积累,难成江河。人无点滴的积累,难成大气候。没有兢兢业业的辛苦付出,哪里来的甘甜欢畅的成功喜悦?没有勤勤恳恳的刻苦钻研,哪里来的震撼人心的累累硕果?只有付出,才会有收获。未来掌握在自己手中。

四年中不能放下的就是学习,要不顾一切地去学习,学习不局限于设置的课程,还要对自己喜欢的东西深入地学习钻研,学生的本职工作是学习,永远不能忘掉。

大学与之前的学习最大的区别在于实践,在这个阶段中,你要熟练地运用你所学的知识,进行社会实践。记住大学是进入社会最主要也是最重要的途径。

没有山不能跨越,没有海不能冒险,让历史记得这一天,我用心立下誓言,没有事情不能改变,没有梦不能实现,我会抬头迎接每个考验,开阔天空是我的地图,我用我的努力与汗水打造人生,一颗心在为希望跳动,也希望世界为我欢呼,大地为我炫耀。

大学人生,梦的起航,我会牢记着写下的每一个字,这一篇文章,用努力与汗水浇铸,向着自己的规划加油!加油!加油!

(二)科学指导学业规划的途径

古语云:"凡事预则立,不预则废。"此处的"预"相当于规划的意思,既有规划、计划的名词性特征,同时又包含了动词性的对规划、计划的实施和执行的含义。大学生学业规划同样要在这两个方面开展工作,既要指导大学生科学地做好学业发展规划,同时更要关注

该计划的实施工作,把学业规划纳入实际的教学和管理工作中去。因此,应从以下几个方面开展工作:

1. 统一思想,深刻认识进行学业规划指导的重要意义

大学生学业规划就是为了帮助学生更好地确立整个大学期间的学业目标,奠定好职业规划的基础。做好大学生学业规划可以激发大学生主动学习的热情,提高大学生活的效率和质量,为步入社会工作做好准备,还可以帮助高校改善管理理念。因此,无论作为学校的教学人员还是管理人员,都务必充分认识开展学业规划指导的重要意义,在平常的教学、管理工作中认真开展学业规划指导工作。

2. 完善制度,促进学业规划指导工作的制度化、规范化

学业规划指导工作是一项系统而长期的工作,不可能一蹴而就,学校应该不断建立和完善学业规划指导的相关制度和规定,为学业规划指导工作提供组织上和制度上的保障,确保该项工作在组织上有专人负责,在制度上有"法"可依。学校、各相关部门和各系(院)应有一套适用于学业规划指导的具体制度和规定,明确学业规划指导工作的具体职责、工作范畴、工作要领、指导方法、实施细则、学业规划评价和教师工作要求等具体的制度、规定和要求,以便科学指导,逐步规范,并形成制度。

另外,学校应组建一支由学校直接领导,主要由教务、学生工作部工作人员,各系(院)负责人和各教研室主任等构成的学业规划专业教师队伍,具体负责该项工作的指导。同时,有步骤、有秩序地将班主任、辅导员和专业教师工作结合起来,系统地从教学安排、教学运行和学生管理等几个方面深入开展学业规划工作。

3. 具体落实,在教学和管理中开展学业规划指导工作

学业规划指导就是帮助大学生解决好"学什么""怎么学""用什么学""什么时候学"等一系列的实际问题。而这些问题常常是在学生具体的学习、生活过程中发生的。因此,学业规划指导工作应在平时的教学和管理工作中得到具体体现。

一是学校应对学生的学业规划提出具体可行的要求,建议将学业规划分成短期(一学期)、中期(一年)和长期(整个大学阶段)三个层次,并督促学生完成自己的学业规划,提醒学生时刻修正和调整计划,以便更好地完成自己的学业。

二是主要围绕学生的思想管理工作开展,从非专业知识的角度出发,培养学生的素质和能力,让学生明白自己的实际状况,加强综合知识的学习,引导学生多角度、多层次地扩展知识,拓展能力,培养复合型人才。

三是专业教师应该在专业教学的课堂上,对学生学业规划加强专业性的引导,既要在合理的范围内传授知识,又要在专业拓展方面下功夫,从纵、横两个维度加强引导和拓展。不仅帮助学生深刻了解专业知识,更能够在相关领域内有所建树,最终培养"广、博、精、深"的一专多能型学生。

4. 与时俱进,促进学业规划的长期有效开展

在强调学校应加强学业规划指导工作的同时,还应该充分重视提高学生的参与意识,只有全体师生都积极参与进来,学业规划指导工作才能真正有效地开展。因此,应将学业规划指导的务实和务虚工作恰当结合,卓有成效地开展工作,在大学生入学之初,应抓好学业规划的教育工作,将学业规划工作作为一项重点工作,并尽可能地争取家长配合,通过校园网络、校园广播等主流媒体进行学业规划方面的宣传,通过班队活动、社团活动等

有效形式开展学业规划方面的教育和培训。定期或不定期开展各种级别的学业规划评比活动,帮助学生完成自己的学业规划。

第二节　大学生的时间、压力和危机管理

一、大学生的时间管理

(一) 时间的特性

时间是最具有神秘感的概念之一,古往今来,不少科学家和哲学家都为"什么叫时间"伤透脑筋,各有各的理解和说法。

在此,我们姑且不去深究学术意义上的时间概念,但我们有必要了解时间的 4 个特性。

1. 供给毫无弹性

时间的供给量是固定不变的,在任何情况下不会增加也不会减少,每天都是 24 小时,所以我们无法开源。

2. 无法储积

时间不像人力、财力、物力和技术那样被积蓄和储藏,不论我们愿不愿意,都必须消费时间,所以我们无法节流。

3. 无法取代

时间是任何活动都不可缺少且无法替代的基本资源,因此,时间是无法取代的。

4. 无法失而复得

花费了金钱,尚可赚回,但倘若挥霍了时间,则永远丧失,任何人都无力挽回。

JOB 案例 3-2

夭折的出版

某出版社计划出版一本大型统计资料集,由于总编特别重视数据部分的视觉设计效果,所以,除了编辑人员之外,另外找来了两位设计人员参与编辑工作。

总编认为,所要出版的是新的资料集,所以就算内容烦琐也无所谓,只要能在几个月内完成还是非常不错。但设计人员力求完美,要求总编给 10 个月的制作时间。

然而,一年后,书稿才完成了一半多,就出现了危机。已经有别的出版社抢先出版发行了同类图书。此时,就算加紧继续完成书稿似乎也没什么意义了,所投下的资金、人力和物力都将付诸东流……

(二) 时间管理的含义

时间管理,是指了为了达到相应的目的,应用可靠的工作技巧,引导自己及他人的生活,使之合理有效地利用可以支配的时间。

要理解时间管理的内涵,应注意以下几个方面:

1. 时间管理除了决定该做些什么事情之外,还要决定什么事情不应该做

时间本身不能被管理,时间管理说到底是对单位时间内事件的管理,时间管理的关键就是对事件的控制。事件分为两类:一类是能够控制的事件,特征是与个人密切相关,可以因个人的意志和行为而改变的。能够控制的事件有很多,如学习、工作、吃饭和穿衣等。另一类是不能控制的事件,特征是它的产生、发展和消失不以个人的意志为转移,不能以个人的意愿选择有还是无。不能够控制的事件大的方面包括自然规律、生命现象、历史规律和社会变革等,小的方面包括社会风俗、法律法规、公司章程和企业文化等。

2. 时间管理不是要把所有事情做完,而是更有效地利用时间

时间管理也不是对时间的完全掌控,而是要以提高效率为目的。时间管理最重要的功能是将事先的规划变为一种提醒与指引。管理自己,就是要管理自己的时间;管理了自己的时间,有助于创造更大的生命价值。

时间的公平性及人的主观能动性决定了每个人都可以选择自己要做的事情。选择及控制事件决定着生活的质量。

因此,我们只能选择能够控制的事件,然后把不可控的因素减到最少,避免在不可控因素上浪费时间,如此区别对待,才能够充分地利用有限的时间,产生最大的效能。

3. 时间管理是有目的的

时间管理的目的就是将时间投入到与个人的目标相关的工作中,达到"三效",即效果、效率、效能。效果是指确定的期待结果;效率是指以最小的代价或花费获得更好的结果;效能是指以最小的代价或花费获得最佳的期待结果。时间管理的意义还在于培养一个人的基本素质。

JOB 案例 3-3

"走狗屎运"的法国队

1998年,法国世界杯足球赛,最后的决赛是上届冠军巴西队对东道主法国队,结果是法国队获胜。下面是一个法国记者第二天采访巴西队的谈话记录:

"昨天的决赛踢得怎么样?"

"哎呀,那是一场世纪大战,我们从头跑到尾,表现得非常出色,配合熟练,场面占优,非常精彩!"

"结果呢?"

"输了。"

法国记者接着问:"那你怎样看待你们的对手法国队呢?"

"法国队踢得很差,但走狗屎运,有个家伙嚼着口香糖站在球门旁边,一个球滚过来,他一脚踢过去,进了,好笑。"

法国记者听到这儿,不禁笑了:"你觉得表现出色、配合熟练有用吗? 人家嚼着口香糖都能进球,你也不知道惭愧?"

上面这个故事给人很大触动,在足球赛场上说什么都是废话,进球最重要。从头跑到尾,表面上看来很有效率,然而关键问题是进球了没有。进球才叫效果。因此,进行时间管理不

仅要使活动做得尽可能有效,而且要实现目标,即有效果。

（三）大学生的时间管理

大学生在校时要学习各种知识,要培养适应社会的能力,要提高自己的素质,要锻炼身体、娱乐和休闲等,这些都需要时间。时间从何而来？如何解决知识多与时间少的矛盾？这是每个大学生都会遇到的问题。根据大学生的学习规律,大学生应加强时间管理,下面是时间管理的具体方法。

1. 要有明确的目标和方向

管理时间的最好办法,就是早计划、早安排,不打乱仗,在最短的时间内实现想要达到的更多目标,以求时间利用的最大化,保障各项事情做得顺畅。

2. 要分清事情的主与次

学生在校的主要任务是学习,然后才是参与各项工作。要把每学期、每月、每周及每天的学习和工作安排,合理确定优先次序。从最重要的事情开始做起,重要紧急的事马上做;重要不紧急的事安排做;紧急不重要的事要学会放弃;不重要不紧急的事尽量不要做。但是,学习始终应优先考虑。

3. 要有自己不被打扰的时间和空间

一个学生要安排每周、每天不被干扰的时间,专心做自己认为重要而正确的事。如早上起床时头脑最清楚,最容易把问题记住,就安排学习外语;每天按时起床,找一个最适合自己学习的空间,去学、去读、去记,天天坚持,养成习惯,外语必有收获;每天晚餐以后,到教室或者图书馆,那里是最安静、最有学习氛围的地方,去复习功课、完成作业、预习功课,每周的两个休息日是难得的自己可以利用的时间,一定要充分利用,倍加珍惜:一方面做适当的调整和放松;另一方面则继续学习,拓展自己的知识面。

4. 合理安排课余时间

大学课余生活丰富多彩,令人眼花缭乱。除了日常的教学活动之外,还有各种各样的讲座、讨论会、学术报告、文娱活动、社团活动等。这些活动对于大学生来说,的确非常具有吸引力,但如何安排课余时间,大学生常常心中没谱。如果完全按照兴趣,随意性太大,很难有效地利用高校的有利环境和资源。

要合理地安排课余时间,对自己近期的活动有一个理智的分析。看看自己近期要达到哪些目标,长远目标是什么,自己最迫切需要的是什么,各种活动对自己发展的意义又有多大等。然后做出最好的时间安排,并且在执行计划中不断地修正。

最好能专门制订一份休闲计划,对一些较重大的节假日和休闲日做出妥当的安排,这样能使你的休闲和学习有条不紊地交叉进行,使身心得到有效的放松和调适。而且一旦制订出了既愉快又切实可行的休闲计划,那么在这一时间尚未到来之前,你的心情会是愉快而充实的,能精神振奋地投入学习和工作中。

要留出足够的时间来进行体育锻炼,最好能根据自己的身体状况和客观条件制订出一个体育锻炼计划,务必拥有一个健康强壮的身体。要知道,身体是从事一切活动的"本钱",也是一个人心理健康的物质基础。

大学生要善于利用课余时间,开展一些有益的文娱活动,如唱歌、跳舞、下棋等;尽量培养多种兴趣爱好,如集邮、剪贴等,这样可以增添生活的情趣。此外,还可以利用课余时间阅读一些自己喜欢的书籍、报纸、杂志,以读书为乐事,既可以排遣烦扰、愉悦性情,又可以获取知识、增长智慧,对大学生身心的健康发展非常有利。

二、大学生的压力管理

(一)压力的含义

压力是一个多维度的概念,它包含了那些使人感到紧张的事件或环境刺激,是个体的一种主观的心理状态,是个体对压力事件的一种生理反应。压力本身并不是坏事,它也有积极的、有价值的一面,适当的压力往往是一种动力,可提高工作效率。组织行为学认为,压力与工作业绩呈倒 U 型关系,也就是说随着压力的增加,工作绩效会逐步增加,但增加到一定程度后就会出现一个拐点,这时候工作绩效最高,如果再对个体施加过大的压力,就会导致工作绩效的迅速降低。

压力的另一个后果就是健康的破坏,包括心理的和生理的。压力可能使人产生一些负面情绪,如紧张、焦虑、情绪低落等,压力感能使人们的新陈代谢出现紊乱,引发关节炎、溃疡、大肠炎等各种疾病。

大学生是一个高智商、高抱负、高自尊的群体,同时他们又承受着来自各方面的生活压力。首先他们是同龄人中的佼佼者,人们对他们给予了更大的期望,有来自国家和社会的,有来自学校和家庭的。期望可以化作动力,也可以造成心理压力。其次,当今社会快速变迁,社会的人才需求层次不断提高,也带来了更多的心理压力。最后,在大学生群体中,相互间的竞争随时随地、有形无形地展开着,也给他们带来了沉重的精神压力。

(二)心理压力的含义

心理压力是个体在日常生活中应对压力源而形成的一种持续紧张的综合性心理状态,即个体心理真正意识到压力的存在,而又无法摆脱时所形成的带有紧张情绪的心理状态。压力源指令个体紧张、感受到威胁的刺激情境或事件,一般情况下也可与压力通用。另外,心理压力是一种内心感受,由于个体对刺激情境或事件的应对方式、认知评价存在差异,同一刺激情境或事件可能使个体产生不同的心理感受,不同的个体遇到同一情境或事件时,心理感受也会大相径庭。

心理压力对人们的困扰日益严重,它已成为西方心理学研究的热门课题之一,研究领域也逐渐由企业转移到教育、社会福利等行业,对大学生的心理压力问题的研究也广泛开展起来。研究表明,大学生最大的压力源是与学习直接相关的因素,如考试成绩、学习负担等。然后是与社会相关的因素,如经济问题,缺乏与朋友和父母相处的时间等也是压力的重要来源。

(三)大学生的压力管理

1. 大学生心理压力的主要类型

大学生心理压力来源于生活、学业、人际交往、就业和成就 5 个方面。

(1)生活压力

对部分大学生来说,最大的压力莫过于生活的艰辛,生活的压力是大学生心理压力中最基本、最普遍的一种。主要表现在如下两个方面:

① 经济上的窘迫感。很多大学生不愿再依靠家里,靠自己在业余时间兼职打工挣点

生活费,因此,不得不"勒紧裤腰带",精打细算地过日子。在日常生活中,因经济困难而带来的消费压力,如旅游、同学聚会、购买电脑和手机等,无疑给囊中羞涩的大学生带来了沉重的心理压力。

② 环境上的不适应感。大学生源的渠道差异很大。在一个班级中,有的来源于应届,有的来源于往届;有的来源于大城市,有的则来源于中小城市、农村等,来源渠道的差异性构成了层次上的多样性。他们各自有着不同的生活环境和文化背景,加之个人生活习惯的不同和角色的转变,观念上的冲突在所难免,心理上产生不适感也就不足为奇了。

(2)学业压力

学生的本职工作和首要任务是学习。大学生在经历了高考后,成功的喜悦还没来得及细细体味,学习的艰辛又接踵而至,其心理压力可想而知。

(3)人际交往压力

美国心理学家马斯洛在其"需求层次理论"中阐述了人的五种阶梯性需求,即生理需要、安全需要、归属和爱的需要、尊重的需要和自我实现的需要。一般来说,只有在低层次需求得到满足的情况下,才会有较高层次的需求欲望。良好的人际交往对满足人的基本需要具有积极作用,而不适的人际交往往往会给人造成很大的心理压力。

传统模式培养出来的学生即使进入大学阶段,也难以走出情商发育与智力发展不平衡这一怪圈,这种矛盾集中体现在人际交往能力上。大学生处理不好与老师、同学、室友的关系,缺乏团队合作精神的事例比比皆是。人际关系紧张不仅影响学习,还将影响未来的就业前景,而且这些影响,本身就是一种强大的压力源,极易阻塞压力的疏导渠道,对大学生身心健康产生极大的破坏力。

(4)就业压力

就业问题是每一个大学生从入校就开始考虑的问题。当前,随着用人单位和毕业生双向选择局面的逐渐明朗化,许多在校大学生已经清晰地感受到职场上的激烈竞争。加上择业认知偏差、期望值过高等主观因素,心理上出现了惶恐、茫然、焦虑和不安等不良情绪,影响了他们正常的学习、生活和交往。

(5)成就压力

马斯洛"需求层次理论"说明,自我实现的需要是人最高级的需要,即人们力求发展并施展自己的能力或潜能,以达到完美境界的成长需要。大学生学习,就是希望成为一个有利于社会的人,实现自我的价值。他们往往比其他群体更关注成功,因为各方面的进步更能给他们带来心理需要上的满足。但需要指出的是,他们的成就动机并不是由对相关活动本身产生的兴趣来维持的,而是源于活动过程之外的刺激(如别人的赞赏、表扬、尊敬和崇拜等)。

JOB 案例 3-4

大三学生张硕,坐在教室看书时,总担心别人会坐在身后干扰自己,有强烈的不安全感,以至于只能坐在角落或靠墙而坐,否则无法安心看书;对同寝室一位同学放收音机的行为非常反感,有时简直难以忍受,尤其是中午睡觉时总担心会有收音机的声音干扰自己,导致睡不着觉,经常休息不好。但又不好意思跟其发生正面冲突,因为觉得为这样的小事发脾气,可能是自己的不对。很长时间不能摆脱这种心理困境,很苦恼,严重影响了自己的日常生活和学习。即将毕业,心中一片茫然,担心找不到理想的工作,有时候也懒得去想这个问题,怕增添烦恼。学习一般,在班上成绩中游,看到其他同学都在准备考研究生,自己也想考,但是又不能集中精力学习。自卑,缺乏自信,生活态度比较消极,认为所有的一切都糟透了。家在农村,经济状况一般,认为自己有责任挑起家庭的重担,但又觉得力不从心。

2. 探索科学的压力管理方法

在现代快节奏的社会中,不论是大人物还是普通人群都承受着过重的生活和精神压力,这些压力若得不到及时、有效的管理,能够导致许多疾病。

(1) 认知调节法

认知理论认为人的情绪来自人对所遭遇的事情的信念、评价、解释或哲学观点,而并非来自事情本身。情绪和行为受制于认知,认知是人心理活动的决定因素。认知调节法就是通过改变自己的认知过程和由这一过程所产生的观念来适应不良的情绪或行为。例如,某一个学生一直认为自己表现得不够好,连老师也不喜欢他,因此,做什么事都没有信心,很自卑,心情不好,压力也大。在这种情况下,如果运用认知调节法调适自己的消极情绪,有助于重新构建认知结构,更改认为自己"不好"的认知。

认知调节法的主要步骤有:首先,要使自己认清一个人的看法与态度是如何影响自身心情及行为的。其次,要主动检讨自己所持有的对己、对人及对四周环境的看法,弄清自己错误认知的非功能性与病态性。最后,通过加强自我练习来更换这些看法或态度,重建功能性的、健康的看法与态度。另外,在认知调节过程中,个体要保持积极乐观的心态,多想那些令人心情愉快的事,通过注意力的转移,达到疏解心理压力的目的。此种方法对管理大学生人际交往、择业及成就等方面压力是非常有效的。

(2) 放松调节法

压力及紧张焦虑的情绪,不仅影响人的正常生活、降低工作和学习的效率,而且还会伴随一些生理症状,如头痛、气喘、肌肉紧张、心跳强而快、失眠或嗜睡等。而通过对身体各部分主要肌肉的系统放松练习,则可以抑制这些伴随紧张而产生的生理反应,从而减轻心理上的压力和紧张焦虑的情绪。此外,这种方法还可以用于治疗失眠、抑郁、疲乏感、肌肉痉挛和轻微恐惧等症状。放松疗法的形式有很多。例如,找一个安静而又不受干扰的地方,躺着或者坐着均可,闭眼,在无意志力控制的情况下,将注意力从一块肌肉移向另一块肌肉,这样就有助于缓解紧张、焦虑的情绪。放松调节法能最直接、有效地缓解大学生学业和就业方面的压力。

(3) 转化压力法

事实上,转化压力就是缓解压力的过程。学生在生活中遇到压力或威胁情境时,不妨将其看作是对自己的挑战,化压力为动力,鼓足勇气迎接它、战胜它。比如,某位学生因人际关系紧张而产生心理压力,倘若他采取积极宽容的态度,主动改善自己与老师或同学之间的关系,消除成见,冰释前嫌,那么由于人际关系紧张而造成的心理压力也就不复存在了。因此,这种方法对管理学生人际交往与生活方面的压力效果十分明显。

(4) 倾诉宣泄法

如果一个人感到忧虑重重,最好的办法就是找一个自己信任的人谈谈,把所有担心的事情讲出来。虽然,消极被动地等待最终也可能解决问题,但是在这种情况下,自己将承受更长时间的心理负担。倘若把自己的心理负担向家人或朋友倾诉宣泄,就能使自己获得心理放松的机会。而且适当地倾诉、宣泄自己的担忧,不仅可以使自己变得轻松、心情舒畅,同时还会使自己看清楚担忧的事情,以便妥善地解决。倾诉宣泄法对管理学生人际交往、成就等方面的压力十分有效。

(5)注意转移法

该方法的原理是在大脑皮层产生一个新的兴奋中心,通过相互诱导,抵消或冲淡原来的优势兴奋中心(即原来的不良情绪中心)。如当与人发生争吵时,马上离开这个环境,去运动或听音乐;当悲伤、忧愁情绪发生时,及时避开悲伤、忧愁的对象,可以消忧解愁;在余怒未消时,可以通过运动、娱乐、散步等活动,使紧张情绪得到缓解。换言之,大学生应该有选择地多接触令自己愉快的事,避免和忘却一些不愉快的事,与其“衣带渐宽”、面容憔悴,不如潇洒一些,干些快乐的事。因此,大学生日常生活中遇到的适应、学习、人际交往方面的压力均可采用这种方法进行管理。

(6)即时解决法

拖延会使人产生很大的心理压力,因此我们做任何事情都应尽早准备,绝不能一拖再拖。例如,在休息或娱乐前抓紧时间努力学习或完成任务,使自己觉得有休息或改变节奏的权利,从而避免产生内疚、紧张的情绪。大学生要掌握自己的学习、生活节奏,进行合理的计划和安排,不仅要按照事情的主次顺序,把要做的事情列出来,而且还应该毫不拖延地逐一完成所要做的事情。这样,当自己想到已完成比较多的任务时,心理上就会产生成就感,压力感也会随之减弱。即时解决法主要适用于缓解大学生人际交往与生活方面的压力。

三、大学生的危机管理

(一)危机及危机管理的含义

著名的社会学家罗森塔尔在1989年曾提出:“所谓危机,是指对一个社会系统的基本价值和行为准则架构产生严重威胁并且在时间压力和不确定性极高的情况下必须对其做出关键决策的事件。”我国台湾政治大学教授孙本初认为,“危机是指因内、外环境因素所引起的一种组织生存具有立即且严重威胁性的情境或事件”。

危机管理是指组织或个人通过危机监测、危机预控、危机决策和危机处理,避免、减少危机产生的危害,甚至将危机转化为机会。依据定义,危机管理具有不确定性、应急性和动态可变性的特性。

(二)高校学生危机问题的分类

结合大学生的实际,可以将大学生危机问题分为以下几个方面:

1. 学习危机

经历过“千军万马过独木桥”的高考以后,可以说,进入大学校园的莘莘学子心中都怀有一股胜利的喜悦。正因如此,很多人都放松了对学习的要求,结果,身负种种学习荣誉的同学们在考试前却不得不为了学习而疲于奔命。

2. 生活危机

由于当前我国高校的财政投入有限,大学生求学的资金完全靠家庭提供,家庭经济条件差的同学很难维持一种相当水平的生活。很多同学为了维持基本的学习生活,不得不从事大量学习以外的利益性的工作,甚至有些同学还进行着一些触犯法律、法规的活动。

3. 心理危机

心理危机的出现是由多种情况综合影响所导致的,比如个人、家庭、同学、社会等。如果按照对大学生的影响程度来说的话,大学生的心理问题的确不容忽视。但就心理问题的本质而言,我们却只能说它是心理问题而无须将其上升到危机的高度。然而越来越多的大学生因心理失衡而产生人际问题、社会问题,我们不得不高度重视。

4. 人际危机

由于当代大学生大多数是独生子女,相对来说,他们都有着不同程度的依赖心理、征服欲望,自然而然地,在进入大学以后的陌生人群里无所适从。他们在与舍友、同班同学及其他相关联的人的交际沟通中显得很不成熟,疏于考虑,很大程度上制约了他们的进一步发展。

5. 感情危机

当前我国的大学生入学年龄大都在 18 周岁左右,随着年龄的增长,很多人对感情的认识也逐渐由朦胧、暧昧转向理性、成熟,大学生恋爱问题已经成为我们不可回避的一个现实问题。但是,毕竟大学生的心理年龄还没有和他们的生理年龄完全相适应,所以,面对感情,大学生们理性不足而冲动有余,久而久之,造成了一系列感情危机。

6. 前景危机

我们所处的这个社会是一个竞争空前激烈的社会,毫末的疏忽就有被淘汰的可能,在这种情况下,就算个人有再强的能力,也不能保证自己在竞争中有不可撼动的优势。由于大学生受过更高层次的教育,他们期望值的攀高使他们不能够理性地看待形势。

7. 不可预见危机

非学生主导的各种危机,如学生集体食物中毒、群体性交通事故、传染性疾病蔓延和火灾地震等自然灾害带来的伤亡等,这些危机具有群体性,会引发更严重的危机,影响高校正常的教学生活秩序。

（三）大学生的危机管理

1. 高校学生危机管理的现状

近年来,随着我国高等教育改革的推进,高校内部各类关系更加复杂,所面临的问题越来越多,我国高校危机管理的现状不容乐观,主要问题表现在以下两个方面:

（1）高校领导及师生危机管理意识比较淡薄。有些高校领导及教师、学生认为学校学生工作的主要任务是搞好思想政治教育和日常管理工作,进行危机管理研究缺乏现实意义;高校各层次人员缺少关于高校危机管理主题的教育和培训,有些领导和教师往往认为所谓危机管理就是危机事件发生以后进行处理。学生与教师相比,更缺乏危机管理方面的知识和意识。

（2）学生危机管理体系不健全。一是高校普遍缺少危机预防机制,这导致高校无法预测潜伏的危机,也导致无法制订全面的、科学的危机预防方案;二是缺乏危机应对机制,高校无法及时、有效控制危机的进一步扩展和蔓延,往往是凭经验"仓促应战",这就很难在应对危机过程中掌握主动权;三是高校普遍缺乏危机总结机制。目前,我国一些高校在危机总结机制的建设上还很不到位,主要表现为缺乏对危机的事后分析研究,缺乏忧患意识。

2. 高校学生危机管理体系的完善对策

（1）建立危机预防机制

① 开展危机意识教育与培训。提高广大大学生的危机意识是危机预警的起点。各高校要将危机意识教育归入学生思想政治教育中，通过各种形式的学生工作和学生活动来加强危机意识教育。比如，在与学生交谈时，深入浅出地引导学生关注危机；组织关于危机意识的主题班会、学习经验交流会、优秀毕业生报告会、学习方法指导、心理讲座、职业生涯规划和专家讲座等，使每一名大学生都能意识到早期的危机讯息，将大多数危机消灭在萌芽之中。

② 建立健全危机预警系统。一是高校党委组建由办公室、学生处和保卫处等相关部门组成的危机管理常设机构，负责危机意识的培养和宣传、人员的培训、危机监测和预警、危机管理计划和制度的制定、日常管理工作的指导、检查和监督及危机公关。二要确定学生的预警对象，尤其关注那些优秀生、贫困生、独生子女、单亲家庭学生、心理比较孤僻的学生、受过纪律处分的学生。三要成立学生以班级、学院（系）、学校、社会为一体的危机信息网络。四是重视和发挥学生组织（学生会、学生社团、老乡会）参与学生民主管理的作用。五是定期和不定期召开规模、层次不等的汇报会，听取各方声音，分析高校各管理部门的运行状态，找出薄弱环节，及时进行整改。六是加强与家长、社区、政府各职能部门的沟通与联系，及时掌握他们对学校的评价。

（2）高校学生危机问题的应对策略

首先，学校决策层将收集到的危机信息，经过系统的整理、分析和真实性甄别进行归类，对学生中可能发生的危机的类型及危害程度做出评估。

其次，危机爆发后，高校应立即启动危机应对预案，并由相关人员组成一个指挥中心，协调校内各部门和相关社会职能机构应对危机。还要与媒体建立良好合作，尽快向社会公布客观事实。

再次，调查危机。危机得到控制后，危机管理小组就要立即展开对危机前因后果的全面调查。

最后，危机管理小组共同商议制定正确的危机对策。

（四）建立危机善后总结与转化机制

危机事件的风波过去之后，为尽快恢复校园的正常秩序，高校学生工作危机管理部门应抓住机会，及时再收集危机信息，建立危机处理档案、总结危机原因、查找工作漏洞、采取改进措施、确定危机责任和进行信心重塑。这样做既可以为学校今后应对其他危机积累完整的历史资料和全面的工作经验，做到有章可循，也有助于提高应对危机的能力，促使高校学生工作的危机管理日益成熟。同时为社会的危机管理工作提供学术上、学科上的支持，促进国家公共安全管理工作的开展。

高校学生危机管理问题不仅需要引起各高校重视，政府、社会各界以及大学生自己也要有相应的措施。

1. 高校层面

作为高校的管理者，无论面对什么情况，校方都应该站在广大学生的立场上去思考问题，寻求解决方案，保护学生的安全和权益。应当切实加强日常管理，注重细节，防微杜渐,及时纠正学生中出现的偏颇思想;消减甚至根除危机发生的可能,达到"化险为夷""转危为安"的效果。高校学生工作的重点应该放在预警的特殊学生群体上,有的放矢地做好他们的思想教育工作,让他们积极参加心理健康教育课程、心理讲座和心理咨询辅导等,把他们的种种不良思想及行为消灭在萌芽状态,避免危机的发生。

2. 政府、社会层面

政府要加大对高校的关注力度,通过政府的努力减少大学生危机现象发生的可能性,例如,通过加大奖、助、补、贷力度解除大学生因家庭经济困难而造成的生活危机;加快经济发展,增加就业岗位,以解除大学生的就业危机等。社会应理性对待大学生危机问题,要对高校大学生多一分宽容之心。大学生对新事物接受的速度较快,但他们并不能很好地判断所获取信息的价值,所以很容易走向极端。这就需要包括电视、报纸、杂志和网络在内的大众媒体做好信息的筛选工作,让大学生们有一个正确的信息来源。

3. 学生层面

大学生应积极深入社会实践,从中接受锻炼,面对困境积极寻求解决办法,并总结教训;主动接受心理指导,加强自我保护,遇事冷静并能合情合理地对待自己的种种需要,不断培养自身应对挫折的承受力。同时,大学生应努力提高对周围事物的客观认识,学会处理生活中的问题、困难、矛盾,能够自己摆脱心理负担,克服精神障碍。要多接触外界包括身边的同学、老师,以及社会上的种种事务,这样才能正确认识自己,规划好自己的职业生涯。

案例 3-5

大一学生李楠和同学们的关系都很好,尤其是和舍友之间。大学的自由给他带来了许多可支配的时间,也导致了挂科的问题。

大二第二学期开学后,他看到自己上学期成绩还不错,重修的课程学分也修回来了,对自己的新学期也充满信心,而且多次和学习委员说想考历史专业的研究生。然而,再次的挂科让他心里感到很不平衡,总认为老师是特意"针对"他,并认为这就是命。按照学校的规定,挂科超过23个学分就拿不到学士学位,而此时他挂科学分已经多达21个,心理承受着巨大的压力。他的信心再一次受到了严重的打击,经常一个人出去喝闷酒,并在微博上表达一些负面或者消极的情绪。

大三学年开学,学院从班长处了解到该生的特殊情况后,向学院领导和校学生处报告,并且动员班长和他同宿舍的同学密切注意他的一举一动,要求及时向学院汇报。据班长反映,李楠在晚上十点多的时候经常找他聊天,诉说自己的困难和挫折。有一次深夜十一点多的时候,班长给辅导员打电话反映李楠当晚和他说了一些异常的话语。当晚,辅导员就以晚上巡查宿舍的名义去他们宿舍查看。当时李楠的行为很奇怪,巡查后辅导员就要求班长随时留意他的异常表现,并要求班长将他的情况秘密告诉与他同宿舍的同学,要求同宿舍的其他同学留意他当晚有没有什么异常的行为。

接着学院向有关校领导报告相关的情况,向学校心理健康教育中心寻求帮助,为此校领导多次召开协调会议处理该事件。为了不惊动李楠,防止他出现过激的行为,学校心理健康教育中心决定跟踪了解该生。

心理健康教育中心对他跟踪了解后得出结论:学生李楠患有中度抑郁症。要求学院密切观察他近期的行为,最好是去医院检查一下,并将情况通知他的父母。过了两天看见他的情况没什么好转,学院就派人陪同他去当地医院就医。当时恰逢"十一",很多同学都回家了,为了稳定他的情绪,学院帮助他申请到图书馆勤工俭学的工作;根据他爱摄影的喜好,学院就安排留校的学生多陪他出去摄影,并要求班长每天通过微信的方式汇报李楠当天的情况,以更好地了解他的心理动态。

经过2个多月的观察以及对他在生活上的关心和帮助,他的精神面貌好多了,而且开始比较积极地参加课堂上的讨论,性格也开朗了很多。据班里的同学反映,最近有一次在创新课堂上他说了一个故事逗全班同学开心。当他收到勤工俭学的工资时,他开心地和班长说:"我终于赚到属于自己的钱了,班长,今晚我请你吃夜宵!"临近期末,据了解他现在正在为期末考试复习,相信通过他的努力,会在期末考试中取得良好的成绩。

花开花落,该生能够继续保持对生活的热爱,对生命的珍惜,是所有教育工作者的最大欣慰。

第三节　大学生的职业准备

一、专业成才

中学是基础教育,大学是专业教育,这是大学与中学教育的重要差异。因此,从理论到实践上正确认识专业教育、热爱专业,做到专业成才,是大学生在校学习的主要任务之一。

(一) 大学的专业教育是培养高级专门人才的载体

大学的专业是根据社会需要、国家需要而设置的,它随着社会政治、经济、文化、军事等各行业的发展变化而变化。高校的专业设置与社会上的专业分工基本上是相适应的,这样既有利于各专业部门得到专门技术人才的补充,也有利于大学生毕业后能很好地适应专业岗位的工作。高校专业设置虽然是根据社会需要来设置的,但也不能完全满足社会的分工。专业设置口径宽,使学生的基础知识结构、基本能力结构更宽厚,有利于学生在专业的转化中有较大的回旋余地,以满足社会发展专业分工比较细的需要。

大学专业教育不是一种职业教育,而是一种以专业知识为载体的综合素质教育。大学生通过某一个专业的学习,训练人才成长所需要的思维能力、学习方法、道德情操和心理素质等,即培养综合素质。专业课程设置也是以某一个专业为核心,开设基础课、专业基础课和专业课。课程中有必修课和限选课,以保证和满足学生牢固掌握专业知识的需要;同时也还有任选课,以满足学生个人兴趣发展的需要。有了这样的教育,学生走向社会以后就能以不同于一般人的思维方式,在分析和解决工作和社会中的各种问题时,有独到的见解和解决问题的能力,成为某一个专业领域中的专门人才。

(二) 树立专业思想,培养专业兴趣

大学生在校学习期间要把自己培养成什么样的人? 上大学之前可能都有了答案:"要

把自己培养成专家。"要想成为专家,就必须在大学学到专业知识技能,使自己走向社会后成为合格的专业人才。那么,如何才能实现成为"专家"的梦想呢?

要树立正确的专业思想,培养专业兴趣。正确的专业思想有利于确定方向,集中精力,实现成才目标。有的学生不能正确选择专业和对待自己所学的专业,而是根据职业的贵贱之分、社会地位的高低之分、工作条件的好坏之分、收入差距的大小之分来选择专业。于是有的学生不愿上农学院,怕分到农村去;有的学生不愿上师范院校,怕分到乡村学校去;有的学生不愿上地质院校,怕到山沟里翻山越岭;有的学生不愿到军校去,怕上前线打仗;有的学生不愿学铸造,怕脏、怕累……这些思想观念不仅影响了学生的专业学习,而且影响了大学生的专业成才。

影响大学生树立正确的专业思想的因素,既有来自大学生自身的,如世界观、人生观、价值观及身体等因素,也有来自外界的,如旁人建议、同学的参考、家长的要求等。其实这些帮助提建议的人也并非对专业十分了解,有的可能只知皮毛,不知实质。真正对这个专业了解的是该学科专业的专家、教授。在大学新生进行入学教育的时候,各专业的专家、教授都会给学生介绍这个专业的发展历史,这个专业在国民经济建设中的地位和作用,这个专业的学习对学生的发展有什么帮助,这个专业是怎样学习的。这些专家都会从理论到实践,用大量的数据、大量的人和事来分析说明这个专业的发展前景。这样的介绍会使大学生对该专业产生兴趣。"兴趣是你最好的老师",有了兴趣,你就可以积极主动地了解专业、丰富知识、开阔视野、开拓思路和触发灵感。

(三) 热爱专业,坚定成才的信心

高考考生在报考专业时要受国家和社会需求及自身条件的限制。考生能不能被录取到自己所向往的专业就读取决于多种因素,或因计划有限,或因成绩缺乏竞争力,或因志愿填报不当,或因身体问题等,都可能被调配到自己不喜欢的专业,这是不争的事实。但是,一旦专业确定,就要安下心来去了解这个专业、去热爱这个专业。只要热爱这个专业,坚定信心、奋发努力,学任何专业都是可以成才的。

热爱专业是指自己有正确的、稳定的专业思想,有执着的追求,充满献身精神。这种对专业的热爱之情是求知的前提,它能增强学生学习的主动性和学习热情,增强克服困难、战胜困难的信心。热爱程度若能达到一种入迷的境地,就会产生巨大的精神力量和勇气。科学技术史表明,凡是有成就的人都十分热爱自己的专业,有的甚至到了迷恋忘我的地步。陈景润为摘取数学王冠上的明珠,对数学专业达到了迷恋的程度,他战胜了无数困难,取得了举世公认的成就。热爱专业,还要上升到爱祖国、爱人民的高度上来,这种融合之爱的伟大力量会使其更加持久。我国著名科学家钱学森为了祖国的强大和人民的幸福,决定离开美国优越的生活环境回国时,受到美国政府的百般刁难。他一方面冒着生命危险与他们斗智斗勇;另一方面,抛弃了在美国的一切家产,用脑强记特别重要的资料,凭记忆带回了无价的科学文献,为新中国的航天事业做出了不可磨灭的贡献。

个人的志趣是一种专业理想,属于个人理想范畴,受社会理想的制约。在我国,如果没有社会主义事业的蓬勃发展,没有教育事业的蓬勃发展,没有国家给我们创造和提供良好的物质文化条件,任何个人的理想都是难以实现的。因此,个人的专业兴趣要服从国家需要、社会需要。

专业是"立业"之本,也是"成才"的基石。大学生要高度重视专业学习,学好和掌握所学专业的基本理论、基本知识和基本技能；学习和掌握好数学、物理、化学、外语等基础课程的基本知识；学习和掌握政治、经济、文化、哲学和法学等社会科学的基本理论，将这些知识融入专业学习之中，使自己成为合格的专业人才。

二、精神成人

大学是学生"精神成人"的理想乐园，因为大学传承文化、创造知识，大学海纳百川、产生思想，大学高贵朴实、提升道德。大学生"精神成人"是一个过程，需要时间的积累、知识的沉淀、智慧的哺育、心灵的滋润，大学时光是这个过程中的重要阶段。

（一）何为"精神成人"

"精神成人"，要把"成人"两字弄清楚。这个"成人"中的"成"，其含义不是名词"成年"，也不是形容词"成熟"，而是动词"成事"的"成"。所以，在这里"成人"一词属于动宾结构，是指"成事为人"。平时，人们说"孩子成人"了，其中也有"成长"的含义，但这个语境中所说的"成人"，主要指生理层面的"成人"，孩子已进入发育期；法学层面的"成人"，指的是18 岁，成为中国公民了，有选举权和被选举权。在这两个层面的"成人"并不是指价值层面上的"精神成人"。价值层面上的"精神成人"是指将人类历史沉淀的有利于推动社会进步的普遍价值标准内化为一个人的道德品质，不断拓宽自己的精神自由空间，陶冶自己的性情，锻炼自己的性格，发展自己的爱好，提高自己独立的精神境界，发展自己的想象力、审美力、思维能力和创造能力，使自己成为一个健全发展的人。也就是不断追问自己：怎样做人？做一个什么样的人？

"精神成人"是一种知识的积累。是一个具有一定知识积累的人，运用科学的思维方式思考、推理、比较、辨别和分析社会发展的各种问题，迎接各种挑战、胜任和成就一番事业。

"精神成人"是一种思想的成熟。是一个人以专业为中心不断打破学科分支细化所带来的视野萎缩，广泛涉猎各学科知识，尤其重视人文素质的积累。通过融会贯通，让思想更加活跃、深刻和全面，高瞻远瞩地看待和解决问题。不断提升思想格调，使自己的思想更加成熟。

"精神成人"是一种道德的提升。是一个"解放自己心灵，摆脱对物质依赖"的人能融入自然、与万物对话交流，悲天悯人，以人文关怀和尊重爱惜作为人生的底蕴，培养博大而深沉的情怀，提升道德良知，追求人与人、人与社会、人与自然的和谐，使自己渴望的精神更加充实丰富。

（二）大学是学生精神成人的沃土

让大学生"精神成人"，应该是大学工作的首位，也是其重中之重。"悠悠万事，唯此为大"。自从中世纪创建现代意义的大学以来，历代的教育家、思想家都坚守这一理想，为大学生"精神成人"——主体意识的觉醒创造条件。

大学存在的方式是"独立"。许多大学都有围墙，现在有些大学虽然拆除了围墙，但在大学生的心目中仍然有一道围栏。这并不是将大学生幽闭在象牙塔之中，而是告诉学生大学存在的方式是"独立"。大学与周围划出一道边界，是提醒莘莘学子，一旦进入大学校园，他便可能被换了心情、心境和心灵。进入大学之门，就应不畏社会不良风气的感染，不被社会潜规则所操控,不为功名而学习。这种独立精神的存在,使大学生意识到自己的主体意识,强化了自己的社会责任意识,保持着自己精神品质的坚守和追求。

大学生活的环境是"自由"。大学教师以传播科学真理为己任,所以,他们有教学的自由。教师充分施展自己的才华,传授知识,传播思想,讲述真理,与学生充分自由地讨论。这种自由,可以使学生感受到精神世界的博大和自己知识的缺乏,可以让学生学会尊重别人的观点,研究他人的思想,吸取精华,加强对精神世界的追求。学生具有传承文化的任务,是带着批判精神从事学习的,所以,他们具有学习的自由。学生有选择地听课,聆听各种观念,摄取各种思想。他们读得越多、听得越多就越会意识到自己的卑微,养成谦恭的品行,培养追求精神高度的意识,为学生的"精神成人"提供强大的动力。

大学的学术精神是"追求"。大学的学术精神需要教师的引导和学生的实践。大学教师的风范展示了大学独特的魅力,他们使大学更为生动、更为真切、更为动人心魄。大学存在的理由在于它联合大学教师和学生共同对学术进行富有想象的研究,以保持知识和火热生活之间的联系,"学高为师,身正为范",大学教师这种以身作则、精益求精、高度负责的对学术追求的精神,对学生产生极大的影响。学生在学习中受到鞭策,激发了执着探索的热情,促使他们在学术探究的过程中形成坚韧不拔的研究精神。

大学的"独立""自由""追求"为正处在"灵魂发育"期的大学生主体意识的觉醒,为大学生领悟"精神成人"的实质,提供了强大的动力,大学是大学生"精神成人"的沃土。

(三) 大学对学生精神成人的培养

大学对学生"精神成人"的培养比较特别,没有一所大学制订过一份"精神成人"的培养计划。其原因是,"世界上没有完全相同的两片树叶,也没有完全相同的两个人",计划很难制订,但它有独特的培养方法。

1. 博览群书

各所大学都有一个标志性的建筑物——图书馆,而且是当地藏书最多的地方。大学生在校的重要任务是读书,图书馆就是读书的地方。大学生读书学习要有刻苦精神,一天24 小时,除了吃饭、睡觉几乎全部时间都用在读书上。大家都清楚,要想取得学习上、研究上的成功,必须要有艰辛的付出,付出时间、精力、体力和脑力来收获知识、思想和精神。大学生要会读书,有的书是精读,有的书是阅读,有的书是浏览,哪怕是"随便翻翻"也会有收获,也能找到自己所需要的东西。

2. 耳闻目睹

知识有的是读来的,有的是听来的。大学的课堂教学、讲座、信息都是"精神成人"的粮食。大学教师讲授的,一般是讲他研究的思想、观点和体系,使学生对问题有全面而又深刻的了解;大学的各种人文和科学讲座十分精彩,专家、学者或领导等来校做两个小时的报告,浓缩了他在某个领域长期研究的成果,使学生受益无穷;师生之间、学生之间信息广泛,什么信息都有,什么人都有,大家不分时间和地点互相交流、互相启发,有的了解得多有的不求甚解,信息量大了,知识多了,"精神成人"的资源也就多了。总之,大学生在校"精神成人"是熏陶出来的,是不经意之间熏陶出来的,不是计划培养出来的,即使一本书、一场报告、一个内容、一句话、一场演出、一次活动或者一次聊天,都能使你茅塞顿开、受益匪浅,甚至改变人生。

3. 正确引导

这几年出现了清华大学学生"硫酸伤熊"事件,北大高才生在美国杀死导师事件,云南大学学生打死同学的事件,中国政法大学学生杀死上课教师的事件,还有复旦大学医学院研究生投毒杀害室友的事件等。这些问题虽然发生在极少数学生身上,但教训十分深刻。为什么会发生这些事件?主要是由于缺少道德意识。学校缺少对学生言行的教育,而使学生的道德意识和法治观念淡薄,导致各种悲剧的发生。所以,对学生"精神成人"的培养要注意其一言一行。"不积跬步,无以至千里;不积小流,无以成江海"。平时的一言一行,其实就是大善大德的体现。正如俗语所言"一屋不扫何以扫天下",平时对同学、亲人冷漠,如何有博爱精神;平时见弱小尚不关心,如何有悲天悯人的情怀。所以,大学要引导学生追求精神理想,强调道德和法律底线,追求高尚境界,培养学生精神成人。

拓展训练

意志力的测试

指导语:下面20道题,请你对每个题目从五种选择(是,有时是,是否之间,很少是,不是)中选择一个,并且只能选择一个(本测试采用北京师范大学修订量表)。

题目:

1. 我喜欢长跑、远途旅行、爬山等体育活动,但并不是因为我的身体条件适合这些项目,而是因为它们能使我更有毅力。

2. 我对自己订的计划常常因为主观原因不能如期完成。

3. 如果没有特殊原因,我能每天按时起床,不睡懒觉。

4. 订的计划应有一定的灵活性,如果完成计划有困难,随时可以改变或撤销它。

5. 学习和娱乐发生冲突的时候,哪怕这种娱乐很有吸引力,我也会马上决定学习。

6. 学习和工作中遇到困难的时候,最好的办法是立即向师长、同学求援。

7. 在长跑中遇到生理反应,觉得跑不动时,我常常咬紧牙关坚持到底。

8. 我常因读一本引人入胜的小说而不能按时睡觉。

9. 我在做一件应该做的事之前,常常能想到做与不做的好坏结果,而有目的地去做。

10. 如果对一件事不感兴趣,那么不管是什么事,我的积极性都不高。

11. 当我同时面临一件该做的事和一件不应该做却吸引我的事时,经过激烈斗争后,总是前者占上风。

12. 有时我躺在床上,下决心第二天要干一件重要事情(如突击一下学外语),但到第二天,这种劲头消失了。

13. 我能长时间做一件重要但枯燥无味的事情。

14. 生活中遇到复杂情况时,我常常优柔寡断、举棋不定。

15. 做一件事之前,我首先想的是它的重要性,其次才想它是否使我感兴趣。

16. 我遇到困难情况时,常常希望别人帮我拿主意。

17. 我决定做一件事时,说干就干,绝不拖延或让它落空。

18. 在和别人争吵时,虽然明知不对,我却忍不住说一些过头话,甚至骂他几句。

19. 我希望做一个坚强的、有毅力的人,因为我深信"有志者事竟成"。

20. 我相信机遇,好多事实说明,机遇的作用有时大大超过人的努力。

计分方法:

1. 单号题 1、3、5 等每题后面的五种答案依次是 5 分、4 分、3 分、2 分、1 分。

2. 双号题 2、4、6 等每题后面的五种答案依次是 1 分、2 分、3 分、4 分、5 分。

请求出 20 道题的得分总和( )。

意志力分析:

81～100 分,意志很坚强;61～80 分,意志较坚强;41～60 分,意志品质一般;21～40 分,意志较薄弱;0～20 分,意志很薄弱。如果属于后三类,那就要锻炼良好的意志品质,如坚持、执着、负责任、恒心、毅力、专注于目标、忍耐、积极、顽强、不服输等,都是成功的重要品质。

第四章 职业生涯规划

本章导读

当我们准备旅游的时候，是否要做一番认真的策划才出发？实际上，我们中间很少有那种丝毫不做计划，走到哪里算哪里的盲目旅游。在人的一生当中，时间最长、对自己人生影响最大的旅程莫过于职业生涯之旅，时间跨度长达30年、40年，甚至50年。一次小小的旅行尚且如此，面对长达几十年的职业生涯之旅，你可曾想过如何度过、如何完成吗？大多数人还没有开始想就迷迷糊糊地出发了。几年之后突然醒悟过来：这不是我想做的呀，我现在怎么是这个样子？我想做的是什么？这些问题，有的人在二十多岁的时候就想到了，有的人可能到三十多岁时才想，但是如果五十多岁时才开始想，太多时光已经流逝了！因此，从现在开始对我们的职业生涯之旅有所思考、有所计划，意义重大。

学习目标

1. 态度层面：树立职业生涯规划的观念和意识，意识到确立自身发展目标的重要性。

2. 知识层面：了解职业生涯规划的基本知识、意义和影响因素，思考未来理想职业与所学专业的关系，增强在校期间学习的目的性和积极性。

3. 技能层面：进行大学生职业生涯规划准备，逐步确立长远而稳定的发展目标。

案例导入

人们经常为周末度假而规划，为一次旅行而规划，甚至为一顿早餐而规划。但是，却很少思考一下自己的一生该如何度过，为自己生命中最重要的事情——职业做一个像样的规划。

面对十字路口的选择，许多人陷入了迷茫和困惑，他们不知道自己想要什么，更不知道该如何去做。

哈佛大学曾对一群智力、学历、环境等客观条件都差不多的年轻人，做过一个长达25年的跟踪调查，调查内容为规划对人生的影响，结果是这样的：

第一类人：27%的人，没有目标；

第二类人：60%的人，目标模糊；

第三类人：10%的人，有清晰但比较短期的目标；

第四类人：3%的人，有清晰而长远的目标。

以后的25年，他们开始了自己的职业生涯。

25年后，又对这些调查对象跟踪调查，他们的职业和生活状况发生了很大的变化：

第四类人：3%的有清晰且长远人生规划的人，25年来几乎都不曾更改过自己的人生目标，并且为实现目标做着不懈的努力。25年后，他们几乎都成了社会各界顶尖的成功人士，他们中不乏白手创业者、行业领袖、社会精英。

第三类人：10%的有清晰短期人生规划者，大都生活在社会的中上层。他们的共同特征是：那些短期人生规划不断得以实现，生活水平稳步上升，成为各行各业不可或缺的专业人士，如医生、律师、工程师、高级主管等。

第二类人：60%人生规划模糊的人，几乎都生活在社会的中下层面，能安稳地工作与生活，但都没有什么特别的成绩。

第一类人：那些没有目标和规划的人，几乎都生活在社会的最底层，生活状况很不如意，经常处于失业状态。

调查者因此得出结论：目标对人生有巨大的导向性作用。成功，在一开始仅仅是一种选择，你选择什么样的人生规划，就会有什么样的人生。

其实，他们之间的差别仅仅在于：25年前，他们中的一些人知道自己到底要什么，而另一些人则不清楚或不很清楚。

未来的人生道路一片空白，需要你去规划。

第一节　职业生涯规划概述

职业生涯规划作为一个专业，是30年前在美国诞生的。在我国，职业生涯规划还是一个崭新的名词。目前，随着职业市场竞争的不断升温，人们越来越意识到好的职业生涯规划在一生中是至关重要的。给自己制定一个好的职业生涯规划，充分发挥自己的优势，在众多的竞争者中脱颖而出，是所有人的梦想。

一、职业生涯规划的含义

职业生涯规划(Career Planning)简称生涯规划，又叫职业生涯设计，是指个人与组织相结合，在对一个人职业生涯的主、客观条件进行测定、分析和总结的基础上，对自己的兴趣、爱好、能力和特点进行综合分析与权衡，结合时代特点，根据自己的职业倾向，确定其最佳的职业奋斗目标，并编制相应的工作、教育和培训的行动计划，对每一步骤的时间、顺序和方向做出合理的安排。

职业生涯规划不仅与个体的主观因素相关，而且与个体周围存在的客观条件有密切关系。首先,职业生涯规划要切合个人的自身条件,尽力达到内外因素的最佳匹配。确定职业发展目标的关键是要人岗匹配,既不高攀,也不低就;并非收入越高、地位越高、权力越大的工作就是好工作。职业生涯规划要求个体根据自身的兴趣、特点,通过对自己的内在因素进行测评找到自身的内在潜质,将自己定位在一个最能发挥自己长处的位置,选择最适合自己能力的职业。其次,职业生涯规划要充分利用周围存在的客观条件。职业生涯规划针对决定个人职业选择的主观和客观因素进行分析和测评,确定个人的奋斗目标并选择符合这一目标的职业。职业生涯规划就是要找到客观与主观的最佳匹配点,使外部优势充分支持内部潜质,内外优势结合起来,创造发展平台,形成在职场打拼的强有力的核心竞争力。

职业生涯规划的目的绝不仅限于帮助个人按照自己的资历条件找到一份合适的工作,实现个人目标,更重要的是帮助个人真正了解自己,为自己定下事业大计,筹划未来,拟定一生的发展方向。

JOB 案例 4-1

有这么一家人,丈夫是教师,在一所中专学校教经济学,妻子在街面开一个纽扣店。

丈夫没有什么爱好,教学之余,除了到图书馆翻翻经济类杂志,就是到妻子的小店转悠转悠。妻子也没什么大志,除了卖纽扣,最多再卖些头饰、胸花之类的小玩意儿。

一天,丈夫告诉妻子,他有一个新发现。他说:"昨天,我在图书馆看一份杂志,介绍的全是世界上的大公司,叫作'500强'。我发现,他们都是一根筋,一条路。"妻子问:"什么意思?"丈夫说:"打个比方,你卖纽扣,就只卖纽扣,卖所有品种的纽扣,店再大,都不卖别的。"妻子说:"这算什么新发现!不就是开专业店吗?"丈夫说:"好像是开专业店,但我搞不清楚的是,为什么成为500强的都是这些专业店,而不是其他的店。这里面一定有名堂。"

自从有了这个新发现后,丈夫就从没有放弃琢磨。他认真查阅了零售业的老大沃尔玛。他发现它自始至终只做零售,钱再多都不买地,都不去做房地产。他又查阅了美国通用汽车公司,一百多年来,也是只做汽车与配件,资产达到八万亿了,都不去做航空和轮船。他还研究了世界首富比尔·盖茨,他发现此人也是一条路走到底,钱再多,都只做软件,其他行业再赚钱都不去做。丈夫就想,是不是心无旁骛地做一件事,更容易成为强者。

有了这一认识之后,他对妻子说:"以后再进货,头饰、胸花之类的东西,不要再进了。全进纽扣,有多少品种进多少品种,看看会怎么样。"

自此之后,一家航空母舰式的纽扣店,在这座城市出现了。所有做纽扣批发和销售的人,来到这座城市,都是因为这家纽扣店而来,他因此成了"纽扣大王"。

二、职业生涯规划的意义

(一)有利于确定人生的方向,提供奋斗的策略

生活中,我们经常看到,很多人由于自己的职业生涯毫无计划,目标不明,从而造成事业失败,并不是他们没有足够的知识和才能,失败主要在于他们没有规划和取得最适合他们成长与发展的职业生涯。

（二）有利于准确评价个人特点

在《水浒传》中，张顺在陆地上是李逵的手下败将，可在水中打，却能把黑旋风李逵淹得翻白眼。职业生涯的规划与开发也是如此，对个人来说，应有自知之明，不仅要知己所长，还要知己所短。要想在学习和工作上取胜，就必须制定出一个知己长短、知环境之利弊、扬长避短的职业生涯规划。

（三）准确定位职业方向

我国经常出现懂专业的技术人员被组织安排到管理岗位上的现象。这些人从专业之塔的顶端一下被抛到管理之塔的底部，从一颗专业技术上的明星，陨落成为一名初出茅庐的管理人员。有的人由于缺乏管理的知识和技能，做不出卓越的成就。因此，要特别清楚个人的职业发展计划和设想，才能更好定位职业方向，避免人力资源的浪费。

（四）有利于重新认识自身的价值，评估个人目标和现状的差距，控制前途和命运

人们在实现个人职业生涯目标的过程中，往往会发现在大学学习的专业与实际工作的差距。人们会寻找机会再学习，即使没有脱产再学习的机会，也会有针对性地制订业余自学计划来提高自身的素质，以实现各自的事业目标。

三、职业生涯规划的特点

（一）良好的职业生涯规划应具备的特性

1. 可行性

规划要有事实依据，并非是美好的幻想或不着边际的梦想，否则将会延误生涯良机。

2. 适时性

规划是预测未来的行动，确定将来的目标，因此，各项主要活动何时实施、何时完成，都应有时间和时序上的妥善安排，以作为检查行动的依据。

3. 适应性

规划未来的职业生涯目标，牵涉到多种可变因素，因此，规划要有弹性，以增强其适应性。

4. 持续性

人生每个发展阶段应能持续连贯并相衔接。

（二）个人职业生涯规划的两个特征

1. 职业生涯规划的个性化特征

基于马斯洛的需要层次理论，我们不难理解，满足自身需要是人的行为的主要原动力。每个人的成长环境、文化背景、个性特征、价值观、能力、职业生涯目标和对成功评价的标准都存在着很大的差异，因此，个人职业生涯规划是个性化的发展蓝图，组织不能把既定的职业生涯规划强加在个人身上，任何人，无论是单位的领导还是父母、朋友，都无法替我们做出规划。从这个意义上说，每个人的生涯发展都是独一无二的，不同的个体应该根据自己的实际情况给自己做出恰当的个人职业生涯规划。

2. 职业生涯规划的开放性特征

俗话说"走自己的路，让别人去说吧"，但是我们是社会中的人，我们只有在所处的社

会中才能生存和发展,因此,我们的职业生涯规划也要充分地考虑到社会组织环境和他人的影响,而不能只从个人愿望出发。一份有效的职业生涯规划必须是在对主、客观环境审时度势的基础上,广泛听取领导、同事、家人以及职业顾问的有关建议之后,才制定出来的,而且要随着主、客观环境的变化及时做出修正和调整。因此,一份好的职业生涯规划应该切实可行、适时严谨、弹性适当和具备可持续性。

四、职业生涯规划的五种基本能力

职业生涯规划是一个周而复始的历程,在不断地探索追寻过程中,每个人最终都能发展出职业生涯规划的五种基本能力。

(一)认识能力

了解自己的兴趣和特长、气质和性格、能力和职业价值观等。喜欢从事学术研究的人和喜欢事务性工作的人在职业生涯规划上是有很大不同的:前者考虑大学毕业后继续深造,培养研究能力;后者可能考虑先直接工作。不能积极地对自己进行正确、客观的分析,相互攀比,往往会舍其所长,就其所短。

(二)收集有关生涯发展信息的能力

了解职业的结构,包括专业学科、用人趋势、经济状况、社会需求以及发展的空间与前景等。对周围环境认知不确切,对环境估计不足会出现坐等心理。

(三)生涯决策能力

具有理想化倾向的大学生在就业过程中会出现决策犹豫心理,从而错过许多良好的就业机会。生涯决策通常由设定目标、建立行动计划、澄清价值、找出各种行动方案、评估可能结果的利弊得失、系统排除不适用的方案和开始行动几部分组成。

(四)发展推销自己的能力

找工作除了自身的实力外,还需要提高求职技能。如参加和学习方向有关的暑假工作、社会实践;撰写专业学术文章,提出自己的见解;积极参加招聘活动,在实践中检验自己的积累和准备;进行模拟面试训练,强化求职技巧等。

(五)了解自己所追求的生活形态,发展适应工作的能力

职业没有高低贵贱之分,做到极致都可以成功。选择职业就是选择自己的未来,选择一种职业就是选择一种生活方式。不同的职业决定个人在什么样的环境下工作、和什么样的人共事,以及每天的作息、休闲、家庭生活如何等。

当然,有时也会碰到许多挫折和不快,使我们产生怀疑,这时就要学习一些自我调适的方法。当你修正自己的做法后,如果还是成效不大,无法平复内心的不满、压力和倦怠感,这时你可能变了——以前的兴趣的价值已不再适用了。这时,你可能要回到职业生涯规划的某一点,再次找寻一个适合成长后的你的职业生涯。也有可能,你需要检视自己在工作、情感和自我成长这三件大事上是否取得了平衡,毕竟生命是一段旅程,而不是目的地。

五、做好职业生涯规划

（一）职业生涯规划的五大要素

职业生涯规划包含了五大基本要素：知己、知彼、抉择、目标和行动（如图4-1所示）。俗话说"知己知彼，百战不殆"，因此，知己、知彼无疑是后面各项要素的基础，也是一个好的职业生涯规划的开始。

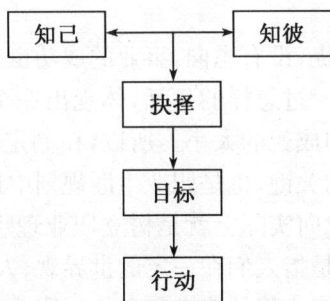

图 4 - 1　五大要素之间的联系

1. 知己

所谓知己，就是了解自己的各个方面，包括兴趣、爱好、能力、价值观、个性，父母的管教态度、学校与社会教育对个人产生的影响等。

2. 知彼

所谓知彼，就是探索外在的世界，包括职业的特性、所需的能力、就业渠道、工作内容、工作前景和薪资待遇等。

3. 抉择

所谓抉择，就是指在知己、知彼的基础上对可能的备选项进行权衡、比较，分析其中的优势、劣势、阻力和助力等因素，然后做出合理的选择。

4. 目标

所谓目标，就是指决策做出以后，便明确了大方向、大目标，但是这还不够，要把大目标一一分解为具有可操作性的小目标，形成目标系统。

5. 行动

行动是非常关键的要素，只有美好的愿望和目标，没有把目标付诸实施的行动，也是徒劳。只有按照计划采取积极行动，我们确定的职业生涯发展路线才能最终实现。

这五个基本要素缺一不可，环环相扣，是一个人在进行职业生涯规划时必须要考虑的关键。

（二）职业生涯规划的基本步骤

职业生涯规划有如下几个基本步骤（如图4-2所示）：

```
确定志向 → 自我评估 → 生涯机会评估 → 职业选择 → 生涯路线选择

评估与反馈 ← 执行 ← 制订行动计划 ← 设定目标 ← 生涯路线选择
```

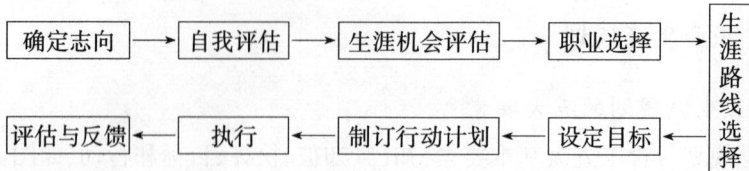

图4-2 职业生涯规划步骤流程图

1. 确定志向

志向是事业成功的基本前提,没有志向,事业的成功也就无从谈起。立志是人生的起点,一个人想成为一个怎样的人,过怎样的生活,体现出一个人的理想、胸怀、情趣和价值观,影响着一个人的奋斗目标和成就的大小。所以,在制定职业生涯规划时,首先要确立志向,这是制定职业生涯规划的关键,也是职业生涯规划中最重要的一点。

在职业生涯规划中,确立志向实际上就是树立职业理想。理想一般是指人们对未来的一种合理的期望。职业理想是指人们在一定的世界观、人生观和价值观的指导下,对其未来所从事的职业及事业上获取成就的追求和向往。职业理想在人们职业生涯规划设计过程中起着调节和指向作用。一个人选择什么样的职业以及为什么选择某种职业,通常都是以其职业理想为出发点的。大学生树立职业理想的过程,便是在心目中进行职业生涯规划设计的过程,一旦在心目中有了自己认为理想的职业,就会依据职业理想的目标,去规划自己的学习和实践,并为获得自己认为理想的职业而进行各种准备。

JOB 案例4-2

心理学家曾经做过这样一个实验,组织三组人,让他们分别向着10公里以外的三个村子进发。

第一组的人既不知道村庄的名字,又不知道路程有多远,只告诉他们跟着向导走就行了。刚走出两三公里,就开始有人叫苦;走到一半的时候,有的人几乎愤怒了,他们抱怨为什么走这么远,何时才能走到头,有的人甚至坐在路边不想走了;越往后走,他们的情绪也就越低落。

第二组的人知道村庄的名字和路程有多远,但路边没有里程碑,只能凭经验来估计行程的时间和距离。走到一半的时候,大多数人想知道已经走了多远,有人说:"大概走了一半的路程。"于是,大家又簇拥着继续向前走。当走到全程的四分之三的时候,大家情绪开始低落,觉得疲惫不堪,而路程似乎还有很长。当有人说:"快到了!快到了!"大家又振作起来,加快了行进的步伐。

第三组的人不仅知道村庄的名字、路程,而且公路旁每一公里就有一块里程碑。人们边走边看里程碑,每缩短一公里大家便有一小阵的快乐。行进中他们用看里程碑的快乐消除疲劳,用坚定的步伐丈量行走的路程,所以很快就达到了目的地。

心理学家得出了这样的结论:当人们的行动有了明确目标,并能将自己的行动与目标不断地加以对照,进而清楚地知道自己的行进速度和与目标之间的距离时,人们行动的动机就会得到维持和加强,就会自觉地克服一切困难,努力达到目标。

2. 自我评估

生涯规划是一个由内向外的过程，因此，在进行生涯规划时，首先要进行自我评估和自我认识，要问自己：我是谁？我对什么比较感兴趣？什么东西是我生命中不可或缺的？我有哪些人格特质使我别具一格？我有哪些优点？我有哪些不足？我有哪些技能可以赖以为生？你可以通过多种途径进行自我评估，可以通过心理测验、自我对话和人际互动了解自己。

3. 职业生涯机会评估

职业生涯机会评估，主要是评估各种环境因素对自己职业生涯发展的影响。每个人都处在一定的社会环境中，离开了特定的环境，便谈不上生存和发展。因此，制定个人职业生涯规划时，还要分析环境条件的特点、环境的发展变化情况、自己与环境的关系、自己在环境中的位置、环境对自己所提出的要求、环境中对自己的有利条件及限制条件等。只有对这些与自己有关的环境因素有了充分的了解，才能做到在复杂的环境中趋利避害，使自己的职业生涯规划更有针对性。

4. 职业的选择

职业选择正确与否，直接关系到人生事业的成败，关系到人生的幸福与否。据统计，在选错职业的人当中，约有80％的人在事业上是比较失败的。俗话说"男怕入错行，女怕嫁错郎"，其实在女性职业者越来越多的今天，女性和男性一样，都怕入错行。

5. 职业生涯路线的选择

职业生涯路线是指个体在职业确定后，拟定从什么方向上实现自己的职业理想，是向行政路线发展、向专业路线发展，还是选择自主创业？选择方向不同，对自己的要求及最后的结果也会大不相同。因此，在进行职业生涯规划时，必须对此进行慎重的考虑，以便安排今后的学习和工作等活动，使其沿着职业生涯路线和预定的方向发展。在进行职业生涯路线选择时，应该考虑以下三个问题：

（1）个人希望向哪一条路线发展，要考虑自己的价值、理想和成就动机，确定自己的目标取向。

（2）个人适合向哪一条路线发展，主要考虑自己的性格、特长、经历和学历等主观条件，确定自己的能力取向。

（3）个人能够向哪一条路线发展，主要考虑自身所处的政治、经济、文化等社会环境，以及组织环境，并确定自己的机会取向。

6. 设定职业生涯目标

职业生涯目标的设定，是职业生涯规划的核心。一个人职业生涯的成败与有无适合的职业生涯目标有着很大的关系。没有目标如同驶入大海的孤舟，四海茫茫，不知道自己该驶向何方。

7. 制订行动计划与措施

在确定了职业生涯目标之后，行动变成了关键的环节，没有行动，一切的目标和理想都将化为梦幻泡影。这里所说的行动，是指落实目标的具体措施，主要包括工作、训练、教育和轮岗等方面的措施。例如：为达到目标，在工作方面，你计划采取什么措施，以提高你的工作效率？在业务素质方面，你计划学习哪些知识，掌握哪些技能，以提高你的业务能力？在潜能开发方面，你计划做些什么？上述计划都应该比较具体，以便于自己定时检查。

8. 评估与反馈

俗话说"计划赶不上变化",影响职业生涯规划的因素很多,有的变化因素是可以预测的,而有些变化因素则难以预测。因此,要使自己的职业生涯规划行之有效,就需要对职业生涯规划进行评估和修订。从这个意义上说,反馈与评估是一个再认识、再发现的过程。

(三)职业生涯规划的期限

职业生涯规划的期限,分为短期规划、中期规划和长期规划3种类型。

1. 短期规划为5年以内的规划,主要是确定近期目标,规划近期完成的任务。比如,大学生针对自己的职业理想和目标而对大学期间的学习生活进行规划,就是短期规划。

2. 中期规划,一般为规划5至10年的目标与任务。

3. 长期规划,其规划时间是10至20年以上,主要设定较长远的目标和任务。

(四)影响职业生涯规划的因素

在进行职业生涯规划时,要仔细考虑影响自己职业生涯的每一个因素。影响职业生涯规划的因素是多方面的,有个人素质、心理等主观方面的因素,也有社会环境、机遇等客观方面的因素。

1. 主观因素

主观因素即指身心状况。所谓身心状况,也就是个人身体和心理状况与职业对其要求的特点是否相适应的问题。身心健康对于职业选择特别重要,几乎所有的职业都需要健康的身心。不仅如此,职业适应也与身心状况有着很大的内在联系,有的职业对视力、身高、体重有要求;有的职业要求反应敏捷;有的职业要求耐心、细致;有的职业与物打交道多,有的职业与人打交道多;有的职业需要不断创新;有的职业需要不断地重复并按程序操作等。

2. 客观因素

客观因素涉及受教育程度、家庭经济状况、性别因素、机遇和社会环境因素等。

(1)受教育程度。教育是赋予大学生才能,塑造人格,从而促进个人发展的活动,获得不同的教育程度的人,在个人职业选择或者被选择时,具有不同的能量。但是对大多数的职业而言,未必尽然,雇主往往对录用者能干什么感兴趣,而不是只注意他们的教育背景。一般来说,他们要找的是既受过正规教育、又具备某些发展潜力的人。

(2)家庭经济状况。毕业生对家人及对财务状况承担着义务,有的毕业生由于家庭负担过重,而不得不考虑现实利益,放弃了自己的理想职业期望,而从事较为现实的职业,或者待条件成熟再选择理想的职业。

(3)性别因素。虽然男女平等的观念已普遍被现代社会所接受,但性别因素仍然扮演着重要的角色。事实上,很少有人能完全漠视性别问题。男生与女生由于生理上的差别,在择业和适应职业上会形成自然差别。男生与女生在择业价值观上也会因为生理条件而形成差别。因此,由于性别的原因,在职业生涯规划上也会形成不同的特点。

(4)机遇。机遇是影响职业生涯的偶然因素,它包括社会各种职业对一个人展示的随机性的岗位,或者说是能够就业和流动的各种职业岗位,也包括能够给个人提供发展的职业境遇。

（5）社会环境因素。社会环境因素是指社会的政治，经济，文化等因素。社会环境因素决定了职业岗位的数量、结构、层次，决定了人们对不同职业岗位的接受、赞誉或贬低的程度，决定了人们步入职业生涯的基本方式、基本态度及变化情况。

机遇的出现是随机的、偶然的，但是，对于个人的职业生涯而言，有时又具有决定性的作用。所以能否抓住机遇，是成功与否的关键。机遇可遇不可求，我们只能做好迎接机遇的准备，当机遇来临时，不要让它悄悄地从我们身边溜走。

案例 4 - 3

比尔·拉福与他的职业生涯规划

拉福公司的创始人比尔·拉福的成功经验是一个良好的职业生涯规划及执行的范本。

中学毕业之际，比尔·拉福就立志经商，而且态度非常明确，也得到了父母的支持。年少的拉福机智勇敢，很有经商天赋，但尚未经历磨炼，没有经验，更缺乏知识。我们来看他是如何实现他的经商梦想的。

比尔·拉福的父亲是洛克菲特集团的一名高级职员，父亲的职业熏陶了年少的拉福。拉福的父亲在商界打拼了多年，对商海中的事务了如指掌，深谙其中的奥秘。他发现儿子有商业的天赋，且有强烈的经商志向后，就和儿子进行了一次长谈，共同制订了计划，一起勾画出了职业生涯的蓝图：工科学习→工学学士→经济学学习→经济学硕士→政府部门工作→锻炼处事能力，建立广泛的人际关系→大公司工作→熟悉商务环境→开公司→事业成功。在随后的人生生涯中，比尔·拉福正是按照这个蓝图开始自己的人生旅程的。

第一阶段：工科学习（4 年）

中学毕业以后，拉福听从了父亲的劝告，升学时没有直接去读贸易专业，而是选择了工科中最基础最普通的专业——机械制造。这着棋很绝妙，因为做商贸必须具备一定的专业知识，在贸易中，工业产品占据了绝对多数，如果不了解产品的性能、生产制造的情况，就很难保证产品的收益。因此，具备一些工科的基础知识是经商的先决条件，况且，工科学习不仅是知识技能的培养，它还能帮助人们建立一整套严谨的思维体系，训练人的推理分析能力，培养脚踏实地的工作态度，这些素质对经商的人帮助很大。比尔·拉福就这样在麻省理工学院度过了 4 年，他没有拘泥于本专业的学习，还广泛学习了化工、电子、建筑等方面的知识，这些知识在他后来的商业活动中发挥了不可忽略的作用。

第二阶段：经济学学习（3 年）

大学毕业后，比尔·拉福没有立即一头扎进商海。按照原先的设计，他开始攻读经济学硕士学位。商业毕竟不是工业，这是一种经济活动，有其本身的规律和特征。现代商业不像古代阿拉伯人做得那么简单了。无论是在程序上还是在原则内容上都很复杂，需要进行专门了解。在市场经济条件下，一切经济活动都通过商业手段来实现，不了解经济规律，不学习经济学知识，很难在商界立足。于是，比尔·拉福又考入了芝加哥大学，开始了为期 3 年的经济学硕士课程的学习。这期间，比尔·拉福掌握了经济学的基础知识，深入了解了经济规律，懂得了商业活动的地位、作用，搞清了影响商业活动的多种因素。他还特意认真学习了相关的经济法律，在现代商业活动中，法律充当了至关重要的角色，没有法律保障，现代商业将陷入一片混乱。这样,几年下来,他完全具备了经商的素质。

第三阶段:政府部门工作(5年)

你也许会感到意外,学业有成后,比尔·拉福拿到硕士学位居然没有立即投身商海,而是考了公务员,去政府部门工作。原来,他的父亲,这位老谋深算的商业活动家深知,经商必须具备很强的社会交往能力,人际关系在社会生活中异常重要;要想在商业中获得成功,必须深知处世规则,充分了解人的心理特征,善于与人交往,能够给人以良好的印象,使人信任你,愿与你合作。这种开拓人际关系的能力在学校是学不到的,只有在社会上,在工作中才可以学到;而训练交际能力,观察人际关系的最佳去处就是政府部门。拉福在政府部门一干就是5年。5年中,他从一个稚嫩的热血青年成长为一位老成世故的公务员。此外,他通过5年的政府机关工作,结识了一大批各界人士,建立起一整套关系网络。他非常善于利用这个网络,这个网络能够为他提供丰富的信息,提供许多便利条件,这对他后来事业的成功帮助很大。

第四阶段:通用公司锻炼(2年)

政府工作结束后,比尔·拉福完全具备了成功商人所需的各种素质,于是辞职下海,去了通用公司。在国际著名的通用公司锻炼,比尔·拉福不仅为实践所学的理论找到了一个强大的平台,通过实践的锻炼将所学的知识转化为实际技能,并对各种社会资源进行整合,完成了激情与现实的融合。通过通用公司两年的锻炼也学到了丰富的管理经验,完成了原始的资本积累。

第五阶段:自创公司

在熟练掌握了商情与商务技巧后,比尔·拉福毫不犹豫地谢绝了通用公司的高薪挽留,开办了拉福商贸公司,开始了梦寐以求的商人生涯,实现多年前的计划。拉福公司的成长速度出奇地快,20年后,拉福公司的资产从最初的20万美元发展为2亿美元,而拉福本人也创造了一个奇迹。

从案例中,我们可以看到比尔·拉福的成功不是偶然而是必然。比尔·拉福为实现自己的职业梦想,进行了长达14年的准备工作,几乎考虑到了每个细节。这些都缘于他职业规划的脉络清晰、步骤合理,充分考虑了个人兴趣、个人素质,并看重职业技能的培养,这种职业规划在他坚持不懈的努力下,终于变为现实。比尔·拉福率团到中国进行商业考察,在谈起了他的经历时,把他的成功归功于他和父亲共同制定的那个重要的职业规划方案,正是这个职业规划方案使他最终功成名就。

第二节 自我评估与环境分析

一、自我特征分析

职业生涯规划的过程是从个人对自己的能力、兴趣、职业生涯需要及其目标的评估开始的。职业世界纷繁多彩,每项职业都要求从业者具备一定条件,如知识、技能、体力、品德和心理素质等;每个人各方面条件又都是各不相同的,对职业的选择也必然会有所不同。因此,只有充分认识自己,才能做出切合实际的职业选择。

(一)自我特征分析的重要性及基本内容

强调自我特征分析,能带来许多积极的影响。它能使人们从长计议自己的职业,使人们在职业管理中充分考虑个人的责任,促使人们检查过去做出的职业选择,以及这些选择的效果,并据此引导以后的职业选择。另外,自我特征分析还鼓舞着人们去尝试新的工作任务,挑战更艰巨的工作。因此,自我特征分析是职业生涯规划的基础,直接关系到个人的职业成功与否。

自我特征分析就是对自己进行全面、深入、客观的分析,以及准确地为自己定位。一般来说,自我特征分析的内容,包括以下几个方面:

首先,剖析自己的人格特征、兴趣、性格等多方面的个人情况,以便了解自己的优势和不足。

其次,熟悉自己掌握的知识与技能。

再次,分析自己的价值观以及它们是否与自己当前正在考虑的这种职业相匹配。

最后,分析自己希望从职业中获得什么。

通过这几个层次的自我剖析之后,对自己形成一个客观、全面的认识和定位。其重点是分析自己的条件,特别是性格、兴趣、特长与需求。

（二）自我特征分析的方法

对自我特征进行分析主要有两种方法:自我反思法和测验法。

自我反思的方法主要是通过自己的洞察和别人对自己的反应来认识自我特征。

测验的方法是综合利用心理学、管理学和人才学等学科的理论、方法和技术,对人的能力水平及倾向、个性特点和行为特征等进行系统的、客观的测量和评价。

自我反思的方法简便易行,但通常会受到个体认识自我的能力和一些偏见的影响。测验的方法比较系统、客观,但必须依赖特定的工具。

1. 自我反思法

橱窗分析法是自我剖析的重要方法之一。心理学家乔韩把对个人的了解比喻成一个橱窗。为了便于理解,可以把橱窗放在一个直角坐标系中加以分析。坐标的横轴正向表示"别人知道",负向表示"别人不知道";纵轴正向表示"自己知道",负向表示"自己不知道"。坐标橱窗分析图把自我分成了四部分,即四个橱窗。

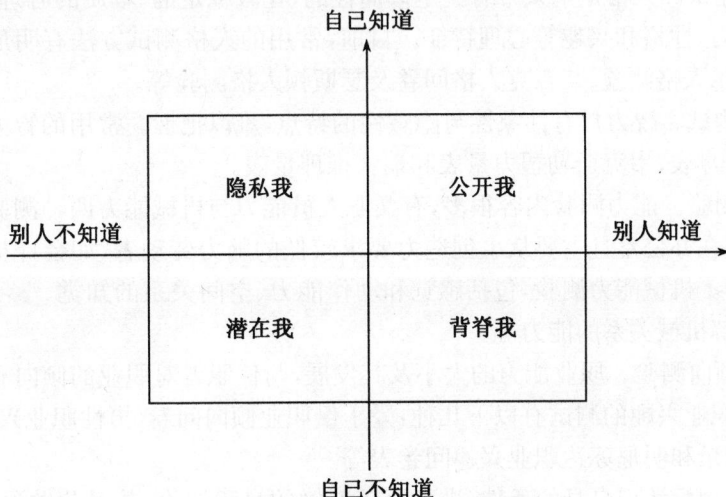

图4-3 坐标橱窗分析图

橱窗 1 为"公开我",这是己知、人知的部分,属于个人展现在外、无所隐藏的部分。

橱窗 2 为"隐私我",这是己知、人不知的部分,属于个人内在的、私密的部分。

橱窗 3 为"潜在我",这是己不知、人亦不知的部分,是有待进一步开发的部分。

橱窗 4 为"背脊我",这是己不知、人知的部分,就像自己的背部一样,自己看不到,别人却看得很清楚。

在进行自我剖析时,重点是了解橱窗 3"潜在我"和橱窗 4"背脊我"这两部分。

"潜在我"是影响一个人未来发展的重要因素。因为每个人都有巨大的潜能,许多研究都表明,人类平常只发挥了极小部分的大脑功能。如果一个人能够发挥大脑功能的一半,将轻松地学会 40 种语言,背诵整套百科全书。著名心理学家奥托指出:一个人所发挥出来的能力,只占他全部能力的 4%。由此可见,认识与了解"潜在我",是自我剖析的重要内容之一。

"背脊我"是准确对自己进行评价的重要方面,自己可以通过与别人的交往,从别人的议论和态度中去了解和察觉。如果自己诚恳地、真心实意地对待他人的意见和看法,就不难了解"背脊我"。当然,这除了需要开阔的胸怀、正确的态度外,还要分清意见的主次及了解意见的来源和方向。只有这样才可能真实地认识和了解自己。

2. 测验法

(1) 自我测试法。自我测试法是通过回答有关问题来认识和了解自己。测试题目是由心理学家们经过精心研究设定的,只要按照量表的说明和要求如实回答,就能大概了解自己的有关情况。这是一种比较简便、经济的自我特征分析方法。

自我测试的内容和量表很多,如性格测试、气质测试、情绪测试、智力测试、技能测试、记忆力测试、创造力测试、观察力测试、应变能力测试、想象力测试、管理能力测试和人际关系测试等,均可选择使用。

(2) 计算机测试法。计算机测试法是一种了解自己、认识自己的有效的现代测试手段和方法,这种方法的科学性、准确性相对较高。目前,用于测试的软件多种多样,许多网站也开设了网上测试。国内外比较常用的几种计算机测试有:

① 人格测试。人格是个人带有一定倾向性的、比较稳定的、本质的心理特征的综合,包括气质、能力、性格和兴趣等心理特征。目前,常用的人格测试方法有明尼苏达多项人格测验、卡特尔人格测验、艾森克人格问卷及瑟斯顿人格测验等。

② 智力测试。智力具有抽象性与隐蔽性的特点,难以把握。常用的智力测试有斯坦福—比奈智力量表、韦克斯勒智力量表和瑞文推理量表。

③ 能力测验。能力测验内容很多,有文职人员能力与机械能力两种测验。文职人员是指工作地点在办公室且主要从事创造要求较低的脑力劳动者,如会计员、记录员、出纳员和秘书等。机械能力测验,包括感觉和动作能力、空间关系的知觉、学习机械事物的能力,以及理解机械关系的能力等。

④ 职业倾向测验。职业能力的大小及其发展,与任职者对职业的倾向和兴趣有很大关系。目前,职业兴趣的测试有以下几种:爱丁堡职业倾向问卷、男性职业兴趣问卷表、库德职业偏好记录和明尼苏达职业兴趣问卷表等。

通过自我剖析认识自身的条件,进行比较准确的自我评价,并对此做深层次的分析,以便根据自身的特点设计自己的职业发展方向和目标。

二、外部环境分析

职业的外部环境分析,就是要认清所选职业在社会大环境中的发展状况、技术含量、社会地位和未来趋势等。当前热点职业有哪些?发展前景怎样?社会发展趋势对所选职业有什么要求?影响如何?这些问题都要仔细研究。

一份有效的职业生涯规划应该是在全面认识和了解自己的同时,也清楚地认识到外部环境特征,以评估职业机会。即看看外面有没有可以让自己施展拳脚的机会,哪里有机会,是什么样的机会。

如今,科学技术的发展已经改变了人们的生活方式和企业的运作模式。互联网技术早已使地球变小,使个人空间扩大,直接影响个人生活的方方面面。同时,这个世界变化快,去年时髦的职业,今年可能就被"打入冷宫"。因此,个人要想谋求职业生涯的发展和成功,就必须考虑外部环境的需求和变化趋势,力求适应环境变化。

外部环境分析包括:社会环境分析、组织(企业)环境分析和行业环境分析。

(一)社会环境分析

所谓社会环境分析,包括对社会政治环境、经济环境、法律环境、科技环境和文化环境等宏观因素的分析。通过对社会大环境的分析,了解所在国家或地区的政治、经济、科技、文化、法律和政策等,以寻找各种发展机会。

对社会环境的分析主要包括如下内容:

1. 社会各行业对人才的需求状况

随着社会的变革,对各种人才的需求也在不断发生变化。例如,随着信息技术的发展和普及应用,对计算机、网络等方面的应用人才的需求不断增加;同时,对各种管理人才的需求也越来越多。对这方面信息的分析可以使个体认识到自己目前所具备的知识和技能是否为社会所需要,需求程度如何,自己应在哪些方面学习和提高,才能适应社会的需要。

2. 社会中各种人才的供给状况

对人才资源供给状况的分析实际上是分析人才竞争的状况。通过对这些信息的分析,可以使个体认识到与自己竞争相似职业的人的状况,自己与他人相比较优势在哪里,不足在哪里,如何才能在竞争中取胜。

3. 社会政策

对社会有关政策的分析,可以使个人了解到一些新的工作机会,以便在进行职业设计时利用这些机会。例如,《个人独资企业法》的出台使得有志于独立创业的个人找到新的职业发展路线。

4. 社会价值观的变化

不同时代有不同的社会价值观,人们在从事职业时也需要得到社会的认同。了解了社会的价值观,有利于在职业设计时做出与社会价值观相一致的职业选择。

(二)组织(企业)环境分析

企业是从业者生存和发展的土壤。每个企业都有自己的发展目标和运作模式。此外,企业本身为了生存和发展,也要随时关注、适应社会大环境的变化并采取相应的变革措施,这必将影响其成员的个人职业生涯。了解企业的基本情况,便于自己迅速适应组织环境。企业环境分析包括企业在本行业中的地位、现状和发展前景,所面对的市场状况,产品在市场上的发展前景,能够提供的岗位等。具体包括以下几方面的内容:

1. 企业的特色

企业的特色包括企业结构、企业文化、企业规模和企业实力。企业的文化是否与自己的价值观相符?企业在本行业中是否具备很强的竞争力?发展前景如何?

2. 企业发展战略

企业发展战略主要包括:企业未来发展的目标是什么?企业的发展领域在哪些方面?有什么阶段性的发展目标?在本行业中的地位和发展前景如何?目前企业所处的发展阶段是怎样的?企业在社会中的地位和声望如何?企业的产品在市场上的表现和发展前景如何?

3. 企业中的人力资源状况

企业中的人员状况是指,目前人员的年龄、专业、学历结构是什么样的,企业中的人力资源发展政策是怎样的,企业会采取哪些促进员工发展的行动等状况。企业领导人的情况是指,企业领导人是真心想干一番事业,还是就想捞钱获利?他的能力足以带领员工开创新天地吗?有没有战略的眼光和措施?

4. 企业制度

企业制度涉及的范围比较广,包括管理制度、用人制度、培训制度等。尽可能了解这些信息,并分析这些对自己的未来可能带来什么样的影响。特别要注意企业用人制度。能提供教育培训机会吗?提供的条件是什么?自己将来有没有可能在此企业担任更高级的职务或担负更大的责任?个人待遇提升的空间有多大?

通过对组织环境的分析,个体可以确认该组织是否是自己所偏好的职业环境、自己在组织中的发展空间和发展机会如何,从而决定是在该组织中寻求发展,还是脱离该组织而到其他组织中寻求发展,哪些类型的组织将是适合自己未来发展的组织。

(三)行业环境分析

行业环境分析包括对目前所想从事行业和将来想从事的目标行业的环境分析。分析内容包括:

1. 行业的发展状况、国际或国内重大事件对该行业的影响。如注意国家政策的影响,看一看国家对某一行业是扶持、鼓励还是限制、制约,尽量选择有前景、发展空间较大的行业。

2. 行业优势与问题何在,行业发展趋势如何。例如,科技发展会使某些行业如夕阳坠落,逐渐萎缩、消亡;更有许多极具发展前途的朝阳行业不断出现、发展起来。

第三节 职业目标与职业路线选择

一、职业目标选择

目标的选择是职业发展的关键,职业发展必须有明确的方向与目标。卢梭说过:"选择职业是人生大事,因为职业决定了一个人的未来。"坚定的目标可以成为追求成功的驱动力。

（一）目标的作用和意义

研究表明，一个人事业的成败很大程度上取决于有无适当的目标。只有有了明确的目标，才会激励人们努力奋斗，并积极去创造条件，实现目标。

目标对人生还有巨大的导向性作用。一个人能否成就一番事业，很大程度上取决于有无正确而恰当的人生目标。没有人生目标，或者人生目标选择不当，很难拥有成功的人生。

（二）目标设计原则

现实生活中总有一些人，认真分析了自我，也考察了环境机会，确立了自己的目标，却就是达不到，不是半途而废就是无所适从，究其原因，还是目标没有确立好。所以，我们应特别注意目标设计的基本原则。

1. 重点集中性（Focused Targets）

目标不可定得太多，太多了就意味着没有重点。有些人自视甚高，或者初出茅庐，别人定一个目标，他定五个、十个……结果一个目标也没达到。要知道，一口吃出一个胖子是永远也办不到的。但是，集中目标，并不是说你不能设立多个目标，而是一个时期一个目标，分开设置。具体来说，就是拉开时间差距，实现一个目标后，再实现另一个目标。

2. 目标明确性（Specification）

目标要具体明确，目标越简明、越具体，就越容易实现。而目标空泛，日后行动就容易陷入盲目，不能有意识地收集相关领域的信息，无法有效提高自我。此外，明确性还表现在目标幅度不宜过宽，最好选择窄一点的领域，并把全部力量投进去，这样更容易获得成功。同时，还要详细列出实现目标的具体时间，达到什么程度等。

3. 可实现性（Attainable）

目标高低适度，恰到好处。常常有一些人给自己定的目标太高，结果怎么努力也够不着。也有的人目标太低，不费什么力气就达到了，结果总是原地踏步。所谓可实现就是必须"要经过一定努力"才可以实现，要加把力才能达到。人们常说的"跳起来摘桃子"即指此。所以，目标选择应脚踏实地，既不能眼光太低，也不宜好高骛远。

4. 相关性（Relevant）

即个人目标与企业目标一致，长期目标与短期目标间的结合。虽然个人目标是自己的目标，但并非只靠自己的力量就能实现，把自己的目标与企业目标协调起来，发展就会比较顺利；长期目标指明了发展的方向，短期目标是实现长期目标的保证，长短结合更有利于职业生涯目标的实现。此外，相关性还要注意职业生涯目标要与生活目标结合考虑，兼顾平衡。人生除了事业目标外，还有财富、婚姻、健康等问题。这些问题都直接影响着人生事业的发展和生活质量。所以，我们在制定职业生涯目标时也应兼顾这些因素。

（三）设定目标要符合下列要求

1. 给行为设定明确的方向，充分了解每一个行为的目的。

2. 真正了解什么是最重要的事情，有助于合理安排时间。

3. 未雨绸缪，把握现在。

4. 清晰地评估每一个行为的进展,正面检讨每一个行为的效率。

5. 把重点从工作本身转移到工作成果上来。

6. 在没有得到结果之前,也能"看"到结果,从而产生持续的信心、热情与动力。

(四) 发现目标与选择目标的方法

职业生涯目标是未来人生的发展方向,对人的一生有着重要影响。一般人们把职业生涯目标分为:经济目标——单纯以经济条件来判断;职务目标——以个人职务高低作为判断依据;能力目标——以自我能力的提高为标准;价值目标——以实现自我价值为目的等。职业生涯目标的发现,往往要经过一个过程。

下面几种方法可以帮助你发现你的目标。

1. 卡茨(Katz)的职业选择模式

卡茨(1996)是依据经典的决策理论提出职业决策理论的,该理论包括决策者使用的三种系统:信息系统、价值系统、预测系统。他特别强调检查决策者的职业价值观。好的决策应该是选择具有最大期望值的被选对象。价值是追求满意的目标和需求的状态,决策者应列出自己主导价值的清单,并依据它们相对价值的大小进行量化。

后来,卡茨在原有的期望价值论的基础上,借助电脑辅助职业决策。卡茨的工作从20世纪60年代开始,在30年间经过三次重大的修改,研制了电脑辅助职业辅导系统,最新的决策分析是 SIGI(System of Interactive Guidance and Information)PLUS 版本(1993)。它分为9个部分:① 简介:SIGI PLUS 是什么? ② 自我评估:我要做什么? 我的专长是什么? ③ 搜寻:我喜欢的职业可能有哪些? ④ 信息:我喜欢的职业有哪些特征? ⑤ 技能:我行吗? ⑥ 准备:我行吗? ⑦ 理由:我行吗? ⑧ 决策:选择最适合我的职业。⑨ 下一步:如何实行计划?

卡茨指出,决策分析的精华在第8部分,即"决策"单元。在"决策"单元开始时,SIGI PLUS 提示使用者思考3个问题:

(1) 职业的回报是什么? 这个职业能满足我的需要吗?

(2) 我进入这个职业的概率如何?

(3) 从整体来看,这个职业是一个好的选择吗?

接着,使用者根据前面的资料,特别是在"搜寻"单元所得的职业清单,列出供决策的三个职业。如果使用者是成人,可以将现在正从事的职业列入清单。首先针对职业的回报判断三项职业的"效用轻重":优、良、中、差。这个总分是根据三方面判断:满足价值的程度,是否让使用者可以看到每一个职业的五项最重要的价值(在"自我评估"部分所得的结果),伴随着重要的属性,就每一价值评估该职业"优、良、中、差"满足程度。接下来,以类似的方式,评估"兴趣的范围"与"喜欢的活动"。每项职业在最后对各个层面(价值、兴趣、活动)的四种评估(优、良、中、差)的结果会同时呈现。最后由使用者根据这三个层面的结果评定一个总分。这个结果决定了职业在"决策方块"(如表4-1所示)上垂直轴的位置,在电脑屏幕上,红色表示"差",绿色表示"优",黄色表示"良"或"中"。上述过程一次进行一个职业,完成后,再进行下一个职业。

表4-1 三种职业在职业决策方块上的位置

回报				
优				
良			Y	
中		X		Z
差				
	差	中	良	优

机会

注:X表示中学辅导老师,Y表示管理顾问,Z表示职业辅导员。

完成了回报评估后,接下来进行概率评估,即评估每一个职业的风险或成功的概率。使用者根据工作能力、必需的准备、职业展望这三项标准来评估在职业上的成功概率,等级仍然是"优、良、中、差"四种。三种概率的成分(能力、准备、展望)的评估结果都会陈列出来,使用者再做一个总评,所得的结果决定职业在"决策方块"上水平轴的位置。最后,三种职业在"回报"与"机会"两个维度的结果,呈现在"决策方块"上。

卡茨模式强调职业价值观在职业决策过程中的影响,并且将价值数量化,进行精细的推算;同时借助电脑辅助系统,训练并增强决策能力,在电脑普及的今天,有其实用性。但人们能否对各职业的各种回报价值、概率做准确的估计,还有待进一步研究。卡茨模式不仅考虑到操作性,而且更加深入细致,比如增加了决策过程中对自我的了解,增加了对现实成分的考虑等。更重要的是,卡茨的决策过程有计算机系统的帮助,效率很高。

JOB 案例 4-4

李芳的职业决策方块

李芳,女,21岁,某高职学校毕业生。她乐观、外向、健谈、热情,喜欢结识新朋友,人缘好,比较敏感,对人和事物通常都有细致的洞察力,且喜欢独立做决定,很有责任感,擅长写作,学习成绩优秀,多次获得奖学金。为了进行职业选择,她做过一些测评,如MBTI的人类类型是ESFJ,霍兰德职业兴趣与能力倾向量表的结果是社会型,价值观量表中显示她看中的是职业中的社会交往,认为工作的目的和价值在于能和各种人交往,建立比较广泛的社会联系和关系,甚至能和知名人物结识。

因此,她想从事跟人打交道的工作,最好能运用自己的中文写作特长。经过考虑后,她觉得中学教师、行政文秘和人力资源专员这三种工作都可以作为自己的考虑对象,而她父母的意见是女孩子做中学教师工作稳定,也更有精力照顾家庭,希望她从事这种稳定的工作。那么,李芳究竟应该选择哪一种职业呢?

她认为从回报的角度看,人力资源专员最好,中学教师次之,行政文秘最差;从机会来看,中学教师最好,人力资源专员次之,行政文秘最差。李芳根据自己的特点和需求,构建了自己的职业决策方块(如下所示)。通过职业决策方块可以看出,人力资源专员的回报与机会乘积是最大的。因此,李芳选择了人力资源专员作为自己的职业。

回报		差	中	良	优
	优				
	良			Z	
	中				X
	差		Y		
		差	中	良	优

机会

2. SWOT 分析法

SWOT 技术是市场营销管理中应用的一种分析工具,主要用于分析企业在市场中的优势与劣势、可能存在的机会与威胁,从而为企业决策提供依据。现在它也被应用于个人和组织的职业生涯规划评估中。它是四个英语单词的缩写,即 Strength(优势),Weakness(劣势),Opportunity(机会),Threat(威胁)。一般来说,优势和劣势从属于个人自身,而机会和威胁则来自外部环境,包括组织环境和社会环境。我们可以画一个表格(如表 4 - 2 所示)然后逐一分析,填写自己的分析结果。

表 4 - 2　SWOT 分析表

优势	机会
1. 曾经做过什么 2. 学习了什么 3. 最成功的是什么 … 利用优势和机会的组合	1. 对社会大环境的认识与分析 2. 所选企业的外部环境分析 3. 人际关系分析 … 改进劣势和机会的组合
劣势	威胁
1. 性格弱点 2. 经验或经历中所欠缺的方面 … 消除劣势和威胁的组合	1. 企业要重组 2. 新同事或竞争对手实力增强 3. 领导层发生变化 … 监视优势和威胁的组合

(1) 优势分析——自己出色的地方,特别是相对于竞争对手的优势方面

① 曾经做过什么。即你已有的人生经历和体验,如在学校期间担当的职务,曾经参与或组织的实践活动,获得过的奖励等。这些可以从侧面反映出一个人的素质状况。在自我分析时,要善于利用过去的经验选择、推断未来的工作方向与机会。

② 学习了什么。在学校期间,你从学习的专业课程中获得了什么?接受过什么培训?自学过什么?有什么独到的想法和专长?专业也许在未来的工作中并不起多大的作用,但在一定程度上决定你的职业方向。

③ 最成功的是什么。你可能做过很多事情,但最成功的是什么?为何成功?是偶然还是必然?通过分析,可以发现自我性格优越的一面,譬如坚强、果断,以此作为个人深层次挖掘的动力之源和魅力闪光点,这也是职业规划的有力支撑。

(2) 劣势分析——与竞争对手相比处于落后的方面

①　性格弱点,如不善交际、感情用事等。一个独立性强的人会很难与他人默契合作,而一个优柔寡断的人很难担当企业管理者的重任。卡耐基曾说,人性的弱点并不可怕,关键要有正确的认识,认真对待,尽量寻找弥补、克服的办法,使自我趋于完善。

②　经验或经历中所欠缺的方面。也许你曾多次失败,就是找不到成功的捷径,需要你做某项工作,而之前从未接触过,这都说明经历的欠缺。欠缺并不可怕,怕的是自己还没有认识到,而一味地不懂装懂。

（3）机会分析——有利于职业选择和职业发展的一些机会

①　对社会大环境的认识与分析:当前社会政治、经济、科技和文化发展趋势有利于所选职业的发展吗? 具体在哪些方面有利?

②　对所选企业的外部环境分析:企业在本行业中的地位与发展趋势如何? 面对的市场怎样? 有无职位空缺? 需要具备哪些条件?

③　人际关系分析:哪些人可能对自己的职业发展起到帮助? 作用如何? 会持续多久? 如何与他们保持联系?

（4）威胁分析——存在潜在危险的方面

企业要重组吗? 会走向衰落吗? 新来的上司对自己有敌意吗? 新同事或竞争对手实力在增强吗? 领导层会发生变化吗?

这样步步追问,一幅清晰的职业生涯机会前景图就呈现在你的面前。要注意的是,运用 SWOT 法进行职业生涯机会评估时要尽可能考虑全面,权衡各种发展机会,然后从中选出最优的发展机会。

3.　"5W"法

在职业生涯规划与决策中,"5W"法是一种简单易行的方法。"5W"法是一种归零思考,依托的是归零式的模式。从问自己是谁开始,如果能够成功回答完 5 个问题,就有最后答案了。

5 个"W"的含义是:"Who am I?"（我是谁?）、"What will I do?"（我想做什么?）、"What can I do?"（我会做什么?）、"What does the situation allow me to do?"（环境支持或允许我做什么?）和"What is the plan of my career and life?"（我的职业与生活规划是什么?）。从某种意义上来说,回答完这 5 个问题,也就基本上完成了职业决策和职业规划。

JOB 案例 4－5

孟然,26 岁,姐姐在英国为他办好了留学攻读硕士学位的手续,他在"出国与留下"的犹豫中,使用"5W"法对自己进行了职业生涯规划。经过整理的各组答案如下:

◎ Who am I?

一家律师事务所的律师（任职一年多,同事关系不错,待遇令人满意）;在来这家事务所前,就读于国内某名牌大学的法学院,成绩一直比较突出,多次获得奖学金,还被评为优秀毕业生;想做一个对社会有贡献的人,想做一个正派的人;父母都在老家,父亲（退休的公务员）和母亲（普通退休干部）身体都不是很好,需要经常回家看望他们;对生活要求不高,但需要体面而丰富的生活;姐姐前几年研究生毕业就直接出国留学了,有点美慕;我很爱我的女朋友,我们准备结婚,但时机尚未成熟;身体健康,心理较正常;性格较外向,情绪较乐观;好奇心较强,学习能力不错。

◎ What will I do?

做一名律师;做一名法官;做一名法律学者;和妻子共同住在属于自己的舒适的住房里,每天开着自己的汽车去上班;在父母有生之年能够多尽一份孝心,可能的话把他们接到家里来住;有时想与人合伙开事务所,自己当老板,但现在的老板如果能够吸收我做合伙人,并提供更大的事业空间似乎更好些。

◎ What can I do?

可承担更多的业务。并能协调律师事务所各部门的关系;能讲一些法学类课程;会开汽车;相信还可以学会很多东西。

◎ What does the situation allow me to do?

在当前单位升职,有可能最后获得合伙人身份;市内有多家同类事务所挖我去做项目负责人,薪酬比现在高一两倍(现在一年大约收入 7 万元),但是他们的事务所太小,不知能否办好,也不知他们能否兑现承诺;可以去大学深造;姐姐可以帮助我到国外的大学去读书,但以后回来可能还要从头开始。

◎ What is the plan of my career and life?

继续在现在的单位好好干,不远的将来能得到晋升,并获得重用;同时在职攻读硕士学位;买房、结婚、买汽车;经常去看父母,以后接他们来住;去其他律师事务所做合伙人;出国读书。

经过分析,孟然最后放弃了出国,并决定继续留在现在的事务所工作。结果不到三年,他成为律师事务所内最得力的律师之一,得到老板的重用;自己买了房子、车子,和女朋友结了婚,并利用业余时间完成了在职硕士的学习;父母不久前来住了一段时间,嫌城市生活节奏太快,熟人太少,待不习惯而返回故里。

4. 平衡单分析法

许多时候,个体会面临多种选择方案而不知道如何取舍,这时就可以考虑使用平衡单分析法。平衡单可以帮助大学生具体地分析每一个可能的选择方案,考虑各种方案实施后的利弊得失,最后排定优先顺序,择一而行。

台湾生涯辅导专家金树人认为,平衡单的四个维度的内容组成为:"自我——他人""物质——精神"。在自我精神部分所要考虑的因素包括能力、兴趣、价值观、心理需求(自尊、自我实现)、生活方式的改变、成就感、自我实现的程度、兴趣的满足、挑战性、社会声望的提高、发挥个人的才能等;在自我物质部分所要考虑的因素包括升迁机会、工作环境的安全、社会地位、工作环境、工作发展前景、工作内容、休闲时间、生活变化、对健康的影响、足够的社会资源、培训机会、就业机会等;他人精神部分所要考虑的因素包括父母、师长、配偶、家人的支持等;他人物质部分所要考虑的因素包括家庭经济收入、择偶及建立家庭、与家人相处的时间、家庭的地位等。

在利用平衡单分析法进行决策的时候,首先要根据平衡单从四个方面给全部备选项进行评分,每个项目得分一般在 1~10 分之间,表格样式如表 4-3 所示。

表 4-3　平衡单示范表

	正面的预期（＋）	正面的预期（－）
① 自我物质的得失		
② 他人物质的得失		
③ 自我精神的得失		
④ 他人精神的得失		

在给全部备选项评分后，要对各个考虑项目设定加权系数，并计算总分。在各备选项中得分最高的就是最优选择。平衡单加权计分表如表 4-4 所示。

表 4-4　平衡单加权计分表

	选择（一）		选择（二）		选择（三）	
	＋有利	－不利	＋有利	－不利	＋有利	－不利
① 自我物质的得失						
② 他人物质的得失						
③ 自我精神的得失						
④ 他人精神的得失						
总分						

需要注意的是，运用平衡单方法进行决策时，考虑项目可以从四个维度任意设置，将众多因素具体化。一般来说，普通的职业决策平衡单会列出 12 个考虑项目，分别是适合自己的能力、适合自己的兴趣、符合自己的价值观、满足自己的自尊心、较高的社会地位、带给家人声望、符合自己理想的生活状态、优厚的经济报酬、足够的社会资源、适合个人目前处境、有利择偶以建立家庭和未来有发展性。

案例 4-6

姜媛是北京女孩，已经在某咨询公司工作两年，不太喜欢目前的工作，准备重新进行职业规划。她现在有三种选择方案，即报考公务员、读研究生、到国外去读 MBA。对这三条路径，她的考虑如表 4-5、表 4-6 和表 4-7 所示。

表 4-5　姜媛的考虑因素

考虑方向	考公务员	国内读研究生	国外读 MBA
优点	满意的工作收入；铁饭碗；工作稳定轻松，工作压力较小；一劳永逸	和国内产业发展不会脱节；能构建与师长、同学、朋友的人际关系网；较高的文凭；日后工作升迁较容易	圆一个在国外留学的梦，丰富人生；英文能力提高，训练独立生活能力；日后工作升迁较容易；激发潜力；旅游

（续表）

考虑方向	考公务员	国内读研究生	国外读 MBA
缺点	铁饭碗会生锈,容易厌倦;不易升迁;不容易转行,无法想象自己会一辈子做公务员;不符合自己的个性	课业压力大	课业压力大;语言、文化较不适应;花费较大(一年可能需要几十万)
其他	爸妈支持	男朋友的期望(男朋友也是研究生并已工作)	工作两年有积蓄,但不是很足够;自己一直想到国外走走

表 4-6　姜媛的生涯决定平衡表(原始分数)

考虑项目 (加权范围 1～5 倍)	第一方案 (考公务员)		第二方案 (国内读研)		第三方案 (出国留学)	
	得(+)	失(一)	得(+)	失(一)	得(+)	失(一)
适合自己的能力		－4	5		6	
适合自己的兴趣		－3	4		8	
符合自己的价值观	5		3		7	
满足自己的自尊心		－2	3		7	
较高的社会地位		－5	3		6	
带给家人声望	2		1		2	
符合自己理想的生活形态	3		5			－3
优厚的经济报酬	7			－1		－8
足够的社会资源	2		8			－1
适合个人目前处境	5		2		1	
有利择偶以建立家庭	7		5			－5
未来有发展性		－5	5		8	
合计	31	－19	44	－1	45	－17
得失差数	12		43		28	

注意事项:

1. 每个项目的得分或失分,可以根据该方案具有的优点(得分)、缺点(失分)来回答,计分范围为1～10分。

2. 最后合计每个方案的优点总分和缺点总分,正负相加,算出客观的得失差数。

3. 根据自己的真实想法作答,方可正确评估每个方案对自己的重要性。

表4-7 姜媛加权后的生涯决策平衡表

考虑项目 （加权范围1～5倍）	第一方案 （考公务员）		第二方案 （国内读研）		第三方案 （出国留学）	
	得（＋）	失（一）	得（＋）	失（一）	得（＋）	失（一）
适合自己的能力×5		−20	25		30	
适合自己的兴趣×2		−6	8		16	
符合自己的价值观×4	20		12		28	
满足自己的自尊心×2		−4	6		14	
较高的社会地位×3		−15	9		18	
带给家人声望×2	4		2		4	
符合自己理想的生活形态×5	15		25			−15
优厚的经济报酬×3	21			−3		−24
足够的社会资源×2	4		16			−2
适合个人目前处境×5	25		10		5	
有利择偶以建立家庭×4	28		20			−20
未来有发展性×3		−15	15		24	
合计	117	−60	148	−3	139	−61
得失差数	57		145		78	

注意事项：

1. 每个项目的重要性因人、因时、因地而异。此刻的你，可以根据项目的重要性与迫切性，给他们乘上权数（加权范围为1～5倍）。

2. 将平衡单上的原始分数乘上权重，分数差距变大，最后把"得失差数"算出来，并据此做出最终的决定。经过一番考虑后，姜媛的最终决定会是在国内读研。

3. 比较每一种方案的综合得分，据此做出生涯决定，此决定就是用生涯抉择平衡单所做出的综合效用最大化的决定。

5. 经验法

经验法是运用比较多的方法。往往是找一些有经验的人，提供支持。比如，教师曾经指导过许多学生发展成长，成年人在经历了漫长的职业生涯道路后，往往也有许多经验，可以凭借这些经验辅助决策。

这种方法的缺点是主观性强，精确性差。

6. 直觉法

直觉法则主要借助个人的内在感情和感觉，运用想象力，辅之以过去的知识和背景来做决定。

优点是简单、迅速。缺点是主观、武断，缺乏科学依据，比较感性。

7. 比较法

比较法是运用推理、比较和数据资料，综合考虑多方面的利弊得失，找出正面预期高、负面影响少的方案。这种方法比较科学,但是十分复杂,需要的技术和资源较多,决策过程漫长。

8. 综合分析法

在职业决策之前,全面地考虑影响决策的因素,是实行科学决策的前提。每个进行职业生涯决策的人就像坐在一张"空椅子"上,参照"职业生涯与我"清单(如图 4-4 所示)上的资料,仔细描绘出自己的个人特质与职业生涯期待,然后逐步地汇总,看有没有冲突和困难、这些冲突和困难如何解决,最后选择一个理想的职业领域。常见的问题如下:

(1) 在个人条件和职业生涯期待下,可以考虑哪些职业生涯目标?

(2) 就职业生涯目标的追寻而言,个人需要哪些职业生涯能力或准备?

(3) 在这些职业生涯目标的追寻中,个人可能遇到哪些困难?

(4) 如何进一步得到关于这一职业生涯目标的资料?

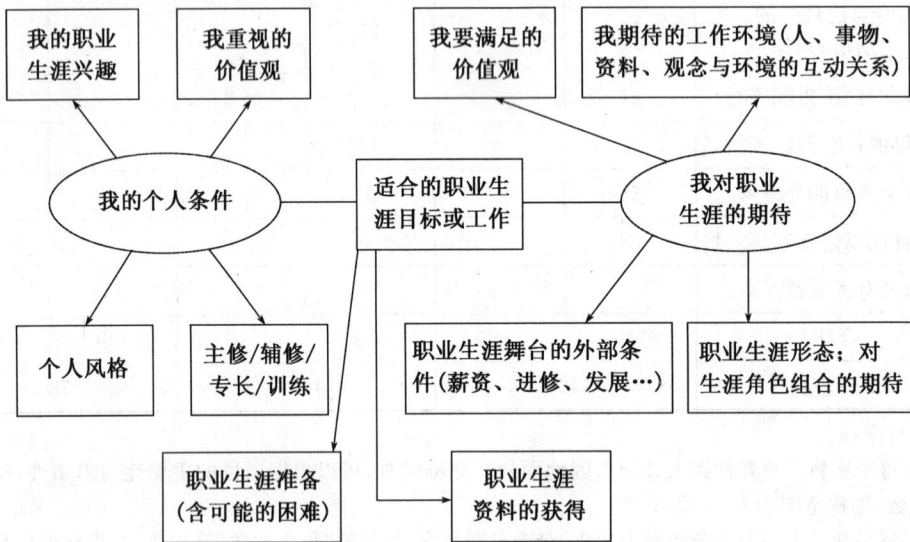

图 4-4 "职业生涯与我"清单

二、确定职业生涯路线

(一) 什么是职业生涯路线

选择了职业发展目标之后,还应该确定达到这一目标的职业生涯路线。职业生涯路线是指组织为内部员工设计的自我认知、成长和晋升的管理方案。职业生涯路线设计指明了组织内员工可能的发展方向及发展机会,组织内每一个员工可能沿着本组织的发展路径变换工作岗位。

职业生涯路线是对前后相继的工作经验的客观描述,而不是对个人职业生涯发展的主观感觉。它实际上包括一个个职业阶梯,个人由低至高拾阶而上。例如,大学教师的职业生涯发展路线通常是:助教—讲师—副教授—教授;而在企业中,财务人员的职业生涯发展路线可以是:会计员—主管会计师—财务部经理—公司财务总监。这一过程描述了在一种职业中个人发展的一般路线或理想路线,但它仅是一种流动方式,而不是纵向、横向流动或稳定的硬性规定。

职业生涯路线还包括一个人选定职业后从什么方向上实现自己的职业目标,是向专业技术方向发展,还是向行政管理方向发展。因为,即使同一职业,也有不同的岗位,有的人适合搞行政,可以在管理方面大显身手,成为一名卓越的管理人才;有的人适合搞研究,可以在某一领域有所突破,成为一名著名的专家学者;有的人适合搞经营,可以在商海大战中屡建功勋,成为一名经营人才。

(二)生涯路线选择的影响因素

生涯路线选择是人生发展的重要环节之一。在进行生涯路线选择时可以从 3 个方面考虑。

1. 个人希望向哪一条路线发展,主要考虑自己的价值观、理想、成就动机,确定自己的目标取向。

2. 个人适合向哪一条路线发展,主要考虑自己的性格、特长、经历和学历等主观条件,确定自己的能力取向。

3. 个人能够向哪一条路线发展,主要考虑自身所处的社会环境、政治与经济环境、组织环境等,确定自己的机会取向。

职业生涯路线选择的重点是对生涯选择要素进行系统分析,在对上述三方面的要素综合分析的基础上确定自己的生涯路线。

此外,在设计自己的职业生涯发展路线时还应该包括以下内容:

(1)描述各种流动的可能性。

(2)反映工作内容、组织需要的变化。

(3)职业生涯发展道路上每一职位对知识技能与资历的要求。

总之,选择自己的职业生涯发展路线,一定要结合实际,综合考虑自己的个性、价值观、兴趣、能力和社会与组织环境条件,权衡确定。

(三)几种主要的职业生涯路线设计方式

随着时代的进步和人们就业观念的改变,组织所能提供的职业途径已经有了很大的拓展,下面主要介绍 4 种职业生涯路线设计方式:传统职业生涯路线、行为职业生涯路线、横向职业生涯路线及双重职业生涯路线。

1. 传统职业生涯路线

传统职业生涯路线是一种基于过去组织内员工的实际发展道路而制定出的一种发展模式。这种模式将员工的发展限制于一个职业部门内或一个组织单位内,从一个特定的工作到下一个工作纵向发展。通常是由员工在组织中的工作年限来决定员工的职业地位。例如,某一组织的销售部门自下而上设计为销售小组、社区销售、地区销售、全国销售及全球销售 5 个等级,一个销售人员可在 5 年后成为销售组长,10 年后成为社区销售主管,15 年后成为一个地区销售主管,25 年后成为跨国公司在某一国家的销售主管,30 年后成为全球销售总监。其最大优点之一是它一直向前发展。这条道路被清晰地展示出来,员工知道自己必须向前发展的特定工作序列。它有一个很大的缺陷,就是它是基于公司过去对员工的需求而设计的。但实际上随着组织的发展,原有职业需求已不再适应企业发展要求。技术的进步、外部环境的变迁、公司战略的改变都会影响公司对人力资源的需求,因此,组织更需要一种灵活、可以不断改进的模式来设计组织内的职业发展路径。这种情况下,行为职业生涯路线产生了。

2. 行为职业生涯路线(网状职业途径)

行为职业生涯路线是一种建立在对各个工作岗位的行为需求分析基础上的职业发展路径设计。它要求组织首先进行工作分析来确定各个岗位上的职业行为需要,然后将具有相同职业行为需要的工作岗位化为一族(这里的族,是指对员工素质及技能要求基本一致的工作岗位的集合),以族为单位进行职业生涯设计。包括纵向的工作序列和一系列横向上的机会。网状职业途径承认在某些层次的经验的可替换性,及晋升到较高层次之前需要拓宽的本层次经历。这条途径比传统职业途径更现实地代表了员工在组织中的发展机会。

这种设计所产生的职业生涯路线是呈网状分布的,具体如图4-5所示。分属于不同职业部门的岗位 A 与岗位 B 对员工的基本技能的要求及员工进行的基本工作活动是相似的,因此,可将这两个岗位化为同一工作族。AA 与 BB 对员工的技能要求也基本相同,可化为同一工作族,但它们对员工技能的要求比 A 和 B 要更高一些。按照传统的职业发展路径设计,处于 A 岗位的员工将会沿着 A—AA—AAA—AAAA 的方向发展,处于 B 岗位的员工将会沿着 B—BB—BBB—BBBB 的方向发展。按照行业职业发展计划的思想,由于 A 岗位与 B 岗位所要求的基本技能大致相同,处于 A 岗位的员工有 3 种选择:可以水平移动,转换到 B 岗位上,沿着 B 部门的职业发展路线前进;可以在本部门内沿着传统的职业发展路线前进;可以提升到 BB 岗位上,再沿着 B 部门的职业发展路线前进。同样处于 B 岗位的员工也有 3 种选择,这里不再详述。这样如图4-5所示,一个员工的职业发展路线就呈现出一个网状结构。这里我们只列出了两个具有相同技能要求的工作岗位,现实中一个组织可能拥有多个具有相同技能要求的岗位,那么,职业发展路径也就更为复杂。

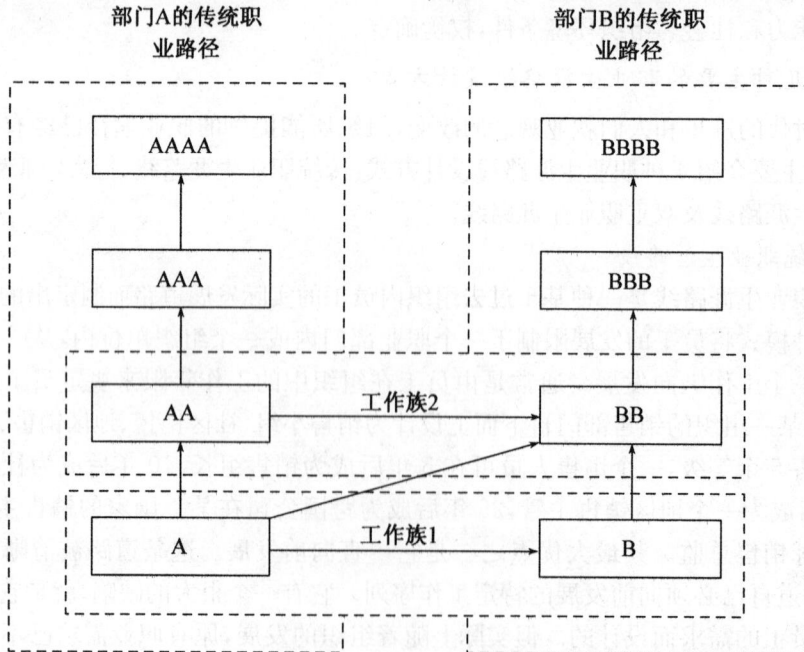

图4-5 行业职业路径

这种灵活的职业发展路径设计能够给员工和组织带来极大的便利。它减少了堵塞的可能性,为员工带来了更多职业发展机会,尤其是当员工所在部门的职业发展机会较少时,员工可以转换到一个新的工作领域中,开始新的职业生涯;其次,这种职业发展设计也便于员工找到真正适合自己的工作,找到与自己兴趣相符的工作,实现自己的职业目标。其缺点是,向员工解释企业可能采取的特定路线会比较困难。

3. 横向职业生涯路线

前两种职业途径都被视为组织较高管理层的升迁之路。但组织内并没有足够多的高层职位为每个员工都提供升迁的机会,一个人并不一定会终生从事同一项工作,而长期从事同一项工作也会使人倍觉枯燥无味,影响员工的工作效率。因此,组织也常采取横向调动来使工作具有多样性,使员工焕发新的活力,迎接新的挑战。虽然没有加薪或晋升,但员工可以增强自己对组织的价值感,也使他们自己获得新生。按照这种思想所制定的组织职业生涯路线就是横向技术路径。如图4-5中由A到B,由AA到BB。这种设计一般也是建立在工作行为需求分析基础上的横向技术途径。

4. 双重职业生涯路线

双重职业生涯路线主要是用来解决某一领域中具有专业技能的员工,既不希望在自己的业务领域内长期从事专业工作,又不希望随着职业的发展而离开自己的专业领域的情况。因此,组织有必要进行双重职业生涯路线设计,即在为普通员工进行正常的职业生涯路线设计的同时,为这类专才设计另外一条职业发展的路径,从而在满足大部分员工的职业发展需要的同时,满足专业人员的职业发展需要。这类专业人员职业发展不是体现在岗位的升迁,而是体现在报酬的变更上。同一岗位上不同级别专业人员的报酬是可比的。双重职业生涯路线的设计有利于鼓舞和激励在工程、技术、财务、市场等领域中的贡献者。这种设计能够增加专业领域的员工工作的时间,使他们为企业做出更大的贡献,同时得到报酬。实现双重职业生涯路线能够保证组织既聘请到具有高技能的管理者,又雇佣到具有高技能的专业技术人员。

第四节 制订行动计划

在确定了生涯目标和职业发展路线之后,就需要制订行动计划做保证。盲目的行动,永远不能达到目标,也就谈不上事业的成功。

一、目标实施的步骤

(一)目标分解

目标分解就是根据观念、知识、能力差距,将职业生涯长期的远大目标分解为有时间规定的长期、中期、短期分目标,直至将目标分解为某确定日期可以采取具体措施的过程。

目标分解的过程是将目标清晰化、具体化的过程,是将目标量化成可操作的实施方案的有效手段,有助于我们在现实环境和美好愿望之间架起桥梁。

我们可以按两种途径来分解目标:

按时间分解:可分为最终目标、长期目标、中期目标、短期目标。

按性质分解:可分为外职业生涯目标、内职业生涯目标。其中,外职业生涯目标包括:工作内容目标、职务目标、工作环境目标、经济目标、工作地点目标等。而内职业生涯目标则侧重于在职业生涯过程中的知识、经验的积累,以及观念、能力和内心感受,主要包括观念目标、工作能力目标、工作成果目标、提高心理素质目标、掌握新知识目标、处理与其他人关系的目标等。

1. 按时间分解

按时间分解是最常用的目标分解方法,也很容易掌握。

首先,要区分最终目标与阶段目标。总体目标不清晰,就不可能分析出更具体的长期、中期、短期目标。最终目标只有与自己的价值观相符才是有效的,并且最终目标一经确立就不要再频繁更改。

其次,把最终目标分解为若干个长期目标,每一阶段都有一个具体的目标。

再次,把每一长期目标继续分解成各个中期目标。

最后,继续将中期目标分解为短期目标。

各个不同时期目标的基本特征如表 4-8 所示。

表 4-8　各个不同时期目标的基本性

目标类型	长期目标 指 5～10 年内目标类型	中期目标 一般为 3～5 年内的目标	短期目标 是 1～2 年内的目标
特征	• 目光长远 • 非常符合自己的价值观 • 与社会发展需求相结合 • 富有挑战性 • 虑及风险 • 创造性 • 能够用明确的语言定性地描述 • 在一定时间范围内可行 • 一经实现会带来巨大的成就感 • 易于分析操作	• 与长期目标一致 • 全局眼光 • 基本符合自己的价值观 • 自我与组织环境相结合 • 创新性 • 灵活性 • 能够用明确的语言量化描述 • 环境支持	• 与最终目标、长期目标一致 • 适应组织环境需求 • 灵活简单 • 未必与自己价值观相符但可接受 • 前瞻眼光 • 可操作性 • 切合实际,确能实现 • 朝向长期目标,以迁为直

2. 按性质分解

美国职业心理学家施恩教授最早把职业生涯分为外职业生涯和内职业生涯两种。外职业生涯是指经历一种职业的通路,包括职业的各个阶段:招聘、培训、提拔、解雇、奖罚和退休等各个阶段。内职业生涯更多地注重于所取得的成功或满足的主观感受,以及工作事务与家庭义务、个人休闲等其他需要的平衡。

内职业生涯的发展是外职业生涯发展的前提,内职业生涯发展了,外职业生涯自然提升。因此,我们应当充分重视内职业生涯的发展,认清它在个人职业生涯乃至整个人生发展中的关键作用。

根据内、外职业生涯的内容,我们可以把长期目标、中期目标和短期目标分解出各自具体的内职业生涯目标和外职业生涯目标。

（1）内职业生涯目标

① 工作能力目标。工作能力是对处理职业生涯中各种工作问题的能力的统称,如策划能力、管理能力等。工作能力目标应当切合实际,具有挑战性,并与该阶段的职务目标所要求具备的条件相应。

② 工作成果目标。由于工作成果是进行绩效考核的一个重要指标,所以,扎实的工作成果会给予我们极大的荣誉感和成就感,也为晋升之途铺砌了阶梯。

③ 心理素质目标。心理素质在当今社会越来越受到人们的重视,只有心理素质合格的人才能正视现实,努力去克服困难,冲向卓越。

④ 观念目标。观念是对人、对事的态度、价值观。随时更新自己的观念,让自己总是站在前沿地带,是规划个人职业生涯的重要前提。

（2）外职业生涯目标

① 职务目标。职务目标应当具体、明确。

② 工作内容目标。详细列出在某一阶段计划完成的工作内容。

③ 经济目标。要注意的是切合实际和考虑自己的能力素质,大胆地规划一个具体的数目。

④ 工作地点目标和工作环境目标。在规划中列出对工作地点和工作环境的特殊要求。

总之,尽可能根据你的个人喜好来规划,但是切勿太过细琐,以免影响选择面。

案例 4-7

杰瑞的目标

在年轻时,杰瑞就定下了一系列明确的目标,并一步一步地实施。18～21岁在校期间,他就打好了专业基础,学习了关于酒类方面的知识;毕业后,他就到酒吧当学徒。在21～30岁这段时间,他有针对性地潜心学习调酒技艺,到了30岁,他的技术已经基本达到了调酒师的水平,但是他并不满足,他希望自己能成为更为专业的调酒师,而且要开一间自己的酒吧,向更专业的水平迈进。于是,他又花了将近10年的时间,努力成为具有国际水平的高级调酒师,并且在40岁时开了一间属于自己的酒吧。然后,他准备在50岁之前,把他的酒吧规模扩展为全国连锁店,并扩展到国外。经过近10年的努力,50岁时,他的目标已经基本实现。这时,他不再满足于只开酒吧,而准备涉足其他娱乐项目。经过不懈努力,60岁时,他在成功经营酒吧的同时,又建成了全国最大的综合娱乐中心。

（3）内职业生涯目标与外职业生涯目标的关系

内职业生涯目标与外职业生涯目标关系密切,但对个人职业生涯实现作用有所不同。

① 联系。内职业生涯目标的发展带动外职业生涯目标发展,内职业生涯的发展程度决定了外职业生涯的发展程度。内职业生涯丰富的人会抓住每一次发展机会,甚至能主动为自己、为别人创造发展机会。内职业生涯是真正的人力资本所在,提高内职业生涯而取得的工作成绩会化入外职业生涯。内职业生涯的各个因素一旦获得,便成为人生的无价之宝。

外职业生涯目标的实现可以促进内职业生涯目标实现。内、外职业生涯目标相互促进、相互折射。外职业生涯目标是具体的、实际的，其实现可以成为激发人继续努力的动力，给人良好的心理预期，并获得由各项成绩带来的内心成就感，有利于内职业生涯目标的实现。人的内职业生涯目标往往随着外职业生涯目标的实现而实现。内职业生涯在人的职业生涯成功乃至人生成功中具有关键性作用，因而在职业生涯的各个阶段，尤其是在职业生涯早期和中期，我们都应该重视内职业生涯的发展。对于尚未毕业的大学生，或者是刚刚参加工作的新员工，一定要把对内职业生涯各个因素的追求看得比外职业生涯更重要。

② 区别。内职业生涯目标可以通过别人的帮助而实现，但并不是靠别人强加或赐予的，而主要是通过自身主观努力追求、不断探索而获得。外职业生涯关注客观条件因素，侧重于职业过程的、外在的、可以看得见的、可明确衡量的标记。例如，某同学应聘一家企业的人力资源职员，他的薪酬不是由他自己决定的，在今后的工作中如果不能给企业带来好的业绩，随时有被降薪或辞退的可能。

内职业生涯目标一旦取得，便会内化成自己的基本财富，很难被他人收回。外职业生涯目标通常是由别人认可和给予的，也容易被别人否认和收回。

（二）目标组合

目标组合是处理不同目标相互关系的有效措施。如果只看到目标之间的排斥性，就只能在不同目标之间做出排他性选择；而如果能看到目标之间的因果关系与互补性，就能够积极进行不同目标的组合。

目标组合有 3 种方法：时间组合、功能组合和全方位组合。

1. 时间组合

职业生涯目标在时间上的组合可以分为并进和连续两种情况。

（1）并进

所谓职业生涯目标的并进，指同时着手实现两个平行的工作目标或者建立和实现与目前工作内容不相关的预备职业生涯目标。这里所说的"同时着手实现两个平行的工作目标"，指的是短期内进行的不同性质的工作。最典型的例子就是高等院校的院长、系主任可以同时做优秀教师。

（2）连续

连续是指用时间坐标做链接，将各个目标前后连接起来，实现一个目标后再进行下一个。例如，大学一年级班级团支部书记，规划1～2年后进院、系学生会任外联部部长，毕业后到文化娱乐类企业当公关部长，再以后创立自己的文化发展公司，各个目标分阶段、一个一个地实现。这种目标组合的方法就是连续。

2. 功能组合

很多职业生涯目标在功能上可以存在因果关系或互补作用。

（1）因果关系

有些目标之间存在着明显的因果关系，如前面提到的工作能力目标、职务目标和收入目标的关系中，前者是因，后者为果，表现为：工作能力提高——职务提升——收入增加。

（2）互补关系

有时，两个目标之间存在相互帮衬的关系，这时，两个目标之间就存在着直接的互补作用。如一个管理人员可以在成为一个优秀的部门经理的同时取得 MBA 证书。实际管理工作为 MBA 学习提供实践的经验体会;而 MBA 学习又为实际的管理工作提供理论支持和方法指导。

3. 全方位组合

全方位组合已超越职业的范畴,它涵盖了人生全部活动。全方位组合指职业生涯、家庭和个人事务的均衡发展,相互促进。

(三)制订职业生涯目标的实现计划

目标分解和目标组合只是一种方法,具体的行动方案还要结合自己的实际情况认真计划。许多人心中虽有一个大致、模糊的设想,但没有形成文字性的东西,而且计划不清晰、不具体,也缺乏可操作性,影响了职业生涯发展的进程。成功的人,往往是确定了职业生涯目标,并且按照计划逐步落实的人。

职业生涯计划具体实施的过程,是一个与规划的过程相反的过程,先从具体的、短期的目标开始实施,等短期目标逐个实现了,中期目标就开始实施,而中期目标实现了,长期目标也就会逐步实现。同时,一个好的计划应该是可修正的,因此,在图中,各种计划都有反馈机制,要根据实施结果及时评估并修正。

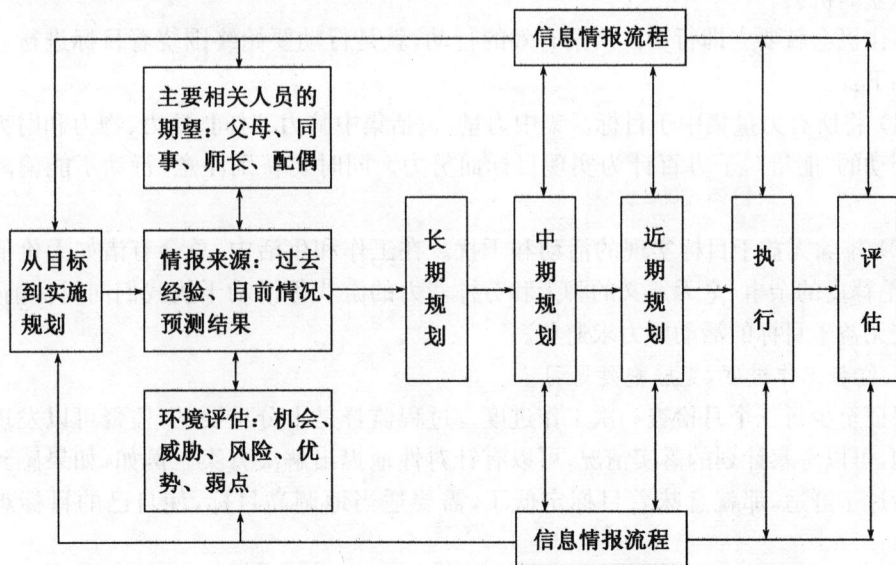

图 4-6 长期、中期、短期职业生涯目标规划与实施的联系示意图

(四)积极行动

如果没有行动,计划就毫无价值,目标也就失去了意义。要使职业生涯规划变为现实,必须按照计划去行动。

1. 认真完成学业,积极参与培训

任何一个职业生涯的实现,都应该有基本的知识储备做保证。而大学教育正是获得未来各项职业基本知识的有效途径。大学生无论树立了多么宏伟的职业生涯目标,首先必须完成大学的学业。如果一个大学生连毕业证都拿不到,怎么能跨过职业的门槛?

在学习知识的同时,参与各类培训是我们提高工作能力的重要策略。有效的培训不

仅要指向目标,而且应当切合自己的实际情况和环境条件,例如,通过工具的使用技能考核。生存观念、职业能力的取得都需要通过必要的实际训练。

2. 严格实行计划,分清轻重缓急

一个好的计划,就是个人努力的方向。为了保证自己的行动能与努力的目标一致,就需要最大限度地根据个人职业生涯发展规划,约束自己的行为,将计划放在心上,保证经常回顾自己的构想和行动规划。

如果出现无法应对的情况,就应该分清轻重缓急予以解决。职业生涯目标的实现,一方面靠苦干、实干;另一方面也需要巧干。特别是在当今这个多变的时代,一切因素都处在变化之中,如果你的理想已经发生变化,你的构想和行动规划也要做出相应的变动,从而阶段性目标和策略也应随之改变。计划毕竟是计划,往往需要与现实结合起来,进行动态性的管理,否则,缺乏灵活性,就会导致计划落空。

3. 注意抓住机遇,投入有效行动

实现职业生涯目标,除了个人自己创造的机会外,还应该注意抓住组织所提供的机会。如果单位有培训机会,千万不要因为工作忙、家庭事务多、身体状况不佳等理由而放弃。也许机会失去就永不再来,很可能失去此次机会,就失去了一个晋升或选择更有挑战性的职业的机会。

抓住机会就要立即行动。所谓有效的行动,就是行动要始终围绕着目标进行。具体做法如下:

(1) 将所有力量集中于目标。集中力量,包括集中脑力、时间、精力、物力和财力等一切可调动的"能量",千方百计为实现目标而努力。同时要特别注意,行动不能偏离目标轨道。

(2) 排除无益于目标实现的活动和干扰。在工作和生活中,总会有诸如无价值的会议、鸡毛蒜皮的杂事、毫无意义的聊天和劳神费力的游戏等活动干扰我们向目标前进,对于这些无益于目标的活动要力求避免。

4. 监督工作进度,克服拖延恶习

保证至少每三个月检查一次工作进度。过程监督是十分重要的,监督可以发现计划的问题,可以考察计划的落实情况,可以有针对性地提出解决方案。例如,如果感到工作和生活过于舒适,那就意味着目标定低了,需要适当地调高目标,使自己的目标难度更合理。

工作过程中,有些人总是喜欢拖延,对于应该当天做的事情,用种种借口拖着不办。有些人虽然有行动,但行动的附加条件太多,行动太磨蹭,这实际上也是一种拖延。时间久了,这种小拖延就变成大拖延,人生规划就难以实现。

克服拖延、立即行动的方法有:

(1) 从现在做起,先干起来再说。至于过程当中存在的问题,边干边解决。也就是遇到问题,解决问题;遇到困难,克服困难。这是实现人生目标的重要一步。

(2) 今天的事情今天完成。日目标的完成情况如何,直接影响周目标,周目标影响月目标,月目标影响年目标……所以,当日的事情能否完成,并非小事。一个人要想实现自己的生涯目标,就必须从当日做起,当日的事情当日完成。

(3) 养成立即行动的习惯。行动是习惯,拖沓也是习惯。有些人能力很强,但就是有拖沓的习惯,导致自己一事无成。所以,如果你有这个缺点,就应有意识地训练自己,用好习惯取代拖沓的习惯。

5. 锻炼坚强毅力,努力克服困难

在工作、学习和技能培训等实现职业生涯目标的过程中,会遇到许多正常的"杂事""杂念"的影响。如恋爱与学习的冲突,婚姻与工作的冲突,家庭与事业的冲突,兴趣爱好与辛勤耕耘的冲突等,都需要处理好,需要亲戚、朋友的理解。否则,计划很难长期执行。有时工作太累了,很想休息;有时朋友约你去旅行,很有诱惑力;有时很多人都在娱乐,自己也有兴趣参加。所有这些都需要用坚强的毅力来坚持,所以坚强的毅力是实现目标的保证。

困难都是难以解决的问题,往往不是一时半刻就能解决的。要实现自己的生涯目标,就要敢于克服困难。有的人遇到困难,马上就如同放了气的皮球一样,垂头丧气,意志消沉;有些人不是没有能力解决困难,而是觉得解决困难太累,不愿为此付出努力;有些人在职业生涯规划的初期,坚持行动是没有问题的,但随着时间的推移,动力就逐渐减少,行动也就难以坚持了。凡此种种,实际上都是畏难情绪在作怪。我们要明白,世界上没有一件真正有价值的事情不是通过辛勤劳动而得以实现的。伟大的科学家居里夫人曾说:"我们的生活都不容易,但是那有什么关系? 我们必须有恒心,尤其要有自信心! 我们必须相信我们的天赋是要用来做某种事情的,无论代价多大,这种事情必须做到。"一个人要想获得事业的成功,必须具有敢于克服困难、敢于拼搏、坚持到底的精神。

二、方案的评估与反馈

(一)职业生涯成功及其标准

职业生涯成功是个人职业生涯追求目标的实现。因此,弄清职业生涯成功的标准与影响因素,有利于我们对职业生涯进行评估。

怎样的职业生涯才算是成功的? 对不同的人来说,成功标准不一样,有很强的相对性,衡量的标准全由自己的希望与需要来确定。每个人的价值观不同,职业需求不同,对成功的理解也会有所差别。每个人都可以,也应该对自己的职业生涯成功进行明确的界定,包括成功意味着什么、一定要拥有的东西、成功的时间和范围等。

有的人以为职业生涯成功就是获得地位和财富,于是为了达到这个目标而拼命努力。其实,这是一种偏见。对有的人来说,成功意味着较高的地位和声望;有的人可能认为成功就是 35 岁前拥有豪宅名车、中意的伴侣和聪明健康的孩子。

有的人或许将成功定义为抽象的概念,不能量化,例如,在和谐的气氛中工作带来的愉悦感,工作完成的成就感和帮助别人带来的满足感。

虽然,成功没有统一的标准,但是,每个人都应当有自己明确的成功标准,并时时用这个标准来检验实际的行动。

一般认为,职业生涯成功的标准有以下 5 种:

1. 进取型——视成功为升入组织或职业的最高阶层。特别注重在群体中的地位,追求更高职务。

2. 安全型——追求认可、稳定,视成功为长期的稳定和相应不变的工作。

3. 自由型——追求不被控制,视成功为经历的多样性。希望有工作时间和方法上的自由，最讨厌打卡机。

4. 攀登型——追求挑战、刺激、冒险，愿意做创新工作，视成功为螺旋式上升、自我完善。

5. 平衡型——视成功为家庭、事业、自我等的均衡协调发展。

要对职业生涯成功进行全面的评价，必须综合考虑个人、家庭、企业和社会等各方面的因素。有人认为职业生涯成功意味着个人才能发挥及为人类社会做出贡献，并认为职业生涯成功的标准可分为"自我认为""社会承认"和"历史判定"。对于企业管理人员来说，按照其人际关系范围，可以将其职业生涯成功标准划分为自我评价、家庭评价、企业评价和社会评价 4 类评价体系，如表 4-9 所示。如果一个人能在这 4 类体系中都得到肯定的评价，其职业生涯无疑是成功的。

表 4-9　职业生涯成功的全面评价

评价方式	评价表	评价内容	评价标准
自我评价	本人	1. 自己的才能是否充分施展； 2. 是否对自己在企业发展、社会进步中所做贡献满意； 3. 是否对自己职称、职务、工资待遇的变化满意； 4. 是否对处理职业生涯发展与其他人生活的关系的结果满意	个人的价值观念以及个人知识能力水平
家庭评价	父母、配偶、子女、其他家庭重要成员	1. 是否能够理解； 2. 是否能够给予支持和帮助	家庭文化
企业评价	上级、平级、下级	1. 是否有下级、平级同事的赞赏； 2. 是否有上级的肯定和表彰； 3. 是否有职称、职务提升或相关权责范围的扩大； 4. 是否有工资待遇的提高	企业文化及企业总体经验的结果
社会评价	社会舆论、社会组织	1. 是否有社会舆论的支持和好评； 2. 是否有社会组织的承认和奖励	社会文明程度以及社会历史进程

（二）什么是评估、反馈

反馈评估就是注意内外环境的变化，不断地审视自我、调整自我、修正策略和目标的过程。反馈评估过程确保了个人职业生涯规划的有效性。

反馈与修正是指在实现职业生涯目标的过程中，根据实际情况自觉地总结经验教训，修正对自我的认知，确定最终职业目标。人只有在工作实践中，才能更清楚、更透彻地自我认知和定位，才能弄清自己喜爱并适合从事什么职业。研究表明，许多人都是在经过了一段时间的尝试和寻找之后，才了解自己到底适合从事什么领域的工作，这段时间在缺乏反馈和修正的情况下可能长达十几年。

在行动的过程中，需要通过不断的评估与反馈来检验与评价行动的效果。在职业发展的过程中，往往需要不断地对职业发展计划进行调整，甚至是对职业目标的调整，而这些调整和完善都离不开职业生涯的评估与反馈。

而且,事物都是处在运动变化中的,由于自身及外部环境条件的变化,职业生涯规划也要随着时间的推移而变化。影响生涯规划的因素有很多,有的变化因素是可以预测的,而有的变化因素难以预测。在制定职业生涯规划时,由于对自身及外界环境都不十分了解,最初确定的职业生涯目标往往都是比较模糊或抽象的,有时甚至是错误的。经过一段时间的工作以后,有意识地回顾自己走过的职业生涯旅程,可以检验自己的职业定位与职业方向是否合适。在此情况下,要使生涯规划行之有效,就必须不断地对生涯规划进行评估与修订。

(三)评估的意义

1. 评估是改进职业生涯规划的重要环节

只有完成了评估,一个职业生涯目标实现的过程才完整。无论短期职业生涯规划目标的实现是成功还是失败,其经验或教训都可以成为下一个生涯目标改进和完善的依据。在实施职业生涯规划的过程中,自觉地总结经验和教训,评估职业生涯规划,可以修正对自我的认知,完善个人早期职业生涯规划,纠正最终职业目标与分阶段职业目标的偏差。

2. 评估是继续完成职业生涯规划的必要前提

职业生涯规划包含着一系列的短期、中期计划,彼此之间都不是孤立存在的。任何一个新的目标总是以完成目标的效果为背景和基础,如果前一个目标的问题没有被发现和解决,必然会对新的目标造成不良影响。

3. 评估是激励自己继续前进的动力

通过评估与修正还可以极大地增强自己实现职业目标的信心。一个短期或中期目标的顺利完成,通过评估可以使人们看到完成的效果甚至享受成功的喜悦,从而提高个人的自信心,为完成下一阶段的目标创造良好的心理氛围。

(四)评估的程序

1. 重温生涯目标

(1)保证经常回顾你的构想和行动计划。有的人虽有计划,但总不将计划放在心上,有事做,却不知道自己努力的方向在哪里。

(2)把你的构想和任务方案存入电脑文件或贴在床头等可经常看见的地方,时刻提醒自己。

(3)当你做出一个对生活和工作极其重要的决定时,请考虑一下你的构想和行动计划,并确保你正在仔细考虑的决策与你的本意相符。

(4)常常问一问:你正在做的是最想做的事吗? 你真的适合做这个职业吗? 你能如期完成既定目标吗? 是否将重心放在了最重要的地方?

2. 分析当前的实际情况与当初目标的吻合程度

(1)确定精确的位置,判断实际行为效果与期望值的偏差。

(2)研究导致失败结果的原因。

3. 运用结果修正、完善目标

(1)采取及时、适当的纠正措施。

(2)调整策略,改变行动。

经常自省是必要的,过程监督也十分重要。保证至少每三个月检查一次你的工作进度。有意识地回顾得失,检查验证前期战略措施的执行效果,可以有针对性地提出解决方案,纠正分阶段目标中出现的偏差。

（五）评估要点

评估可以参照各类短期、中期预定目标和实际结果进行。一般来说,任何形式的评估都可以归结为自我素质和现实环境的适应性判断,分析自己的现状,特别是针对变化的环境,找出偏差所在,并做出修正。

1. 抓住最重要的内容

2. 分离出最新的要求

针对变化了的内、外环境,要善于发掘最新的趋势和影响。俗话说"跟上形势",对于新的变化和需求,找出怎样的策略才是最有效而且最有新意的。

3. 找到突破方向

有时候,在某一点上取得突破性的进展将使整个局面发生意想不到的改变。想一想,先前规划中的策略方案,哪一条对于目标的达成应该有突破性的影响? 达到了吗? 为什么没达到? 如何寻求新的突破?

4. 关注最弱点

管理学中有个著名的木桶理论,即一只沿口不齐的木桶,其容量的大小,不取决于最长的那块木板,而取决于最短的那块木板。在反馈评估过程中,当然要肯定自己取得的成绩与长处,但更重要的是切合变化的环境,发现自己的素质与策略的"短木板",然后想办法修正,或者把这块短木板换掉,或者接补增长。唯有如此,你的职业生涯这只桶才能有更大的容量。

一般来说,"短木板"可能存在于下列方面:

（1）观念差距

观念陈旧往往会造成策略的失误,导致行动失效。

（2）知识差距

按照策略所积累的知识仍然不够? 还是学错方向了?

（3）能力差距

环境在变化,对人的能力的要求也在不断变化。彼时你通过种种努力提高了某些能力,但此时可能又会出现新差距。另外,前一阶段是否坚持按计划措施来提高能力了? 提高了多少? 遇到过什么困难? 这对后一阶段都有重要的启发。

（4）心理素质差距

很多时候,我们没有取得预期的进步,并不是规划得不够好,或者措施不够得当,而是心理素质不够。一个人职业生涯的发展,首先是心理素质的成长过程。

（六）进行修正

接下来,就要根据评估的结果进行目标和策略方案的修订。修订的内容包括:职业的重新选择;职业生涯路线选择阶段目标的修正;实践措施与行动计划的变更等。

通过反馈评估和修正,应该达到以下目的:

1. 对自己的强项充满自信(我知道我的强项是什么);

2. 对自己的发展机会有一个清楚的了解(我知道自己什么地方还有待改进);

3. 找出关键的有待改进之处；

4. 为这些有待改进之处制订详细的行为改变计划；

5. 以合适的方式答复那些给予反馈的人，并表示感谢；

6. 实施你的计划，确保你能取得显著的进步和商业成就。

总之，职业生涯规划是一个持续动态的过程，有效的职业生涯规划需要不断地反复修正职业生涯目标，反省策略方案是否恰当，以适应环境的改变，同时可以作为下一轮规划的参考依据。

案例 4－8

万科的职业通道与职业生涯规划

万科集团的前身是深圳现代科教仪器展销中心，1988 年完成股份制改造，1993 年更名为万科企业股份有限公司。万科是中国房地产行业的领跑者，是国内首批公开上市的企业之一，是"中国房地产的黄埔军校"，曾入选《福布斯》评选的全球最优秀 200 家中小型企业。在其辉煌成就和迅猛发展的背后，是其独特的人力资源管理体系，而万科对员工的职业生涯的关注及员工本身对自己职业生涯的重视也是重要因素之一。万科关注员工的职业生涯规划，按照万科的理解，若鼓励一个人终身做不适合自己的事情，就是对双方不负责任的表现，不如引导和帮助他，寻求更适合其发展的职业空间。公司强调"个人自主选择权"和"企业对人的可替换性"。一边是员工的个人职业发展规划，一边是企业人力资源规划，只有两者相互配合恰当，才能实现企业和个人的双赢。万科推行管理与技术并行的双重职业发展道路，员工既可以在一个或几个相关领域里持续深入发展，也可以通过协调、组织团队成员工作，完成团队目标，发展自己在管理方面的能力。个人在企业里的职业生涯推进，往往是以其在企业中的岗位变迁为标志的。员工通过各种测评手段进行自我优势测评之后，对照万科人力资源部对岗位的描述，就可以找到自己与目标岗位要求之间的差距，从而决定个人的职业发展路径。对照公司的岗位地图，员工可以主动选择自己的方向，万科也可以根据企业发展的步伐，有针对性地对员工进行职业发展指导，同时提供职业发展所需的增值机会，包括各种培训和挂职交流。

拓展训练

案例分析

林小姐，杭州人，26 岁，大学本科学历，中文专业，参加工作已 4 年多。刚毕业时，父母托关系把她安排到了一家报社做编辑，由于文笔不好，工作成绩始终不好，压力越来越大的林小姐只好辞职。第二份工作是在一家公司做文员，平时做一些打字之类的琐碎小事，学不到什么东西，于是林小姐又辞职了，后来她又找了几份工作，都和第二份工作差不多。目前，林小姐在一家公司做经理秘书，对这份工作，林小姐还是比较满意的。

最近同学聚会，林小姐发现同学们个个都比自己混得好，有的已经当上了经理。再看看自己,经理秘书虽然听起来不错,但不过是吃青春饭,说不定哪天就失业了,所以林小姐想换一份稳定的工作,想来想去,除了做文员、经理秘书,也想不出其他工作了。她该怎么办呢?

职业顾问帮林小姐分析之后认为,她面临的是典型的"职业迷茫"问题。职业顾问认为,造成"职业迷茫"的直接原因就是缺少职业规划。那么,职业规划到底应该怎么来做呢?

问题:

假设你是一名职业生涯规划师,请根据本章所学的理论与方法,帮助林小姐确立适合自己的职业生涯目标和职业规划方案。

第五章 大学生就业形势与政策

📖 本章导读

　　就业是民生之本、安国之策。我国约有 14 亿人口,劳动年龄人口超过 9 亿,是世界上人口和劳动力最多的国家,就业问题比任何一个国家都复杂,就业任务比任何一个国家都繁重。我国政府历来把扩大就业放在经济社会发展的突出位置。

　　近二十年来我国大学生的就业形势无疑是十分严峻的,近几年更是如此,所有在校大学生都要走上社会,寻找合适的工作,在校大学生提前认识到当前的就业形势、就业政策及未来前景,有利于增强大学生的就业能力,激发大学生勇于拼搏的奋斗精神,促使大学生对自己的未来进行初步规划。

🎯 学习目标

1. 态度层面:以客观的态度对待当前大学生的就业形势,了解未来就业前景。
2. 知识层面:了解大学生就业的相关政策。
3. 技能层面:提高对就业形势和政策的分析能力。

✉ 案例导入

2019 届中国秋季校园招聘报告简析

　　随着高校毕业生人数的逐年上涨,毕业生就业已成为社会持续关注的话题。2018年 11 月 28 日,2019 届全国普通高校毕业生就业创业工作网络视频会议召开,会议指出2019 届全国普通高校毕业生预计 834 万人,再创历史新高,教育部也指出要努力实现毕业生更高质量和更充分就业。

　　在 2019 届校园招聘市场,企业招聘和毕业生求职又将呈现怎样的状态?梧桐果作为中国大学生一站式求职网申平台,对毕业生就业状况保持高度关注,本次报告结合网站自有数据对 2019 届秋季校园招聘进行深度分析,带您一起了解秋季招聘状况。

本报告数据抽取梧桐果网站 557 860 名毕业生、75 443 个雇主品牌、92 951 家独立雇主、94 075 篇招聘简章、780 313 个职位、122 358 场校园宣讲会及 1 685 场校园招聘会数据,做出多维度分析。

一、哪里经济最活跃? 说实话,你能提供多少就业岗位?

A. 企业招聘需求量按区域分,华东成最大"狩猎场"。

B. 企业招聘需求量按省份分,2018 年 GDP 第一、离 10 万亿只有一步之遥的广东领跑全国。

C. 企业招聘需求量按城市分,北京独占鳌头。

D. "逃离北上广",还是"逃回北上广"?

二、谁是校招主力军? 民企当之无愧。

三、谁是中国经济最大驱动力? 传统行业 PK 新兴产业。

A. 企业招聘需求量按学科门类分,工学毕业生需求量最大。

B. 企业招聘需求量按学科大类分,工商管理类成香饽饽。

C. 企业招聘需求量按专业分,市场营销需求旺盛。

四、新一线人才大战,各家"底牌"在这里!

A. 求职者数量按所在城市分,没有任何城市能挑战北京"人才蓄水池"的绝对优势。

B. 宣讲会场次按城市分析,西安成唯一破万城市。

C. 从各省高校举办的校园招聘会频次来看,江苏在所有的省份中位居榜首。

D. 求职者数量按高校所在省份分析,北方省份优势明显。

E. 从就业难度指数来看,浙江、广东最好就业,东北地区就业难度指数最大。

资料来源:https://www.wutongguo.com/report/122.html

第一节 大学生就业形势分析

近二十年来,就业问题成为社会热点话题,进入 2019 年,我们点击百度搜索"就业"一词,就有 1 亿条相关搜索结果。那么,什么情况算是就业? 在《现代汉语词典》中,就业被解释为"得到职业;参加工作",而中国劳动和社会保障部在 2003 年对就业的界定是"法定劳动年龄内从事一定的社会经济活动,并取得合法劳动报酬或经营收入"。

按照就业程度可以把就业分为两种情况:充分就业与不充分就业。就业人员劳动报酬达到和超过当地最低工资标准的,为充分就业。根据中国管理科学研究院特约研究员金小明的观点,充分就业体现为:人尽其才、物尽其用,即在法定条件下,自愿参加劳动的都应有岗位;有劳动能力却不愿参加劳动者应法定其参加劳动;与劳动者充分配套的生产要素应充分投入使用。

就业人员劳动时间少于法定工作时间,且劳动报酬低于当地最低工资标准、高于城市居民最低生活保障标准,本人愿意从事更多工作的,为不充分就业,体现为:人未尽其才。

一、当前大学生的就业现状

近年来,我国人才市场竞争日趋激烈,大学生就业形势日益严峻,就业压力越来越大。国务院办公厅在 2009 年就加强普通高等学校毕业生就业工作发出通知,通过一系列政策杠杆,努力帮助高校毕业生实现就业。随着社会经济的转型和政府的政策干预,毕业生就业压力相对缓和许多,然而仍然存在冰火两重天的现象,"啃老族"队伍继续扩大,大学生盲目择业现象仍然严重。2014 年 5 月国务院办公厅下发关于做好 2014 年全国普通高等学校毕业生就业创业工作的通知,预计"十三五"时期,高校毕业生数量仍将持续增长,促进高校毕业生就业任务依然十分繁重。各地区、各有关部门要继续把高校毕业生就业摆在就业工作的首位,进一步加大工作力度,多渠道开发就业岗位,完善相关政策措施,切实加强就业服务,千方百计促进高校毕业生就业。

(一)就业结构性矛盾突出

2018 年,我国城镇新增就业人员达到 1361 万,同比增加 10 万人,创历史新高。

统计显示,我国高校毕业生总量逐年增加,2018 年高校毕业生人数为 820 万人。教育部召开的 2019 届全国普通高校毕业生就业工作视频会议称,2019 年全国普通高校毕业生规模达 834 万人,这一数据比 2018 年增加了 14 万。"十三五"时期应届毕业生年平均就业规模将达到 800 余万人。此外,每年还有约 150 万没有就业的往届大学生,就业形势面临严峻局面。与此同时,《南方周末》调查显示,"图书发行专业人才匮乏、机械工程师人才紧缺;珠宝首饰业前景好,月薪 8 000 元难觅数控高手;三类汽车人才市场人才奇缺、营销人员非常难招"。另据某大型的劳务市场负责人证实,目前已经出现这种情况:部分技术工种如泥瓦工、建筑工等,企业开出 7 000 元高薪,却很难招到人。这反映了我国当前就业形势的另一个问题:人才供求存在结构性矛盾——有地方没人去,有人没地方去。

随着社会经济的发展和产业结构的调整,我国对职业技术人员的需求迅速增加,尤其是一些高新技术企业更急需一大批高素质技能型人才。统计资料显示,我国目前有技术工人约 7 000 万人,其中初级工所占比例为 60%,中级工比例为 35%,高级工比例为 5%;而在西方国家中,高级工占技术工人的比例通常要超过 35%,中级工占 50%,初级工占 15%。按照"十五"规划,我国高级技工的比例应当达到 15%,目前,高级技工的缺口高达数百万人。

国内许多企业开出年薪 28 万～30 万元的高价,竟然请不到一名高级技术工人。北京市统计局日前公布的统计数据显示,社会急需的月薪超过 5 000 元的"十大职位"中高级技术工人就占了 4 个,更有一些企业老总发出"找一个高级技术工人比找一个工程师还难"的感叹。近日有消息称,日本高级技工正通过有关民间组织与我国联系,有意来华"再就业",上海市已通过人力资源公司的运作以 70 万元的高价引入一批日本高级技工。

JOB 案例 5-1

两类知识群体的就业反差

近一两年，有一个叫"蚁族"的新字眼越来越多地出现在媒体上。所谓"蚁族"是指低收入大学毕业生聚居群体。这个群体之所以被称为"蚁族"，是因为研究者从他们身上概括出类似蚂蚁的特点：高智、弱小、聚居。他们具有较高的智商和知识水平，却又是弱小的困难群体，聚居在城市边缘。有关调查显示，北京、上海、广州、武汉、西安等大城市的城乡接合部，都存在为数不少的"蚁族"，估计全国人数在百万以上。

"蚁族"现象从一个侧面反映了当前大学生的就业现状。自 2003 年以来，我国大学生人数逐年增加，现在每年应届毕业生已超过 800 万人，而就业率却呈现下降趋势，相当一部分人当年不能签约找到工作。

与此同时，许多用人单位生产和服务一线的技能人才严重不足，中高级技术工人尤其匮乏。这种情况使近年来技工学校和职业学校毕业生的就业率持续保持高位，平均达到 95％以上，北京、上海、广州等城市更高，大大强于高校毕业生。有些热门的专业工种，学生还未毕业，已被用人单位"订购"一空。研究显示，今后一个时期，我国人力资源市场对技能人才仍有旺盛的需求，对创新型高素质高技能人才的需求更加强劲。以北京为例，截止到 2009 年底，全市技能人才总计 213.2 万人，其中高级技工以上高技能人才 50.1 万人。预计到 2020 年，技能人才总需求量将达到 400 万人以上，其中高级技能人才 120 万左右，分别比目前实际规模增加 1 倍至 1.5 倍。这表明，今后我国中高职毕业生仍将面临相对较好的就业市场环境，就业情况有望继续保持良好势头。

普通高校和中高职毕业生不同的就业境遇，反映了我国就业领域的一种结构性矛盾，即一部分人寻找工作困难，一部分岗位却人才紧缺。大学生本来是接受教育最多、就业最强势的群体，但由于就业能力与需求脱节等原因，导致在就业市场陷入困境；而技校、职校毕业生由于是生产和服务一线适用的技能人才，因而受到用人单位普遍青睐。这种情况告诉我们，了解就业形势，既要看到总体的局势，也要注意不同类别人员面对的具体市场环境。

（二）地域和行业差距大

大学毕业生对于就业的地域也有设想，经济势头较好的大中城市和东南沿海地区自然是首选。当然大中城市和东南沿海各地能提供的就业机会多，这是我国区域发展不平衡、城乡发展不平衡的大背景所决定的。"珠三角""长三角"和"环渤海"地区（简称"三大经济圈"）是我国高等教育尤其是职业教育最为发达的地区。三大经济圈的 GDP 占全国GDP 的 48.3％，传统产业、现代产业竞相发展，是世界加工基地、生产基地和创业基地，外资企业、合资企业、民营企业占有重要比重。这些条件在客观上为高等教育的发展和高校毕业生就业提供了条件。但是当大部分的毕业生涌到这些地方时，当地院校学生的竞争优势让他们备受冷落。因此，东部地区的毕业生就业形势明显好于西部，大中城市的毕业生就业形势明显好于小城镇。

由于吸纳大学生能力强的用人单位多为制造业、销售业，因此相关专业的毕业生备受欢迎，技术好、能力强的毕业生成了"香饽饽"，而技术差、能力弱的毕业生由于过于集中，无形中加剧了竞争，造成表面上的过剩。

（三）就业机会不均等

当前，大学生就业是通过"自主择业""竞争择业"等办法来实现的。由于就业市场的法律法规尚不健全，而"自主择业"又存在激烈的竞争，一些地区"关系就业"成了普遍现象，干扰了就业市场的"公开、平等、竞争、择优"的原则，造成虽然具有同等教育程度，但就业的机会却常因家庭、社会、地域、经济背景的差异而大有不同的情况。

另外，就业市场中的性别歧视问题一直存在，尽管我国《劳动法》明确规定"妇女享有与男子平等的就业权利"，但同等条件下，在录用、使用、待遇等方面，女生遭遇拒绝、冷落的歧视现象仍相当普遍。调查显示，相同条件下女大学生就业机会只有男大学生的87.7％，女大学生初次就业率仅为63.4％，比男大学生低8.7个百分点，就业中的性别歧视与性别限制为女大学生择业制造了重重障碍。

二、影响大学生就业的因素

调查研究证明，现在的大学生"就业难"不是供给大于需求，而是就业结构性矛盾突出造成的一种阶段性社会现象。造成这种现象的原因来自于社会产业结构、高等院校预测、毕业生自身条件等多个方面。

（一）专业发展前景预测不准确

教育应当具有一定的超前性，但这种超前是建立在学校现有专业实力和社会刚性需求基础之上的。高等院校本科四年、高职三年一个周期的专业设置难以跟上社会企事业单位对人才需求的变化速度，必然产生人才供需市场配置的时间差。几年前还是社会需求的热门职业，毕业后变成了滞销专业，供给与需求错位在一定程度上成为大学生就业难的主要原因之一。

（二）"三撞车"的严峻就业形势

"三撞车"包括农村富余劳动力、城镇下岗职工及新增劳动力、高校毕业生。三者加起来，每年有2 400万人需要就业，而我国目前能够提供给社会的就业岗位大概在1 200万左右，大概有一半的人找不到工作。大学毕业生面对"前有学历层次更高的毕业生的虎视眈眈，后有下岗职工等城市新增劳动力的激烈竞争"情形，在夹缝中艰难前行。同时，我国中小企业数量严重不足。从国际上看，一个国家99.5％的企业属于中小企业，劳动者65％～80％在其中就业（包括社区与中介），如在日本，人口1.25亿，中小企业就有660万个；而在中国，有人口13亿，中小企业只有700万个，明显"僧多粥少"，这就是我们面临的严峻形势。

（三）用人单位的人才高消费

随着知识经济的到来，"搞导弹不如卖茶叶蛋"的尴尬早就消失了，全国各地都在争抢人才，尤其是沿海经济发达地区，更是爆发了一场激烈的人才争夺战。一些单位招人时，动不动就强调要有硕士、博士学位或MBA，正所谓"博士多多益善，硕士是起码要求，本科等等再看，大专看都不看，中专靠一边站"。"人才高消费"现象反映了盲目的用人观，用人单位盲目"抢人才"，对高学历人才许诺的优惠待遇，一定程度上导致人才的学识与应聘职位不相称。这种畸形的人才消费观念，是对人力资源的非经济使用，暴露了教育结构的不合理性。

无疑,中国今后的发展需要相当数量的高新技术人才、高层次的外向型人才、高层次企业家及学科带头人,这些人才都应是受过研究生教育的高级专门人才。但是,缺乏针对性地"抢人才",却往往造成局部的人才积压,最终导致人才难尽其才,加剧了人才的浪费和人才市场的恶性竞争。

"人才高消费"产生的原因主要有以下三点:首先,受体制转轨和金融危机的影响,有效需求仍然不足,劳动力市场总体处于买方市场;其次,在二元结构基础上,人才作为"人力资本",包含学校教育、医疗保健、在职培训、迁移等多种投入,因而是有价格的,但由于人力资源价格体系建设尚未到位,加之个别用人单位盲目攀比,搞所谓的"人才品牌效应",最终人为扭曲了价格;最后,现行教育体制培养出的学生还不能很好地适应社会的差异化需求,在就业渠道和信息需求网络尚不完善的情况下,人才资源配置很容易形成高成本、低效益的局面。

（四）自我定位不准确

"毕业即失业"的悲观论普遍流行,一方面导致不少学生盲目就业,对以后的发展非常不利;另一方面也产生大量违约现象,给大学生的社会信誉造成很坏的影响。同时,大学生失业率有上升之势,供需结构性矛盾增强,"有业不就"和"无业可就"共存,"挤占效应"等问题突出。而且,部分大学生的职业价值观存在问题,表现为就业时过分强调自我实现,把个人的爱好和兴趣放在第一位;期望值过高,简单地从"我想干什么"出发,而不是考虑"我能干什么",过于注重工作岗位、生活环境和待遇条件等。因大学生在职业生涯定位上的这种错位而导致的严重后果是高不成、低不就。

（五）就业准备不足

随着"被就业"一词的流行,大学生的被动性也一览无遗。这种被动性严重制约着大学生的人生发展轨迹,他们中的大部分人被动地接受基础教育和升学教育,被动地接受高等教育,被动地接受就业和失业,被动地开展自己的社会生活。

1. 上大学仅是光耀门庭

中国受儒家思想的影响达千年之久,学而优则仕的观念至今仍存在于很多人的意识形态中。尤其在农村,"鲤鱼跳龙门"是多少家庭倾其所有甚至负债累累而执意追求的梦想,所以上大学成了众多农民家庭的唯一目标,并把上大学和就业画上等号。流行一时的、反映大学生就业状况的网络小说《错样年华》,记录了一名来自农村的男孩的大学生活、大学毕业后的求职生活与心路历程的变化过程,故事中的主人公就是传统观念熏陶下的典型人物。

2. 习惯性地盲目听从

中国的基础教育以其基本功扎实著称,绝对的教师权威训练出乖乖听话的学生。大学生迈入大学校门后,仍然没有主见,等着父母的命令,等着老师的指令,甚至把同学或室友当作自己的主心骨来依赖,不知道自己需要什么,不知道自己适合做什么,不知道要对未来进行规划,一切都在等待中,每天都在宿舍、教室、食堂"三点一线"地机械重复。

3. 大学就是象牙塔

受升学教育的影响,很多刚踏进大学校门的大学生认为,工作是很遥远的事,经历了辛苦的高考备战后,终于踏进大学校门,应该好好放松,先玩一两年再考虑就业问题。于是旅游、泡吧、谈恋爱成为许多大学生在校期间的头等大事,完全不去想毕业以后怎么办。

4. 知识转化率低

调查显示,60%的企业反映,应届大学生到岗后,实际知识应用率不足 40%,而且多数学生表现为:学过的知识转化不出来,不能变成自己在岗位上的实际能力。我国大学生的适应期为 1～1.5 年,一般在这段时期之后才能独立完成工作,而发达国家大学毕业生的适应期才 2～3 个月。

案例 5-2
麦可思 2019 年中国
大学生就业报告(简析)

大多数老师和学生反映,大学生在校学习期间多数精力都用于应付考试,考试结束后,知识就忘得差不多了。上大学学什么? 多数大学生都没思考过这个较为深层的问题。

第二节　大学生就业前景分析

目前,高等职业教育已占据我国高等教育的“半壁江山”。中国高等职业院校已达 1 344 所,2019 年再次大规模扩招 100 万人,在校生达 900 多万人,高职院校招生规模占整个高等教育的 50% 左右,高校毕业生特别是高职生的就业问题已引起全社会的高度关注。近几年来,我国职业教育大力倡导工学结合、校企合作,就业率已连续多年提高。党中央、国务院及各级地方政府都十分关心高校就业工作,并陆续出台了相关政策,如大学生当村干部可参加公务员定向考录,大学毕业生自主创业可获 5 万元小额贷款等。

中国已经成为全球制造业大国,在用工市场,不乏高学历者,与之对应的高级技工荒由来已久。所以,相对于普通高校毕业生,高职生的就业前景一片光明,最新调查显示,高职院校毕业生就业率呈稳步上升态势。

一、大学生就业面临的困难

虽然高职学生就业形势出现明显好转,但也只是与普通本科学生相对而言,现实存在的诸多问题仍然表明就业形势的严峻。信息渠道的不畅通、心理上的脆弱、团队合作意识的淡薄、人际交往能力的欠缺、礼仪和面试技巧的不谙等诸多因素使得大学生在就业中出现失利。

(一)就业硬件不硬

大学生特别是高职学生要想顺利就业,不仅要有过硬的专业知识和技能,有一定的外语、计算机水平,还要有良好的心理素质、较强的团队合作精神和良好的职业道德风范。目前,由于高职院校的改革进程不一致、工学结合力度深浅不同,造成高职院校毕业生质量存在较大差异。面对用人单位的挑剔,高职学生们缺少“隐形的翅膀”,就业硬件硬不起来。

(二)就业环境不软

1. 传统就业观念仍然存在

在传统职业教育制约之下,高职院校还是从简单的从业需要角度来确立职业教育原则,让接受职业教育者掌握一门技能。这种教育思想没有看到当今世界发展之迅速,从而忽视了培养全面发展型人才的迫切性。

中国人是很重视技艺的,素有"身怀绝技而走天下"之说。但是,随着市场的发展、知识经济的到来,人们追求管理型、高新技能型人才的意识逐渐强化,认为只有达到这样的高度才是一个真正的人才,因而不屑于接受职业教育。再者,社会的分配机制不健全,使得技能型人才没有相应的社会地位,致使他们失去了继续接受职业教育的信心。

中华人民共和国人社部发布的 2019 年毕业生就业状况及 2020 年需求情况分析数据表明,非国有单位对专科生(高职生)的吸纳能力较强,招聘的专科生数量与本科生相当。同时,在作为工业经济主体的国有企业中,高职毕业生并没有占据相当的份额。

2. 用人单位存在误区

不少用人单位在选择大学生时或多或少存在误区,主要有以下几点:

第一,过分关注文凭。不少用人机构认为,学历越高越好,选人学历化,造成受聘人员水平、能力与岗位不适应或浪费。

第二,存在性别歧视。不少用人单位考虑到女大学生生理因素、婚姻因素、成就动机,以及生育保险费和女工劳动保护费用等因素,认为同等情况下女大学生将来工作成本比男大学生高,这是女大学生就业难的主要原因。

第三,生源地域歧视。不少用人单位考虑到本单位的业务情况与当地联系紧密程度,希望招聘的大学生熟悉当地方言及风俗,甚至有一定的关系网,因此选用人才时优先考虑本地人才。甚至一些地方政府招聘公务员时也存在生源地域歧视,实行地区保护主义,不利于大学生公平竞争。

第四,过分看重工作经验。经验不足是大学毕业生最大的劣势,不少企业经营有困难,急于招聘某一方面人才,希望很快给企业带来变化,而一般的大学生无法满足用人单位要求。用人单位忽视大学生的潜力和可塑性,看不到大学生有较高理论水平,只要经过短期培训即能胜任工作。

3. 就业体制环境尚需建设

首先,我国高职院校招生没有与市场接轨,培养层次比例与市场需求不相适应,各层次就业率与同期招生数往往呈反比。其次,高校现有学科专业结构存在问题,学科专业供求错位,专业设置趋同化、集中化,学校不能以市场需要、知识结构需要为导向,进行学科专业结构、课程结构调整。

4. 老毕业生的口碑不容忽视

目前的高校毕业生就业市场还是买方市场,如果说一个用人单位第一次到一个学校选拔毕业生是看学校的名气和办学水平,那么第二次、第三次就完全看该校以前的毕业生在单位的表现了,所以以老毕业生在用人单位的表现是用人单位选拔人才的风向标,老毕业生表现优秀了,用人单位才会成为招聘该学校毕业生的"回头客"。反之,老毕业生表现不尽如人意,造成了负面影响,那么他们母校的学弟和学妹将可能成为被用人单位封杀的对象。

(三)缺少就业政策指导和援助

受我国高等教育发展状况及长期计划体制的影响,一些高校还没有完全建立起以学生为本的教育理念和市场竞争意识,普遍存在对大学生就业问题重视不够、重"进"轻"出"的现象。就业指导工作开展不力,大学生的就业素质存在明显缺陷,如大多缺乏职业选择和职业生涯规划能力,对自我、社会、职业的认知不清楚,观念落后、认识存在偏差等。

二、大学生就业的主要机遇

社会上"大学生就业的冬天"已经喊了好几年,可是年年"冬天"年年"过",春天照样来。实事求是地说,大学生找个工作并不难,难的是找一个理想的工作。作为朝气蓬勃的年轻人,没有必要"一叶障目,不见森林",也没有必要患得患失,要看到高校毕业生就业面临的有利条件和难得的历史机遇,迎难而上。我们在充分认识当前高校毕业生就业面临的严峻形势的同时,要善于把握当前促进毕业生就业的大好机遇,增强自觉性和主动性,发挥主观能动性,充分利用各方面的有利条件,顺利实现就业。

(一)各级政府高度重视,积极创造就业机会

党中央、国务院高度重视高校毕业生就业工作,中央领导同志多次就做好高校毕业生就业工作做出重要批示,要求把促进高校毕业生就业和创业作为一项十分重要的工作。中央各部委及各级政府出台了多项促进毕业生就业的政策、措施。如相关政策规定,高校毕业生应征入伍服兵役由政府返还相应学费,代偿助学贷款,具有高职(高专)学历的,退役后免试就读成人本科,或经过一定考核,就读普通本科;高职学生当村干部可免试就读成人本科;大学毕业生自主创业可获 5 万元小额贷款等。

(二)国家发展为高校学生提供广阔天地

西部大开发和建设社会主义新农村的国家战略,在中华大地掀起了轰轰烈烈的建设高潮,基础设施建设、生态建设、产业结构优化、科教加快发展等开辟了广阔的市场,为基层带来了机遇和挑战,也为各级人才提供了施展才华的舞台。目前,我国高职院校学生逾七成来自农村,从农村中来,到基层中去,成为高校毕业生的时代选择,也符合国家大力倡导的新的就业增长点。

(三)高职教育迎来发展的春天

经过二十多年的发展,我国高职教育已经占据高等教育的半壁江山,在完善高等教育结构体系、促进高等教育的大众化、满足人民群众接受高等教育愿望方面起到重要作用。大多数高职院校在师资结构、硬件设施等方面上了一个新台阶,正在或者已经完成从外延向内涵建设的转变。

1. 新的职业教育观念

新经济的崛起,新兴产业的涌现要求我们用多把尺子来衡量人才,多元化、多样化地看待人才。高职院校发展要得到社会的广泛认同,必须将"学而优则仕"向"技而精则业"转变,无论接受大学教育还是职业教育,无论从事何种职业,都是职业生涯的开始。教育要多元发展,建人才立交桥,为未来新经济增长抢占制高点。动员更多的社会资源来发展教育,建构全方位的教育体系和不同作用的教育体系,如公立与私立、长期与短期、精英与普及等,要在市场体制下使资源得到真正的优化,以适应多元社会和经济的转型。教育多元化将会带来价值观念的多元发展,有助于促使人们用多元方法和多元视角认识、理解社会发展,有助于倡导人本德育理念,推动我国教育发展。

2. 高职院校的发展与调整

随着中国产业结构的不断优化,相应的技能人才需求增大,激发了高职院校的专业布

局调整,也促进了高职院校与地方产业的双赢合作。面对当前全球金融形势,我们从经济"腾笼换鸟"中看到春天,产业及经济结构不断调整,大量需求高技能人才,也正是制造业储备、吸纳技能人才的好时机,我们培养人才从简单技能型劳动力向高技能型人才转变。高职教育是民生工程、基础工程,也是企业转型升级的必备工程,成为地方招商引资的要素之一。

3. 高职毕业生逐渐得到社会认可

国家高度关注高职毕业生就业的同时,也尽力弥补高职教育投入的严重不足,从2004年起,中央财政投入专项资金支持各地职业教育实训基地建设,改善职业院校实践教学条件。中央财政投资6.5亿元,地方投资9.2亿元,在全国31个省、市、自治区建立337个高职实训基地项目,专业主要集中于数控技术、计算机应用与软件、电工电子与自动化、汽车运用与维修、生物技术、建筑技术、护理、园艺技术、煤矿安全九大类。经济条件好的地方政府追加投入,建校内仿真、模拟或完全等同于实际工作现场的实训基地,极大地提高了高职教学质量,使毕业生能够很快投入到生产一线工作。由于高职生的心态较好,实际工作能力较强,不少有招聘意向的企业都加大了对高职学生的招聘计划。

(四)高职院校把就业指导工作真正提上日程

尽管各高职院校对毕业生就业指导工作十分重视,然而由于就业形势严峻、就业指导工作起步较晚,许多高职院校的就业指导工作还比较薄弱,毕业生在就业上还存在职业定位模糊、心理准备不足、职业素养较差、自我调适能力不强、就业观念滞后等问题。这些问题严重影响了高职毕业生及时、充分地就业,造成人力资源的浪费。好在高职院校都已经意识到就业指导的重要性,把就业指导工作提上工作日程。

一方面,就业指导工作"前移",从大学一年级就开始,贯穿学生三年的学习过程。高职院校通过理论课的教学及各种技能的实习、实训,再辅之以职业发展和就业指导教育,有利于学生准确地做好职业定位,有利于将学生培养成知识和能力横向拓宽、纵向深化的复合型高技能人才。另一方面,全面引进职业生涯规划及相关的职业指导课程,已开设的职业指导课程已然形成全程性、分阶段进行的合理体系。最后,积极与企业合作,举办学校招聘模拟会、毕业生就业洽谈会、企业进校人才招聘会等,为毕业生和用人单位牵线搭桥。

第三节 大学生就业政策

就业政策是国家在一定的历史条件和阶段下,为促进经济发展和社会进步,创造劳动者就业条件,扩大就业机会所制定的行为准则,它包括就业指导思想、管理体制、指导原则、就业范围和渠道及相关的具体规定。

只有全面了解国家就业政策,增强自主择业意识,主动地面向社会主义经济人才需求的市场,遵循供需见面、双向选择和市场竞争的原则,才能顺利就业。

一、大学生就业制度

现行的大学生就业制度由毕业生就业的有关方针政策、就业管理制度和服务保障体系等内容构成。

（一）方针政策

我国现行大学毕业生工作的方针政策是"贯彻统筹安排、合理使用、加强重点、兼顾一般和面向基层，充实生产、科研、教学第一线，在保证国家需要的前提下，贯彻学以致用、人尽其才的原则""实行国家宏观调控，学校和各级政府推荐，学生和用人单位双向选择的就业模式"。人事组织部门针对当前大学毕业生的就业现状，还制定了一些促进大学生就业的具体政策。

1. 劳动、人事政策

简言之，人事组织部门制定的促进大学生就业的政策包括以下几个方面。

（1）组织、人事部门会同编制部门，为西部地区和艰苦边远地区的乡镇下达一部分周转编制，用于接收应届和往届高校毕业生。

（2）各地要落实企业用人自主权，鼓励各类企业根据实际需要招聘高校毕业生。到中小企业和非公有制单位就业的高校毕业生在专业技术职称评定方面与国企员工享有同等待遇。

（3）加快建立并完善技术技能岗位准入制度，扩大高校毕业生的就业空间。根据规定，各级党政机关特别是市、县、乡级机关录用公务员，要严格坚持"凡进必考"制度。国有企事业单位新增管理和技术人员，应主要面向毕业生公开招聘，择优录取。

（4）政府举办的公共就业服务机构、人才交流服务机构、高校毕业生就业指导服务机构，对高校毕业生提供免费职业介绍服务。

（5）离校后未就业的高校毕业生可到各类人才和职业中介机构登记求职。有就业愿望在一定时间内仍未就业者，可到入学前户籍所在城市或县劳动保障部门办理失业登记。劳动保障和人事部门免费提供就业服务，组织其参加职业培训或就业见习。

（6）对每个登记失业的毕业生，劳动部门承诺3个月内免费提供一次政策咨询和职业指导，提供3次基本适合的岗位需求信息；对申请参加职业资格培训的见习者，按规定给予培训补贴；对失业时间较长或家庭生活困难的毕业生，要重点帮助，帮助其尽快就业。

（7）劳动和社会保障部的相关文件指出，要逐步建立完善高校毕业生就业见习制度，各地在考察用人单位工作岗位、工作环境的基础上，将条件合格并有积极性的企事业单位确定为见习单位。

2. 户口政策

针对大学生实施的户口政策也是一种便民政策，包括以下几点内容：

（1）对用人单位跨地区聘用的高校毕业生，省会城市、副省会城市、地级市应取消户口限制，简化有关手续。

（2）国家鼓励各类中小企业和非公单位聘用高校毕业生，公安机关要放宽建立集体户口的审批条件。

（3）取消对接受高校毕业生收取的城市增容费、出省费、出系统费。

（4）应届毕业生凭就业协议书和普通高校毕业证书，到公安部门办理落户手续。非应届生凭用人单位录用手续、劳动合同和普通高校毕业证书办理落户手续。

（二）就业管理制度

目前我国的大学生就业管理制度主要包括人事代理制度和劳动合同制度。

1. 人事代理制度

人事代理制度就是政府人事部门所授权的人才交流服务机构接受各类用人单位或个人的委托,代为管理与办理人事关系和人事业务,提供人事人才社会化服务。人事代理是社会主义市场经济条件下人事管理制度的创新。对毕业生而言,实行人事代理有利于保障毕业生的合法权益,解决毕业生的后顾之忧;有利于各类毕业生合理流动和发挥作用,实现毕业生的社会价值。

人事代理服务为毕业生提供的主要服务内容包括:为毕业生管理人事档案;专业技术职务任职资格(工人技术等级)的认定、考核和晋升的申报;办理专业技术人员任职资格的申报,办理大中专毕业生见习期满后的转正定级手续;按照有关规定为存档人员出具有关证明材料,比如,报考研究生、婚姻登记、办理独生子女手续、留学、出国等;为毕业生转接党团组织关系,建立流动人员党团组织,开展党团组织活动;为毕业生代办失业、养老等社会保险业务。

2. 劳动合同制度

劳动合同是劳动者与用人单位为建立劳动关系而达成的协议,也称劳动契约。劳动合同制度是一项重要的劳动法律制度,它包括有关劳动合同的订立、履行、变更、解除和终止,违反劳动合同的责任,劳动合同纠纷的调解和仲裁,劳动合同的管理的一系列劳动法律法规和规章制度。

我国于1980年开始在中外合资经营企业中实行劳动合同制;1982年2月,原劳动人事部发出《积极推行劳动合同制的通知》,在全国试行劳动合同制;1994年国家颁布了《中华人民共和国劳动法》(1995年1月1日开始实施,后根据2009年8月27日第十一届全国人民代表大会常务委员会第十次会议《关于修改部分法律的决定》修正,以下简称《劳动法》),从而确立了劳动合同制的法律地位,为全员(包括非国有企业以及个体经济组织中的劳动者等)实行劳动合同制提供了基本的法律依据;我国新的《劳动合同法》于2007年6月29日正式通过,并于2008年1月1日起正式生效。2012年12月28日第一届全国人民代表大会常务委员会第三十次会议修订,修订后的《劳动合同法》自2013年7月1日起施行。

需要注意的是,新《劳动合同法》改变了《劳动法》以劳动合同为劳动关系建立标志的做法,规定用人单位自用工之日起即与劳动者建立起劳动关系。但是,毕业生仍然要重视劳动合同的签订工作,因为书面劳动合同是一份有力的合同证据,它能在劳动合同发生争议时提供原始的事实材料,也是劳动者维权的直接依据。毕业生应该注意签订书面合同的时间以及合同到期后续订的时间,以维护自己的权利。

(三)就业服务保障体系

1. 毕业生就业指导与服务体系

就业指导与服务体系的宗旨是为大学生就业服务提供全方位、高质量、方便快捷的指导和服务,其功能有信息服务、就业咨询服务、职业指导服务、职业介绍服务、职业培训服务、社会保障服务等。构建毕业生就业指导与服务体系是全国高校面临的一个全新的课题,目前并不能为广大毕业生提供真正意义上的就业指导与服务。

2. 劳动关系调整体系

劳动关系调整工作是劳动就业保障工作的重要组成部分。做好劳动关系调整工作不仅是在用工行为和就业行为市场化之后协调用人单位和劳动者劳动关系的需要，更是当前深化企业改革和维护社会稳定的需要。劳动关系调整就是对供需双方在生产和工作中的业务与权利、合作与冲突等相互交织的各种关系（如劳动报酬、劳动保护等）予以调整。劳动关系调整体系一般由政府、用人单位及员工组成。

3．社会保障体系

社会保障体系是指社会保障各有机部分组成的相互联系、相辅相成的总体。完善的社会保障体系是社会主义市场经济体制的重要支柱，关系改革、发展、稳定的大局。我国的社会保障体系包括社会保险、社会救助、社会福利、优抚安置和社会互助、个人储蓄积累保障等。社会保障体系是社会的"安全网"，它对社会稳定、社会发展有着重要的意义。

4．法律法规体系

通过制定相关法律、法规、制度等，建立健全监督机制和服务保障机制，规范就业市场主体的行为，保护大学生和用人单位的权益，使大学生可以在更加公平、公正、公开的环境中择业。

二、各类大学生的就业政策

（一）到西部、基层和艰苦地区工作的大学生享受的政策

我国为到西部、基层和艰苦的地区工作的大学毕业生制定了一些优惠政策。

1．对原籍在中、东部地区而去西部工作的高校毕业生，实行来去自由的政策，根据本人意愿，户口可迁到工作地区，也可迁回原籍，由政府主管部门所属的人才交流机构提供免费人事代理服务；到西部贫困边远地区工作的高校毕业生可以提前定级，并根据实际情况适当提高工资标准。劳动和社会保障部还要求各地积极引导高校毕业生进入国有大中型骨干企业及承担国家重点工程、项目的单位。

2．各级政府为高校毕业生创造工作条件，主要充实城市社区和农村乡镇基层单位，从事教育、卫生、公安、农技、扶贫和其他社会公益事业。在艰苦地区工作两年或两年以上者，报考研究生的，应优先予以推荐、录取；报考党政机关和应聘国有企事业单位的，在同等条件下应优先录用。

3．实施"大学生志愿服务西部计划"和"三支一扶"计划。从高校毕业生中招募志愿者，到西部贫困县的乡镇一级教育、卫生、农技、扶贫等单位服务1～2年，工作期间给予一定生活、交通补贴。

4．实施"农村义务教育阶段学校教师特设岗位计划"。"农村义务教育阶段学校教师特设岗位计划"在西部11个省（自治区、直辖市）以及纳入国家西部开发计划的湖北、海南省部分"两基"攻坚县和新疆生产建设兵团的部分团场实施。特岗教师在中小学现有编制内实行聘任制，公开招聘、择优录用、合同管理。特岗教师也享受"三支一扶"有关优惠政策。

（二）到非公有制单位就业的大学生将享受到的政策

我国为了鼓励大学毕业生到非公有制企业就业，特别制定了一些优惠政策。

1．到非公有制单位就业的高校毕业生，公安机关将积极放宽建立集体户口的审批条件，及时、便捷地办理落户手续。

2. 用人单位将按照国家有关规定与所聘高校毕业生签订劳动合同,为其办理社会保险手续,缴纳社会保险费,保障其合法权益。

3. 劳动、人事部门所属人才服务机构将为到非公有制单位就业的高校毕业生提供集体户口、人事代理、存放人事关系等服务。同时还为这些毕业生办理人事关系接转、人事档案管理、转正定级、党团关系、专业技术职务任职资格申报评审、社会保险金缴纳等服务,实行全方位的人事代理服务,解除到非公有制单位就业的高校毕业生的后顾之忧。

4. 对于以非全日制、临时性和弹性工作等灵活形式就业以及到个体、私营等非公有制经济组织就业的高校毕业生,将按照有关规定,在工资支付、社会保险、劳动争议处理等方面维护其合法权益。

(三) 应征入伍的大学生享受的政策

保家卫国是每位公民的责任,为了鼓励大学生到部队去学习锻炼,去保卫神圣的疆土,大学生应征入伍可享受许多优惠政策。

1. 优先报名应征

已考取全日制大学的学生办理入学手续后,当年选择参军的,在高校所在地报名,按征集在校大学生的相关规定办理,享受在校大学生入伍优待政策。

2. 优先体检、政审

应届毕业生预征对象体检由县级兵役机关直接办理。

3. 优先审批定兵

审批定兵时,应当优先批准体检、政审合格的应届毕业生入伍,应届毕业生定兵后,再批准其他合格人员入伍。院校应届毕业生合格人数较多,征集指标无法满足的地区,由上一级兵役机关统一调整,尽可能保证合格的应届毕业生特别是农业户口应届毕业生能够参军入伍;上一级兵役机关调整确实困难的,应当优先批准学历高的应届毕业生入伍。在县(市、区)范围内,合格的农业户口应届毕业生预征对象未全部批准入伍前,不得批准往届毕业生和初中学历青年入伍。

4. 优先选拔使用

在安排兵员去向时,县级兵役机关要根据应届毕业生的学历、专业和特长,充分考虑教育部门、学校和本人意愿,优先安排到军兵种或专业技术要求高的部队服役;部队对征集入伍的应届毕业生,应当充分考虑其学历和专业水平,优先安排到适合的岗位,充分发挥其专长。同等条件下,高校毕业生士兵在选取士官、考军校、安排到技术岗位等方面优先;具有普通本科学历、取得相应学位的高校毕业生士兵,表现优秀、符合总部有关规定的可按计划直接选拔为基层干部。

5. 学费补偿和助学贷款代偿

对应征入伍的普通高校应届毕业生,由中央财政实施相应的学费补偿和国家助学贷款代偿。具体实施办法按照财政部、教育部、总参谋部有关规定执行。高校翌年毕业的毕业班学生,报名应征入伍时按规定打印填写《应届毕业生预征对象登记表》和《应征入伍高校毕业生补偿学费代偿国家助学贷款申请表》。被批准入伍的,申请表原件和入伍通知书复印件由其所在学校学生资助管理中心留存。第二年取得毕业证书后,按照应征入伍义务服兵役高等学校毕业生学费补偿、国家贷款代偿有关办法,实施应届毕业生学费补偿和国家助学贷款代偿。

6. 退役后享受升学考学就业优惠政策

具有高等教育学历的士兵退役后，参加政法院校基层公检法定向岗位招生时，优先录取；退役 3 年内参加硕士研究生考试初试总分加 10 分，立二等功及以上功勋的，免试推荐入读硕士研究生；具有高职（专科）学历的，退役后免试就读成人本科或经过一定考核，就读普通本科。

被批准入伍的各级各类学校应届毕业生（含翌年毕业的毕业班学生）退出现役后，由入学前户籍所在地按照国家有关安置政策接收安置。

入伍的高校应届毕业生和翌年毕业班学生退出现役 1 年内，可凭用人单位录（聘）用手续，向就读高校再次申请办理就业报到证。各地公安部门依据退出现役高校毕业生所持的《全国普通高等学校毕业生就业报到证》，为其办理从原籍到工作所在地的户口迁移手续。直辖市按照有关规定执行。

未能入伍的高校应届毕业生预征对象，可根据有关规定，向原就读学校申请办理就业改派手续，毕业生就业地公安部门凭毕业生所持的《全国普通高等学校毕业生就业报到证》为其办理户口迁移手续。直辖市按照有关规定执行。

（四）重大科研项目选聘大学生的政策

大学生是拥有专业知识的群体，应当发挥自己的聪明才智，为社会的进步贡献力量。一些科研院校和相关部门可以从大学毕业生中挑选优秀的毕业生参加科研活动。

1. 积极聘用优秀高校毕业生参与国家和地方重大科研项目

高校毕业生在参与项目研究期间，享受劳务性费用和有关社会保险补助，户口、档案可存放在项目单位所在地或入学前家庭所在地人才交流中心。聘用期满，可续聘或到其他岗位就业，就业后工龄与参与项目研究期间的工作时间合并计算，社会保险缴费年限连续计算。

2. 服务协议期满后的就业

协议期满，如果项目承担单位无意续聘，则毕业生到其他岗位就业。同时，国家鼓励项目承担单位正式聘用（招用）人员时，优先聘用担任过研究助理的人员。项目承担单位或其他用人单位正式聘用（招用）担任过研究助理的人员，应当充分依据《中华人民共和国劳动合同法》《国务院办公厅转发人事部关于在事业单位试行人员聘用制度意见的通知》等规定执行。

3. 正式录（聘）用后落户手续与工龄接续

担任过研究助理的人员被正式聘用（招用）后，按照《国务院办公厅转发教育部等部门关于进一步深化普通高等学校毕业生就业制度改革有关问题意见的通知》（国办发〔2002〕19 号）的规定，凭用人单位录（聘）用手续、劳动合同和"普通高等学校毕业证书"办理落户手续；工龄与参与项目研究期间的工作时间合并计算，社会保险缴费年限合并计算。

（五）自主创业的大学生将享受的政策

为鼓励高校毕业生自主创业，以创业带动就业，财政部、国家税务局发出《关于支持和促进就业有关税收政策的通知》，明确毕业生从毕业年度起三年内自主创业可享受税收减免的优惠政策。其中，高校毕业生在校期间创业的，可向所在高校申领《高校毕业生自主创业证》；离校后创业的，可凭毕业证书直接向创业地县以上人社部门申请核发《就业失业登记证》，作为享受政策的凭证。

1. 自主创业优惠政策的新突破

2010 年财政部、国家税务总局发布的《关于支持和促进就业有关税收政策的通知》针对高校毕业生自主创业的优惠政策在三个方面有新的突破。

（1）税收优惠政策。我国首次对大学生自主创业出台了税收优惠政策。世界各国都非常重视大学生的创业工作，美国、日本、英国等国均对大学生创新创业制定了税收减免方面的政策。我国新出台的政策在这方面填补了我国大学生创业扶持政策的空白。

（2）首次覆盖毕业年度内在校创业的大学生。随着创业教育的蓬勃发展，在校大学生创业人数越来越多，而以往的扶持政策都只针对社会人员。现在，国家对在校创业的大学生"扶上马，送一程"，让他们能够更早更快地开创自己的事业。

（3）采用网络申领方式。《高校毕业生自主创业证》采用网络申领方式，便捷、高效，充分体现了教育部"高校毕业生就业优质服务年"的工作理念。

2. 高校毕业生自主创业政策的具体内容

高校毕业生自主创业政策的具体内容：拥有《就业失业登记证》（注明"自主创业税收政策"或附着《高校毕业生自主创业证》）的毕业生从事个体经营（除建筑业、娱乐业以及销售不动产、转让土地使用权、广告业、房屋中介、网吧、氧吧外）的，在 3 年内按每户每年 8 000 元为限额依次扣减其当年实际应缴纳的营业税、城市维护建设税、教育费附加和个人所得税。

3. 大学生创业教育

大学生创业教育是大学生创业内外部影响因素的"融合剂"。它一方面可以起到培养和训练大学生创业应该具备的素质和技能的作用；另一方面可以起到争取社会各阶层对大学生创业的认同与支持、优化和规范大学生创业环境的作用。

JOB **案例 5-3**

我国为大学生创业提供的环境支持

◎ 小老板培训班

我国各城市基本上都有创业培训班，这类培训班主要是为了帮助大学生和下岗职工自主创业，内容包括政策介绍、产品选择、市场分析以及财务管理。讲课的老师有心理分析师，各方面的专家，工商局、税务局、银行的相关人员等，课后还开展各种活动：可以上老师那儿办手续，并可得到"售后服务"；与老师面对面地交流，进行创业心理测试；模拟应聘；搭建与工商税务部门打交道的"临时舞台"；带领学员到样板小企业去实地考察实习等。

◎ 创业服务中心及孵化器建设

进入创业服务中心乃至孵化器是创业成功的重要一步。它既是开展创业教育的培训者，也是实际创业的直接支持者。所谓孵化器，就是为一些创业者提供一个得以破壳而出的温暖的"窝"，它一般由科技创业服务中心管理，在企业起步时被给予较为优惠的政策和良好的信息环境、技术环境、资本环境、人才环境和市场环境，以扶持和培育创业者成长。

◎ 留学人员创业园区

此类园区为留学生回国创业提供支持，主要由中央及地方政府、大学、民间科技机构创办。各园区具有的政策措施大致相同,如减免地方税和享受房租优惠等。留学人员创业园区是培育留学人员高新技术企业的孵化基地,企业达到较大规模后将搬出创业园继续发展,一定程度上起到凝聚优秀科技人才的作用。

◎ 大学孵化器

在复旦大学、同济大学、华东理工大学、上海交通大学等重点高校周围创建了孵化器,此举为高校教师兼顾教学、科研、开发提供了方便,为大学生创业提供了实习机会,加快了高校科技成果向产业的转化。例如,上海交通大学创建的硅谷科技孵化基地已为近百个高科技企业服务。大学生既可以单独去孵化基地创业,也可以和老师合伙创业,充分发挥高校在智力资源、信息资源和开发研究方面的优势,促进技术创新。

◎ 其他孵化器

例如,北京京海科技企业孵化器,它主要面对全国大学生创业,强调入驻企业必须是由大学生创办的,必须涉足高新技术领域及从事科技成果的转化;又如中国第一家互联网专业孵化器——上海互联网创业投资有限公司,位于上海浦东的张江高科技园,它不仅具有孵化器的一般功能,而且能够整合技术、信息、资本、市场等各种资源为互联网领域的创新和企业注入全新动力。

目前我国为大学生创业创造了一些环境支持,但总体上讲,社会环境对大学生创业的培植不够,大学生创业仍然受到传统观念的制约,有的家长甚至对子女选择创业持否定态度。

(六) 对于经济困难的大学毕业生的救助办法

中国是一个发展中国家,有许多经济比较困难的大学生,应在生活、毕业、就业等各方面给予其帮助。

1. 凡高校毕业生因患病等原因短期无法就业且生活困难的,由高校毕业生户籍迁入地所在地民政部门参照当地低保标准给予临时救助,享受临时救助的时间最长不得超过一年,一年后家庭、生活仍有困难的,按有关规定申请享受最低生活保障或其他社会救济。对于滞留高校尚未办理户籍迁移的高校困难毕业生,民政部门不予受理。

2. 高校经济困难毕业生申请临时救助,按最低生活保障的申请审批程序办理。高校经济困难毕业生应当向户籍迁入地所在的申请审批机关出具高等学校颁发的毕业证、个人身份证以及省级高校毕业生就业工作主管部门签发的《全国普通高等学校本专科毕业生就业报到证》。对已参加就业或家庭经济条件好转的享受临时救助的高校毕业生,应及时取消对其的临时救助。

3. 各地要落实好代偿国家助学贷款政策。对中央部门所属全日制普通高校应届毕业生,自愿到西部地区和艰苦边远地区县级人民政府驻地以下地区(不含县级人民政府驻地)基层单位工作,服务期达3年以上(含3年)的,其在校学习期间的国家助学贷款本金及全部偿还之前产生的利息由中央财政代为偿还。

4. 高等学校对就业困难的贫困学生要进行重点帮扶,给予重点推荐、指导、服务。可适当给予经济补助,努力帮助他们实现就业。对就业困难的高职毕业生,教育部与劳动和社会保障部将继续实施"高职院校毕业生职业资格培训工程",对需要培训的应届高职毕业生进行职业技能培训和职业技能鉴定。在颁发职业资格证书的专业领域中,力争使80%以上的毕业生能够拿到"双证"。培训的有关费用主要由教育系统承担,职业技能鉴定费由劳动保障部门适当减免。

案例 5 - 4

《"十三五"促进就业规划》简析

经李克强总理签批,国务院于 2017 年 2 月 6 日印发《"十三五"促进就业规划》(以下简称《规划》)。《规划》明确了"十三五"时期促进就业的指导思想、基本原则、主要目标、重点任务和保障措施,对全国促进就业工作进行全面部署。

《规划》指出,就业是最大的民生,也是经济发展最基本的支撑。坚持实施就业优先战略,全面提升劳动者就业创业能力,实现比较充分和高质量的就业,是培育经济发展新动能、推动经济转型升级的内在要求,对发挥人的创造能力、促进群众增收和保障基本生活、适应人们对自身价值的追求具有十分重要的意义。

《规划》提出,要实施就业优先战略和人才优先发展战略,把实施积极的就业政策摆在更加突出的位置,贯彻劳动者自主就业、市场调节就业、政府促进就业和鼓励创业的方针,不断提升劳动者素质,实现比较充分和更高质量的就业,为全面建成小康社会提供强大支撑。坚持总量与结构并重、供需两端发力、就业政策与宏观政策协调、统筹发挥市场与政府作用、普惠性与差别化相结合的基本原则。到 2020 年,实现就业规模稳步扩大,就业质量进一步提升,城镇新增就业共计 5 000 万人以上,全国城镇登记失业率控制在 5% 以内;创业环境显著改善,带动就业能力持续增强;人力资源结构不断优化,劳动者就业创业能力明显提高。

《规划》提出五个方面的重点任务。一是增强经济发展创造就业岗位能力。积极培育新的就业增长点,着力缓解困难地区困难行业就业压力。二是提升创业带动就业能力。畅通创业创富通道,扩大创业带动就业效应。三是加强重点群体就业保障能力。切实做好高校毕业生就业工作,促进农村劳动力转移就业,统筹好困难群体、特定群体就业及过剩产能职工安置工作。四是提高人力资源市场供求匹配能力。规范人力资源市场秩序,提升人力资源市场供求匹配效率。五是强化劳动者素质提升能力。提升人才培养质量,提高劳动者职业技能,培养良好职业素养。《规划》还确定了支持发展共享经济下的新型就业模式、城乡居民增收行动、重点地区促进就业专项行动、创业创新人才引进计划、结合新型城镇化开展支持农民工等人员返乡创业试点、创业培训计划、重点人群就业促进计划、人力资源服务业发展推进计划、新型职业农民培育工程等 9 个专项任务。

《规划》强调,要不断强化各类政策协同机制,优化社会资本带动机制,完善就业创业服务机制,健全劳动关系协调机制,构建就业形势综合监测机制,形成更有力的保障支撑体系。加强部门协调,明确职责分工;加强上下联动,压实各方责任;加强督促检查,抓好规划评估;确保规划重点任务、主要措施、工程建设落到实处。

(资料来源:http://www.gov.cn/xinwen/2017 - 02/06/content_5165864.htm)

拓展训练

场景一

在某学院操场上,面临毕业的三位学生 A、B、C 针对自己的未来发起了感慨。

A 学生说:"从地区看,北京、上海等发达地区需求旺盛,需求总量大于当地的生源数;中西部不少省区虽然有较大的用人需求,但面临的问题是工作和生活条件艰苦,往往招不到合格的人才,出现了'有地方没人去,有人没地方去'的现象;在一些西部经济不发达地区,当前就业岗位相当有限,难以吸纳本地毕业生。我想去大城市,可是担心竞争太激烈,去西部吧,又觉得太吃苦了,想想我的未来,真是发愁啊!"

B 学生说:"从院校类别看,教育部直属高校毕业生就业情况较好,初次就业率为 85%,部分高校次之,地方院校较差,我们学院只是普通的高职高专院校,找工作肯定难啊!"

C 学生说:"从专业看,一些紧缺专业如计算机、通信、电子、土建、自动化、机械、医药和师范等科类的毕业生需求旺盛,毕业生供不应求;而一些长线专业如哲学、社会学、经济学、法学等科类的毕业生需求较少,我学的是哲学啊,想想未来就觉得头疼。"

看到此番情景,请思考下列问题:

(1) A、B、C 三位大学生对就业形势的分析有没有道理? 还有哪些可以作为补充?

(2) 三位大学生针对就业的态度是怎样的? 是否可取? 结合当前就业形势和自身的实际情况,客观地分析自身的处境。

场景二

某天,某学院的三位大学生甲、乙、丙看到下述一则材料。

有就业意愿但未能就业的大学生群体最值得关注。未就业的高校毕业生,社会上称之为"毕业漂族"。这些学生毕业为什么不就业,具体可以分为三种情况。第一类是继续深造者。他们为提高自身的就业条件,获得更好的工作职位,参加专升本考试,或毕业后没有找到合适工作而选择考研,这部分人约占"毕业漂族"的 30%。第二类是边看边干者。有些学生毕业后到处打短工,频繁变换工作岗位;有些是因用人单位或个人原因,时而应聘,时而解约,这些人约占"毕业漂族"的 20%。第三类是就业困难的大学生。他们没有继续深造的打算,仍将户口、档案放在学校里,虽然有就业的意愿,但难以就业,他们约占"毕业漂族"的 50%,其中不少人通过各种方式多次求职,但仍找不到工作,心理受到较大的打击。

甲学生说:"第一类人有明确的目标,他们一般聚集在一起,互相鼓励,如无大的变故,属于相对稳定的群体。"

乙学生说:"第二类人,虽然边看边干,但能逐步融入市场,适应市场就业。"

丙学生说:"第三类人市场就业能力相对不强,心理较脆弱,而其数量在今后还会成倍增加,需要特别关注。"

看到此番情景,请思考下列问题:

(1) 你周围有没有"毕业漂族"? 他们属于哪一类? 试对他们做出分析。

(2) 你有没有可能成为"毕业漂族"? 结合就业政策和自身实际情况展望一下自己的就业前景。

第六章　市场对毕业生素质的要求

本章导读

在校企合作和毕业生就业实践当中,企业和社会反馈的信息更多地强调对毕业生的素质要求,而把技能要求放在第二位,素质一直是国人谈论的热点,大学生素质更是全社会关注的问题。当代大学生不仅是实现中华民族伟大复兴历史进程的亲历者,更应成为这一历史的创造者。作为历史创造者的高校毕业生,应该紧紧追随社会发展的步伐,深入了解产业结构的动态,及时完善自己的综合素质,适应市场对人才素质的要求。

学习目标

1. 态度层面:在校学习期间加强就业素质意识的培养。
2. 知识层面:了解就业市场对大学生素质和能力有哪些具体要求,掌握提升就业素质和能力的方法。
3. 技能层面:提高自身就业素质,增强自身就业能力。

案例导入

做事先做人

李伟是重庆某学院工程造价专业即将毕业的学生。两周前,沿海多家企事业单位组成一个招聘团来渝招聘应届大学毕业生,李伟带着个人简历也去应聘。招聘场面异常火爆,简直人山人海!李伟选中一家幕墙装饰公司,准备投简历。然而,数十人把招聘台挤得密不透风,求职心切的学生们争先恐后地将自己的简历往前递,现场秩序一片混乱。李伟实在看不下去了,于是扯着嗓门大声对学生们喊:"大家不要再往前挤了,排队好吗?"一连喊了好几声,混乱的局面才有所改变,李伟现场帮着保安维持半天秩序,学生们才开始按顺序递交材料。

李伟在排队等候时发现,这家公司的要求很高,很多学生都只能得到招聘者一句冷冰冰的话,李伟不禁有些紧张。然而,当李伟将简历递上去时,招聘者只问了一句:"你是学工程造价的吗?"然后便告诉李伟,如果他愿意,马上就可以签约。

李伟惊诧不已,半晌才明白过来,一定是自己刚才主动维持秩序的举动打动了招聘者的心。

也许一个小小的、无意识的举动,便能改变你的命运。其实现在的用人单位看重的并不仅仅是大学生成绩单上的分数,更看重的是大学生为人处世的态度、人际交往的能力以及团队精神等。李伟求职的经历说明,做事先做人,人品在求职中同样重要。一名大学毕业生,如果连做人的基本道理都不懂,谁会相信他在事业上能有所建树呢?

第一节　市场对毕业生素质的要求

一、毕业生素质的含义

(一)对素质的理解

《辞海》对素质一词的定义为:1. 事物本来的性质;2. 人的生理上的原来的特点,心理学上指人的神经系统和感觉器官上的先天的特点;3. 完成某种活动所必需的基本条件即素养。在高等教育领域中,素质对应第三个定义,那就是大学生从事社会实践活动所具备的能力。

这里讨论的素质,是指一个人在后天通过环境影响和教育训练所获得的稳定的、长期发挥作用的基本品质,包括人的思想、知识、身体、品格、气质、修养、风度等综合特征。素质可以分为三类八种:三类素质是指自然素质、心理素质和社会素质;八种素质是指政治素质、思想素质、道德素质、业务素质、审美素质、劳技素质、身体素质、心理素质。

(二)对大学毕业生素质的理解

大学生的基本素质涉及专业素质、文化素质、身体素质、心理素质、思想道德素质等许多方面,每个方面又都具有丰富的内涵。大学毕业生素质可以理解为在高等院校接受系统的教育期满,并达到高等院校预先规定目标的学生身上体现出来的思想、知识、技能、身体、品格、气质、修养、风度等方面的综合特征,可以用以下四方面要求来说明。

1. 有知识的同时还有文化

知识和文化不同,知识仅仅是专业知识,而文化是综合人文素质,决定了一个人对知识的运用程度。有的大学生在社会上素质不高就被批评为"有知识没文化"。

2. 有文化的同时还有能力

能力指运用知识和文化的技巧与灵活程度,解决具体问题的能力。死读书、读死书将被时代淘汰。

3. 有能力的同时还有品位

品位是一个社会认同的综合价值观,品位低下会使个体失去发展的空间。

4. 具备综合素质

综合素质决定了大学生今后的发展趋势和潜力。

二、市场对毕业生素质的要求

JOB **案例 6 - 1**

深圳信息职业技术学院"市场人才需求调研组"访谈多位企业总裁、人力资源部长,了解就业市场,探访人才需求。下面是部分摘录。

问:企业需要什么样的人?

唐漆陵(深圳合丰顺实业有限公司):公司对人才的选择坚持两大标准,对公司核心价值观的认同;人岗匹配,不一定要找最优秀的人,而是要找最合适的人,这种合适,不是学历或资历上的要求,而在于你能够胜任岗位要求。

李杰(深圳银宝山新实业发展有限公司):一个优秀、合格的人才除了具有很强的专业能力之外,还要有耐得住寂寞的思想准备,如模具工程师,每天面对电脑8~10小时,很少有和外界交流的机会,所以一定要踏实对待每一天的工作,耐得住寂寞。此外,非常欢迎技术精湛同时又具备复合型才能的人才,复合型才能包括与人沟通、外语、市场开拓等方面的能力,在国际化程度越来越高的今天,企业非常需要既精通技术、会外语,又懂得成本核算、经营管理的复合型人才。

问:怎样打造高职人才培养模式?

赵盛华(深圳科鼎实业有限公司):感觉现在招聘的人员素养不够高。高职院校应强化对学生的职业素养培训,内容应当包括职业道德、技能知识、对行业的敏感度、职业工作规范等,这样才能尽快成为本行业的专家。

吴斌(中兴集成电路设计有限公司):公司不太喜欢招聘个性张扬、另类的人,而是很注重团队的合作,个性过于突出的人可能会影响到别人,给团队带来不稳定、不和谐因素。

问:怎样恰当求职?

简狄(深圳西奥科技有限公司):紧张地说不出话的人显然是不行的,但太能"说"、夸夸其谈,把自己说得无所不能也不行。学习能力也是需要的。

姚颖(深圳科鼎实业有限公司):主动提问说明会思考,有自己的思想,同时也能说明他对企业的关注,这类毕业生是比较受欢迎的。

从上述案例材料可以看出,大学生毕业时必须成熟地面对一个处于不断变化中的市场,市场对毕业生素质的要求成了大学生就业前自我完善的风向标。中华文化源远流长,世界文化博大精深,一个具有良好文化素质的专门人才,不管学什么专业,都必须具有良好的知识结构、深厚的文化底蕴和高雅的文化气质。当代大学生必备的核心素质是踏实、学习发展、责任心、自信、人际交往、口头表达、坚持性和成就导向等。主要体现在以下三个方面:

(一)思想道德要求

在工业化进程中,对就业者的技能要求无疑需要提高,如果大学生的文化素质和道德素质起点不高、发展不够全面,会在很大程度上导致其就业时远不能满足企业和社会需求。无论从企业和社会的要求，还是从学生自身发展来看，大学生的文化素质和道德素质都不能成为"短板"。

企业要发展、要壮大，就需要具备良好的社会公德、职业道德的员工，不仅对国家和社会有强烈的责任感，还要对企业有信心、有感情，忠诚于企业，踏踏实实对待工作岗位。先学做人，再学做事，才能会做事、做成事，这是用人单位对高校毕业生最根本的态度和要求。

职业道德素养是职业道德规范在从业人员思想及行为中的体现，是从业人员在一系列道德行为中所表现出来的比较稳定的特征和倾向，是从业人员职业素质的内容之一。良好的职业道德要建立在科学的世界观、正确的政治方向和立场之上，要求从业人员有爱心，有集体荣誉感，有谦虚谨慎的态度，有良好的修养和宽大的胸怀。

案例 6－2

诚信的力量

某大公司招聘总经理助理，由总经理亲自面试。应聘者小王第一个来到总经理办公室。总经理一见到小王就说："咱们好像在一次研讨会上见过，我还读过你发表的文章，很欣赏你所提出的关于拓展市场的观点。"小王一愣，知道总经理认错人了，但接下来想，既然总经理对那个人那么有好感，不如将错就错，对我肯定有好处。于是就接着总经理的话说："对，对。我对那次研讨会也记忆犹新，我提出的观点能对贵公司有帮助使我感到非常高兴。"

第二个来应聘的是小高，她一进总经理办公室，总经理也对他说了同样的话。小高心想："真是天助我也，这家伙认错人了。"于是就说："我对您也非常敬佩，您在那次研讨会上是最受关注的对象。"

第三个来应聘的是小孙，总经理再次说了同样的话。小孙一听就站起来说："总经理先生，对不起，您认错人了，我从来就没有参加过那样的研讨会，也没有提出过什么市场拓展的观点。"总经理一听就笑了，说："小伙子，请坐下，我要招的就是你这样的人，你被聘用了。"

职业人员应具备以下几方面的职业道德素养。

1. 教育工作者的职业道德

教师的职业道德被称为师德，教师的职业道德水平对后代起着不可估量的影响，主要表现在以下几个方面。

（1）教师要追求道德的完善，做一名社会文化思想的优秀传播者。作为一名教师，自觉树立"园丁"精神，要热爱自己的职业，热爱自己的学生，忠诚于人民的教育事业，为祖国培养合格的社会主义建设人才。

（2）教师要有极端负责的职业道德，这样才会对学生产生强烈的责任感，诲人不倦，才能克服一切困难，献身于祖国的教育事业。

（3）教师要把培养德、智、体全面发展的优秀青年作为自己职业道德的核心，因此要有强烈的历史使命感和自豪感，把国家的兴旺发达看作己任，把祖国的前途和自己的工作密切联系起来。

2. 医护工作者的职业道德

医护工作者的职业道德被称为医德。医德是人类道德水平的集中体现,是人性的表露和张扬,主要表现在:

(1) 救死扶伤是社会主义医德的第一要求。

(2) 不分亲疏远近、职业高低,视病人为亲人,这是社会主义医德的首要标准。

3. 商贸工作者的职业道德

随着社会主义商品经济的发展,商贸工作者必须遵守的道德规范变得更加明确和重要。

(1) 平等待客,一视同仁,对所有的顾客都要做到热情、主动、耐心、周到。

(2) 讲究商贸信誉,公平,诚实无欺,要做到货真价实,不以次充好,不欺骗顾客,实事求是地宣传产品,信守合同,严格履行协议。

(3) 廉洁奉公,热情服务。商贸工作者应严格执行国家的价格政策和有关规定,不滥用职权,不损公肥私,满足顾客需求,热情地为所有顾客服务。

4. 管理工作者的职业道德

管理者担负着检查督导的职责,因而,管理工作者的职业道德对社会影响是非常大的,所以,管理者要做到以下几点:

(1) 一心为公。管理工作者要把国家利益和集体利益放在第一位,这样他才能在管理工作中全心全意,以不断取得成绩为目标。

(2) 掌握科学的管理办法。要做一名合格的管理工作者,必须具有相关专业的管理知识,掌握一定的管理方法,没有相应的管理知识,做一名合格的管理人员是不可能的。

(3) 处理好人际关系。管理工作者直接与人打交道,他必须具备谦逊的态度、耐心的作风、公而忘私的品格,才能使别人自愿愉快地接受管理。

JOB 案例 6 - 3

对员工的要求

吉百利的负责人曹渊勇表示,如果在能力、素质和经验之间挑选,吉百利用人一定会挑素质。吉百利非常强调责任心,而这通过简历是很难看出来的。他说:"公司对于毕业生的考察重点不在反应敏锐、思维敏捷方面,我们主要是看有没有成熟的责任心。"

摩托罗拉和奥的斯两家企业对毕业生的要求,最大的共同点是都重视毕业生的态度。一个学生的潜力究竟有多大,刚工作的时候是很难看出来的,所以注重态度是许多公司的做法——无论事情大小,愿意做,并且做好,是最重要的。

据调查,在对个人工作业绩的影响方面,情商的影响力是智商的两倍。企业更多强调的是学生的综合素质。大学生在学校所学的专业知识和经验离企业的实际需求肯定有很大的差距,企业在招聘大学生时看重的并不是成绩单上的分数,而是他们学习和融入的速度,这种速度很大程度上与态度和情商有关。

(二) 知识储备要求

扎实的专业理论+娴熟的专业技能=流水线上合格的技工,可以为用人单位节省大量的培训费用和时间。但仅有这些还不够,新科技、新能源源源不断地为企业开辟新的发展空间,也对企业员工提出了更高的要求,考验员工的自信心和学习发展能力,而这种非专业素质是高校毕业生和用人单位持续高效发展的必备财富。

用人单位对于大学生知识储备的要求主要集中在以下方面。

1. 渊博的知识

这里所讲的知识主要包括专业知识,科学技术知识,人文社科知识三大部分。现在社会对从业人员的文化知识要求越来越高,仅仅具有一定的专业知识是不够的,还必须具有广博的科学技术知识和人文社科知识。科学技术知识包括数学、物理、化学、生命科学等;人文社科知识包括文学、艺术、历史、哲学、法律、社会学等。

2. 合理的知识结构

所谓知识结构就是指一个人的知识体系的构成因素和各因素之间的联系方式。

知识结构合理与否,并没有绝对的标准,然而通常用知识的承载力与知识的活化率作为判断知识结构是否合理的两个主要因素。所谓知识的承载力,是指知识面的宽广程度。只有知识面足够宽广,基础知识才能足够扎实,由此建立的知识大厦才会稳固。所谓知识的活化率,就是指可以灵活运用的知识占知识总量的比例,它表明一个人驾驭知识解决问题的能力,强调智能素质开发应该与岗位和专业需要相结合,避免盲目的知识获取。

目前,A 字形知识结构和金字塔型知识结构得到了社会的认可,应该成为大学生知识素质开发的一个方向。A 字的左右两撇代表科学技术知识和人文社科知识,中间一横代表文理兼通。这种知识结构突出强调了各知识之间的和谐发展,是对传统教育思想的修正。金字塔的顶端是专业知识,塔身是专业基础知识,塔基是人文社科知识、自然科学知识和社会经验等。

(三)职业能力发展要求

每种职业都有特殊的职业要求,有的要求耐得住寂寞,有的要求能说会道,还有的职业考验人的毅力。心理素质是市场对高校毕业生的又一要求。心理素质是一个人综合素质的基础,心理的健康发展是最基本的人生课题,高校毕业生应着重注意以下两个方面的心理素质:

1. 正确面对自我和挫折感

真正站在顶峰的总是少数人,因此成功感总是相对的,人生难免有很多挫折。面对挫折,必须做到以下两点:

(1)重视自己,接纳自己。如果不能接受自己,就不能真正地发展自己。

(2)要有正确的行为模式,集中精力去干你手头的事并尽力干出最好的结果;当在某个问题上无进展时,要有一种补偿能力,开辟新的领域;当你处在下滑阶段时,一定要稳住。一个人受挫之后,一定要保持沉着和理智,即"平常心"。因为有竞争就有失败,无论如何都要输得起。

2. 重视培养成就动机

"动机+智商=成功。"现在不少大学生缺乏"巅峰体验",原因是没有全力以赴去做某些看起来不可能的事情。这个可以参考心理学家麦克里兰提出的"成就需要理论"。

三、市场对大学生素质能力要求倾向

对全国各地 300 多家企业随机取样,对在校大学生最重要的素质和能力培养内容进行调查,按照"非常重要"选择比例排序(%),结果如下:

(1) 思想道德素质、价值倾向 79.4;

(2) 勤恳、踏实、敬业奉献精神 71.0;

(3) 获取知识的学习能力 60.9;

(4) 发现和解决问题的探索能力 61.0;

(5) 心理素质 62.0;

(6) 创新意识和能力 53.3;

(7) 团队合作能力 50.0;

(8) 积极追求进步的热情 47.6;

(9) 动手操作能力 46.0;

(10) 文明礼貌,亲和力强 39.9;

(11) 人际交往能力 37.3;

(12) 身体素质 35.7;

(13) 基础理论、专业知识水平 36.3;

(14) 组织管理能力 27.1。

对职场新员工最需要培养和具备的职业素质和职场行为的调查结果,按照"非常重要"选择比例排序(%),数据如下:

(1) 具有责任心,懂得承担 77.6;

(2) 为人正直、诚实,心理素质好,稳定性强,工作自觉性高 68.8;

(3) 勤快、吃苦,具有敬业奉献精神,懂得做人 64.5;

(4) 进取心强,有激情,工作主动 58.4;

(5) 忠于职守的忠诚意识 56.3;

(6) 懂得感恩、向善,对父母有孝心,对他人有爱心 54.6;

(7) 会独立思考,有创新意识和能力 51.8;

(8) 善于学习,获取知识的能力强 52.1;

(9) 守时、认真 49.9;

(10) 承受得住挫折、压力,性格开朗坚韧 66.8;

(11) 具有沟通、交往能力,适应性强 43.4;

(12) 执着、任劳任怨、忍耐力强 41.9;

(13) 基础知识扎实,做事有条理,具有组织管理潜力 32.8;

(14) 尊重师长、同事,具有团队合作精神,懂得配合 54.4。

JOB 案例 6-4

知名企业的人才标准

中外企业的成功很大程度上取决于员工的优良素质,他们的员工无疑都是在严峻的就业形势下脱颖而出的人才,他们对于员工的要求也值得大学生深思。

◎ 世界银行——阅历很重要

应聘世界银行的求职者,起码要跳过三次槽。因为世界银行认为,对于经常需要考查、验货的银行人员来说,知己知彼非常重要,所以,应聘世界银行的基本条件是至少要有三种以上不同行业的工作经历。

◎ 微软——聪明和冒险精神

"微软一直在寻找自己需要的聪明人,而聪明人的含义又很特别。"微软有自己的一套办法考查人的"聪明"程度。例如,微软的招聘人员会问应聘者"美国有多少加油站"。而这种问题当然不是考应聘者的记忆力和常识,事实上也没有什么标准答案,关键是考查应聘者分析问题的能力。

微软还青睐具有冒险精神的人。要想成为微软的一员绝非易事,除了要对软件有浓厚的兴趣,还要有丰富的想象力和敢于冒险的精神。微软宁愿冒失败的危险选用曾经失败过的人,也不愿意录用一个处处谨慎却毫无建树的人。

◎ 联想——悟性和进取心

联想集团董事局主席柳传志选择人才有两个标准:第一是看有没有进取心。"年轻人能不能被培养,上进心强不强非常重要。企业真正要做好,总得有一批把职业变成事业的人。纯粹求职的人,在联想没有大的发展。"第二是看悟性强不强。"什么能妨碍悟性的发展呢?是自己对自己的评价过高。悟性无非是善于总结的意思,但过高地看自己,容易忽视别人的经验,不能领悟别人的精彩之处,这种人挺多。有很多人有一定的能力,聪明而已,达不到智慧的程度。有的人个性很强,强到外力砸不破的时候,这个人也没有培养前途。"

◎ 宝洁——诚实和正直

尽管时代一天天在变化,但那些具有传统的"侠义之风"的应聘者是宝洁最期待的。这些素质可以概括为诚实正直,勇于承担风险,积极创新,发现问题和解决问题的能力,不断进取。这几方面是密不可分、相互联系的。其中,诚实正直是放在第一位的。

◎ 美的集团——技术和管理

美的集团是一家电子科技企业,所以美的集团需求量最大的是两类人才:一类是从事技术工作的电子科技方面的科研人员;另一类是从事企业经营管理和市场营销的人员。这两类专业及与之相关专业的人员是"美的"最主要的招聘对象,而纯文科的人才需求较小。

◎ 斯伦贝谢公司——团队精神

法国斯伦贝谢公司是一家从事石油勘探以及原油开采、加工设备销售等业务的大型跨国公司,它更看重应聘者的团队精神,在当今社会里,企业分工越来越细,任何人都不可能独立完成所有的工作,个人所能实现的仅仅是企业整体目标的一小部分,因此,团队精神日益成为一个重要的企业文化因素,它要求员工在具备扎实的专业知识、敏锐的创新意识和较强的工作技能之外,还要善于与人沟通,尊重别人,懂得以恰当的方式同他人合作,学会领导别人与被别人领导。

◎ 万科——德才兼备

万科企业股份有限公司是一家实力雄厚、声誉卓越的专业房地产公司，万科对人才素质要求的首要原则是"德才兼备，以德为先"。这里的"德"主要是指职业道德、职业心态，有良好职业道德和良好职业心态的人才是万科所欢迎的。

第二节 大学生应重点培养的能力

"大学生在校期间要学'海豚'，潜得越深，跳得越高。"这句话形象地说明大学生在校学习期间应该重点培养自己的能力。

一、就业能力

就业能力是指从事某种职业所需要的能力。一个人想要顺利地找到工作，在工作中做出成绩，就必须具备一定的就业能力，就业能力包括一般就业能力和特殊就业能力。

（一）一般就业能力

1. 一个人的态度、世界观、价值观、习惯；

2. 与工作有关的一些能力，主要是指处理与周围的人和工作环境关系的能力，如怎样进行工作、如何与人相处等；

3. 自我管理能力，如决策能力、理解能力、对资源的利用能力，以及如何把在校所学知识运用到具体工作中的能力。

（二）特殊就业能力

特殊就业能力是指某个职业和环境所需的特殊技能，如一个会计必须具备较好的数学功底，护士需要某种特殊的护理技能，美术工作者必须具备色调感、浓度感、线条感和形象感等。

一般就业能力和特殊就业能力在职业活动中都很重要。要成功地从事某种职业，常常需要一般就业能力和特殊就业能力的有机配合，如果一个人只有一般就业能力而无特殊就业能力是很难胜任某种职业的，就像一个不精通医术的大夫又如何能给病人治病呢？同样，只有特殊就业能力而无一般就业能力的人也是很难在事业上取得成功的，一个缺乏团结协作精神、缺乏事业心和责任感的人，纵使有娴熟的职业技术，最终也会成为职业的失败者。

（三）推销自己的能力

掌握一定的就业技巧，善于利用市场信息，善于在就业市场中"推销自己"，通过市场落实就业单位。要注意拘小节、细节，一位礼仪专家曾说："教养体现于细节，细节展现素质。"因为一些小事情或一些不经意的细节往往会透露出一个人的内心世界，显现出一个人的本质，招聘方能从中迅速产生判断，可能会影响一个人的前程，而这些不是大学生在短时间内靠突击就能具备的，需要长时间的培养。如果你拥有良好的全面素质，你就会比别人拥有更多的机遇。

二、职业能力

职业能力是人们从事某种职业的多种能力的综合。例如，一位教师只具有语言表达能力是不够的，还必须具有对教学的组织和管理能力，对教材的理解和使用能力，对教学问题和教学效果的分析、判断能力等。

大学生就业难的最大原因是缺乏职业能力，而用人单位最注重的就是大学生的职业能力，而非所谓的工作经验。职业能力包括以下三个方面：

（一）专业知识或行业专业技能（不可迁移能力）

行业的专业知识（业务知识），是指那些需要通过教育或培训才能获得的知识或能力，也就是个人所学的科目、所懂的知识即专业技能。知识技能不像可迁移能力那样容易迁移到不同职业领域，比如学法律知识的人并不能用法律知识来理解宗教。知识技能并非只有通过正式的专业教育才能获得，除了专业课程，选修、自学、考证等方式都可以帮助个人获得知识技能。实际上，越是大公司越看重个人的综合素质（也就是自我管理技能和可迁移技能），而不那么在意个人是否具备专业知识。

（二）自我管理能力

自我管理能力是指一个人的风格或特点，经常被看作个人素质而非技能，如敬业、负责、自信等。良好的自我管理技能能够帮助个体更好地适应周围的环境、应对工作中出现的问题，因此也被称为"适应性技能"。它包括敬业精神、时效意识、团队精神、遵纪守法、诚实守信和良好的心理素质。

1. 敬业精神

敬业精神就是对所从事的职业精益求精、一丝不苟的精神，也是一个人责任心的体现。大学期间由于大学生选修的专业各有不同，所以毕业时面临的选择也必定不相同。但是，职业本身并无高低贵贱之分，唯有社会分工和职业分工的不同。从业者只要敬重自己的职业，热爱自己的工作，必定能"三百六十行，行行出状元"。正如宋代哲学家朱熹所言："敬业者，专心致志，以事其业也。"

2. 时效意识

所谓时效意识，就是对时间和效率的重视程度。树立时间意识要做好两点：一是做事要准时，比如，会见客人要准时，上班、下班要准时，开会、出席宴会要准时等；二是"每天抽出一小时"，也就是学会利用时间。而树立时效意识，则是说要提高办事的效率，提高时间的利用率。

3. 团队精神

所谓团队精神就是指团队内部成员齐心合力、同舟共济、视团队利益高于个人利益的精神，是大局意识、协作精神和服务精神的集中体现。简单来说，团队精神的核心就是协同合作。培养团队精神其实就是学会如何和别人共事。

4. 遵纪守法

我国经济已经由计划经济转变为市场经济。市场经济要求所有人都必须遵守规则，维护规则，按规则办事。市场经济是法治经济，市场经济中最主要的规则就是法律法规。遵纪守法是当代大学生走上工作岗位时所必须具备的一种素质。作为接受过高等教育的大学生,应该牢固树立法律法规意识,成为遵纪守法的模范和典型。

5. 诚实守信

诚实守信是社会的基本道德准则,也是每个人必备的素质。诚信作为一种道德要求,意为诚恳老实,有信无欺。诚信是一切道德的基础和根本源泉,是人之所以成为人的最重要的品德。大学生只有讲诚信,才能获得社会的认可,赢得他人的称赞和信任,也才能为自己在未来事业中大展身手铺平道路。从某种程度上讲,一个人事业成功的第一步是从诚信迈出的。人们因为赞赏一个人的为人而信任他,因为相信他的动机而与他合作,无论做什么,只有做到明礼诚信,才会得到人们的理解和大力支持。诚信在任何时候都非常重要,它会带给人们更多的机会。

6. 良好的心理素质

心理素质指一个人在心理过程和个性心理特征方面所表现出来的本质特征。作为人的整个精神活动的基础,人的心理素质渗透到人的一切行为中,影响和制约着人各方面素质的发展。一般来说,良好的心理素质具有以下五个方面的特征。

(1) 精神愉快,适应能力强。具有良好心理素质的人在生活中一般都乐观开朗,面对困难勇往直前。他们通常具有良好的自我调适能力和应变能力,人际交往能力较强,能很好地与人相处。

(2) 能准确地评价自我,悦纳自我。具有良好心理素质的人,一般都能比较客观地评价自己的优点和缺点,既不骄傲自满、狂妄自大,也不自卑。正确认识自己的优点,有利于树立自信心和自尊心,并努力发挥自己的潜能;而个体在正确地认识自己的不足并坦然接受之后,仍可以设法克服和补救。一个人在身处逆境时,如能容纳和宽慰自己,则会减轻心理压力,增添信心。

(3) 学习工作效率高,能充分发挥自己的才能,也就是心理效能发挥得好。美国著名心理学家韦克斯勒考察过 40 余名诺贝尔奖获得者,发现其成就的取得主要靠的是后天的非智力因素,其中心理健康是非常重要的原因。

(4) 人际关系和谐。具有良好心理素质的人,一般都乐于与人交往,能与他人建立良好的关系。这种良好的人际关系可以使人得到友谊和支持,驱散孤独感,获得安全感,增强自信心,并有利于宣泄情感,减轻负担和压抑感,提高对挫折的忍受力。

(5) 行为的统一协调。人的行为是受心理活动支配的,行为的特征也表现了心理活动的特征,行为是否协调一致直接表明了心理状态是否稳定和正常。心理不健康者的行为往往前后矛盾,甚至会有突发性的怪诞行为,与其身份不符,也难以让社会理解和接受。

自我测评 ·····································

团队精神测验

团队精神测验可以帮助你检查自己是否具有团队精神,表 6-1 中的问题项每一项陈述一种团队行为,根据表现出这种行为的频率打分:总是这样(5分),经常这样(4分),有时这样(3分),很少这样(2分),从不这样(1分)。

表 6-1　团队精神测验表

序号	问题项	总是这样	经常这样	有时这样	很少这样	从不这样
1	我提供事实和表达自己的观点、意见、感受和信息以帮助小组讨论(提供信息和观点者)					
2	我从其他小组成员那里征求事实、信息、观点、意见和感受以帮助小组讨论(寻求信息和观点者)					
3	我提出小组后面的工作计划,并提醒大家注意需要完成的任务,以此把握小组的方向。我向不同的小组成员分配不同的责任(方向和角色定义者)					
4	我集中小组成员所阐述的相关观点或建议,并总结、复述小组所讨论的主要论点(总结者)					
5	我带给小组活力,鼓励小组成员努力工作以完成我们的目标(鼓舞者)					
6	我要求他人对小组的讨论内容进行总结,以确保他们理解小组决策,并了解小组正在讨论的材料(理解情况检查者)					
7	我热情鼓励所有小组成员参与,愿意听取他们的观点,让他们知道我珍视他们对群体的贡献(参与鼓励者)					
8	我利用良好的沟通技巧帮助小组成员交流,以保证每个小组成员明白他人的发言(促进交流者)					
9	我会讲笑话,并会建议以有趣的方式工作,借以减轻小组中的紧张感,并增加大家一同工作的乐趣(释放压力者)					
10	我观察小组的工作方式,利用我的观察去帮助大家讨论小组应如何更好地工作(进程观察者)					
11	我促成有分歧的小组成员进行公开讨论,以协调思想,增进小组凝聚力。当成员们似乎不能直接解决冲突时,我会进行调停(人际问题解决者)					
12	我向其他成员表达支持、接受和喜爱,当其他成员在小组中表现出建设性行为时,我给予适当赞扬(支持者与表扬者)					

以上1~6题为一组,7~12题为一组,将两组的得分分别相加,然后对照下列分数最为接近的一组解释。

6,6:两组得分都接近6分,说明你为完成工作付出了最小的努力,总体上与其他小组成员十分疏远,在小组中不活跃,对其他人几乎没有任何影响。

6,30:第一组得分接近6分,第二组得分接近30分,说明你十分强调与小组保持良好关系,为其他成员着想,帮助创造舒适、友好的工作气氛,但很少关注如何完成任务。

30,6:第一组得分接近30分,第二组得分接近6分,说明你着重于完成工作,却忽略了维护关系。

18,18：两组得分都接近 18 分，说明你努力协调团队任务与成员的关系，终于达到了平衡。你应该继续努力，创造性地结合工作任务调动成员积极性，以促成最优生产力。

30,30：两组得分都接近 30 分，祝贺你，你是一位优秀的团队合作者，并有能力领导一个小组。

当然，一个团队的顺利运行除了上述要求外，还需要许多别的技巧，但这是最基本且较容易掌握的。如果你的得分比较低，也不要气馁，只要参照上面的做法就会有所提高。

（三）可迁移技能（通用能力）

可迁移技能也称为通用能力，主要指的是在日常生活中获得的和不断得到改善的技能。它们适应性很强，并且在许多领域里都可以得到进一步的完善和增强。通用能力主要包括信息获取的能力、学习能力、适应能力、组织管理能力、人际交往能力、开拓创新能力、知识更新能力等。

更为重要的是，这些能力的培养往往在课堂之外，这就要求我们必须全面创新我们现有的大学课外生活管理模式，为大学生职业能力的培养找到合适的平台，并不断引导其树立意识，自觉提升自身的职业能力。

1. 信息获取能力

信息获取能力是指人们通过对自然的感应、人际交流和大众传媒，并且利用一定的信息技术获取信息的能力。由于信息获取能力是多种能力的综合体现，所以人们知识水平、技术水平的不同，会影响信息获取能力的形成和发展。

2. 学习能力

学习能力是指怎样学习的能力，就是在环境和教育的影响下形成的、概括化了的经验。一个人的学习能力往往决定了其竞争力的高低，也正因如此，无论是对于个人还是对于组织，未来唯一持久的优势就是比竞争对手习得更多的能力。

3. 适应能力

适应能力是指个人随环境和时代变迁而改变自己的行为方式、生活方式、交往范围、思维习惯和价值观念的能力。

4. 表达能力

表达能力是指借助于各种方式，如语言、文字、图形、数字符号等交流信息、表达思想感情的本领。表达能力包括语言表达能力、写作能力、图表表达能力和数理表达能力等。

5. 组织管理能力

组织管理能力是指组织群体活动时，能按照明确的计划，充分发挥每个人的积极性、主动性、协调性进行工作，以达到预期目标的能力。此项能力包括确定目标、制订计划、组织实施、指挥决断、反馈控制、协调配合、总结经验等。

6. 人际交往能力

美国著名的心理学家和人际关系学家戴尔·卡耐基在调查了无数的明星、巨商和军政要员后得出结论：一个人事业成功 15％靠专业知识，85％靠人际关系和处事技巧。对于绝大多数人而言，人际交往的成败在很大程度上决定着他们事业的成败。为此，当代大学生需要重视人际交往能力的培养,加强个性品质修养,学习并掌握良好的人际交往艺术,增强自己的人际交往吸引力。

7. 开拓创新能力

开拓创新能力包括多方面的内容,如强烈的好奇心、细致的观察力、深刻的洞察力、大胆的设想、勇于探索的精神以及提出问题、研究问题、解决问题的能力等。

8. 知识更新能力

所谓知识更新能力,即持续学习、终身学习的能力。具备终身学习的能力是由知识经济时代激烈的市场竞争所决定的。一般来说,学习能力强的人适应能力就强。在大部分用人单位看来,学习成绩和学习能力之间也是密切相关的,较低的成绩很难使招聘者相信该大学生有很强的学习能力,这是许多大学生求职失败的重要原因。

三、生存能力

"高校毕业生要当'老鼠',在哪里都能生存。"浙江瑞立集团公司副总裁陶保健说。在金融危机面前,企业必须转型,大学生也必须一专多能。"物竞天择,适者生存"是自然界的规律,人也是自然界的,因此也必须遵从此规律。在现实社会的大环境里,我们必须懂得如何适应它,首先要生存下去再求其他。

第三节　未来人才需求和职业发展趋势

一、未来职业发展趋势

(一)出现大批新兴职业

随着现代科学技术的发展而出现的职业,如高新技术研究与应用、新材料新工艺新能源开发、网络设计与管理、计算机软件开发等;随着市场经济的发展而出现的职业,如营销策划、广告策划、资产评估、商务代理等;随着一些边缘科学的开发而出现的职业,如生命科学研究、人口学研究、社会学研究、心理咨询、应用美学研究等;随着社会服务需求的扩大而出现的职业,如公益慈善事业管理、社区服务、家政服务、法律顾问、中介服务、环境设计与保护等;为适应政治体制及其管理需要而出现的职业,如公共事业管理、行政监督、司法监督等。这些新兴职业打破了传统职业的格局,需要大批具备现代科学思想,掌握现代科学知识和现代管理手段的创造型人才。人才培养必须不断适应发展形势,培养出开拓创新型、社会应用型人才,否则将不能满足职业发展的需要。

(二)技术性将成为各职业主题

在知识经济时代,生产工艺和管理手段日益现代化和高科技化,产品的科技含量越来越高,技术性工作将成为各行各业的先导。各种类型的科学技术人员和现代技术型管理人员将支撑起整个行业,成为企业生存和发展的决定性因素。失去科学技术支撑的行业将落后甚至被淘汰,相关的职业也将会随之消失。掌握现代科学技术和现代管理手段的人才,将在竞争中显现出优势地位。为适应这种趋势,人才培养要全面提高科学意识,传播现代科学技术、现代信息技术、现代实验技术和现代管理技术。

（三）现代行政办公型职业将得到迅速发展

随着政府机构的改革和办公自动化的发展，传统型文职人员需求量减少，而适应现代信息管理与办公自动化的咨询参谋型文职人员需求量迅速增加，如计算机软件编程员、计算机制图技术员、计算机辅助信息检索员、计算机辅助设计工程软件专家、计算机终端操作员、信息分析论证专家、行政助理、人事助理、外事助理、技术助理等。精通业务、熟练掌握外语和计算机技术，有较强参谋能力、策划能力、组织能力和外交能力的高级行政人员将受到欢迎。文职人员的培养要突破传统的模式，重点培养具备高深公共事业管理理论、熟悉某专业领域业务的专家型人才。

（四）服务型职业将广泛发展

新时期，服务型行业将大力发展，社会将从以生产为中心的时代逐渐过渡到以服务为中心的时代，在服务型行业就业的人员将逐渐超过生产型行业。服务型行业将对社会发展和人类生活产生重大影响。服务型职业主要有商业服务型、社会服务型、生活服务型和私人服务型。服务型职业的发展需要各种类型的人才，如何培养高素质的服务型人才，规范服务工作质量标准，鼓励高素质人才从事服务工作，培养更多大师级、专家型服务人才，已成为社会所关注的问题。

（五）职业资格制度将促进职业的规范化

职业资格制度是指对某些责任重大、社会功能性强且关系国家或公共利益的专业技术岗位的人员依法实行控制，通过统一考试、注册管理，保证从业人员质量等方式，保障国家与人民财产安全和多方利益。要想成为某种职业的专业人员，就必须参加国家统一组织的资格考试，未取得相应资格的人，就不能从事相应的专业工作。现已实行的专业资格考试有"会计专业技术资格考试""教师资格考试""统计员资格考试""执业药师资格考试""资产评估师执业资格考试""法律顾问职业资格考试""珠宝玉石质量检验师资格考试""公共关系执业资格考试"等。这些职业资格考试既考核职业应具备的专业知识，也考核职业实务能力，并且科学地规范了各种职业人员的职责和权利，大大提高了职业人员的工作水平。

在完善职业资格考试制度的同时，还要加大对相关职业从业人员资格的审查监管力度。要立法执法，冲破各种人为障碍，将不具备职业资格的人坚决清理出岗位，以保证重要工作岗位的工作质量。

（六）未来职业将更加重视体现人的自我价值

职业不再仅仅把人作为一种"工具"，而是作为生产的要素和创造财富的手段。它将越来越重视发挥人的智慧和潜能，在工作中满足人的安全感、归属感、自尊感和成就感，实现人的自我价值。新兴职业越来越强调人的综合素质、创新能力、合作能力和对高新技术的掌握程度，从而促使人才不断学习，更新自我，在创造社会财富的同时，促进人类自身的发展和完善。劳动者不再仅仅将职业作为谋生的手段，而是将其视为生活的重要组成部分，人生快乐的重要源泉，体现自我价值的重要途径。整个社会都要重视劳动者在工作中的自我价值体现，同时要引导劳动者将自我价值与团体价值、社会价值正确统一起来。

二、未来人才需求

（一）未来人才流向的特征

1. 高新技术产业的发展对人才流动具有强烈吸引力

以电子计算机、生物工程、光纤通信、激光技术、宇宙工程、海洋开发、新材料技术和新能源技术为代表的新技术革命将在新时期广泛深入地发展，开创出许多高新技术产业。这对社会主义现代化建设，对新型人才施展才能既是机会，也是挑战。新技术革命涉及的领域广泛而深入，任何一类专门人才或者一个专门人才，都不太可能单独面对新技术革命的挑战，必须综合各方面的人才，合理组合，统一规划，精细分工，密切配合。客观形势要求各类人才进行合理流动和重新组合。高新技术产业对于青年人具有强烈的吸引力，它能满足青年人追求新事物、探索新领域的时代要求。国内外大批具备高科技知识的人才必然流向这些领域。我们要加速对高新技术人才的培养，制定政策鼓励海内外优秀人才向我国高新技术产业流动，这是具有战略意义的人才工程建设。

2. 政治和经济体制改革是人才流动的重要导向

第一，随着政治体制改革的深入发展，政府转变职能，精简机构，裁减人员，制定相关政策鼓励人才流动。政府部门集中了大量优秀人才，他们将随着改革的潮流从各级政府机关流向基层组织、各类公司和企业。如果能迅速转变观念、掌握新技能，他们的潜能将在新的领域里更好地得到发挥。第二，国家经济体制改革使农村经济向专业化、商品化、现代化转变，吸引城市科技人才、经营人才、管理人才向乡镇流动。第三，城市正在逐步改变政企不分、条块分割的局面，新兴产业和部门大量涌现，吸引人才从传统产业和部门流向新兴产业。第四，国家宏观经济发展战略的转移，吸引大批人才从东部发达地区向西部新开发地区流动。这些人才的流动，既有利于保证宏观经济结构的调整和社会可持续发展，也有利于人才找到更好的用武之地。

3. 人才流向更有利于自身发展的工作环境

追求自身价值和能力被社会发现和利用，追求更理想的工作环境和生活条件是人才流动的内在因素。如果人才处在不利于其发展的工作环境中，例如，人际关系紧张，奖罚不明，专业不对口，工作与个人志向、兴趣、性格不合等，就很难发挥其聪明才智，不仅不能取得较大成就，而且会使人才感到压抑和失望，他必然要流动到一个更适宜的环境中去工作；如果人才所处的组织已经老化、缺乏活力，他工作多年后缺乏信息交流，缺乏激励力量，失去新鲜感，而他工作寿命的黄金时期即将逝去，那么他就要通过流动改变环境，接受新的挑战和新的工作来激发和保持自己的创造力和进取心。新时期各类组织要重视营造良好的人事环境、文化环境、工作环境，使人才愉快舒畅地工作；要重视不断开拓新领域、新目标，使人才不断得到激励，有所创造，有所进步。只有这样才能保持人才和组织的活力。

4. 人才流动国际化趋势正在加强

人才流动国际化是全球经济一体化发展以及各国大力吸引短缺人才发展本国经济的迫切需要带来的必然结果。为尽快缩小我国与发达国家在教育、科技、管理等方面的差距，适应我国加入世界贸易组织的形势，我国将进一步加大改革开放力度，创造条件吸引国外高科技人才、高级管理人才、高级金融人才来我国工作。同时，国内人才向国外流动也是一个必然趋势,他们主要通过国际贸易、国外投资、跨国公司经营、访问学者、劳务输出、国外定居等方式从国内流向国外。

影响人才流动的因素,除国家相关法律、法规和政策之外,还有三个因素:一是职业资格的国际互认;二是工资水平差距;三是工作环境。为了给人才的国际流动创造条件,国家人事部门正积极推动我国职业资格的国际互认,进一步扩大职业资格互认的范围和领域。国家外国专家局也正在筹划组建中国国际人才市场,为人才的国际流动提供规范化、科学化管理。目前我国工资水平普遍较低,一方面造成部分人才向国外流动;另一方面也很难吸引国外高级人才到国内工作。加入世界贸易组织之后,我国加强了工资分配制度的改革,进一步提高了工资待遇,从而使我国人才的工资待遇逐步与国际接轨。为吸引国内外优秀人才,我们要进一步创造良好的社会环境、工作环境和生活环境,使人才能够有良好的科研条件和工作条件,有自主发挥才干的较大空间,从而更好地发挥人才的潜能,创造良好的经济效益和社会效益。

(二) 21 世纪中国急需的人才

专家对我国科学技术的发展进行了分析和预测,认为随着我国经济、社会文化和科学技术的发展,我国的产业结构将发生根本性的变化。未来 10 年有较大发展潜力的行业主要有电子技术、生物工程、航天技术、海洋开发与利用、新能源、新材料、信息技术、机电一体化、农业科技、环境保护技术、生物工程研究与开发、工商与国际经贸等。

在未来 10 年中,我国科学技术方面有重大发展潜力的领域有:

1. 生物技术

生物技术主要是以基因工程、蛋白质合成工程以及生物制品开发为核心的研究领域,它将对 21 世纪人类社会的发展产生重大的影响。生物技术的发展将从根本上解决威胁人类的疾病,改善人类的生产、生活,甚至人类未来的命运。

2. 以信息技术为主导的高新技术

此类技术主要包括计算机和互联网技术、人工智能技术等。在 1998 年至 2000 年两年的时间里,计算机技术和国际互联网技术在世界各国得到迅速发展,以这些技术为主的公司和企业、技术和资产得到了迅猛的发展,美国纳斯达克股票和计算机、互联网的股票价格成倍上涨;香港和内地涉及网络、计算机生产和经营的股票价格也大幅度上涨。尽管从 2000 年下半年开始,代表计算机和互联网技术的股票价格大幅度回落,但是,从信息技术未来的发展趋势看,信息技术在未来的科学技术领域仍将飞速发展,并逐渐将当前知识经济中存在的"泡沫"平息,使信息技术真正引导世界经济与技术发展的潮流。

3. 新材料科学

材料科学是与人们日常生活和科学技术发展密切相关的应用科学领域。人类生产、生活中需要各种特殊的高性能的材料,如工业和高科技领域需要的各种合金材料、超导材料,用于制造各种芯片的半导体材料,生活中的各种高分子合成材料(用于生产服装、洗涤用品、美容保健品等),最近成为新材料技术热点的纳米技术,这些新材料科学技术的发展带来的高技术产品,给人类的生活带来了便利,提高了人类的生活质量和效率。在未来的发展中,新材料科学仍将成为科技发展的主导领域。

4. 新能源及相应技术开发

如果石油、天然气、煤炭等传统能源枯竭的时候,人类生产、生活的主导能源仍是它们，人类将无法生存。在未来的发展中，人类必须寻找新的能源替代这些即将耗尽的能源。其中，核聚变能、太阳能、海洋能源、风能、水电能源将成为未来能源开发的主要方向，在此基础上，再寻找和开发新的能源。

5. 空间技术

21世纪是人类开发外太空的时代，空间技术的发展将为人类开发和利用太空资源提供技术手段。随着科学技术的发展，人类对太空的利用也越来越多，效率也不断提高，如遍布于地球外层空间，用于通信、军事、地理遥感、天气观测等领域的各种卫星，用于做各种材料合成试验、科学实验和太空中转站的太空站，在地球以外进行空间探索的宇宙飞船等。在未来的发展中，人类还将进一步开发太空，如建立太阳能太空发电站，建立人类居住的太空城，开发外太空中行星、天然卫星、小行星等天体上的矿物资源和能源，这一切都需要先进的空间技术支持。

6. 海洋技术与海洋资源开发

海洋资源是人类赖以生存的重要资源库，它是人类食品和原材料的重要来源，而目前人类对海洋资源的开发是非常有限的。对海洋资源的合理开发和利用将对人类社会经济与技术的发展产生重要的影响。

第四节 毕业生应对"就业难"的策略

一、毕业生就业过程中应注意的问题

（一）高校毕业生要正视面临的就业形势

高校毕业生供给紧缺的年代已成为过去，高等教育已由"精英教育"转变为"大众教育"，高校毕业生就业也走向大众化。在社会需求总量增加不大的一段时间内，对同层次、同专业的毕业生，名牌学校与普通学校之间培养质量和特色的竞争格外激烈，毕业生整体求职的成本和时间将扩大和延长，整体的薪酬水平将有所下降，这些问题高校毕业生必须予以正视。

（二）高校毕业生要正确认识自我，转变观念

高校毕业生要认清社会需求，找准就业的社会定位。不同层次、专业的毕业生在社会需求中应有不同的客观定位。如果毕业生自我定位准确，要求的条件符合客观情况，求职就相对容易；反之，就业就较难。同时，不要苛求第一次就业就十全十美，要做好多次择业、多次就业的心理准备。特别是在毕业生就业形势紧张的时候，更应当首先考虑能否就业的问题。

1. 合理确定就业期望值

在目前的形势下，毕业生一次就业定终身的可能性会越来越小，要有多次就业的心理准备。一个人的职业要经历一个探索过程，可能要换好几次工作，才能找到自己正确的职业轨道。但在就业期望上，很多毕业生还不能很好地定位。当前，毕业生在就业方面受"铁饭碗""干部身份"思想影响还很大。手捧"铁饭碗"职业比较稳定；具有"干部身份"自

我感觉比较好,受人羡慕。家长的期望值也是居高不下,总希望子女比自己有出息,择业首选稳定职业,选地方首选大城市。还有对投入和产出的比较,尤其是民办高校的毕业生,每年万元以上的学费支出,而每月不到千元的工资,在毕业生和家长的心里会形成强烈的落差。

其实大城市、机关单位和大企业的人才更多,竞争必然更为激烈。而在计划经济时代比较稳定的职业岗位,现在也都是择优而用、竞聘上岗。有的人虽然凭借社会关系找了一个相对稳定、起点较高的岗位,但如果自身不努力,也会在人力资源的优化中被淘汰。而选择了人才相对比较缺乏的中、小城市,或者现在有人不太愿意去的岗位,反而容易脱颖而出。

2. 能力是就业的关键问题

在大学生的就业过程中,学校品牌有一定的影响,但是毕业生的能力是最关键的。在市场经济时代,薪酬待遇也是衡量一个人能力大小的标准之一。毕业生能否在日益严峻的就业形势和激烈的竞争中脱颖而出,取得一个合适的岗位,关键在于能力。

所以,毕业生首先要正确评价自己的能力,即专业水平如何,外语和计算机应用能力如何,综合素质怎么样。评价要实事求是、客观、合理。评价过高或过低,都会影响最终就业的质量。毕业生只有充分地认识自我,正确判断,客观评价,解决好自己想干什么、适合干什么的问题,才能主动地适应市场的变化,就业才有针对性。其次要掌握推销自己的能力。用人单位了解毕业生,除了通过学校、同学外,更重要的是通过毕业生的自我介绍和书面材料。因此,尤其要重视面试环节,把握机会,简洁明了地向用人单位展示自己的优势和特色。最后要有胜任工作的能力。现在的用人单位一般在签约前,都会通过就业实习的方法,使毕业生进入准就业状态,以此来考察和选拔毕业生。在这个阶段,毕业生是否符合企业的要求,能否胜任将要担任的职位、为企业所用,适应能力、工作潜力和创新能力如何,将会一览无余。

毕业生的专业水平有高低,就业能力有差异,但就业的机会是公平的,就业的大门对每个毕业生都是敞开的,问题在于毕业生就业准备的充分程度和选择什么样的就业道路。

(三)高校毕业生要做好多方面的准备

对高校毕业生而言,进单位工作只是一条路,出国、考研、自主创业等也都是不错的选择。特别是对高校毕业生自主创业,国家规定工商和税务部门要积极给予支持。许多地方贯彻中央的政策,规定对毕业生自主创业开办的企业给予扶持和税收方面的一些优惠。高校毕业生如果能够自主创业,不仅解决了自己的就业问题,还为他人创造了就业机会,更能充分地体现出自己的社会价值。

在市场经济、加入世界贸易组织和信息网络化等背景下,在单一的就业方式向多元化的就业方式转化过程中,毕业生要充分关注期望、能力、就业方式等就业适应问题,相信自己。

从国家经济发展和就业政策看,解决高校毕业生就业问题,需要多方面的协调努力:有关部门要进一步调整学科、专业结构,避免结构性的就业困难;高校要加强对学生的就业指导,鼓励学生到基层和艰苦的地方工作,积极拓宽渠道,加强就业服务;社会要给予大力支持,树立正确用人观,为毕业生就业和自主创业营造有利的舆论环境和政策环境。

有关专家表示,大学生只有转变观念,才能真正改变"就业难"的局面。大学生要客观认识就业形势，找准定位，理性调整期望值。要用长远的眼光看待就业，树立"先就业求生存，后择业谋发展"的思想，特别是金融、房地产专业的毕业生，不要过分要求专业对口。学生要客观评价自己，低姿态求职择业，学会从基层做起，适当放低薪酬要求。同时，在城市类型的选择上，中心城市固然机会多，但变动也更大，相对而言，一些有潜力的二级城市也许有更好、更稳定的就业机会。

因此，专家建议毕业生们"不要观望游移，尽早抢占就业先机"。因为金融危机对我国经济的影响会有一个"滞后期"，金融危机后就业形势可能会更加严峻，所以一旦有比较合适的岗位，一定要珍惜，尽快确定求职意向，尽早签约。历史经验表明，每当经济危机出现时，在校园中多停留几年往往也是很好的选择，不妨专科升本科，本科再考研，硕士毕业再考博士。这样，"不仅规避了就业风险，也缓解了就业压力"。不管怎样，金融危机对我国及全球经济的影响终有结束之时，就业低潮总要过去，高潮迟早会来。

二、根据能力选择职业

大学生们如何应对严峻的就业形势？是积极迎接还是继续深造？为抵御这场就业风暴对自己职业道路的侵袭，不少毕业生纷纷启动"接招预案"，除了中规中矩地应聘求职外，职业思路转型，如考公务员、考事业单位、考研、参军入伍等都被列入备选项中。带有几许无奈，透着几分智慧，他们正重新规划设计着自己的人生。

（一）考公务员或事业单位

被称为"中国第一大考"的国家公务员考试正在逐年升温，2016年国家公务员考试通过审核的报名人数为128万人，2017年国家公务员考试通过审核的报名人数约为139万人，2018年更是进入"高烧"状态，通过审核的报名人数创纪录地超过180万人。

人们对"公务员热"并不陌生，而眼下"高烧"到如此程度，颇值得深思。通过走访一些考生可以发现，看似盲目的公务员考试热背后，其实是众多考生的一种理性。

事业单位近几年也施行了公开招考，热度直逼公务员考试。因难度远低于公务员考试，越来越多的毕业生选择参加事业单位考试。

（二）考研

"工作不好找，就先考研避一避吧。"这成了时下不少应届本科毕业生的缓兵之计。在金融风暴的袭击下，不少行业就业困难，不少毕业生干脆放弃就业，直接考研。此外，应届本科毕业生总数增加，这也是考研人数增加的一个因素。

据了解，2019年全国考研人数达285万人，比去年增加了47万余人。从2009年到2019年，考研报考人数增长了将近1.5倍，在考研大军逐年"壮大"的同时，招生人数也在逐年递增。从2009年到2019年，招生人数由44万人增加到72万人。这就意味着，上述285万考生中，有72万人成为新一届的硕士研究生，剩下的200多万人要么面临就业，要么等待下一次考研。

麦可思研究院的最新调研数据显示，被调查的2019届本科毕业生计划在国内读研的首要理由是"就业前景好"。但是，《全国高校毕业生就业状况》表明，从就业率看，高学历与就业率"倒挂"的现象已经显现。自考研人数首次突破百万的2005年开始，一直到2019年，硕士生就业率连续下降。硕士生就业越来越难，多年来硕士生的就业率均不及本科生。特别是在 2019 年，从学历层次上看，在博士、硕士、本科和专科毕业生中，硕士生的就业率是最低的。

由此可见，高学历并不等于高就业率，大学生只有从根本上注重个人综合能力的提升，才能增加自己的就业筹码，降低自己的就业压力，顺利就业。

（三）参军入伍

近年来，随着科学技术的发展、武器装备的升级换代、战争形态的转变，中央军委提出建设信息化军队、打赢信息化战争的目标要求。为此，迫切需要从源头上改变士兵的文化结构，多征集大学生士兵。2009 年，党中央、国务院、中央军委做出战略决策，决定大规模征集普通高等学校应届毕业生入伍服义务兵役。国家和军队为了吸引大学生报名参军、安心在部队工作，先后出台了一系列鼓励扶持政策，主要包括优先征集、学费补偿代偿、优先选拔使用以及就学就业优惠政策。

（四）自主创业

许多成功的企业家都走过一条艰辛的创业之路，他们点燃激情，成就了梦想，成为无数人的榜样。央视"赢在中国"栏目通过比赛的形式，由风险投资家，即国内知名企业家组成评审团，对创业项目进行评比，获胜的创业者将获得风险投资家们提供的创业基金。这种互动形式，一方面，能使创业者明确其项目优缺点，以便吸取经验、改善管理；另一方面，也使风险投资家能做出正确、高效的投资选择。随着创业者的增多，这种形式需要推广，以便让更多的创业者和成功的企业家参与其中。

身处就业难大潮中的大学生，首先要有一个良好的心态。相信自己，相信未来。在就业路上遇到一些挫折与打击是很正常的，要及时调整心态，为下一次的成功做好准备。其次，调整自我，树立先就业、再择业的观点，一方面培养独立生活的能力，另一方面，通过尝试可以真正了解自己，从中明确职业目标。最后，自己要主动争取机会，把握机遇，迎接挑战！

拓展训练

场景一

某网络公司招聘软件人员，招聘条件是名牌大学计算机专业本科生。

甲和乙是某市属高职院校经济类专业的学生，他们都看到了这一招聘信息，不同的是，乙学生看后觉得自己条件不够，没放在心上。而甲同学平时爱好广泛，在学习本专业之余，还辅修了计算机专业，通过了微软认证，并积极参加学校的课外科技活动和科研项目，具有较强的实际动手能力。当他看到这一招聘信息后，进行了冷静的自我分析，然后勇敢地敲开了公司人力资源办公室的门。

开始，招聘人员一看甲学生的学历不是本科，又不是计算机专业的，就想婉拒。可看过小张的简历和证书后，他们改变了主意，因为他丰富的经验充分反映了他的实力。于是招聘人员专门向总经理做了汇报，请求特聘该学生。总经理了解情况后，特批予以录用，并给予甲学生与本科生一样的待遇。

乙学生看到甲学生成功地获得了一份好工作,心里非常后悔。

看到此番情景,请思考并解决下列问题:

(1) 讨论分析甲、乙两位学生的区别在哪里。

(2) 请结合以上两名同学的经历和自身特点分析自己的就业素质在哪些方面还需要提升,如何提升。

场景二

山东省东营市的宋亚伦历经十余载苦读,获得了山东某学院机械系专科文凭,还通过参加自学考试获得了其他专业自考本科文凭。为了读书,宋亚伦付出了许多,像他这样要求上进的人应该是众多单位争相录取的人才,可是他却在求职中屡屡碰壁。虽然机械专业在当前市场上也属于比较热门的专业,但在过去的两年中,宋亚伦先后被多家单位辞退。用人单位都反映,虽然宋亚伦理论知识比较扎实,但是不能很好地应用于实际工作中。

看到此番情景,请思考并解决下列问题:

(1) 文字材料对你有什么启发?

(2) 通过对本章内容的学习,结合上述材料和自身情况,谈一谈你对在大学期间有针对性地提升就业能力的设想。

第七章 就业心理指导及准备

本章导读

随着高等教育的大众化和毕业生分配制度的改革,市场机制在毕业生资源配置中发挥着越来越重要的作用,就业市场的竞争日趋激烈。面对严峻的就业形势,毕业生普遍承受着巨大的心理压力。有些学生的困惑会随着对求职择业的进一步认识和求职实践的不断进行而慢慢消除,但有些学生由于思想压力比较大,思想矛盾比较深,心理和行为都会产生一些不正常的倾向,妨碍择业和顺利走向工作岗位,这时就必须进行心理调节。分析大学生的就业心理,使其了解影响就业的各个因素,积极做好就业前的各项准备,及时调整不良的就业心态,顺利实现就业。

学习目标

1. 态度层面:以积极的心态对待求职择业,提高心理素质。
2. 知识层面:了解相关心理学知识,掌握克服择业心理障碍的方法。
3. 技能层面:合理地进行心理调适,增强大学生适应环境的能力,有针对性地提升就业能力。

案例导入

就业何其难

甲、乙、丙、丁是某高等院校毕业的大学生,离开学校三个月后,甲、乙、丙三位学生碰巧聚到了一起,发现他们的就业之途都很失败。

甲在毕业前夕本来有很多的打算,他想在毕业前通过大学英语六级考试,接着考取外销员的资格证,然后从事与专业对口的工作。随着毕业的临近,甲的同学都开始有所行动,有的去参加招聘会,有的不断在网上投简历,看着同学们忙碌的身影,甲突然慌了神儿,他感觉自己所有的计划都被打乱了,再加上同学、朋友、父母、亲戚热心帮他搜罗了一大堆招聘信息,他忽然不知道自己应该做什么了,理想中的职业也随之变得模糊。于是同学去参加招聘会,甲就跟着去;同学往哪儿投简历,他就跟着投,完全没了主见。恍恍惚惚地到了毕业,不仅最初为自己定下的目标一个也没有实现,而且因为择业的盲目性,他也没有找到适合自己的工作。

乙是某高等院校国贸专业的学生,外貌姣好,又说一口流利的英语,可谓是个才貌双全的女孩子。毕业前乙为自己定下了宏伟的职业蓝图:非外企不进,非知名企业不选,月薪低于5000不考虑。但是乙已经离开学校三个月了,她的愿望还没有实现。

丙毕业三个月了,面试了几次都没有成功,其中有那么一两家单位还是很有可取之处的,问他为什么会放弃,丙回答说因为月薪只有3 500,低于他为自己定的4 000元标准。为什么非要定到4 000元呢?原来,曾经与丙同宿舍的丁目前的月薪就是4 000元。丙自认为能力不比丁差,既然丁找到了4 000元月薪的工作,自己就绝对不能低于这个标准,而且工作环境、公司规模还要比丁的单位好。

分析:甲的失败在于他陷入了盲目从众的心理误区,他对所求职业认识不足,对自己分析不周,缺乏自信。在学校里乙固然是个好学生,她将自己的优势也分析得很清楚,但孤傲的心理使她找不到符合自己条件的工作。丙一味地追求比同学更好的工作,这种攀比心理不仅让他丧失了得到工作的机会,还白白地浪费了三个月的宝贵时间。当别人正在积累工作经验的时候,丙却还陷在攀比的心理中不能自拔。这三位同学都没有意识到自己失败的原因,他们都是因为心理原因而导致了就业的失败,可见了解就业心理、调整就业心态是十分必要的。

第一节　毕业生就业心理指导

一、怎样做求职心理准备

机遇总是垂青有准备的人;大学毕业生为使自己成功踏入职场,应该做怎样的求职心理准备呢?

十多年来已习惯于听课、看书、完成作业、参加考试,与同学、老师朝夕相处生活的我们,将要结束熟悉的生活,开始一种新鲜的、陌生的、令人向往的生活,兴奋、好奇、期待,却又担心、害怕、焦虑。这些不是没有原因的,因为新的里程从踏入职场开始。然而,顺利踏入职场需要周密策划,从心理、资料、信息、笔试、面试等方面进行精心准备,这是确保成功踏入职场的基础性工作。

求职择业的过程伴随着心理变化不断发展变化,是对自信心、承受力、意志力、适应力、耐挫力等心理素质考验的过程,所以求职择业也是心理素质的竞争。在求职择业前,毕业生要做好以下心理准备:

（一）自己对自己要充满信心,找到自己的优势竞争力

毕业生通过对自己的全面认识、对职业的详细了解,相信自己是有能力、有实力、有魅力、有吸引力的,一定能够找到适合自己的工作,鼓励自己,肯定自己。

（二）了解用人单位的核心需要

每一种职业对从业人员都有核心能力的要求，所以用人单位大都是全方位考察人才，单纯的学历已经不足以吸引企业的目光。企业对毕业生的"综合素质"提出了更高的要求。如，企业开始注重应聘者的人品，希望自己未来的员工踏实肯干；有较好的自理能力，还能对周围环境有较强的适应性；不仅可以独立完成工作，还擅长和团队一起完成各种工作等。

（三）确立合适的就业期望值

就业期望值是毕业生对职业薪水、环境、晋升、福利、发展、条件、待遇等方面数量化的估计值，包括最佳值和最低极限值。比如说，月薪 2 000～5 000 元，2 000 元是底线值，5 000 元是最佳值。毕业生在估计就业期望值时，有时候会过高或过低估计，最好根据自身需要确定适合自己的最佳值和最低极限值。

（四）主动出击，敢于竞争

找工作是一个主动的过程，包括主动收集信息、寻找机会等；找工作也是一个竞争的过程，一个需求职位，可能会有几倍甚至几十倍的求职者应聘，需要毕业生们敢于争取机会，面对挑战。

（五）愿意尝试，善用资源

求职是一个不停地尝试和探索的过程，除了自己事先设定的目标外，尝试与自己目标相关的职业或单位，有时候也会有意外的收获。求职也需要毕业生调动自己所有可以利用的资源，比如说可以请所有亲朋好友帮助自己搜寻需求信息，也可以请他们推荐。

（六）准备迎接拒绝，坦然面对曲折

面对有限的机会，应聘者众多，必然有竞争，但用人单位最终只能选择适合的毕业生。即使各方面都很优秀的毕业生，也可能遭遇拒绝。毕业生最好保持通达乐观，用积极的态度准备每一次应聘，要意识到：面试失败，也许只是塞翁失马，意味着另一种新生活即将开始，但要善于总结经验，扬长避短。

二、直面现实，树立求职的信心

信心，是人类最宝贵的财富。每个人的人生都希望获得成功，包括学业、事业、家庭等各个方面。而自信是人生的底气，自信心的树立是获得成功的根本。

案例 7-1

世界重量级职业拳王乔·弗雷泽，每一次比赛前他都要在天花板上贴张大纸，上面写着：Yes, I can!（噢，我一定能赢!）后来这位拳王追忆道："在坚信自己绝对能胜后，即使比赛时受到对方的重击，只要脑海里浮现出这几个字，就会爆发出不可思议的力量，帮助我击倒对方。"正是因为乔·弗雷泽的自信，所以他成了世界重量级职业拳王，这说明自信具有巨大的力量。

1951 年，英国有个叫富兰克林的人，在他拍的 X 光照片上发现了 DNA 的螺旋结构。之后，他就这一发现做了一次演讲。然而由于他生性自卑，又怀疑自己的假说是错误的，于是放弃了这一假说。1953 年,继富兰克林之后,科学家沃森和克里克也从照片上发现了 DNA 的分子结构,提出了 DNA 的双螺旋结构的假说。这标志着生物分子时代的来临,使二人获得了 1962 年的诺贝尔医学奖。试想,如果富兰克林不是自卑,而是坚信自己的假说,进行更深一步的研究,这个伟大的发现就会以他的名字载入史册。由于自卑,他失去了成功的机会。富兰克林不是智力、能力或者其他方面不行,完全是由于他的不自信,导致自己与成功失之交臂。

有人说,对于某件事,做不做是态度问题,能不能做好是技术问题,态度好、技术差也会成功,态度不好、技术再好也是白搭。这就说明我们要敢为,要相信自己。

面临毕业,毕业生对自己的就业是否充满信心?

有些同学早就想就业,到大企业、大公司干一番事业,发挥自己的所学,并力争早日辉煌,买车、购房;还有的想创业,实现宏伟理想。应该说,心中有一股激情,是很值得赞赏的。能够顺利就业是对家人、对老师、对朋友的宽慰。而有相当一部分同学,在面临毕业、面临目前巨大的就业竞争时,心里总会有几分不安:我感觉大学好像什么都没学到,我能找到工作吗? 会有单位接受我吗? 我的专业不好,我不知如何面对应聘人员。对于这些问题,一方面要学会正确面对;另一方面要确立自己的信心。是金子总会发光,受人关注;但泥土在特定环境内也有稀缺性,它的价值有时也许会超过金子。在企业里,衡量人才的标准不仅是学历高低,还要看其对企业的价值和贡献。所以,高校毕业生应当大胆地去谋职,开辟自己的职业生涯,寻找自己的职业发展平台。如果一些企业不接受你,只能表明他们暂时不需要你,并不能否认你对其他企业或行业的价值。每个人总有自己的特长或兴趣,那就是你的闪光点。

有个特别的事实:有一部分同学在学校学习成绩似乎并不拔尖,但是他们常常比较快地找到理想的工作;而另一部分同学学习成绩很好,但找工作却不太顺利。为什么会这样? 其实,这和人的实际操作能力有关,有些人善于理论学习,而有些人善于实际操作。在企业中,善于实际操作的人一般能迅速地为企业创造效益,所以更受用人单位的欢迎。

专业没有好坏之分,成事在人。有些专业在特定的时间或环境内需求不旺,毕业生应该客观分析,正确对待。相关数据显示:目前我国就业人员专业对口的比率不到 50%。一位学档案管理的同学,作为储备干部进入一家汽车公司,他也可以干得很好。面对就业,毕业生们不能仅仅看自己有什么,还要看到企业需要什么。企业要满足市场需求,作为员工要满足企业需求,这是链接的正方向,不能反过来。有市场的产品就是好产品,没有市场需求的产品如同废品。专业与成绩是人才产品的包装,而我们的可开发性与价值在于自己。

毕业在即,不必再为没有学到什么、专业不好而发愁苦恼,目前毕业生的任务是如何在短期内把自己武装成一位职业人。所谓"武装",不是换个新手机,用上千元买套新装,几百元买个包来装备自己。职业生涯是漫长的,毕业生要做长期打算,需要武装的是心态、习惯及企业对新员工的素质要求,要和社会的需求接轨。

三、正确认识自我

自信不是盲目地自满,"敢为"也不是不加分析地去"为"。自信和敢为必须建立在自我认识的基础之上。剖析自我、认识自我、超越自我是达到目的的必然之路。我们只有充分了解自我，才能更好地选择未来。

你能够做什么？你的目标是什么？你向往的工作是什么？你最大的优点是什么？最大的缺点是什么？

这些问题我们是否思考过？是否找出了答案？

认识自我是一个很难的过程。俗话说，知人难，知己更难。但是，只有真正认识自我，才能更准确地评价自己，为自己确定适合的就业目标，选择合适的就业单位。

在认识自己的过程中，不要过高地估计自己，自认为专业热门、成绩优秀、个人能力很强、荣誉证书一大堆而把自己的就业标准定得过高，非"大"（大企业、大城市）不去，非高工资不去。要知道天外有天，人外有人，不要自以为是。有些大学生在选择单位时期望值太高，导致求职失败。

上海复旦大学信息工程系王志伟在近千人的竞争中，被中国移动公司录用，有人问他取胜的关键是什么，他说："我从来没有把在复旦就读的经历当作以后生存的资本，那只能证明我在那里学习过。"

当然，也不必过于低估自己。有些学生自信心不足，因为自己的成绩或是某一方面不太好，便过于自卑，认为自己什么都不如别人，就业时畏首畏尾，不敢应聘好的工作单位。因此，只有正确、客观地认识自己，才会为找到理想的工作奠定基础。

JOB 案例 7 - 2

洋洋是安徽师范大学某专业学生，性格内向，不自信，平时做事怕被别人取笑。毕业时，当全班同学都在为找工作而四处参加招聘会、忙着投简历时，他却连简历都没有制作。父母为他着急，室友也劝他到招聘会去试一试。他却说："我要成绩没成绩，要能力没能力，什么都不突出，有哪个单位会要我呢？"其实，他并不像自己所说的那样一无是处，英语四级、六级都顺利一次通过了，计算机也过了国家二级，成绩虽然不算突出但也属于中上等的层次，而做事情也极为仔细认真。他之所以不去找工作，其实是一种自卑的表现，没有看到自己的优点，对自己没有信心，害怕在招聘会上碰壁，怕遭受打击，从而选择了逃避。

分析：洋洋的性格似乎对他产生了很大的影响，他没有充分了解自己，没有看到自己的长处。每个人都有突出的地方和不足的地方，关键是自己是否意识到。在求职时更应该全面了解自己，给自己准确的定位。只有这样，才能在竞争中凸显自身的优势。

择业前要对自己的知识结构、能力、薪资期望、心理承受力等进行全面分析，做出比较准确的定位。不可悲观，把自己定位过低；更不要高估自己，导致期望值过高。不要过分在意公司的名气、薪资的高低，只要这家公司、这个专业岗位适合你，是你所向往和追求的，就应该去试一试，争取被录用。确立从基层做起，逐步积累经验、循序渐进、谋求发展的思想理念，可能对你的一生都会有好处。

四、处理好理想与现实的关系

"世界上只有一个适合我的工作，如果我找不到十全十美的工作，我就不高兴""别人可以替我找到合适的工作""我一定要在我的工作中成为专家，并出人头地""只要努力，一定成功""不合适我天赋的工作,我肯定做不好""找到好的工作可以解决所有个人问题"
"一生只需择业一次"……你有以上的择业观念吗?

许多大学生在找工作时都会发现现实与理想之间的差距实在是太大了。这种差距归纳起来一般表现在以下两个方面。

（一）物质方面

一份调查显示,许多大学生都渴望高薪的职位,50%以上的大学毕业生认为自己的月薪应该在 4 000～6 000 元之间,而 67%的用人单位则认为应该在 3 000～4 000 元之间,甚至 26%的用人单位认为应该在 3 000 元以下。大学生心中的求职期望值与社会对大学生的实际定位之间是存在一定差距的,大学生只有正确认识这种理想和现实的差距,针对自己的情况处理好这种差距,才能更好地适应社会。

（二）理想追求

大学生拥有着珍贵的青春年华,往往对未来充满着美好的设想,在学校里接受的思想也往往比较新,创新、反叛和前卫的意识非常浓。因此,刚刚从象牙塔走出来的大学毕业生们对未来的职业设计充满了超越现实的幻想。但是,这种单纯而又锋芒毕露的理想和追求往往被现实的残酷所粉碎。因为毕业生们忽略了用人单位注重的是"能为我所用的""能出效益的""与单位目标相同的"人才,而不是那些单纯追求实现自己理想的人。

大学毕业生在接受第一份职业时,首先要考虑的是长远的发展机会、企业方向与管理水平等前瞻性因素或隐性的非金钱物质性的福利待遇。不要过分追求高薪水,要"向前看",在发展中提高自身的价值。现在某些大学生缺乏艰苦创业的精神,只求工作安逸,有经济保障。他们期望的工作是,只需一点努力就可得到最大的回报。这种观念应及早摒弃。能做大事的人,不应该一开始就浮在上面,而应先沉下去。这个道理大家都懂,可一旦遇到实际问题就有欠冷静的思考。所以,大学生们应注重培养艰苦创业的精神,尽量克服坐享其成的惰性。对个人发展而言,如果没有艰苦的拼搏,想取得大的成绩几乎是不可能的。现在很多人只看到表层而忽视了成功背后所必须付出的巨大代价。因此,树立正确的职业理想对大学生顺利就业以及在职业实践中把职业理想化为现实有着重要意义。"先就业,再择业"是在当前就业形势严峻情况下的最好选择。

人们在选择职业时,多数人追求多重满足,既希望为社会多做贡献,又希望能发展个性,还希望能获得较高的劳动报酬。然而不同思想境界的人,这三种需求摆的位置各有区别。有的人把收入的高低看得很重,为了得到高收入宁可牺牲自己的个性发展;也有人为了能让自己有一个适合个性发展的岗位,心甘情愿地从事收入较少的职业;更有人把为社会做出应有贡献作为从事职业活动的首要因素。其实,在当今社会中,一个具有高层次职业需求的人,在他努力为社会主义现代化建设工作的同时,必然会得到相应的收入,并使自己的个性在职业活动中得到发展。

大学生应树立高层次的职业需求。人的需求有高级、低级之分,只有高层次的需求才具有稳定而持久的激励作用,才能形成严格要求自己、不断努力上进的动力。

马克思在中学毕业考试论文中写道:"在选择职业时,我们应当遵循的主要方针是人类的幸福和我们自身的完美。"人类的幸福,就是他的理想;毛泽东在青少年时代,胸怀改造中国与世界的宏伟理想,立志实现孙中山先生所说的"耕者有其田";年轻的周恩来东渡扶桑,写下了"面壁十年图破壁,难酬蹈海亦英雄"的豪迈诗句;鲁迅先生弃医从文,是从拯救人的肌体转向拯救人的灵魂,进而拯救国家、民族,"从文"便成为他的职业理想。明末清初爱国主义学者顾炎武"国家兴亡,匹夫有责"的名言正是要求每一个人,都应该把时代理想与个人职业理想统一起来。

职业实践是职业理想的必然途径。人们只有通过反复实践,才能对职业加深了解和认识,不断修正职业理想的偏差,完善和升华职业理想。

由于有些大学生从事职业活动之前缺乏职业实践经验或者不能正确、客观地评价自己,因而使自己的职业理想出现偏差。据调查,目前在大学毕业生中,职业理想与现实职业基本符合的占 60%,很符合的不到 10%,而不符合的却高达 25%。要改变这一状况就需要毕业生做出合理的调适,使自己追求的目标建立在现实需要、长远发展及可能实现的基础上,找到自己与职业匹配的最佳结合点。美国著名社会心理学家斯坦利详细查阅了 1 300 位成功人士的家庭和个人背景,结果发现他们在中小学时的平均成绩一般,不足以就读一流大学,而在大学的发展亦平平无奇,多数更被视为天赋不足、难以成功。那么,百万富翁成功的"诀窍"是什么呢? 斯坦利说,他们依赖的不是天赋,而是选择了最适合自己能力的事业。他们不一定特别聪明,但胜在务实和创新,认准一个目标锲而不舍,尽一己之力但绝不冒无谓之险。他们所付出的努力,往往是旁人所不及的。

理想是社会和时代的产物,这就决定了它不是永恒不变的,而是随着人们认识的深化和主体因素的变化而不断发展变化的。大学生在职业实践中应通过自身体验,不断加深对社会的认识和理解,不断过滤职业理想的幻想成分,正确处理理想与现实的关系、个人与社会的关系、人与人的关系,通过自己的职业实践为社会、为人民服务,为人类造福。

五、明确自己的求职定位和需求

当今的现实是求职难,求职的过程就像是"推销"。推销自己,就要找准自己的"卖点"。其实,每个人的长处就是他的"卖点",这些长处可能是能力上的,也可能是人格上的。每个人的长处就是自己的价值。自己的价值不但要有,还要开发出来,并让招聘单位明白。公司在招聘的时候,往往是从 100 个中挑选几个人面试,而最后这几个人里可能还找不到一个适合的,原因就是没有一个人能让招聘单位相信其在某某方面是最好的。

如果在求职过程中将自己的"卖点"预期过高,结果"卖"不出去,最后只好忍痛"低抛";将自己的"卖点"预期过低,结果"贱卖"了,到头来悔之晚矣。最糟糕的情况是根本没有"卖点",只想"卖"好价钱,却不知道自己有什么好"卖"。

许多求职者实际上自己都不知道自己擅长的方面在哪里。许多求职信上都写着:我了解 Windows……但现在了解这些软件的人太多了,公司需要的是高手,你如果不告诉招聘单位你在哪些方面是最好的,或是 Windows 高手,或是网页高手,或是反黑客高手,仅凭一些普通的技能,别人怎么可能录用你。

很多人都知道比萨斜塔,那也只不过是一座普普通通的塔,但它为什么能世界闻名呢? 就在于它的"斜"这一特点。所以,我们每个人一定要善于发掘属于自己的成功之处。

JOB **案例 7 - 3**

　　有两个大学生到一家电脑公司应聘,一个是某名牌大学学生,她对招聘人员说的是,她在校时学习成绩很好,拿过很多奖学金;另一个是某职业学院学生,他说:"我的学习成绩并不好,但我对 ASP 十分爱好,"并给招聘人员看了他为一些公司做的 ASP 开发产品。结果很显然,大专生被聘用了,名牌大学的本科生落选了。因为这个大专学生有他自己的价值,并能在电脑公司中很快地发挥他的这一价值,有自己的"卖点",故成为求职竞争中的成功者。

　　真正的好工作,是最适合你的工作。所以择业定位的关键就在于看它是否真的适合自己,以及自己成功的概率到底有多大。毕业生处于择业洪流中,期望水平会受到其他人期望水平的影响。很多毕业生在选择职业时,并不是从自己的实际条件出发,而是在满足父母、老师的期望,或是在与周围的同学盲目攀比,好像不找到一个比别人更好的单位就不能实现自身价值。工作要靠自己去努力,而不是拿来做一个摆设,只为取悦他人,过分追求单位的"牌子硬不硬,名气大不大",到头来,只求得一时的心理平衡,却不利于自身价值的实现与长远发展。对于一个想干一番事业的人来说,不能再老用别人的眼光衡量自己要找一个什么样的工作。适合别人的岗位,对你却未必是适合的。即使有幸被选中,由于那里人才济济,你坐"冷板凳"的可能性也会比较大。而那些看上去不那么热门的岗位,属于你的机会就会比较多、比较大。这对于一个珍惜自己的生命,不愿按部就班"排队"的人来说,是非常值得考虑的。

　　选择职业的方向和标准,应该从以下几个方面考虑:

　　(一) 根据自己的性格特点来考虑

　　有句富有哲理的话这样说:请注意你的习惯,习惯影响你的性格;请注意你的性格,性格影响命运。我们很难想象一个不善言辞的人去选择做谈判代表,让一个活泼好动的人选择办公室工作。虽然不是不可以,但对于他自己而言可能会做得比较痛苦,与岗位的磨合期可能会比较长。一般来说,外向型的人选择富有挑战的工作更适合自己的性格,而内向型的人选择比较稳定的工作更合适。

　　(二) 根据自己的特长来判断

　　事实上,从事自己喜欢的职业,会达到事半功倍的效果,否则可能会是事倍功半。

　　(三) 适应就业市场的需求

　　大学生择业是一个双向选择的过程,因此要想找到一份满意的工作,仅仅从自身去考虑是不够的,必须从市场需求和自身的方面来考虑。虽说现在就业市场从总体上来说是供大于求,但是具体到各个专业,情况还是不同的。

　　可以说,在就业竞争激烈的情况下,优秀者不一定能找到很好的工作,而在就业竞争不那么激烈的情况下,一般者也可能找到好工作。因此,求职时必须考虑就业形势,特定地区、特定专业、特定学校的就业趋势都在影响着我们的就业状况。2019 年,几大热门专业(信息安全、软件工程、网络工程、物联网工程、数字媒体技术、通信工程)的就业机会就多一些。因此,从网上查一下你所学专业的总体情况,对于你搞清就业市场需求还是非常重要的。

不同的专业情况是不同的，即使是同一专业，不同学校的就业情况也不会相同。所以，到院校的就业指导部门弄清楚你所学专业以前的就业情况是非常必要的，这样有助于你确定一个切合实际的就业标准，避免就业的盲目性。

只有充分考虑好上述几个方面的问题，并结合自我认识的结果，才能为自己规划出可能实现、切合实际的就业目标。

案例 7-4

1972年，美国当代营销大师阿尔·里斯与杰克·特劳特在美国《广告时代》杂志上撰写的文章《定位新纪元》，首次提到了"定位"这个概念。而在今天，"定位"两字已是营销学者和营销人员在做营销战略和规划时的专业词汇。定位法则带给营销者们的是一次观念上的革新，如果结合职业生涯，同样也会给我们带来许多启示。

（1）资源法则。资源是成功的基础条件。在生活中，大部分资源以物质形态出现，如金钱以及其他所有能看得见的财产；一些资源以非物质形态出现，如知识、技能、思想、精神、理念以及自身的素质等；还有的资源介于两者之间，如人际关系、父母的传承或特殊的机遇等。假如月收入是一百元，那就表明你所拥有的资源在一百元的水平上；假如月薪是一万元，那就表明你所拥有的资源处在一万元的水平，包括能力、朋友圈以及知识等。此外，时间是一种需要特别珍惜的资源。合理地利用时间，做该做的事，就会离成功越来越近。

（2）领先法则。做得更好不如成为第一优越。首创品牌通常可以保持领先地位，原因是它们往往就是该类产品的代名词。在市场经济中，每个人也同样是商品，因此必须遵守这个法则。可在现实生活中，许多人不想当第一，或者不知如何当第一。他们往往这样想：公司也不是我的，何必干得那么卖力；还有一种想法：工资又少，待遇又低，等找到待遇好的公司再"玩命"干。第一种人，不管干什么工作都不可能是最好的，因为他们没有积极主动地工作；第二种人，他们也许很有才能，但不想发挥，时间一长，很可能养成不好的工作态度，影响以后的职业发展。因此，一定要明确知道自己喜欢干哪类工作，选准方向后，就可以在该行业不断地积累资源，最终走向成功。

（3）长效法则。不要只注重"杀鸡取卵"的短期效果。一个企业有短期的销售目标，也会有长期的发展计划。职场中的人也一样，不但要有近期目标，也要有长远打算。许多人之所以不能成功、不能实现自己的梦想，往往并不是缺少能力，而是缺少正确的方向和明确的目标。成功者与平庸者的区别就在于：成功者始终有一个明确的目标、清晰的方向和十足的信心；平庸者却终日浑浑噩噩、优柔寡断，迈不出决定性的第一步。

（4）牺牲法则。人的欲望往往是无限的，如果不能合理地利用自己的欲望，就会变成欲望的奴隶。人生如果想要成功，就应该学会放弃。

（5）坦诚法则。承认不足并将缺点转化成优点。做事先做人，把自己培养成一个道德高尚的人，不管事业成功与否，最起码人生是成功的。不断地改进自己的短处，才能不断地走向完美。需要注意的是：坦诚法则要灵活运用，否则会弄巧成拙。

（6）成功法则。用"成功"博取成功。对于刚刚开始奋斗的创业者来说，营造成功者的形象尤其重要。对于形象来说，衣物的质量远比数量更为重要。检查一下衣橱经常会发现，有很多衣服只穿过几次，如果付两倍的价钱只买一半的数量时，就会发现很合算，并始终觉得自己处于一种最佳状态。

（7）失败法则。失败需要正确面对，在很多情况下，失败并不是什么坏事。从另一方面看，有创造力的思考者会了解失败的潜在价值，会把失败当作垫脚石，来产生新的创意。在现实生活中，如果非常害怕失败，会使孕育创新的机会大为减少。如果一个人很少失败，也许只能表示该人不是很有创造力。

（8）炒作法则。在生活中，不但要学会在成功法则中展示自己，而且要学会如何宣传自己。简单地说，宣传就是为自己营造一个光环，让人们对你产生更好的印象。人的认识活动有一种"润泽性"，比如一个人的某一品质被认为是好的，他就被一种积极的光环所笼罩；反之，该人就被赋予其他不好的品质，这就是"光环反应"。

第二节　调整求职心态，走出求职心理误区

一个人的心理决定一个人的行为，行为从本质上讲都是人的心理的反映。当我们的心理处于消极状态时，更有可能发生消极行为，反之亦然。因此，可以说求职过程中的心理误区是导致我们求职受挫的决定性主观因素。所谓求职心理误区就是个体在求职过程中对自我、求职目标的期望、评价等方面存在不客观或与现实存在较大差异的一种影响求职的心理倾向。虽然高等院校的学生身心都有了进一步的发展，但是由于一直处于学校生活之中，社会职业经验不足，对自我的评价较高，因此在求职过程中容易出现心理误区，从而导致他们在求职中的一些不良行为的发生。心理误区在广大的毕业生中普遍存在，如何认识自己，走出心理误区，在求职过程中找到适合自己的工作，是我们将要讨论的问题。

一、常见的求职心理误区

（一）求高心理

不少大学生自认为学识渊博，从政、经商、做学问不费吹灰之力，伸手就可以出成果。因此，他们在择业时极容易出现"高不成、低不就"的现象，自然择业困难。

案例 7-5

◎ 陕西某高校毕业生陈某到深圳多年了，他本来在一家合资企业找到一份人事文员的工作，但是他认为这是一个高中生就能胜任的职位，如果让他屈居于此岂不是"浪费人才"？于是，一个星期不到就主动辞职了。后来几经辗转，他凭着"丰富的理论知识"，在一家台资厂找到一份做行政主管的"美差"，但由于他没有外资企业的实际管理经验，不能顺利开展工作，试用期一到就被老板"炒鱿鱼"了。

◎ 请看下面新疆某记者的报道：

第三届高校毕业生就业服务周新疆现场招聘会提供的 1 600 个岗位共吸引了 3 000 多名

大学生前来求职。

宏景集团、北京北大维信生物科技有限公司等 80 家企业参加了本次招聘会，岗位涉及 40 多种类别。从现场情况看，企业所招聘的岗位与大学生们的期望值似乎存在某种错位——企业认为大学生们经验不足，起薪要求太高；而大学生们则认为企业所提供的岗位有限，大多还要求经验，条件"苛刻"。

记者发现，应届毕业生普遍对薪金有着极高的期望值。他们对薪金的最低要求大多在 3 000～4 500 元，高的甚至达到 5 000 元以上。一位新疆大学数学专业的毕业生起薪要求为 5 000 元；新农大土木工程系的一位毕业生要求薪水必须在 4 000 元以上……这样的起薪要求在招聘会上并不少见。

"不可能一来就给很高的工资，刚开始实习也就是两千元，等可以胜任本职工作了，工资肯定会有所提升。"一位企业负责人表示。

不少求职者在薪金要求一栏里还填着底薪加提成、加三金等。此外，在"求职地区"一栏，填写的大多是乌鲁木齐市及周边地区，几乎没有愿意"下放"到地、州的。记者注意到，外地驻乌企业来参展的不在少数，但招聘结果却不尽如人意。在新疆佳雨工贸（集团）有限公司的展位前，一位男生在被记者问到"应聘的具体岗位"时，竟然表示"没有具体岗位的要求，公司看着给安排吧"，这样的要求让负责招聘的工作人员感到很为难。

记者发现一些大学生对未来的职业方向很迷茫，而另外一些大学生对自己的职业方向过于明确。例如，一些学经济学的学生刚毕业就要求到管理岗位上工作，一些法学的毕业生则想当法律顾问。

中国新疆人才市场市场部部长王宏霞表示，一些大学生不是对自身的期望值过高，就是没有明确的职业方向感，这些不良心态对今后的就业会造成十分不利的影响。

从人才市场求职登记表上，常常可以发现一个有意思的现象：应届生所提的薪金要求普遍比相对有一定工作经验的历届毕业生高；往往工作时间越长，求职人员对薪金的期望值越接近市场的实际水平。事实证明：清楚地认识自己，先低再高，这是一种适用于多数应届毕业生的非常务实的求职方法。

（二）追求享受心理

部分应届大学生求职时过多考虑物质条件，不但要求月薪高、生活好，还讲究住房、奖金等林林总总的物质享受，如果用人单位稍不满足他们的要求，他们便潇洒地"移情别恋"。一位企业老总说："企业竞争也是人才竞争，我们公司急需几个具有经济管理才能的大学生。可是他们太傲，动辄讲待遇，眼光这么高，我还敢用他们吗？"

对于毕业生而言，谁都愿意到一家待遇好、工作好并且有前景的企业工作，不过由于职业院校毕业生的特殊性，而且由于当前我国大学毕业生供大于求，大学生就业存在很大的困难，而在目前各方面条件的影响下，要找到很好的工作更难。我们不要过多考虑当前的物质条件，只要应聘的岗位对自己的长远有利，先工作再说。

（三）求"大"心理

有相当一部分大学生认为，只有到大型企业去干，才能充分发挥出聪明才智。他们的理由咄咄逼人：大型企业具备了实现人生价值的物质和精神条件，机遇好、福利好、工作稳定，而小企业只有那么几十或几百号人，资金不雄厚，更谈不上什么发展前途。其实，有些大型企业里面人才济济,竞争十分激烈,而一般的小企业,对人才的需求如饥似渴。近年来,大企业里的大学生"大材小用",而小企业却多"小材大用"。其实,不管在大企业里还是在小企业里,只要有真才实学,脚踏实地,同样能干出一番事业来。

大企业、机关、事业单位在国人的眼光中还是有很大的吸引力。但是,由于当前就业形势严峻,竞争日益激烈,大企业、机关、事业单位自然成为竞争的热门。这样从统计学的角度上讲,成功率较小。而且,现今社会的流动性之大是前所未有的,第一份工作并不是终身工作,因此对于应届毕业生而言,不管在大企业里,还是在小企业里,只要有真才实学,脚踏实地,同样能干出一番事业来。

（四）从众心理

行政、人事、财会是大学生追求的热门岗位,可毕竟僧多粥少,人才济济,而用人单位却是"百里挑一"。一些冷门职业尽管急需大批人才,但问津者寥寥无几。这样,在人才市场就出现了"热门难进,冷门更冷"的怪现象。其实,此时大学毕业生应该具备"大丈夫能屈能伸"的豁达心态,不要过分计较一时的顺逆,坚信"天生我材必有用",从"零"做起,从基层做起,最终才能在社会上找到自己的位置。

无论什么时代,人们所从事的行业都有热门和冷门之分,在当前高等教育与社会需求尚未完全接轨的前提下,一味追求热门行业,追求专业对口,无疑会给自己就业增加屏障。因此,在当前大学生就业形势严峻的情况下,在热门职业就业已趋于饱和的情况下,不妨去应聘那些冷门的、适合自己的职业。

（五）依赖心理

现代社会关系网络复杂,很多同学就以此作为逃避就业的方式,转而要求父母、亲朋甚至恋人通过各方人际关系为自己找工作,过分地依靠自己的亲朋,而不是去市场推销自己。这类学生往往走上工作岗位后有依赖思想,不思进取,给用人单位带来不好的印象,从而给自己的成长发展带来负面影响。

据有关部门统计,2019 年我国高校毕业生人数多达 834 万。在日益严峻的就业压力下,托关系、走后门、找路子等不良之风逐渐抬头,许多毕业生为了"抢"到一份满意的工作,父母、亲友齐上阵,挖空心思找"门路",靠讨好老师、请领导吃饭、送钱送礼等手段"就业"。的确,部分同学依靠亲朋的关系找到了比较满意的工作,但是,这些同学是否能在岗位上发挥自己的才能呢？是否能适应岗位的需求呢？这值得深思。部分同学自恃有亲朋的"关系",怀着"坐""等""靠"的心理,不积极参与学校、社会组织的就业活动,白白失去一些适合自己的岗位。

"托关系"是一个很时兴但又古老的现象。任何人都不可能脱离关系而独立生存,但是在现今竞争的社会中,关系带来的负面影响日益突出。

与此类似的心理误区还包括:以为"学而优则仕",削尖脑袋往政府机关钻,往往由于竞争激烈而败下阵来;缺乏独立意识,自己找工作不着急,总希望父母或亲戚帮忙解决;没有竞争意识,保守心理严重,不敢迎接挑战,或过分谦虚,不敢亮出自己的特长;羞怯心理严重,在求职现场丢下自荐书就跑,而面对招聘者结结巴巴、面红耳赤;低就、自卑心理明显,总觉得自己技不如人,不敢自我"明码标价",只求找个单位草草签约了事,给日后工作带来隐患。

二、调整求职心态

有研究表明,心理健康是个体获得成功的重要因素之一,求职是影响个体心理健康的重要事件,持续时间之长,影响程度之深,与其他重要事件,如升学、婚姻等的影响力是一样的。因此,在求职竞争过程中保持心理健康影响着我们就业的成功。

（一）如何在竞争中保持心理健康

为了在竞争中保持心理健康,应注意以下几点:

首先,应该对竞争有一个正确的认识。有竞争,就会有成功和失败。关键是正确对待失败,要有不甘落后的进取精神。

其次,对自己要有一个客观的恰如其分的评估,努力缩小理想我和现实我的差距。在制定目标时,既不好高骛远,又不妄自菲薄,要把长远目标与近期目标有机地统一起来,脚踏实地、一步一个脚印地做起,这样才有助于理想我的最终实现。

最后,在竞争中要能审时度势,扬长避短。一个人的需求、兴趣和才能是多方面的,如果在实战中注意挖掘,那么,很可能会出现柳暗花明又一村的新局面。这样不仅能增加成功的机会,减少挫折,而且会为进一步发展和取胜打下良好基础。

当然,成功了固然可喜,失败了也问心无愧,如果从中悟出了一番道理,或者在竞争中学到了知识,增长了才干,那么这种失败或许更有价值,谁能说今天的失败不是明天成功的起始呢?

JOB 案例 7 - 6

山东某重点大学机械专业的一名年仅 22 岁,来自西部农村贫困家庭的应届毕业生,因在求职中遇到挫折,未找到比较理想的工作岗位,心理压力过大,趁晚上同学们到教室里上课之际,用宿舍的暖气管线自缢身亡,结束了自己年轻的生命,令人惋惜不已。2003 年浙江大学一名毕业生在考公务员时,虽通过了笔试和面试,但因身体受限,最终没有被录取,他心理极不平衡,恼羞成怒,从商店买来一把水果刀,刺死、刺伤招聘的工作人员各一人。

学习、成才、求职是在校大学生面临的三大人生课题,而求职就业不仅是对他们能力和综合素质的考查,也是对大学生心理素质的一大考验。学校要采取积极措施,强化求职者的心理承受能力,化解求职者的心理压力,这对大学毕业生本人的身心健康,和其人生价值的实现,都具有十分重要的现实意义。

（二）求职过程中的心理准备策略

为增强求职过程中的心理承受能力,应采取以下心理准备策略:

1. 要正确对待求职中遇到的困难和暂时失利

在求职竞争日趋激烈、有些领域的专业人才相对过剩、就业形势不容乐观的今天,在求职中遇到挫折和困难是正常现象,但暂时的挫折并不是人生的"滑铁卢",更不是人生的败笔。现实的招聘求职是一种双向选择,就像青年男女的恋爱,谁也没有把握一眼定终身,只经过一次"恋爱"就大功告成,找到一个理想的"婆家"。因此,对于求职的暂时困难,应该正确对待，不要耿耿于怀，更不要感到心理压抑或者不平衡。

2. 要适时地调整自己求职的期望值

对于求职者来说，求职的期望值越高，如果不成功，其失落感就会越强烈，心理上承受的压力就越大。要处理好就业理想与就业现实的关系，以务实的态度对待职业的选择。

因此，大学毕业生要认清就业的形势，正确合理地评价自己的才能，不要孤芳自赏、定位过高，这样在求职时就不会好高骛远，就能在社会上找到自己的立足点，就会减小求职面临的巨大压力。

3. 不要盲目与人攀比

俗话说："人比人该死，货比货该扔。"在求职中，人与人之间，由于许多复杂的主客观因素的存在，有许多东西是不可比也无法去比的，比来比去，除了增加个人的烦恼外，对求职没什么帮助，也没有任何实际意义。

4. 善于化解求职的心理压力，化解就业焦虑

化解求职的心理压力，要注意以下几点：一是要对求职有正确的认识。初次求职失败是暂时不顺利，而不是人生的失败。二是要善于调整自己的求职心态。求职就业是人生的一件大事，但又是一件十分平常的、具有多种选择的事情，要以积极的心态去面对，不要把它看得过重，好像过了这个村就没有这个店，或者只许成功不许失败。对求职择业要有一颗平常心，找到满意的工作不要沾沾自喜，暂时找不到工作，也不要悲观失望、怨天尤人，要运用智慧积极寻求，并且要学会耐心与等待，总之，对求职要抱有信心、耐心和恒心。三是要注意自我减压。求职者特别是初次求职的大学生，遇到"红灯"，被自己看好的用人单位拒聘，个人的情绪可能会受到影响，产生失落感，对此要用积极的心态，认真分析求职失利的原因，找出自身存在的不足之处，总结经验教训，改变求职的策略，为下次的成功求职奠定基础。

5. 积极参与学校毕业生就业心理指导活动

就业是学生走向社会、实现人生价值的重要关口，由于就业竞争加剧和求职难度加大，那些涉世未深的学子必然会产生心理波动和情绪失落。为了确保毕业生的身心健康，学校的教育管理部门、就业指导部门和干部教师、心理咨询部门，要重视毕业生就业的心理咨询和指导，通过各种方式，引导和帮助他们树立正确的就业观念，对其就业中暂时的不顺利，要给予疏导点拨，使他们克服失落情绪，以积极的心态面对现实。对求职遇到挫折、情绪不够稳定、心理出现异常的毕业生，学校要以对国家、对学生、对家长高度负责的精神，采取有效措施，由专人进行开导，做好深入细致的疏导工作，帮助学生克服心理危机，化解和减轻心理负担，以防止意外事故的发生。

在求职过程中存在的竞争会克服惰性，促进社会的进步和发展。竞争让人们满怀希望，朝气蓬勃。竞争也容易使人们在长期的紧张生活中产生焦虑心理，出现心理失衡、情绪紊乱、身心疲劳等问题。尤其对于失败者，由于主观愿望与客观满足之间存在巨大差距，加上有的人心理素质本来就存在不稳定因素，竞争还会使他们消沉、精神变态，甚至出现犯罪或自杀情况。

（三）求职过程中的心理准备

从现在起，我们必须做多种心理准备。

如果学汽车运行与维修的学生不愿从事汽车维修工作；学机电技术应用的学生只想

搞管理,不想在机房搞维修;学服装与服饰设计的学生只想画设计图,不想跑市场搞调研……就容易造成"有岗无人"和"有业不就"的现象,这说明我们对就业的心理准备还不充分。

多种准备还包括专业未对口、专长却对口的职业。例如,商务英语和国际贸易专业毕业生期望到涉外贸易公司、企业工作是正常的。但是,如果没有专业对口的单位,却有需要一定外语基础的岗位,就属于专长对口的岗位,也应该予以考虑。

我们可以这样问自己:

(1) 如果没有理想的地区怎么办? 边远地区、农村、街道社区需要我们,能去吗?

(2) 如果没有理想的单位怎么办? 单位不理想,专业对口去吗?

(3) 如果进了理想的单位,却没有理想的岗位或工种能接受吗?

(4) 有没有勇气自主创业?

其实,求职之前,先做一些心理测试,听听专家的意见,减少选择失误,的确很有必要。比如,看似简单的求职信、简历,却大有"学问"。写得好的求职信、简历,是一块很重要的"敲门砖",可以在你和用人单位未谋面时,给对方一个清晰的印象,让你事半功倍。职业指导专家会告诉你,求职信除了简洁、明了、完整以外,还得根据不同单位、不同职业特点,有针对性地设计,以便突出个人特长。例如,你要是应聘文员,就要突出自己的写作能力强、细心、耐心等;如果要应聘的是翻译,还要强调你的听说能力和交际能力等。这样即使不能百发百中,也不至于满盘皆输。

许多单位虽然对学历的要求比较严格,但是它们更重视毕业生的能力和实际操作经验。如果求职者理想主义色彩浓厚,一味地强调自己的高学历,不切实际,不考虑自身的条件与社会环境,片面要求高待遇,一心向往大城市,这无形之中就构成了一个"怪圈":企业招不到想要的人,毕业生找不到想找的岗位。从心理学角度看,这就是毕业生就业心态出了问题,对自己的发展定位不准、方向不明。

实际上,只要简单地与心理咨询师、职业指导师交谈几句,做个测试,明白自身条件,求职就主动多了。职业指导专家蒋欣认为,求职者的专业知识与技能的掌握程度、实际操作能力、心理素质和应变能力、敬业与奉献精神、团队合作精神等,都是企业所关心的。不同性质的企业对毕业生的要求也是不同的。例如,"三资"企业偏重于强调团队精神、协调能力和诚信;民营企业重实干、敬业、忠诚、奉献。另外,企业对不同层次、不同职位员工的要求也有所侧重。比如,日本某公司招聘普通员工很重视工作能力,但对管理人员和高层人员还要求有工作经验、创造能力、忠诚与敬业等。

当然,现实或许并不像讲起来那么简单。大学毕业生也许会抱怨,刚刚走出校门,哪里有什么工作经验呢? 企业或许有自己的看法,现在人才市场供需反差很大,企业有足够的选择余地,当然就会提高对人才的要求,选择有经验的员工可以减少企业的用人成本。然而,正是因为如此,求职时先来一番心理咨询更显得必要。

具有良好的就业心态是成功择业、就业的前提和保障。刚开始,我们也许可能憧憬着自己的未来是多么地美好,自己的职业是多么地令自己满意。但是往往事与愿违,令我们心理承受压力。因此,具有良好的心理素质,对待求职怀着良好的心态就显得异常重要。正如就业指导专家们指出的,心态问题已成为毕业生就业的第一障碍。

1. 早就业早获经验,胜于空等

广东省就业指导中心负责人指出,对于大学生而言,应该尽快就业上岗,早上岗早获经验,哪怕是与专业无关的工作,起码积累了社会经验。先上岗再调整心态,先上岗再继续充电。工作经验与几张证书相比,是更好的筹码。

2. 脚踏实地,降低过高的期望值

华南师范大学就业指导中心王政忠老师说,其实这几年的就业形势发生了很大的变化,几年前大学毕业生还供不应求,现在供需基本平衡,某些专业还有较大的就业压力。一个毕业生有自信有勇气是好的,但也要根据自己的实际情况给自己准确定位,一味地高标准定位,盲目性太强,把自己框死在狭窄的就业范围中也容易高不成、低不就,在求职过程中屡屡碰壁。因此,脚踏实地,把过高的期望值降下来十分重要。

3. 了解自己,规划未来

暨南大学学生处副处长谢恬说,其实对前途茫然不知所措的毕业生不在少数。她劝告毕业生们首先要了解自己,认真地发掘自己的真正兴趣和特长,清楚自己最希望从事哪些工作,在求职时才会更有目的性,而不至于像无头苍蝇一样乱跑、乱撞。毕业生最好接受一次人才测评,由专家分析、指出自己最适合的就业范围,并给予一个职业生涯规划建议。有了透彻的了解后,未来也就有了一个发展的方向。

4. 从容应对,摒弃焦虑

广州市高校毕业生指导中心负责人王世华说,其实大家完全没有必要那么焦急。虽然说就业形势不容乐观,但大学生要找份工作还是不成问题的。每年11、12月份毕业生招聘供需见面会就会开始,许多用人单位还会做第二年的招聘计划,大量的机会还在后头。

5. 主动出击,克服"求职恐惧症",用平常心去面对

人力资源顾问于加朋先生说,社会上每一个人都是从"没有工作经验"起步的,而且不要误以为用人单位只想用"最优秀的人",实际上用人单位只想用"最合适的人"。另外,刚毕业的学生在求职上也有天然的优势:可塑性强、薪酬要求低、谦虚好学、有活力等,因此,求职时千万不要妄自菲薄,更不必恐惧。

大环境难以改变,每个人的主观能动性却可以充分发挥,调整好心态最为关键,而调整心态的过程中,用平常心应对挑战十分重要。平常心,是指对求职过程中的一时成败淡然处之。既然我们是正式迈向社会的新人,步履尚且蹒跚,面对激烈的职场角逐,遭遇到一些挫折在所难免,这是人生的第一次挑战,这样的挫折在日后的岁月里还将不断面对。大学毕业生拥有的最大资本是年轻,而年轻人多经历些风雨,将是今后人生和职业生涯发展的宝贵财富。不过分看重成败,积极行动,"求职恐惧症"便不治而愈。

平常心,是一种放眼未来、目光长远的心态。按一般人的职业生涯发展规律,大学毕业后三到五年主要是积累期,是离开校园后进入社会大学的再学习期。最初的一份或几份职业,有机会进入大城市、知名企业固然值得争取,那会提供一种良好的成长环境。而到中小城市、中小企业工作也未尝不是一种发展途径,避开人才竞争最激烈的地方,做"鸡头"也许比做"凤尾"更容易脱颖而出。

平常心,是一种脚踏实地的务实态度。不是等待机会和运气的降临,而是主动出击。不要因为怕苦、怕累而放弃从基层做起的难得的历练机会,其实起步的时候从基层做起,

根基最为扎实。踏实走好每一步，相信自己是金子，无论在哪个岗位都能闪光。

"求职今日意如何？择业艰难百战多。围城座座旌旗展，问君欲乘哪趟车。"这首打油诗是 NCR 金融系统(中国)有限公司人力资源经理汪大正先生在北京大学对毕业生进行就业指导时的即兴之作，众多与会者认为这首诗道出了心中的困惑与无奈。

企业究竟想用什么样的人？毕业生该如何择业？

(1) 企业看重的不是你的求职技巧

"目前的一些就业指导，往往只是给毕业生介绍一些用人单位的具体情况，缺乏对求职者思想或观念的指导与点拨。而一些有关求职的书籍则使毕业生过于关注应聘技巧，这有百害而无一利。"汪大正举了个例子：某公司有个职位空缺，一位求职者依照所了解的求职技巧如法炮制，故意表现得很外向，却适得其反。因为这个职位隶属财务部，需要精通专业知识、做事踏实，而此人的表现只能证明自己不适合在这样的团队里工作。就算一些毕业生凭借面试时的卓越表现进入了企业，但如果工作态度有问题或能力不够强，也还是会面临被淘汰出局的危机。更何况面试确实带有一定的偶然性，就像歌手大赛中由于多种原因获奖的并不一定是实力最强的人，因此求职者不能将职业成功的法宝都押在求职技巧上。企业更多关注的是求职者对专业的理解程度和工作态度是否认真。毕业生最好能更多注重自己的全面素质，将本色的自我展现出来。所以择业时，除了了解用人单位的具体情况外，应该多关注当今社会对应聘者的专业素养、工作态度和个人素质有哪些客观要求，千万不要妄想凭借"求职就这几招"去敲开事业成功的大门。

(2) 小马过河要知己知彼

童年时《小马过河》的故事今天对求职者仍有启迪。小马过河时不能听老牛的，也不能听小松鼠的，要由自己试一试水深水浅，再定夺。这是汪先生的忠告。尽管择业时是双向选择，但对工作经验为零的大学生来说，选择的自由更多在用人单位一方。"车"上的"座位"有限，而求职者的数量却远多于此。刚走出校门的大学生切忌将择业过于理想化，面对生存和发展的问题，需要给自己切合实际的定位。尤其是刚刚步入社会的大学毕业生，首先要解决的是生存问题，然后才是发展问题。不少人考大学填志愿时很清醒，先把自己最想报的学校列出来，然后退而求其次。但择业时却有点"发烧"，宁高勿低，非著名跨国公司不选。汪先生告诫刚毕业的大学生："你可以效仿盖茨，但你毕竟不是盖茨。他找到了适合他自己的路——弃学从商，他成为世界首富，你未必行。"

(3) 如何度过"水土不服"的适应期

新工作的大学生与老同学聚会时谈得最多的话题莫过于对工作单位的抱怨与现有的工作如何不适合自己。汪先生形象地将其比作刚学骑车的人。如果一个人还没有学会骑车，给他什么样的车去骑他都会摔跤，原因在于他还没有掌握骑车的技巧。因为从熟悉的学校环境到陌生的工作环境，需要一定的"适应期"。不仅如此，用人单位也在用要求员工的标准来要求新人，对于新人来说，自然压力不小。不过不该只看负面的东西。试想，是谁使刚毕业的大学生实现了工作经验的零突破？其实就是让他抱怨不停的第一家录用单位。因此对第一个接纳自己的单位应该心存感激。

(4) 职业时髦不可追

有一部分毕业生穿着上追时髦，择业上也有追时髦的，哪个行业热，就向哪个行业"钻"。不过有一热就有一冷，热门行业也会冷下来。不少人抢着进入 IT 业，不愿进传统行业。殊不知像美国那样的发达国家也没有放弃发展传统行业而只重IT,加入传统行业的人大有人在。放弃自己的专业去改行等于砍掉了自身优势。当由个人的专业所限不能马上进入热门行业时,最好量身择业。据汪先生介绍,公司有几位机电专业的工程师,他们没有放弃所学,而是立足本专业,脚踏实地学习。目前,这些人不仅积累了丰富的专业经验,而且计算机应用水平和英语水平也有很大提高,成为公司不可多得的技术骨干,已被送往国外接受管理培训。因此,汪先生建议所有刚离校的大学毕业生,应把求职看成自己走向事业成功的第一步,充分认识到事业成功是一个漫长的过程,就像一场马拉松比赛,不能靠一时的侥幸。开始跑在前面的人未必是最后的优胜者,因为比赛还需要耐力和韧性,人生也是如此。

自我测评

职业心理测试

◎ 请做以下10道单项选择题,然后按照评分标准(见表7-1)计算结果

(1) 你_____时感觉最好。

    A. 早晨　　　　　B. 下午及傍晚　　　　C. 夜里

(2) 你走路时是_____。

    A. 大步快走　　B. 小步快走　　C. 不快,仰着头　　D. 不快,低着头　　E. 很慢

(3) 和别人说话时,你_____。

    A. 手臂交叠地站着　　　　　　B. 双手紧握着

    C. 一只手或双手放在臀部　　　D. 碰着或推着与你说话的人

    E. 玩着你的耳朵,摸着你的下巴或用手整理头发

(4) 坐着休息时,你的_____。

    A. 两膝并拢　　B. 双腿交叉　　C. 双腿伸直　　　　D. 一腿蜷在身下

(5) 碰到让你发笑的事时,你的反应是_____。

    A. 一个劲儿地大笑　　　　　　B. 笑着,但不大声

    C. 轻声地笑　　　　　　　　　D. 羞怯地微笑

(6) 当你去一个派对或社交场合时,你_____。

    A. 很大声地入场以引起注意　　B. 安静地入场,找你认识的人

    C. 非常安静地入场,尽量保持不被注意

(7) 当你非常专心工作时,有人打断你,你会_____。

    A. 欢迎他　　　　　　　　　　B. 感到非常恼怒

    C. 在两者之间

(8) 下列颜色中,你最喜欢_____。

    A. 红或橘色　　B. 黑色　　C. 黄或浅蓝色　　D. 绿色

    E. 深蓝或紫色　F. 白色　　G. 棕或灰色

(9) 入睡前的几分钟,你在床上的姿势是_____。

    A. 仰躺,伸直　　B. 俯躺,伸直　　C. 侧躺,微蜷　　D. 头枕在一只手臂上

    E. 被盖过头

(10) 你经常梦到你在_____。

A. 下落 B. 打架或挣扎

C. 找东西或人 D. 飞或漂浮

E. 你平常不做梦 F. 你的梦都是愉快的

表 7 - 1　职业心理测试分值表

序号	A	B	C	D	E	F	G
(1)	2	4	6				
(2)	6	4	7	2	1		
(3)	4	2	5	7	6		
(4)	4	6	2	1			
(5)	6	4	3	5			
(6)	6	4	2				
(7)	6	2	4				
(8)	6	7	5	4	3	2	1
(9)	7	6	4	2	1		
(10)	4	2	3	5	6	1	

现在将所有分数相加,再对照下面的分析得出你的测评结果。

◎ 职业心理测试的分析结果

0~20 分:内向的悲观者

人们认为你是一个害羞的、神经质的、优柔寡断的、需人照顾的、永远要别人为你做决定、不想与任何事或任何人有关的人。只有那些深知你的人知道你不是这样的人。

21~30 分:缺乏信心的挑剔者

你的朋友认为你是一个谨慎的、十分小心的人,一个缓慢而稳定辛勤工作的人。如果你做任何冲动或无准备的事,你会令他们大吃一惊。

31~40 分:以牙还牙的自我保护者

别人认为你是一个明智、谨慎、注重实效的人,也认为你是一个伶俐、有天赋、有才干且谦虚的人。你不会很快、很容易和人成为朋友,但你是一个对朋友非常忠诚的人,同时要求朋友对你也有忠诚的回报。那些真正有机会了解你的人会知道要动摇你对朋友信任是很难的,但一旦这种信任被破坏,会使你很难过。

41~50 分:富有活力的完善者

别人认为你是一个有活力的、有魅力的、好玩的、讲究实际而永远有趣的人;你经常是群众注意力的焦点,但是你是一个足够平衡的人,不至于因此而昏了头。别人也认为你亲切、和蔼、体贴、能谅解人,是一个永远会使人高兴起来并会帮助别人的人。

51~60 分:吸引人的冒险家

别人认为你是一个令人兴奋的、高度活泼的、相当易冲动的人;你是一个天生的领袖,虽然你的决定不总是对的。别人认为你是大胆的和冒险的,会愿意让你尝试做任何事情,所以你是一个愿意尝试机会而欣赏冒险的人。

60 分以上:傲慢的孤独者

在别人的眼中,你是自负的、自我的,是个极端有支配欲、统治欲的人。别人可能钦佩你,但不会永远相信你,会对与你更深入地来往有所踌躇及犹豫。

三、如何面对求职失败

(一)求职失败后可以采取的措施

挫折是指个人在从事有目的的活动中遇到干扰和障碍,致使动机不能实现时的情绪状态。遇到挫折,要认真分析原因,是主观努力不够还是客观要求太高?是客观条件苛刻,还是主观条件不具备?认真分析,才能做到心中有数,才能更好地调节心理。

大学毕业生在求职择业过程中,不可能一帆风顺,一路绿灯,也会遭遇各种各样的挫折,如被用人单位拒绝,遇到"红灯"等。应如何采取相应对策,使应聘求职"柳暗花明",获得成功呢?

1. 坦然面对暂时失利

初次求职即出师不利,遭到用人单位的拒绝,对求职者来说,无疑是一件不愉快的事,但作为一个思想上成熟的大学生,应将它看作一件正常的事,在精神上对此必须有所准备。如今的就业是一种双向选择,一厢情愿是不现实的。所以,大学生对初次求职失利,应抱着一颗平常心,坦然面对现实。

2. 锲而不舍,知难而上

初次求职就遇"红灯",这无疑是对大学生求职择业的一大考验。俗话说得好:"宁可一点挖井,不可随处挖坑。"如果你确实看中某个单位,不妨千方百计地去努力,而不要轻易放弃。

3. 当机立断,转移目标

古人云:"识时务者为俊杰。"当初次求职遭遇"红灯"时,如供求双方的条件距离相差太大,求职者要有自知之明,当机立断,毅然放弃。俗话说得好,"东方不亮西方亮""山不转水转"。在一次求职没有成功后,就应该考虑更换一个求职应聘的目标。应该坚信"天生我材必有用""是金子总会发光的"。经过自己的积极争取和热心推销,一定能够找到一个称心如意的工作。当你因为求职条件太高,碰了钉子后,降低求职标准无疑是明智的选择。

常言说得好:"高处不胜寒。"求职不怕别人看低。你可以寻找机会去展现自己的才华,让别人对你刮目相看。因此,求职初遇"红灯"的高校毕业生,在求职应聘时,采取以退为进、从基层做起的策略,不失为明智之举。

案例 7-7

松下电器创始人松下幸之助身材瘦小,年轻时家境贫寒。一次去一家电子公司求职,人事部主管看他又瘦又小,衣着也很不光鲜,婉言谢绝:现在我们不缺人,过一个月再来看看吧!本来是一句推脱的话语,想不到一个月后松下又去了。主管说:你脏兮兮的样子根本进不了我们公司。松下借钱买了衣服。主管又提出:你不懂电器方面的知识。松下下功夫学习电器方面的知识。这种不怕挫折的执着精神,终于打动了人事部主管,松下成了这家电子公司的工作人员。这为他日后成为享誉全球的"企业经营之神"打下了基础。

"人生之不顺,十之八九","好事多磨",这是人们常用的短语。在求职过程中也可能如此。求职一次就成功固然好,碰碰钉子也是一种阅历,可以增长知识,积累经验。事实上,失败是一种客观存在,意味着没有成功;挫折则是一种心理感受,是一个人向目标进发时受阻而产生的不愉快体验。同样是求职失败,有的人觉得自己一败涂地,无地自容,对以后的应聘更胆怯;松下却觉得社会给他上了一课,增强了对求职的感性认识,学习了应对方法。

（二）消除求职失败后的心理阴影

不要因屡次被拒绝而灰心丧气,认可你的情感,但不要沉湎于其中,选择行动,而不是自怜。

上学的时候,你有没有过最后一个被挑选到活动的队伍中的经历?如果有,你会很熟悉那种等待被选和没有被选中的感觉。应聘面试会给你带来同样的心情,尤其是当你求职失败时。整个过程你都忐忑不安,期待着有一天这份工作会属于你。然而事与愿违,你收到一封公函,说你没有被选中。其实并不是你一个人感到失望。

求职被拒往往会让人感觉心里像打翻了五味瓶,又像旧伤复发:感到被忽视、妄自菲薄、孤立无助、蒙受羞辱,这些感觉的任何组合都是很典型的。你也许会感到被伤害或气恼,为别人这样对待你而感到厌烦,一遍又一遍的面试也许让你使尽浑身解数,结果还是上了被拒的名单。

不要沉湎于自怜,你要重整旗鼓,再次汇聚能量。如果你确实想到某一公司工作,不妨给他们写一封信,表明你看中的职位给了别人导致你多么失望;再次提醒他们你的所有优势;让他们知道,一旦有变故或机会再来,你仍然有兴趣为他们工作。或者,如果你感到还有戏的话,你也可以打电话和给你面试的人谈一谈。有时你可以找到愿意同你谈话的某个人,谈谈你的面试情况以及你在哪里失误。有时选中的应聘者未必最终到岗,或者是个人改变了主意。你永远不会知道将要发生什么,你会感到只要采取积极行动,就更能驾驭事态。

当你被邀请参加面试,要多往乐观处想。你已经被排在了他人之上。如果你得到第二轮面试机会,明显你做对了。继续提高你的面试技巧,事后给你自己打分。就像你人生中其他许多事情一样,你努力越多,结果就会越好。

（三）调整求职应聘策略,重新选择用人单位应聘

求职者在经历一次或数次应聘失败后,认真分析失败的原因,从中吸取教训后,就应当尽快调整自己求职应聘的策略,提高自己成功的概率。在求职应聘时,要尽可能选择更适合自己的职位。求职者应从自身的实际出发,端正就业态度,转变择业观念,实事求是地选择适合自己的用人单位及职位报名应聘。只有这样,才可能取得求职应聘的成功,顺利实现就业愿望,在各自的就业岗位上充分发挥聪明才智。

案例 7-8

张维是深圳某高职高专广告专业的毕业生。张维对自己未来的"规划"可谓宏伟,他的中长期目标是成为一个大型文化传播公司的老板,拍摄大写意的电视广告片,策划制作反映历史浮沉的电视连续剧等。当然,他也懂得"天将降大任于是人也",成功人士难免饱经磨难的道理,于是有了吃苦创业的思想准备,打算从最基本的工作做起。

张维参加了多场毕业生供需见面会,但均因种种原因未能落实就业单位。眼看就要毕业离校了,如果回到老家,那么做深圳白领的理想不就更难实现了吗? 他不免着急起来。

终于,通过朋友辗转介绍,张维来到了某广告公司,可老总告诉他目前不缺人,不过如果能在三个月内拉到五万元的业务,会破格正式聘用他。张维想,三个月五万元,凭良心说一个合格的广告业务员是应该有如此业务量的,于是就答应下来。

充满信心的张维没有料到做广告业务员的困难会比他原来估计的还要大,绝大多数的情况是压根就见不到有拍板权的企业老板,只能跟"外围人员"游说他的公司多么有实力,推介他的创意是多么不同凡响。眼看跑了近两个月了,却拿不到一单业务,张维疲惫不堪,却仍强打精神鼓励自己说:"谁让自己将来要做大事业呢?"

第三个月开始了,张维调整心态重新披挂上阵,找到了一家新建不久的大宾馆。宾馆的人说他们打算做广告,但要看总经理的意思才能决定,而总经理太忙了,要找到他需要耐心。张维在总经理办公室外等了三个上午后决定另辟蹊径,总不能老是这样傻等啊。于是,他每天给总经理写一封信,就像一位耐心的情人一样,向总经理娓娓道出他对宾馆的总体 VI 设计,并附上创意文案。可是,总经理没有给他回信,也没有给他回电话。

张维决定再等,总要给个说法才善罢甘休。张维打听到总经理的车牌号,就守在宾馆外的停车场,花去了三个上午和两个下午的时间。他想:这个宾馆的总经理总不可能整天不在酒店……正想着,张维眼前忽然一亮,那刚刚驶进停车场的不就是总经理的车子吗? 张维几乎跳起来,连忙迎上去。总经理说:"你的文案我都看了,我就知道你能'抓'到我,你这个人很有性格,我的秘书说你在宾馆等了快两个星期了。"张维没想到自己已经被"反侦察"了。

经过几个回合的谈判,张维所在的广告公司终于取得了这家大宾馆的广告代理权,张维也获得了广告公司的正式职位,而且不久后,他又被那家大宾馆的总经理"挖"到酒店担任酒店形象策划。总经理说:"人才难得有锲而不舍的精神。因为再聪明的人如果没有敬业意识,没有吃苦的打算,也是干不了事业的。"而张维也因此从酒店形象设计开始,进入了职业生涯,圆了他的深圳白领梦。

在上述的案例中,张维想充分利用大学生就业的机会在深圳发展,实现成为白领的理想,虽然他没有在毕业前落实深圳的就业单位,但是凭着锲而不舍的顽强精神终于实现了自己的理想,说明心理素质优异的人在求职时能够获得更多、更好的成功机会。

（四）控制求职中的不良情绪

一个人过分情绪化是心理不成熟的表现,大学生在求职时能够管理好自己的情绪可以为自己提供更多的成功机会。在就业和职业成功的道路上,最大的敌人往往并不是缺少机会或是资历浅薄,而是缺乏对自己情绪的控制。愤怒时不能遏制怒火,使周围的合作者望而却步;消沉时放纵自己的萎靡,把许多稍纵即逝的机会白白浪费。因此,大学生在平时要注意克服不良情绪。

不良情绪包括:恐惧、仇恨、愤怒、嫉妒、抑郁、紧张等。在这些不良情绪中,愤怒往往是年轻人最不容易控制的。愤怒容易使人失去理智思考的机会,许多场合,不可抑制的愤怒,使人失去了解决问题和冲突的良好机会,而且一时冲动引起的过失,事过之后可能要付出高昂代价才能弥补。

在实际生活中,愤怒导致的损失往往是无法弥补的。你可能从此失去一个好朋友,失去一个工作机会,你的形象可能从此在领导眼里受到损害,别人也会从此开始对与你的合作产生疑虑。

心理学研究表明,任何人的情绪都是可以通过行为表达出来的,也就是说你不高兴时,你产生的行为中也会带有不高兴的成分。我们很难想象一个郁闷的人会以积极的心态和行为面对招聘者。在求职过程中我们不断地面对让情绪产生变化的情况,为我们提供了训练自己情绪的机会。可以说,只有善于控制自己的不良情绪,才会以更好的姿态面对招聘者,为自己最终找到合适的工作奠定良好的基础。

如何控制自己的愤怒呢?可以把愤怒的事情写下来,也可以单独找一个地方来发泄怒气。当受了侮辱有发怒感觉的时候,可以告诉自己"沉默1分钟",这样可以让你冷静下来想出更好的办法来解决问题。如果生活中一些琐碎的事情使你老是烦躁不安,最好休息一下,或是去跑步,或者找出使你烦躁的原因,然后想办法解除。

第三节　就业前的准备

就业的过程是大学生认识自我、评价自我、适应社会的过程。大学生就业中的心理困扰,大多与不能客观认识、接受和评价自我有关,因而进行合理的职业定位、客观地认识自我,有助于职业定位,找到适合自己的职业方向。

一、就业准备的重要性

经过几年的大学生活,每个人都盼望着找个好工作,因此心里紧张而又兴奋。终于毕业了,可以到社会上拼搏一番,谋一份工作,以此回馈社会和家人了。而你是否为此做好了准备呢?

任何一个人并非天生就能从事某种职业或承担某种职务,需要或长或短的就业准备期和对自己所从事职业的一个适应期。就业准备因此就显得尤为重要。这也是为什么有人能够顺利地在较短的时间内适应所从事的工作的原因。就业准备是大学生应聘的基础和前提,一方面是大学生求职准备的基础;另一方面也是社会发展的客观要求。大学生只有进行了必要的就业准备,才有可能产生相应的求职择业行为。随着社会经济的繁荣、科技的进步,社会职业对从业者的各种素质提出了新的要求,学校所学的知识有时候并不是马上就能够得到应用,更多的时候需要从业者通过自身的学习去适应社会职业的要求。这就决定了大学生只有做好充分的就业准备,才能适应社会发展对人才的客观需要,更好地为社会做贡献。

二、就业准备的内容

就业准备的内容很多,但对大学生这样一个特殊层次的人群来说,主要是以下几个方面:

(一)客观地认识自我

1. 客观地认识自己的个性特点

人的个性是以自己稳定的行为模式与态度体系表现出来的,人的个性特征支配着他的行为。大学生在求职就业过程中,要考虑到自己的个性特点。个性往往对人能否顺利求职、成功就业产生很大影响。不同气质类型的人的知觉速度、思维灵活度是不一样的,有的表现为机智敏捷,有的表现为沉着冷静,有的则表现为冒失鲁莽等。所以我们自己要扬长避短,充分利用好自己的优秀之处去应对职场考验。例如,银行的会计职业,需要比较安静、稳重、做事比较细心和谨慎的人,而从事营销行业的人就与之相反。

2. 要了解自己的兴趣、爱好和优势特长

兴趣是爱好的推动者,爱好是兴趣的实行者,一个人的兴趣与爱好相辅相成、相得益彰。一个人选择职业时要从自己的兴趣和爱好出发,因为有些职业需要某种兴趣、爱好,有些职业明确禁止和反对某种兴趣、爱好。一个人的优势、特长得到发挥,有利于更好地满足职场对他的需求。

3. 要了解自己的能力、特长,包括自己所受教育、培训的程度

能力是求职择业以及将来事业发展的重要保证。能力包括的内容有很多,主要有三个方面:一是思考问题的能力;二是解决问题的能力;三是自主学习的能力。思考问题的能力与解决问题的能力的重要性不言而喻。大学毕业生在求职的准备中最容易忽视的是自主学习能力。寒窗多年,终于等到了可以通过自己的力量到社会上拼搏一番的机会,忙都忙不过来,哪有时间再学习啊!殊不知当今社会变化太快,对从业者能力的要求也与日俱增。

4. 要了解自己的生理特征

在求职时也要正视自己年龄、性别、身体健康、身高等生理方面的因素在择业中的优势和劣势。例如,体质较差,则难以从事繁重体力劳动;身高过矮不适合做航空服务员等。这是在求职择业前应明确认识到的。

(二)确定合理的就业目标和择业标准

所谓合理的就业目标,是指选择的职业既符合个人的特点,也符合社会需要。今天大学生合理的就业目标主要包括两个方面:

一是就业的主要目标。对于一个特定专业的大学生来说,在目前的就业形势下,最大的可能是从事与所学专业相关的职业。因此大学生应把能充分运用自己所学专业知识的职业作为自己就业的主要目标,这既符合学校教育的培养目标,又能充分运用自己的专业知识,发挥专业特长。

二是就业的次要目标。社会职业结构不断变化,对人才的需求也相应变化。这就要求大学生在学好专业知识的同时,根据自己的兴趣、爱好,利用课余时间,通过自学等途径,学习有关知识,培养各方面能力,决定与自己兴趣、爱好相一致的就业目标。确定合理

的就业目标,要求大学生合理调整就业期望值,优化自己就业的心理坐标。

(三)知识、能力和技能准备

一切职业都要求从业者具有相应的知识、能力和技能。专业能力因专业的不同,有不同的内容和要求。但无论是什么专业的大学生,都要具有一定的专业能力,在就业准备期应该做到:学好专业知识;参加有关的科研活动;结合所学专业参加社会实践活动;认真进行专业实习;认真做好毕业设计和毕业论文等。

(四)就业前相关材料的准备

找工作需要时间和耐力,很少有人能够很快找到自己理想的工作。学校推荐也好,熟人介绍也好,简历都是一个重要的"介绍信"。一般而言,毕业生就业需准备的简历主要有以下三类。

1. 自荐书。自荐书的内容安排与制作要求我们将在后面章节给予具体指导。

2. 自荐书的印证材料。这类材料主要是毕业生在学校的学习过程中所获得的各种证书、奖学金证明材料,以及担任学生干部的证明材料和党员的证明材料,发表的文章、论文等。这类材料的复印件是自荐材料的有机组成部分,其原件将在用人单位应聘和签约时供验证用。

3. 相关"表""书"。这类材料主要指学校发给毕业生的《毕业生就业推荐表》《毕业生就业协议书》《单位录(聘)用毕业生审核备案表》和《学校应届毕业生成绩表》原件各一份。这类材料是毕业生与用人单位正式签约的凭证材料,请务必妥善保管,切勿揉搓或遗失。《毕业生就业协议书》不得挪用、转借、涂改,否则视为无效。

第四节　如何提升就业能力

就业能力是以学习能力为基础发展的,它是一种与职业相关的综合能力。充分的职前准备使大学生具备较强的就业能力,就业能力体现了自身的内在素质和才能,而较强的就业能力又使其具备较强的竞争力。

一、就业能力的内涵

使大学生顺利就业并取得职业成功的五要素:

1. 正确的就业动机及良好的个人素质;

2. 出色的人际关系技巧;

3. 对丰富的科学知识的掌握;

4. 有效的工作方法;

5. 敏锐的、广阔的视野。

有学者通过实验研究得出结论,大学生就业能力由五个维度构成:思维能力、社会适应能力、自主学习能力、社会实践能力和应聘能力。

就业能力这一概念内涵丰富,从近年来学者的研究及企业对人才的需求来看,可以将大学生就业能力分四个方面阐述。

(一)人格品质

指个人对环境中各种信息所表现出来的一贯反映,包括责任心、进取心、主动性、忍耐性、独立性等个性特征。有的大学生由于学习与就业压力较大、家庭经济困难、人际关系失调等原因,往往会在心理健康方面产生障碍;有的大学生不具有敬业精神,这直接影响了他们的就业能力。

(二)丰富的知识

知识是指个人在某一特定领域内拥有的事实性与经验性信息。学生在校的学习成绩是就业时用人单位非常看重的一个方面。大学生应具有科学合理的知识结构,具备掌握书本知识的能力,因为知识是创新的基础,没有一定的知识储备不可能在工作中有创新,知识越广泛,思维越开阔,就越容易创新。

(三)基本技能

包括学习能力、沟通能力、思维能力、创新能力、分析问题和解决问题的能力等技能。在大学生获得工作的过程中,沟通能力更为重要,就业应聘面试就是一个面对面沟通的过程,平常在工作中也需要积极与上司、下属、客户进行沟通,取得共识,更好地开展工作。

(四)应聘能力

指求职的技能,即通过面试获得工作岗位的能力。这种能力并非自然形成,要获得一个好的工作,不仅需要有实力,也需要广泛意义上的求职能力和技能,包括收集和处理信息的能力、与人沟通的能力、良好的心理调适能力等。

二、提升就业能力的方法

随着高等教育改革的不断深入,高校开始重视大学生就业能力的培养,以就业和社会需求为导向建立人才培养模式和机制。如调整现有的专业及学科设置;推进教学改革,通过实行学分制,调动大学生学习的积极性;对大学生进行就业指导等,使大学生掌握了一定的职业能力。但在就业所需要的职业观念、知识、方法和技能等方面还缺乏对大学生有系统性的培养。因此,对大学生个体来说,需要不断提升自身的就业能力。

(一)培养良好的人格品质

一个优秀的大学生应该具有忠诚、敬业、勤奋、坚韧、好学、执着、有修养、有正气、有理想、有追求、自律、自强、团队精神和全局观念等基本品质。在实际工作中,用人单位认为,能力可以在工作中不断锻炼,品质却需要较长时间来塑造,所以,大学生应严格要求自己,加强人格品质修养。

大学生应端正择业心态,培养主动经营自己人生的信心、培养自己应对挫折的能力、培养自己敬业的心理素质。据调查,目前大学生因职业选择而引发的心理障碍已位居心理问题的第四位。所以,大学生应了解一些从失败走向成功的案例,根据自己的实际情况去找一份适合自己的工作。

(二)具备合理的知识结构

大学生在校学习期间要拓宽知识面,掌握相关专业知识,了解专业发展动态,特别是掌握与现代企业管理相关的知识,学会建立一个以自己专业为中心的整体知识系统。既要有扎实的基础知识、专业知识,又要有广博的综合知识、社会知识,并保持开阔的视野。对每一位大学生来说,科学、文学、历史、艺术、哲学等都是应该广泛涉及的门类。

大学生社会实践较少,因此应根据自己的理论知识结构来确定自己的择业目标,不断地充实与完善自己的社会知识结构,认真做好就业前的知识准备,增强社会适应能力。通过参加社会实践,增加实践知识,把理论知识与生产实践结合起来,提高社会知识水平,以满足现代企业对员工的要求。

(三)提高基本的技能

在校大学生为了将来可持续就业或者能够自动变动职业,必须具备较高的学习能力,拥有出色的专业技能和丰富的知识储备,同时要培养自己的有效沟通能力。岗位沟通能力高低是关系到能否获得一个职位,能否在工作中获得肯定和提升的关键。通过有效沟通能让领导、同事了解你的工作作风、认可你的工作能力,更易于了解你、接纳你。

在求职前,大学生需在专家的指导下,结合自己的实际情况进行分析、判断和决策,有针对性地参加就业培训,参加一些以职业规划、就业意识、求职技巧、职业素质培养为内容的系统培训。

(四)提高应聘能力

走出大学校园的学生具备了一定的理论知识、能力和素质之后,能否被企业录用,还取决于毕业生在应聘开始之前是否进行了大量的、有计划的准备工作,需要掌握一定的技巧。

求职前首先要剖析自己,在已有的职业生涯规划的基础上,进一步明确自己的职业目标和兴趣、能力及经历,精心准备自己的简历,在书写简历时要突出自己的优势。其次要有针对性地收集用人单位的信息,了解其是否是自己所期望的有能力、有信心就职的单位。

大学生都要经历面试,要正确对待用人单位的面试,以轻松而又自信的心态向用人单位展示自己的工作潜力,同时要注意掌握一些技能,有效、快速地判断面试官提问的目的,诚实而又具有策略地进行回答。

此外,大学生要学会主动推销自己,在极短的面试中,被用人单位所了解和赏识,培养自己的自信是成功的保证。

三、专业实习提升就业能力

参加系统的职业训练,能够顺利地完成从一名学生到职业者的转变。对于在校大学生来说,专业实习是提高职业能力的有效途径。

经过几年的专业知识、专业技能的学习,大学生掌握了一定的专业知识,通过参加社会实践,积累了一定的经验,但离今后的就业、参与竞争所需技能还有很大的距离。用人单位在选择毕业生的时候,看重的不仅仅是一张文凭,更看重今后在工作岗位上怎样创造价值和财富,即用人单位更加看重的是你的素质和潜能、能否通过培训成为公司的人才。因此,要重视专业实习、毕业实习,通过实习强化理论知识和实践技能、磨炼自己的意志、耐心和为人处世的能力;通过实习了解社会,了解企业的运作,熟悉企业文化,将自己融入企业和社会,将自己的理想与企业的发展统一起来。

实习为你提供了一个展示自我、让企业了解你的机会，一定要把握这个机遇，最大限度地发挥自己的优势和特长，为自己创造脱颖而出的机会。即使在实习的过程中没有机会让单位接纳你，你也可以通过实习检验自己适应环境的能力。认识新朋友，接触到相关领域的信息，学习到书本上没有的东西，为以后求职打下坚实的基础。因此，大学生一定要重视专业实习，提升自我就业能力。

（一）制订实习计划

实习之前要认真考虑自己的长处与不足，如自己哪些方面的理论过硬但实践不足、哪些方面理论和实践都很薄弱、哪些方面可以独当一面等，并根据实习特点制订出切实可行的实习计划。实习计划包括一份工作计划和一份学习计划。

实习是大学生学习中很重要的一部分，无论实习单位能否成为你就业的单位，实习中的学习都是至关重要的。在实习之前，要制订你的学习计划，包括你所在岗位能够提供给你的各方面的学习内容、专业能力、经验教训、企业文化、为人处世的能力等，还要特别关注该岗位未来的发展趋势和相关的知识领域。在实习中，不但要向师傅学，还要根据实习中暴露出来的缺点，向教师学、同学学、书本学，真正提高自己的综合素质。

（二）在实习中发现并把握机遇

一个偶然有时会改变你的发展方向甚至改变人生，但机遇从来都是留给有准备的人的。通过四年的学习，同学们都清楚了自己的专业和今后要从事的工作岗位，要找准自己的定位，明确发展方向，提升职业能力，当机遇来敲门的时候毫不犹疑地抓住它。要把从小事做起当成自己职业生涯成功的起点，千万不要犹豫不决、迟疑徘徊、患得患失，让机遇与你擦肩而过，失去本来可以属于你的那份工作。

（三）实习的计划与总结

在实习中发现和把握机遇，并在实施过程中不断地修正和总结，这样在实习中一定会有所收获。反之，没有一个明确的奋斗目标，缺乏发自内心的学习渴望，无论身边的人如何热心帮忙，收获也只能是有限的。所以，实习结束时要认真总结，给未来的工作一个好的开始。

总之，大学生千万不要认为实习不是真正走上工作岗位，不需负什么责任，按领导吩咐的干就行了。一定要重视学习，把自己当成企业的一员，全身心地投入工作，处处为企业发展打算，并在实习中根据实习的收获与体会不断反馈和调整工作计划，使之不断完善。

拓展训练

场景一

李坤是北京某高校 2019 届毕业生，他学习成绩不错，曾多次获得学校奖学金，甚至还获得过国家奖学金。春节前后，李坤与同学们一道参加了几次招聘会，眼看同学们一个个"名花有主"，而他不但工作单位没有落实，有的用人单位还对他这个"优等生"冷言冷语、不屑一顾，因此，李坤心里非常难过。为什么会出现这样的局面呢？经过分析，李坤自认为找到了原因，比如,他来自于偏远落后的农村,没有什么可用的关系,个子矮,长相不好,性格内向,不善言辞等。总之,李坤认为自己除了学习好之外,再无优势可言。因为工作无着落,李坤感到很对不起含辛茹苦的父母,自卑感油然而生,整天害怕到人才市场去找工作,便经常躲在宿舍睡觉或上网玩游戏。

看到此番情景,请思考并解决下列问题:

(1) 讨论李坤为什么找不到工作? 李坤在哪些方面还需要进一步努力?

(2) 假设你是一名辅导员老师,请谈谈如何帮助李坤走出困境,实现就业。

场景二

在一次就业指导课的课堂上,崔老师向同学们讲述了几则大学生就业成功的案例。

某高校毕业生王丹所学的是电气工程及其自动化专业,她性格内向,社交范围较小。但她学习刻苦努力,成绩较好。虽然英语六级一次通过,可是听说能力较差,大学英语六级听力测试题目得分没有过半,经过几年努力,英语听说能力进步不大。在择业中,她根据自己英语听说能力较弱的实际情况,首先排除了对这项能力要求较高的三资企业。王丹的第一选择是学校,第二选择是国有企业,最后选择乡镇企业。她在应聘学校教师失败、国有企业应聘没有成功的情况下,心态平和地及时与学校所在地一家经济效益较好的乡镇企业签订了就业协议,高高兴兴地走上了工作岗位,成为乡镇企业的一名技术人员。

某校医学院学生刘鹏对自己所学的外科专业就业岗位竞争压力做了充分的心理准备,在深入考察后,把求职的重心放在了上海某家大型医院。他认为,自己比较熟悉这家医院的情况,另外,该校医学院在外省市良好的形象也构成了一种潜在的有利因素。

某学院经济专业学生张某,发现北京市的银行系统似乎对外地生源的毕业生兴趣不大,他很快调整了自己关注的区域,并最终把自己和中国银行广东省分行紧密地联系在了一起,获得了相对广阔的发展空间。

讲述完毕后,崔老师让大家讨论案例中的几位同学为什么会成功,他们的择业过程对自己有什么启发。

甲同学说:他们都成功地实现了就业,其共同之处在于对于就业形势进行了充分的考察和估计,做到了心中有数。

乙同学说:他们都能够结合自己的实际条件,实事求是地进行职业选择。

丙同学说:他们的成功告诉我们,不要盲目地择业,要在充分地分析形势和自身所具有的实际条件的基础上,把宝贵的一票投给最可行的那个岗位。

看到此番情景,请思考并解决下列问题:

(1) 此番情景对你有什么启发? 你认为案例中的同学成功的原因在哪里?

(2) 结合当前就业形势和自身实际情况,分析一下自己需要在哪些方面继续努力。

第八章　就业信息准备和求职实践

本章导读

　　在大学生就业过程中，有一种现象令人惊讶。那就是大学生们看重择业，到处寻找就业信息，却很少认真分析通过就业信息选定的将去应聘的单位的情况。事实上，对应聘单位不了解，不仅影响择业的成功，而且很可能给未来的工作带来不可估计的负面效应。事先搜集好用人单位信息，对自己未来的工作做一番模拟，可以增强应聘的信心，同时顺利地与用人单位沟通，准确地将对方需要的信息传递给对方。

学习目标

　　1. 态度层面：了解未雨绸缪的必要性，以谨慎的态度对待就业信息。
　　2. 知识层面：掌握搜集、分析、筛选、鉴别和利用就业信息的方法。
　　3. 技能层面：学会写作求职信和制作个人简历，提高求职择业的实践能力。

案例导入

盲目求职，一无所获

　　生命的最高境界，就是选对舞台，尽情挥洒才华，走出自己的路。毕业生张冲学的是一个非热门的专业，他知道自己的专业不太好求职，于是采取了"漫天撒网"的办法，自以为网撒得越大，捕到鱼的希望也越大。所以，他把自己精心设计、制作的求职信和个人简历等材料复印了200多份，然后在邮局买了一本最新的电话号码本，按上面的单位地址把信封写好寄了出去……课余时间张冲忙得不亦乐乎，当最后一批求职信投进邮筒时，他心里好像踏实多了，心想这下可以安安心心地等待好消息了。

　　大约过了一个多星期，陆续有十几封地址不详的信件被退回，他表现得满不在乎，坚信好戏在后头。然而，一个多月之后，A单位回信了："对不起，本单位没有用人计划，你是一位优秀的毕业生,相信一定会找到满意的工作。材料退回,请查收。"B单位打来电话说:"欢迎你来本单位应聘,不过我们单位解决不了户口指标,你能否将自己的户口转回家庭所在地之后,再到我们单位来……"C单位则明确答复:"你的专业我们单位不需要,你能胜任的岗位我们没有空缺。"小张这下心里凉了半截。不久,D单位的下属单位给他发来了热情洋溢的邀请函,欢迎他到基层立业,可他对该单位提供的工作环境、待遇不满意,再往后,则什么消息都没有了。

张冲非常苦恼地来到学校就业指导中心向老师诉说自己是如何投入"巨资"的,如何满心期盼,而结果又是如何令人失望的。就业指导中心的老师耐心地为他指点迷津:"你的积极主动的精神值得肯定,但找工作一定要有明确的目标,千万不要盲目行事,要根据自己的实际情况和对方需求情况有的放矢地投送材料。你现在要做的第一件事是赶紧积极地去搜集就业信息,然后才是联系单位,参加应聘等。"在老师的指点下,他很快改变了策略,重新制作了10份材料,在广泛搜集用人单位需求信息的基础上,根据自己的实际情况和兴趣爱好,有选择、有重点地参加了几场招聘会,总共投出去9份材料,就收到了5个单位的面试通知,最后他参加了3个单位的面试,与其中一家单位正式签约。

分析:许多毕业生在求职初期会走一些弯路,主要原因在于开始时搜集信息的目标不明确、搜集信息的方法不正确。本案例中张冲的想法和做法在毕业生中是比较常见的。毕业生的自我推荐须讲究一些方式方法,应有目标、有选择地投放自荐材料,或上门应聘,以提高命中率。当然,在求职刚开始时,可能对就业市场的情况不大了解,可以适当地多关注一些信息。要根据自己的求职目标,有针对性地对信息进行分类处理,重点突破,不能"守株待兔"。

第一节　就业信息的搜集与运用

就业信息是指通过各种媒介传递的有关就业方面的消息和情况,包括当年大学生就业的政策、机构以及相关的法律法规信息、国内当前的就业形势、用人单位的招聘信息等。对于面临求职择业的大学毕业生来说,在认识自身条件以后,最关键的莫过于及时了解、收集就业信息和充分利用就业信息。大学毕业生的成功就业不仅靠自身的素质和外界的职业环境,也依赖于个人对信息的占有和利用。只有通过各种途径及时、全面地掌握职业信息,才能正确认识面临的就业形势,熟悉社会环境,了解相关的工作岗位。

一、就业信息的获得

收集和掌握求职信息是求职准备的关键,信息越多,在求职中选择的自由度就越大。聪明的求职者往往会多方面广泛地了解各种职业信息,为自己择业奠定良好的基础。

（一）宏观职业信息

这类信息涉及国家或地区的社会就业结构状况和人才需求变动趋势,为人们提供求职方向和求职目标,具有重要的宏观参考价值,许多毕业生往往容易忽视它。宏观职业信息主要有四类。

1. 国家或地区经济与社会发展信息

这类信息一般不直接反映国家某地区的社会人员需求状况,但经济与社会发展都必然涉及就业问题,影响就业结构的变化,从而间接地反映出劳动力流向、需求的变动趋势。如天津市从1992年开始的危陋平房改造工程是政府为老百姓办的一件大好事,带动了全市房地产、家庭装修、家具等一系列行业的发展,为求职者提供了巨大的求职空间。

2. 国家或地区经济的方针、政策、规定

其中,有些可直接或间接地影响到劳动就业,从而对社会人员需求变动产生某些影响。比如,全面贯彻执行《企业法》,实行企业经营承包政策,企业经济效益同工资总额挂钩政策,扩大、增加基础建设规模政策,大城市严格控制使用民工政策,鼓励城市科技人员支援乡镇企业的政策,吸引人才的各种优惠政策等等。

3. 国家或地区劳动人事制度改革信息

劳动人事管理和其他各项管理的改革都可能导致企业经营方式、劳动人事管理和其他各项管理的改革,都可能导致企业用人数量的变化和职工队伍的内外流动,从而对人员需求状况产生影响。

4. 国家或地区各项社会经济改革信息

针对现实社会经济发展中的问题和弊端所进行的各种改革,都会因涉及个人的利益而对人们的择业行为产生某种影响。

(二) 各地人才市场及就业洽谈会

各级地方政府除了设立专门的毕业生就业指导机构外,还专门设立了人才市场,定期组织人才交流会,毕业生可以通过人才市场随时掌握第一手的用人信息。同时,各地各部门还在毕业生就业的高峰期举办各种类型、各种层次的双向洽谈会,由于这些洽谈会是专门针对毕业生组织的,所以与人才市场定期组织的人才交流会相比更具有针对性,从而引导人员需求状况的变化。比如,进行机构改革、实行政企分开时,各类公司大量涌现,以至形成了择业中的"公司热"。而搞活流通领域的改革,又使得相当多的人把择业方向瞄准第三产业,等等。

(三) 大众传播媒介信息

阅读报纸、杂志,收看电视,收听广播,查阅网络等是获取职业信息的重要途径。虽然多数就业机会不一定是靠这类招聘广告的帮助而获得的,但对求职者来说,这是一个必不可少的渠道。它可以使你了解在当地可以找到哪些工作,哪些岗位看起来最有希望,某一类职业可以获得多少薪金,雇主或招聘单位希望入选者具备哪些条件等。

公众的要求是大众传播媒介关注的焦点。现在,各类大众传播媒介一般都辟有专门版面,发布招聘信息。这类信息直接、明确、具体地反映了人才需求的方向,有心的求职者应多关注这类可能给你带来福音的信息,从而为自己提供较多的就业选择机会。读好、用好"招聘启事",应当把握以下要点:

1. 发现"招聘启事"要快看、早看。看得早,掌握的信息量就大,行动得就快。我国有句成语叫"捷足先登",意思是谁来得快、谁就能掌握主动权。即使无意应聘,多掌握些信息对求职总是有好处的。

2. 广泛浏览各种报刊,留意各种场合可能出现的招聘广告。多一条信息、多一种机遇,也就有了广泛选择的余地。

3. 仔细阅读招聘内容。"招聘启事"大致包括三方面的内容:第一,用人单位的概况;第二,招聘的专业、工种及数额;第三,应聘资格与条件。有的应聘者"只见其一,不见其二",往往因误读了广告内容而使求职失败,这种教训应当汲取。否则,将会高兴而来,扫兴而归。

4. 注意招聘规定。"招聘启事"规定的报名日期、截止时间、考试日程要一一记清,不可因疏忽大意而导致"漏选"。

5. 搜集相关信息。如果读了"招聘启事"后认为自己符合条件规定,又有明确的应聘意向,便可以通过各种渠道搜集有关招聘单位的信息,了解其经营状况、工资待遇、社会保障、发展前途等,以便同已掌握的其他招聘启事加以对比,从而做出决定。

（四）职业介绍服务中心和人才交流中心发布的信息

职业介绍服务中心和人才交流中心一般会定期在当地的日报、晨报和晚报等新闻媒体上发布劳动力和人才的"招聘大会"信息。在这类信息中,一般介绍招聘大会的单位名称、招聘专业类型、招聘人才的基本条件和要求、招聘会召开的时间和地点。参加这类招聘会要有选择性,在参加所选择的招聘大会时,应随身带上笔和纸,广泛记录和收集与自己择业目标相关、条件相当的用人单位的招聘信息,以便认真筛选和利用。

（五）主动出击获得信息

一般来说,主动出击获取信息的方法有地毯式访问法、连锁介绍法、中心开花法、供需见面法、市场咨询法及广告开拓法。在此,我们着重介绍三种方法。

1. 地毯式访问法（又叫"挨门挨户访问法"）

使用这种方法,你必须坚定这样一种信念:在被访问的所有单位中,一定有你所要寻找的岗位,并且这些单位的数量与所访问的单位个数成正比例关系。即访问的单位越多,收获可能越大。这是一种比较原始的方法。在完全不熟悉用人单位的情况下,可以直接访问特定地区或某一特定行业中的所有单位。用这种方法找工作,首先要挑选好一条比较合适的"地毯",也就是先要制定适当的访问范围。求职人员应该根据自己的个性和专长,并结合社会需求,确定一个比较可行的求职行业范围,否则,乱跑一气必将事倍功半,而且随着失败次数的增加,也会导致失去信心。其次,在访问前要做好各种准备,除心理上的准备外,还要准备有关材料,如介绍信、推荐表、个人简历、成绩单、各类证书、证明及其复印件等。材料齐备可以节约接待者和你自己的时间,避免不必要的往返过程。另外,"有备而来"本身就体现了一种良好、成熟的素质,因此能给接待者留下较好的第一印象。

2. 连锁介绍法

所谓连锁介绍法,就是求职者通过亲友、熟人寻找单位,或者通过这些熟人、朋友再委托其他人帮助求职者寻找单位的方法。由于这个过程可以无限延续下去,因此又叫"无限连锁介绍法"。这种方法首先要求求职者设法从朋友中弄到与自己就业有关的各种用人单位的名单,然后依次有选择地展开。在成功的求职者中,有许多这样的例子。

连锁介绍法是一种比较可行的办法,也是一种行之有效的办法。求职者必须首先使自己取信于熟人、朋友,在此基础上运用灵活多样的方式进行连锁介绍。连锁介绍的具体方法很多,求职人员可以请朋友、熟人代为找工作,代为转送材料,也可以请朋友、熟人以书信、名片、便笺、电话等手段进行连锁介绍。在求职过程中,求职者应该随时向原介绍者汇报连锁介绍的进展,这样做一方面可表示谢意;另一方面可引起原介绍者的不断关心,以帮助求职者克服可能遇到的其他困难。我们深信:经过你的求职活动,你和你的朋友们之间的友谊一定会进一步加深,他们能为你分担求职的困难,与你共享找到理想工作的欢乐。

3. 中心开花法

所谓中心开花法,就是求职者在某一特定的职业范围内借助于一些具有影响力的中心人物,由他们出面帮助而找到工作。利用中心开花法寻找单位,关键在于取得"中心人物"的信任和帮助,这些中心人物了解其周围环境并能对其他同行产生一定的影响。求职者只有首先取得中心人物的信任,使他相信自己的能力和品质,才能得到他的帮助。这些中心人物有一定的社会地位,一般人较难接近,一个比较好的接近方法就是你用自己的工作成果、工作态度去打动他。和中心人物谈话,传统的附和办法并不一定能给他留下良好的印象。如果你彬彬有礼,忠实地说出自己的想法,反而比一味奉承更能博得对方的重视。年轻人都有一些新思想、新东西,但你千万不要自吹自擂,长者普遍反感"一瓶子不满,半瓶子乱晃荡"的人。若他对你的话题感兴趣,你可以用讨教的口吻与他谈谈你的新思想、新东西。成功的关键在于你既要有思想,又要有实干精神,再加上为人诚恳、谦虚,他自然会助你一臂之力。利用这种方法,请少数几个人帮忙就行了,可以节省你的时间和精力。

(六) 从学校毕业生就业指导机构获得信息

现阶段,各高等院校对毕业生就业相当重视,学校组成专门机构负责同企、事业单位联系,收集社会需求信息。学校发布的就业信息针对性强,就业谋职成功率相对较高,毕业生可以经常同学校有关工作人员交谈、咨询,了解并获取相关就业信息。

二、就业信息的筛选

大量的就业信息是择业的前提,但这并不是就业的充分条件。由于信息来源和获取方式的局限,开始得到的信息一般比较凌乱,有的甚至虚假不实,往往不能直接利用。所以,在广泛收集用人信息后,毕业生应结合自己的实际情况,对用人信息加以筛选处理,去粗取精,去伪存真,有目的、有针对性地进行排列、整理和分析。对信息的筛选应遵循以下原则:

(一) 掌握重点

信息可以全面收集,但在比较筛选之后,应把重点信息选出、标明并注意留存,一般信息则仅作参考。

(二) 善于对比

当你从不同的渠道收集到大量的需求信息后,可用对比鉴别的办法,确定其对自己的用处。

（三）咨询求证

当你收集到一些需求信息后，为了弄清信息的可靠程度，应当通过各种办法，找有关人士去打听以确定信息的可靠程度。

（四）了解透彻

对于重要的信息要顺藤摸瓜、寻根究底，务求了解透彻，不能一知半解。要全面掌握情况，全面了解信息的中心内容。

（五）避免盲从

获取用人信息以后，不能一味盲从。认为亲友告诉你的信息一定可靠、报刊上传播的信息肯定没问题的心态是不可取的。绝不要未经筛选就轻率地做出选择，这样往往会错过良机或耽误时间。

（六）适合自己

一切信息都要用来对照衡量一下，看是否适合自己。千万不要好高骛远，挑选不适合自己的工作岗位。

通过各种渠道获取的求职信息并非专为某个人提供，择业者对信息的使用机会一般来说是均等的，谁首先成功使用某一信息，取决于谁最先对这一信息做出合理的分析和判断。因此，信息的筛选应遵循学以致用、奉献社会、面对现实、理论联系实际、早做抉择等原则。

三、就业信息的利用

搜集、筛选就业信息后还必须对信息加以利用和分析，并针对自身的实际情况，或加强自身某方面能力的培养，或继续完善自己的求职技巧。大体而言，利用信息的途径有三个方面。

（一）选择最佳岗位

要及时运用有价值的信息去选择适合自己的工作。每个人都要善于运用信息，将职业的要求与自己具备的条件相对照以后，选择适合于自己的最佳岗位。这是搜集和筛选信息的最终目的。

（二）弥补能力不足

根据职业信息的要求及时调节自己的知识、技能结构，提高自己的工作能力，弥补原来的不足。如发现自己哪方面知识不足，就主动去学习，或发现自己哪方面技能欠缺，就赶快参加必要的训练，主动学习和掌握相应的技能。

（三）共享有用信息

学会共享有价值的就业信息，及时输出对他人有用的信息。有些信息对自己不一定有用，可是对他人却十分有用，遇到这种情况，千万不要抓住这些信息不放手。迟迟不输出对他人有效的信息，这是一种极大的浪费，也是一种不良心理的表现，是不可取的。其实，你能主动输出对他人有用的信息，不仅是对他人的帮助，而且他人的顺利就业自然也使你减少了一个竞争者。同时，这样做还增加了与他人交流信息、增进友谊的机会，说不定你也会从别人手中获得对自己十分有益的信息呢！

第二节 求职材料的准备

在双向选择过程中,大部分用人单位安排面试的依据是反映毕业生情况的求职材料,通过这些求职材料来判断和评价毕业生的学习成绩、工作潜力。毕业生要成功地向用人单位推销自己,拟定具有说服力和吸引力的求职材料是第一步。

求职材料又叫自荐材料。用人单位出于节约人力和时间的考虑,大多数情况下,不采用直接面试的形式,而是要求求职者先寄送自荐材料,由他们进行比较、筛选,然后再通知求职者是否面试。由于用人单位最初是通过自荐材料来了解求职者的,因此自荐材料的好坏,关系到求职者能否引起用人单位的重视,并由此叩开用人单位的大门。

一、求职材料概述

求职材料是高校毕业生推销自己、与用人单位取得联系的实务性准备。向用人单位投递求职材料是毕业生"投石问路"最常用的办法,而严格规范这些实务性准备,使自己具有一套内容翔实、格式规范、富有个性、针对性强、设计美观的求职资料,对求职者是至关重要的。

(一)封面

封面的制作一般要有特色,但不要过于花哨。封面上要突出求职者的专业背景、学历层次、姓名、联系方式,也许有一张排版巧妙的个人生活照会更好,以便用人单位在收到简历的同时,对求职者有一个初步的印象。

(二)推荐表

学校统一发放的毕业生就业推荐表必须附在求职材料中(注:推荐表原件只提供给正式签约单位)。

(三)求职信

求职信是针对特定的用人单位写的。当毕业生获得就业信息时,通常是先写一份求职信连同就业推荐表一并寄(送)到用人单位。用人单位根据毕业生的求职信来判断毕业生是否符合用人单位的要求,是否给你提供面试的机会。在成百上千的求职信中,如何使你的求职信与众不同且脱颖而出,让用人单位给你一个难得的面试机会,是求职取胜的关键。

(四)个人简历

所谓简历,就是概要介绍个人的基本情况,并对你所具备的技能、成绩、经验、教育程度、求职意向做一个简单的总结。一份成功的简历,往往在瞬间便能抓住用人单位的心,赢得难得的机会,达到被录用的目的。

(五)在校期间学习成绩单

在一些单位看来,学习成绩还是比较重要的。因此,提供一份详细的成绩单是很有必要的。成绩单应体现你在大学期间的所有课程及成绩,通常是从所在学校或学院打印出成绩单,然后加盖学校和学院的公章。

（六）获奖证书复印件

这些材料的原件,请务必妥善保管,在附复印件的同时,最好同时带上原件,以备查询。如果单位需要在这些复印件上加盖学校就业中心的公章,请带上原件在指定受理时间前往就业中心办理。

（七）其他材料

这部分一般是指公开发表的文章、科研成果、设计作品等方面的材料,这些材料请根据你所应聘的单位的不同类型分别准备。

二、求职材料的制作

求职材料包括求职信、个人简历、毕业生就业推荐表等。

（一）求职信

求职信是应聘人向用人单位自我推荐、谋求职位的一种专业书信。它是求职者根据自己的条件和求职意向,向可能聘用自己的单位或个人介绍自己情况,争取获得面试机会的一种书信。

1. 求职信的特点

求职信具有自我推荐的性质,富有个性,是充分展示求职者自信心的应用性文章。

（1）自我推荐。求职者给素不相识的用人单位或个人写求职信,使对方了解自己的学历、学识、才能和经历等情况。

（2）富有个性。个性化的求职信使你从信件的海洋中脱颖而出。针对求职目标和用人单位的要求,求职信在介绍自己胜任工作的条件和能力的同时,需要适度展示自己不同于他人的个性和优势,给对方留下深刻印象。

（3）展示自信。求职信要想谋取成功,在行文中充满自信是相当重要的。行文要语气中肯,让人读来亲切、自然又表现出足够的自信。

2. 求职信的结构

求职信一般由标题、称谓、正文、结尾、落款和附件几部分构成。

（1）标题。居中直书"自荐书"或"求职信"。定向性的求职信往往省去标题。

（2）称谓。求职信的称谓必须用表示尊敬的词语,并符合彼此的身份。

（3）正文。正文是求职文书最重要的部分。叙述和询问的主要内容都要在这部分中表述。

（4）结尾。求职信一般采用"恭候您的回信""盼复""盼赐答""渴望您的回信"等类的结束语。所用敬语,不拘一格,视具体情况而定,一般是表示敬意、祝愿等的敬语,如"祝贵公司兴旺发达",也可用"此致敬礼""敬祝安康"之类的通用语。

（5）落款。落款包括署名和日期,求职信的署名要按自己和收信人的关系而定,与开头称呼对应。日期写在署名下一行,一般应写明年、月、日。

（6）附件。受篇幅限制,求职信不可能把所有材料都写进去,但为了证明自己的能力,可以另外准备一些材料,作为附件同求职信一起寄给对方。

3. 撰写求职信的基本技巧

书写求职信是有一定的技巧的，综合来讲有以下几点内容：

（1）有的放矢，态度端正。书写求职信，首先要清楚应该写什么，不应该写什么。毫无疑问，求职信的主要功能是自我推销，但自我推销并不等于一味地罗列自己的优点和长处。要使求职信有效果，动笔之前首先要对应聘单位的情况和职位的要求有所了解，然后再有针对性地介绍和突出自己的特长。另外，写求职信时，要诚恳礼貌，切忌自吹自擂，炫耀浮夸。软弱怯懦、缺乏自信也是不可取的。

（2）言简意赅，美观大方。求职信的内容应该简明扼要，最好控制在一页纸以内，太长不但会浪费阅读者的时间，也易引起反感。当然，求职信的内容也不能太短，太短则无法说清问题，自然难以引起注意。现在计算机已经相当普及，除非求职者的毛笔字或钢笔字写得特别好，否则最好把求职信打印出来，以保持其整洁、明了。

（3）细致认真，文法无误。撰写求职信一定要细致认真，尽量运用简明、直接的文字，多用短句。需要特别注意的是，写求职信一定要注意文法，要行文流畅，切勿出现病句、错别字及用词不当的情况。为了防止此类情况出现，求职者除了自己要对求职信进行认真细致的检查外，还应该让周围的人，如朋友、室友等帮助自己进行检查。

（4）诚恳真挚，以情动人。求职信作为一种应用文体，也讲究"以情动人"。求职者要借助语言来交流思想、传递信息、感动对方。比如，去应聘一家来自家乡的单位，就可以充分表达自己要为家乡建设尽一份力的态度；如果去应聘教师，就应该表达自己要为教育事业奉献终身的决心。总之，要设法引起对方的共鸣或者得到对方的赞许。

力争以情动人的同时，还要"以诚感人"。所谓"以诚感人"，就是指以"诚"取信于对方。态度诚恳、言出肺腑、实事求是、言而可信，优点要突出、缺点不隐瞒。

JOB　案例 8-1

求职信范文

尊敬的领导：

您好！感谢您在百忙之中审阅我的求职信。

我是××大学××学院 2019 年应届毕业生，面临择业，我满怀憧憬和期待，坦诚地向贵单位自荐，并将我的材料呈上，敬请审阅。

我毕业于一所年轻的学校，十五年的寒窗苦读造就了自强不息的我。大学四年生活短暂而充实，一千多个日日夜夜，我荡起智慧之舟，迎朝阳，送落霞，遨游于知识的海洋。我明白，现代社会，机遇与挑战并存；我懂得，只有不懈地努力才会有好的收获。正是凭着这种信念，我以乐观向上的进取精神，刻苦勤奋的学习态度，踏实肯干的工作作风，团队合作的处世原则，开拓进取，超越自我，力争成为一名有创新精神、积极开放的复合型人才。

大学生活是我人生中最重要的一个阶段，是我探索人生，实践真知，获得超然智慧，更加成熟的过程。在这期间我不但学习了课本上的知识，如计算机、法律基础、马克思政治经济学等公共课程和精读、泛读、口语、听力、写作、翻译、心理学等专业课程，以及数学、经济管理基础、逻辑思维与方法、西方哲学智慧和自然辩证法等选修课程，还真正懂得了人生的意义、人生的价值。在以后的工作中，我能够从事英语翻译、行政管理、经济管理、英语教育、现代办公、文秘以及进出口贸易等相关工作。我立志做一个学好此专业的优秀大学生,我不仅有扎实的理论基础,而且有一定的实际操作能力以及吃苦耐劳、团队合作精神。出生于农村家庭使我具备了勤奋、吃苦、务实、向上的精神和作风。农村生活铸就了我淳朴、诚实、善良的性格,培养了我不怕困难挫折、不服输的奋斗精神。

大学期间,我不断完善自己的知识结构,提高自己的综合素质。"天道酬勤",今日的我已系统地学习并掌握了本专业所开设的所有课程,并且熟悉国际形势的发展需要。不仅如此,在大学期间我还多次参加社会实践活动,在检验自己所学知识的同时,使自己具备了较强的分析问题和解决问题的能力。此外,学生会的生活也增强了我的组织能力、领导能力及管理能力。在模特公司工作时,舞台上的锻炼更增强了我的胆略和自信。自信和执着是我的原则,沉着和乐观是我处世的态度,爱好广泛使我的生活更加充实。面临择业,我对社会和自己都充满信心,渴望得到社会的认可,能有机会发挥自己的聪明才智,对社会有所贡献。

"十年磨一剑,今日把示君。"我没有名牌大学的文凭来保荐,也没有丰富的政治背景来装潢,但我是一个健康自然的我,自信而不狂妄,稳重而富有创新,成熟而充满朝气。我愿凭着这个自然的我以最诚挚的心和其他大学生一起接受您的挑选。"英雄有几称夫子,忠义怕公号帝君。"现实社会中,人才如恒河沙数,即使宇宙之神也难以一一捡拾,我期待自己能够脱颖而出。回首过去,是我勇于探索、勤于求学的知识蓄积之路;展望未来,将是我乐于奉献于业务的事业开拓之途。

"良禽择木而栖,贤臣择主而事。"尊敬的领导,雄鹰展翅急需一方天空,良驹驰骋尚待一方路径。贵单位所开创的业绩和远大的开拓前景我仰慕已久。深信我会用自己勤勉的汗水与同仁一道为贵公司的锦绣前程奋斗不息,奉献我的热忱和才智!我真诚地希望成为其中一员。

我相信:是金子总会发光!过去的成绩已成为历史,未来的辉煌需要坚持不懈地去创造和实现。在这多彩斑斓、日新月异的年代,只有高素质、高能力的综合性人才才能够在激烈的竞争中立于不败之地。相信您的信任和我的实力的结合将会为我们带来共同的成功!

谨祝工作顺利!

求职人张××
2019 年 6 月 15 日

(二) 个人简历

个人简历是求职过程中的敲门砖,是应聘者的个人广告。内容充实而又富有个性的简历将会在众多平庸而雷同的简历中脱颖而出,更早地吸引人事经理的眼球。在我国的大学"扩招"效应已使得人才市场供大于求的今天,谁能未雨绸缪率先掌握简历的书写要领并认真地准备好个人简历,谁就可能在今后的求职道路上走得更顺畅一些,至少被埋没的概率要小一些。

个人简历是自己生活、学习、工作经历的集锦。撰写个人简历的真正目的是让用人单位全面了解自己,从而为自己创造面试的机会,最终达到就业的目的。个人简历一般作为求职信的附件呈送给用人单位。

1. 个人简历的特点

一般而言,个人简历有真实性、目的性、精简性三个特点。

(1) 真实性。写简历时一定要客观理性地总结自己的经历,做到真实、准确、不夸大、不缩小、不编造,这样才能取信于人。

(2) 目的性。简历的写作目的很明确,就是希望通过学识、能力、业绩的展示,博得用人单位的青睐,为最终被录用打下良好的基础。

(3) 精简性。简历贵在简单而有力。简历写作要求简洁、重点突出、条理清楚,不留一个多余的字。简历最好用一页纸清晰地表达自己,不要超过两页。

2. 个人简历的类型

按照不同的标准,可以将个人简历划分为不同的类型。

(1) 按格式分类。个人简历分为表格式和文字式。表格式个人简历就是把求职者的相关信息通过表格反映出来,其优点是简便、容易填写;文字式个人简历就是把求职者的信息分类,用文字表达的方式罗列出来,其优点是能最大限度地展现求职者的个性和优势。

(2) 按照载体来分,个人简历有纸质简历、电子简历和网上简历。纸质简历就是用纸张把求职者的有关信息抄写或打印出来;电子简历是利用声音、图画、影像、文字等多媒体技术,把求职者的简历制成光盘、录像材料等;网上简历就是制作网页或电子邮件,利用网络把求职者的简历发出去。

3. 个人简历的制作

为了便于讲解,这里把个人简历分为文字式简历和表格式简历两种,因为格式不同,制作方法也有所不同。

(1) 文字式简历的制作。文字式简历的基本内容包括本人基本情况、学习和工作经历、求职意向、联系方式、证明材料等基本要素。

个人基本情况部分包括姓名、性别、出生年月、民族、籍贯、学历、学校、专业、身体状况等,这一部分内容一般写在简历的最前边;学习经历主要列出大学阶段的专业课程、选修科目及成绩,尤其是要体现与求职者所谋求的职位有关的教育科目、专业知识;工作经历包括做过哪些社会实践工作,有什么建树或经验教训;求职意向主要表明自己对哪些岗位、行业感兴趣及相关要求。联系方式就是求职者的地址、电话号码、手机号、Email 地址、QQ 号码、微信号码等。

证明材料一般是列举有关的证明人及附件材料,附件材料包括学历证明、获奖证书、专业技术职务证书等。有的要提供证明人,证明人是求职者求职资格、工作能力和个人情况的推荐人,在证明人栏目中要详细说明证明人的姓名、职务、工作单位及联系方式。

在制作个人简历过程中以上内容不一定面面俱到,要根据具体情况而定。

案例 8-2

应届毕业生简历范文

姓名：许磊

性别：男

民族：汉

籍贯：××省××市

出生年月：××××年××月××日

住址：北京××学院××楼××

联系方式：138×××××××××

abc@gmail.com

求职意向：××××、××××

教育背景：2015-09 至 2019-07　本科　北京××学院××专业

获奖情况："××"企业奖学金，综合排名第一，全系××人中唯一获奖者；"×××"企业奖学金；校一等奖学金；北京市优秀毕业生；校优秀团员、优秀团干部、校"三好学生"（连续两次）；北京××学院"××××"杯首届创业计划大赛二等奖。

英语及专业技能：通过国家大学英语四级考试。具有扎实的文字功底以及良好的表达能力，曾在《××报》上发表文章《××××》以及《××××》；了解产业市场制造、运营、终端、业务营销等；熟练使用 Excel、PowerPoint 以及 SPSS 软件。

实习经历：20××年××××北京研发中心无线通信组实习生。与部分制造商沟通交流，协助大唐移动成功进行 TD 试验网的新业务演示；深入了解 5G 产业链的发展与最新动态，提高了分析问题、与人沟通的能力；积累了英文市场产业报告的撰写经验。

项目经验：20××年，任北京××学院"ABC"杯首届创业计划大赛市场总监。

在团队中负责增值业务市场策划，调研整合大量资料，分析产品市场定位，制定营销组合战略；配合其他成员讨论并实施项目；掌握了电信市场营销的基本知识；积累了一定的市场策划经验；锻炼了商业计划书的撰写能力。

社会活动：20××年，任北京××学院××部副部长，带领××人的团队，成功策划实施"第二届求职论坛"并得到××××公司全程赞助，举办××场讲座，每场观众××人以上；活动后展开大型问卷调查，将信息反馈给公司，得到企业的肯定和好评；第××届创业计划大赛组委会秘书处成员，协调其他部门，顺利完成大赛所有文案起草以及活动的对外宣传工作。

自我评价：自信、乐观、责任心强；较强的团队合作和沟通能力；较强的抗压能力；爱好唱歌、旅游、羽毛球等。

（2）表格式简历的制作。表格式的简历一般由毕业生所在学校或用人单位根据其需要而制作，没有统一的模式，表格中一般包括以下内容：求职者的基本情况、爱好特长、求职意向、奖励情况、社会实践（或工作业绩）、自我评价、技能情况、联系方式等。各部分的写法与文字式个人简历类似，用语更为简练（见表 8-1）。

表8-1 表格式简历例文

姓名	李××	性别	女	出生年月	1996.06	
学历	本科	民族	汉	政治面貌	预备党员	
学位		身高	168 cm	健康状况	健康	照片
籍贯	河北保定	院校专业	×××学院园艺教育			
爱好特长	写作、音乐、羽毛球	辅修专业	文秘			
求职意向	教师、学生管理工作人员、文秘等					
获奖情况	2017.10 校第十七届女子排球赛团体亚军 2018.11 校"阳光杯"主持人大赛三等奖 2018.12"大学生学习实践习近平新时代中国特色社会主义思想"征文活动优秀论文					
个人经历	2012.09~2015.07××一中 2015.09~2019.07×××学院					
社会实践	2016年暑假，××一中办补习班 2017年暑假，××日报实习 2018年暑假，××公司文秘					
自我评价	吃苦耐劳，谦虚好学，有敬业精神和合作意识 工作认真负责，责任心强 写作能力强					
英语水平	国家四级	计算机水平	二级	普通话水平	二甲	
联系方式	地址：×××省×××学院××信箱；　　邮编：×××××× 电话：××××—×××××××(宿舍)；手机：××××××××× 电子邮件：ahlx@126.com					

4. 个人简历的写作要求

无论求职者写作哪种类型的个人简历，都应当做到以下四点。

(1) 文字简洁，用词准确。简历写作，要惜墨如金，避免出现过长的段落；多用动词，省略第一人称"我"。用词力求准确，阐述自己的技巧、能力、经验时要尽可能准确，不夸大也不误导，所填写的内容应与求职者的实际能力及工作水平相同。不要使用拗口的语句和生僻的字词，更不要有病句、错别字。简历中如果有外国文字，要特别注意不要出现拼写错误和语法错误，一般招聘人员考察应聘者的外语能力，就是从一份简历开始的。

(2) 精心构思，不拘一格。要组织好个人简历的结构，不能在一份个人简历中出现重复的内容。在结构严谨的前提下，要使自己的个人简历富有创造性，使阅读者能产生强烈的阅读兴趣。简历格式设计也是一个非常重要的因素，是真正的"第一印象"。要标识明显，段落不要过长，字体大小适中，排版端庄美观，疏密得当。还要注意版面不要太花哨，要有类似公函的风格，这能体现出求职者的基本素养。

(3) 详略得当，突出重点。对于不同的用人单位、不同的职位、不同的要求，求职者应当事先进行必要的分析，有针对性地准备简历。盲目地将一份标准版本大量拷贝，效果会大打折扣。要根据用人单位和职位的要求，巧妙地突出自己的优势，给人留下鲜明深刻的印象,但注意不能简单重复,这是整份简历的点睛之笔,也是最能表现个性的地方,应当深思熟虑、不落俗套、有说服力,而又合乎情理。要详细写出求职者的特长,不能模糊和笼统,要说明到底"特"在哪里,"长"在何处,让用人单位做出准确判断。

(4)内容真实,评价客观。简历最基本的要求就是真实。诚实地记录和描述,能够使阅读者对求职者产生信任感。诚实是用人单位对求职应聘者最基本的要求。阅历丰富的人事经理,对简历有敏锐的分析能力,遮遮掩掩或夸大其词终究会露出破绽,何况还有面试的考验。简历中通常都会涉及对自己的评价,自我评价应当力求客观公正,行文中所表现出的语气应当谦虚诚恳。总的来说,既不能妄自尊大,也不能妄自菲薄,分寸的把握非常重要。特别要注意避免夸夸其谈,适当坦陈自己经验等方面的某些不足,反而更能赢得好感。

JOB 案例 8 - 3

学生简历十不要

(1)不要连篇累牍。那种又厚又长的简历用人单位是不会看的。

(2)不要说自己无所不能。对自身能力的虚夸,会让用人单位对求职者产生不诚实的印象。实事求是非常重要。

(3)不要到处抒情。用人单位关注的是真才实学,而不是激情口才。

(4)不要使用劣质的纸张,要注意检查基本的拼写和排版问题。

(5)不要过分压缩字符和版面。用人单位不会仔细地分辨那些难以辨认的小字到底讲了什么。

(6)不要在填写工作经历时虚构日期和职位或者赘述频繁更换的工作。诚实是基本原则。

(7)不要简单抄袭别人的简历,最好把自己的长处写出来。

(8)不要在简历中带有成绩单、荣誉证书等附件。

(9)不要在简历里涉及薪水问题。

(10)不要陈述个人隐私和信息,如宗教信仰和爱好。

5. 个性简历的创新

众所周知,在求职中,个性突出、特色鲜明的大学毕业生容易在竞争中取胜。而与众不同的简历,容易吸引招聘人员的目光。一份好的简历,对于找工作至关重要,有时甚至起到决定性的作用。对众多招聘单位的调查结果显示,简历最好能在 15 秒内给阅读者留下深刻印象。但在各种简历模板、写作规则、注意事项等前,许多求职者迷失自我,简历失去个性,把简历当成了自我吹捧的抒情散文,过于专注自己取得的每一项成就。这些模式化的简历在求职竞争中不仅不能为求职者带来帮助,反而会将原本具有个性的求职者淹没在众多的泛泛而谈的垃圾简历中。

也许有的求职者认为,在参加招聘会之前,自己并不知道哪个单位有招聘需求,更不知道招聘什么岗位,所以只能将简历做得泛泛的而没有针对性。许多求职者甚至指望通过简历封面上的"一匹奔马",就可以让简历的读者把自己当成"千里马",有类似想法的求职者也在指望他的通用型、大众型简历会被阅读者全面理解，并发现其潜在的巨大价值。他们希望招聘人员阅读简历后会立即通过他留下的电话，通知他于某月某日某时到单位面试，最好是阅读完简历后，被他的才华和能力所打动，直接录用，其实这种事情一般是不会发生的。

简历的制作主要从以下几个方面着手创新：

（1）针对招聘单位进行创新

这里先来介绍一位同学的简历。这位同学应聘的单位是某银行，他的简历就是为银行量身订制的，具有唯一性和不可复制性。他将简历做成了该银行刚开发的某种新产品的说明书。封面设置了该银行名称、行徽以及银行利率、理财产品、中间业务等元素。

显然简历中涉及的元素是招聘人员极其乐意见到的。这些元素对于招聘人员而言，具有特殊的意义，他们带来的情感影响和共鸣绝非一匹奔马、一栋大楼、一台电脑、一句格言所能比拟的。招聘人员通过观看这些元素传递的信息，自然加深了对简历主人的认同感和亲切感。一份独树一帜的简历，一个有心人的简历，招聘人员绝不会把它压在众多的垃圾简历中。

因此，如果在简历中出现上述招聘人员喜闻乐见的几个基本元素，并且把这些元素与求职者有机地联系起来，那么这些元素就能很好地为简历和简历的主人服务，就会把求职者同招聘人员有机地联系在一起，产生情感的沟通。

总之，要深入调查应聘的单位，多认识、多了解、多分析单位的基本情况，对将要应聘的单位有充分的认识，并表达出对加入该单位的意愿，同时也充分考虑招聘人员的情感需求和心理愿望，并以合适的形式同单位有机结合，以恰当的方式表现出来，这个简历就独具个性，富有创意，招聘人员也一定不会丢掉这样一份与众不同的简历！

（2）针对应聘岗位进行创新

下面来看看另一位同学的简历。这位同学应聘的岗位是某房地产开发公司物业管理岗位，他把自己的求职简历做成了一份小区物业管理责任书。

对于房地产开发公司而言，物业管理这个岗位要求应聘者具备责任感，要有为全体业主服务的爱心，而这位同学在简历中融入了招聘人员喜闻乐见的基本要素，还结合应聘的岗位进行简历创新。对于房地产开发公司来说，搞好物业管理也是最令他们感动骄傲的，这位同学在求职简历中充分体现了上述要求。

简历还可以从求职者应聘岗位所需的职业技能和职业修养的角度进行创新，在简历上表现出求职者具有符合应聘岗位要求的能力、水平和职业意识。如从事会计岗位的，简历可以做成一份会计报表，招聘人员看到简历后一定不会怀疑你的工作能力，而产生一定要留意这个简历的主人的想法；从事行政管理岗位的，简历可以做成一份岗位管理责任书，招聘人员看到简历后第一感觉就会认为你适合从事管理岗位工作。

（3）针对专业进行创新

大学里的专业门类繁多，各个专业有其专业特点和专业术语，从专业出发进行求职简历创新，可以用你的专业术语来对简历进行处理，通过简历体现你的专业素养和对专业的深入理解。

再来看看另一位同学的简历。这位同学是计算机专业毕业的，应聘的岗位是某公司软件开发人员，他把自己的求职简历做成了一份程序设计书。

　　这份简历体现了让招聘人员乐于见到的企业元素，还与他应聘的岗位——软件开发工作相结合，以计算机的语言——程序设计书的形式表现了这位同学极好的专业意识和专业素养。

　　程序设计是计算机专业人员体现专业技能的主要形式，也是对这一专业的工作人员最基本的要求。对于招聘人员而言，他基本上不会怀疑简历主人的专业能力和专业素养，而且老是面对千篇一律的求职简历的招聘人员突然看到一份特殊的、有自己企业的元素、极富专业意味的求职简历，那种豁然间耳目一新的强烈感觉让他做出一个通知简历主人面试的决定，是最简单不过的事了。

　　每一个专业学科都有本学科的专业术语，以自己的专业术语来诠释、体现、制作简历，简历就一定会是一份让人过目不忘的、爱不释手的简历。

　　总之，简历是一个信息传递的工具，是协助简历主人在竞争中脱颖而出的武器，能切实有效地帮助求职者实现求职的阶段性目标的简历就是一份成功的简历，从这个意义上来说，简历的创新并不是十分困难的事情，只要张开想象的翅膀，大胆尝试，敢于创新，任何人都能做出一份有创意的简历。

　　（三）毕业生就业推荐表

　　毕业生就业推荐表是由省市教育主管部门统一颁发的正式就业推荐材料，在自荐材料中有着举足轻重的地位。可以说，推荐表是一个官方的认证，具有权威性，用人单位对此有较高的信任度，把它放在自荐材料中可以加大自荐材料的可信度及自荐力度。

　　1. 毕业生就业推荐表的主要内容

　　毕业生就业推荐表主要包括毕业生基本信息、所学专业及适用方向介绍、个人择业意愿、毕业生及所在院系联系方式、学习（工作）简历、奖惩情况、曾任学生干部和社会职务情况、社会实践或教学实习情况、班集体鉴定、系（院）鉴定及推荐意见、学业成绩表、毕业生综合能力评价、学校毕业生就业主管部门意见等内容。

　　2. 毕业生就业推荐表的使用要求

　　毕业生就业推荐表是由省市教育主管部门统一制定和颁发的。其使用有以下几方面的要求。

　　（1）实事求是，严禁弄虚作假。学生必须如实填写就业推荐表，严禁伪造证件证书、篡改成绩和履历等危害学校声誉和用人单位利益的行为。毕业生材料填写完毕后，学生所在院系一般都会进行审核。

　　（2）灵活使用，避免刻板重复。因为学校推荐表一般统一规范，易产生千篇一律的感觉，往往缺乏个性，内容上也不够全面，这就要求毕业生在组织编写其他自荐材料时不仅要避免重复，还要进行必要的补充，必要时也可以在学校推荐表中选取最有价值和有利于就业的重点部分进行复印（如学生学习成绩、组织意见等）加入自荐材料中。

　　（3）妥善保管，防止丢失。一名毕业生只能有一份推荐表原件，联系多家单位时，要使用复印件进行自我推荐。只有在报考公务员、与用人单位签订协议时，才使用推荐表原件。所以，推荐表原件一般不要随身携带，而应妥善保管，以防遗失。

三、求职材料的整理和投递

(一) 整理求职材料

为了集中反映自己的求职愿望和各方面的素质,同时也为了更方便地让用人单位了解自己,在编制求职材料时,应按一定的标准和规定进行集中整理。

整理时,求职信和简历可以用手写,也可以用计算机打印,倘若字写得非常漂亮,不妨用笔书写,恰好展示自己的特长。附加材料最好按统一规格的纸张复印,然后按求职信、简历、推荐表、附加材料的顺序装订好。不要忘记,求职材料中一定要附上自己的联系地址和联系电话。

求职材料中是否要附上个人照片,要根据具体情况来定。有的工作如公关、涉外、秘书等比较注重相貌,申请这方面的职位,一般来说应当贴上照片;有的工作如科研、设计、档案管理等,对相貌没有特别的要求,申请这方面的职位,一般可以不附照片。若要附上照片,应选免冠、正面的全身照。如果是向文艺界求职或者谋求的是公关、涉外等方面的职位,那么在发型、衣着打扮等方面可以讲究一点。不同的职业,审美的要求不一样,应根据自己所求职业的特点和要求,选择合适的照片。

(二) 求职材料的投递

有些毕业生在求职中投出了无数的简历,但却很少得到面试的机会,所以在投简历时也要掌握一定的技巧。

1. 有的放矢

刚毕业的学生急于找到一份工作,很多人就漫无目的地乱投简历,不管什么单位、什么职位,也不管自己适不适合就投,以至于求职的成功率很低。

求职者必须仔细浏览招聘单位简介、招聘职位介绍、信息发布时间、有效期等,必要时还可登录该公司的主页了解更多相关信息。要留意对方的用人计划及招聘要求,在全面详细地了解了招聘职位的信息后根据自己的实际情况投递简历,盲目地乱投简历得不到回音,只会使自己丧失信心,产生就业心理压力。

2. 第一时间投简历

在就业竞争如此严峻的形势下,在掌握招聘信息后,第一时间做出反应就显得非常重要。尤其是一些网络招聘会,举办的期限一般很短,所以,求职者要争取在第一时间寻找中意的单位,并投递简历,以便抢占先机。

3. 不要向同一家单位申请多个职位

向同一家单位同时申请多个职位的求职者不在少数。有专家建议,向一个单位同时申请多个职位,并不能表明你的能力超常,相反,用人单位会认为你非常盲目,没有自己的目标,缺乏主见。因此,向一家单位同时申请多个职位的做法不可取。

4. 要及时更新简历

这里的更新,当然不是指无目的地更新。更新的目的是要针对不同的公司和职位发出内容不同的简历。简历发出后并非百发百中,当向另外一家单位投递简历时,你也应该确认一点:从简历上看你是否适合这个职位。

第三节　网上求职的准备

网上求职就是通过互联网进行求职的方法。求职者通过互联网查询招聘信息，填写求职信和个人简历，并通过电子邮件或者网上提交系统提交给招聘单位。用人单位在获得求职者的求职信息后，给予求职者面试的机会，以进行下一步招聘工作。

网上求职具有信息量大、效率高、不受空间限制、节约成本、反应快速等优势。

一、了解求职网站的种类

（一）专业求职网站

在专业求职网站上可查询到成千上万的招聘信息，一般来说可以提供查询服务。这类网站往往以专业的人才服务为背景。求职者可以在线填写简历，这些简历将存入网站的数据库中，需要招聘的单位可以查询求职者的信息，还可以订阅电子杂志，这些网站会把最新的求职信息发到求职者的电子邮箱里。

（二）用人单位、公司自己的网站

目前，许多单位、公司越来越重视建设自己的主页。大多数单位在主页设有招聘信息栏目。如果求职者对某单位或公司情有独钟，不妨常到其主页去看看，会有所发现的。

（三）搜索引擎

通过搜索引引擎的分类查找，如通过百度、新浪、搜狐、雅虎、中华网、21CN 等网站分类搜索。这些搜索引擎的招聘网站分类里通常都收录了上百甚至上千个与招聘相关的网站，求职者如果有时间可以去逐一了解。

（四）其他途径

通过一些其他途径，如网站里的友情链接、媒体报道、朋友推荐等。有时间的求职者也可以登录一些与求职相关的论坛，如天涯社区的"职场天地"。对于求职而言，选择三到五个招聘网站作为自己网上求职的主要网站应该就足够用了。求职者应该善于使用收藏夹，将一些对自己求职有帮助的招聘网站收藏进来，方便日后登录。如果上网不方便，不妨将一些招聘网站的网址抄下来或记下来，以备日后登录之用。

二、了解网上求职的注意事项

（一）注意防范网上求职的一些骗局

网上求职的骗局通常有两类：一类是骗子公司要求求职者汇款作为报名费、押金、手续费，凡是这类情况，求职者应当立即放弃，甚至可以举报；一类是网上传销的骗局，声称只需要交几十元会费就可以在家创业。求职者在无法确定所要应聘单位的真实性与可靠性时，可以登录当地的工商局网站查询一下企业的注册情况，或者直接在"百度"或"google"里输入"公司名＋骗子公司"，看一下搜索结果，或者到一些求职论坛发帖请教，应该会得到答复。

为了防止网络诈骗,一定要登录正规网站。一般而言,正规网站上的招聘信息来源比较可靠,在校大学生可以尽量在高校就业网上寻找自己满意的职位,因为学校会对招聘单位的资质与招聘信息的合法性、真实性和有效性进行严格审查。因此,在网上求职时,应尽量寻找那些比较正规、知名的网站,以减少不必要的麻烦。

(二)网上求职,注意保密

不要向任何网上"雇主"发送自己的某些个人重要资料,如身份证号码、信用卡号及银行账号,不要在网站上透露家庭地址,求职者只需要留下个人的电话、电子邮箱以及自己的大概位置就可以了。由于网络的安全性无法保证,个人或企业在网络上输入信息有可能被他人窃取、利用,造成名誉和经济上的损失。

(三)筛选信息重点关注

网上的信息量很大,但自己要有准确的定位,根据个人的专业、爱好、特长,有目标、有方向地向招聘单位求职,否则接下来的面试或通知会让你疲于奔命,应接不暇。

针对不同的招聘单位分别编写自己的简历,表现出你对该行业和企业的了解,对该工作的重视。最好不要以附件的形式发送简历。尽量避免在一周之内重复发送简历至一家公司,这样不是在强调你求职的决心,而是在打扰人家正常的工作秩序。这种行为很可能引起招聘单位的反感而过滤掉你的邮件,让大好的工作机会白白溜走。

三、掌握网上求职的技巧

网上求职的主要环节就是通过电子邮件发送个人的求职资料,这方面的技巧主要有以下几点。

(一)求职邮件应该简明扼要、重点突出

既要把自己在某一方面的特长讲清楚,又不要过于冗长。应该在邮件的主题里及邮件正文中注明申请的是何职位。许多用人单位同时招聘多个职位,如果求职者没有写明自己的求职范围,会导致工作人员不明所以而失去机会。

(二)一封电子邮件应聘一个职位

一封电子邮件应聘一个职位,不要同时在一家公司应征数个职位。一般来说,在用人单位看来,你越是对某一职位志在必得,他们越会感觉你是认真的,这样应聘的成功率自然也就比同时应聘几个职位高。

(三)简历和求职信一起发

用邮件发简历的时候,应该写一封求职信同时发出。求职信应该较详细地介绍自己,但要控制字数,不宜过长。求职者可以在电子邮件的草稿箱里创建并保存一封求职信样本,这样稍加修改你就可以用它来申请其他的职位。

(四)适时询问结果

求职信发出后,可以在适当的时间向用人单位询问结果,向用人单位表示诚意,也让自己心中有数。询问的时候应该表示你对他们公司的职位仍然感兴趣并再简短介绍一下自己的专业特长和工作经验。但是不要反复询问结果,这样是不受欢迎的,许多公司每天都会收到上百份个人简历,他们是不愿意被求职者反复打扰的。

（五）主动争取某职位

若有资格不符的职位，可以主动以电话和电子邮件的形式询问该职位所需要的条件与要求。许多招聘单位会对一些有特长的求职者放宽某些方面的条件。比如，如果你的经验丰富，用人单位可能不会非要坚持一定是本科以上学历。这样求职者就会多一些机会。

（六）切忌简历"满天飞"

许多求职者不管对方的职位要求如何，大量发送求职邮件，效果反而不理想。求职者应该仔细研究空缺职位的具体情况，确定符合你的兴趣和背景之后再去应征。不要简历"满天飞"，无目的地投简历等于没投。

（七）自荐材料重点突出

求职的自荐材料内容应突出专业、学校、社会实践、自身性格、是否具有工作经验等重点内容。面面俱到、内容太多、太花哨的简历往往最容易被淘汰。

（八）求职者可以建立个人的求职网站

求职者可以在发求职信的同时将自己的网址告诉用人单位，利用求职网站充分展示自身特色，吸引用人单位的目光。个人求职网站应该图文并茂，内容包括自己的求职信、简历、论文、实习报告、日记、个人论坛以及见报文章等。当然，网页粗糙的求职网站最好不要使用，那只会适得其反。

（九）女性网络求职要有自信心

受生理特点和社会偏见等因素的影响，女性比较容易产生自卑感，这是求职的大敌。其实，女性除有生理上的一些弱点之外，还有男性所缺乏的许多长处。女性在语言表达能力、刻苦精神和忍耐力、记忆力、认真细致程度等方面，一般都比男性强。因此，在择业过程中，女性要敢于在用人单位面前表现自己的自信心，尽量发挥和运用自己的优势。在打扮上要注意大方得体，发式力求自然，着装切忌华丽，妆容不可浓艳，举止应端庄大方、彬彬有礼，谈吐要有条不紊、不卑不亢，要善于听对方谈话，并能简洁地陈述自己的观点，要敢于接受挫折。求职遇挫是很平常的事，应坦然对待。那么，女性应如何正视挫折呢？首先应该及时总结经验教训，调整择业期望值；其次要勇敢地接受用人单位的挑选。如果走不出挫折的阴影，就有可能失去不少宝贵的机会。

第四节　求职笔试介绍及应试技巧

笔试是用人单位对应聘者的专业知识以及文字表达能力等综合能力的一次有据可查的测试，主要适用于应试人数较多，需要考核的知识面较广或需要重点考核文字表达能力的情况。大学生应该注意择业过程中的笔试和学校课程考试的不同之处。要有针对性地做好笔试准备，掌握一定的答题技巧，以赢得笔试的成功。

一、笔试的种类

（一）专业考试

有些用人单位专业性较强，对大学生的专业知识要求比较高，需要通过笔试的方式对求职的大学生进行文化和专业知识的考核。考核的目的主要是检验求职者担任某一职务时，是否能达到所要求的专业知识水平和相关的实际能力。这种方式已经被越来越多的企事业单位所采用。例如，外资企业招聘雇员要考外语，公检法机关录用干部要考法律知识，文秘工作要测试应用文文种的写作，会计工作要考核相关的会计知识和政策法规，教师招聘要考核相应的教师综合技能等。

（二）智商和心理测试

智商测试主要为一些著名跨国公司所采用，他们对毕业生所学专业一般没有特殊要求，但对毕业生的素质要求较高。他们认为，专业能力可以通过公司的培训获得，因此，有没有专业训练背景无关紧要，但毕业生是否具有不断接受新知识的能力是至关重要的。智商测试并不神秘。一类是图形识别，比如一组有四种图形，让应聘者指出其相似点和不同点。这类题目在一些面向中小学生的智力游戏书中是最常见的。另一类是算术题，主要测试毕业生对数字的敏感程度以及基本的计算能力。比如，给定一组数据，让毕业生根据不同的要求求出平均值，其难度绝不超过对中学生计算能力的要求水平。这类测试在会计师、审计师等职业招聘中比较常见。

心理测试要求应聘者完成事先编制好的标准化量表或问卷，根据完成的数量和质量来判定求职者职业心理水平或个性差异。一些用人单位常常以此来测试求职者的态度、兴趣、动机、智力等心理素质，然后根据对个人的要求决定取舍。职业心理测试之所以得到广泛运用，在于个体的心理素质与职业之间有着密切的关系。很多人会因为个人的心理素质与职业不相符合，导致工作频繁失误，而产生焦虑、失望等不良情绪，影响职业发展。

（三）综合能力测试

综合能力测试兼有智商测试的要求，但要求更高，主要考查毕业生的文字表达能力以及分析、解决问题和逻辑思维的能力。比如，应聘者要求在规定的时间内对一组数据、一组资料进行分析，找出其合理的地方和存在的问题，并设计出解决问题的方案。通过这种测试，可以考察毕业生的阅读理解能力，发现、分析和解决问题的能力等。

（四）国家公务员录用考试

国家机关录用公务员，一律实行考试录用。近年来，国家公务员录用考试的笔试科目为：行政职业能力倾向测试和申论。其中，行政职业能力倾向测试主要测试应试者的知觉速度与准确性、语言理解及运用、数量关系、判断推理、资料分析等方面的能力；申论则测试应试者的综合分析及文字表达方面的能力。

（五）事业单位考试

事业单位已逐步实行公开招考，笔试科目为公共基础知识和职业能力倾向测验，根据岗位的特点还需加考专业科目。

二、笔试的方法

笔试的考试方法有很多种,归纳起来主要有测验法、论文法、作文法。它们相互补充,使笔试形成一个较完整的体系。

(一)测验法

测验法是一些具体方法的总称。与作文法、论文法相比,它是运用得最多的一种。测验法的实施方法很多,常见的有:

1. 填充法。也称填空法。主要是往缺少词语的句子里填充词语,做法有简有繁。

2. 是非法。也称订正法或正误判断法,是要求判断内容正误的方法。

3. 选择法。即对某一词句或问题提出若干容易混淆的解释,要求肯定一种正确的解释作为答案。

4. 问答法。要求学生对提出的问题做出回答。大多是要求用简单的词语回答简单的问题。

以上这些方法,常常是相互交叉的。这些题目的特点是:问题明确、简练,出题量大、问题涉及面广,问题的难度适中。所以笔试者在准备参加测验时要明确考核范围,根据题型的特点去复习,以免失误。

(二)论文法

论文法就是招聘单位提出较大的问题,由考生用文字作答,以测验其思考能力的方法。其形式是论述题,也可以是自由应答型试题。这种方法在我国已有较长的历史,在招聘选拔人才的笔试中曾被普遍地采用。这种方法与测验法的明显不同是,它可以使应试者给出自己的答案。如果说测验法是封闭性考试或识别性考试方法的话,那么论文测验则是开放性考试的方法。应试者在解答这类题型时应该读透题意,解释全面。论文测试的内容,主要是让应聘者对职业选择的具体问题做出评价,对某种现象做出分析或写出感想。案例分析、对公司的评价及读后感等都属于论文测试性质。在测试方法上,主要是让学生叙述和评价事实,或比较异同,或阐明因果关系,或分析实质,或评价高低,或叙述认识和感想等。

(三)作文法

这是我国的传统考试方法。这种笔试方法又分为两种:一是供给条件,实行限制性作文;二是分项给分、综合评定。供给条件的作文,就是让应聘者根据考试者提供的一定条件,在一定范围内作文。分项给分、综合评定,就是按作文的构成因素,区分项目,分别给分,然后给予综合性的评定。应聘者在进行作文考试的时候,一定要在主题表达清楚的同时,认真对待字、词、句及标点符号,给用人单位留下好印象,以取得高分。

三、笔试的准备和技巧

(一)注重积累,厚积薄发

在笔试中要取得好成绩除了专门的复习之外,还要靠自己平时的努力,日积月累,厚积薄发。在校期间既要学好专业知识,还要广泛涉猎其他知识,拓宽自己的知识面,锻炼自己的思维,为笔试打下基础。

（二）掌握重点，有的放矢

在笔试之前要了解本次的考试重点，进行有的放矢的复习。笔试不像高考，是大规模的选拔性考试，因此在题目上有一定的难度，以拉开差距。求职中的笔试，目的主要是检查应聘者掌握的相关基础理论知识是否全面、牢固，以及对问题的理解和思维能力。题目一般不会太难，很少有高深的专业知识，因此要求应聘者主要掌握基本概念和基本原理。很多应聘者参加笔试后，都说题目不难，就是一些基本的东西，可惜复习时忽略了这些，反而考砸了。在笔试时要注意以下几个技巧性要点：第一，掌握基础知识，重在知识的运用，不要在难题、怪题上纠缠；第二，要通篇浏览试卷，先做容易的题目，后做较难的题目；第三，区分试题的分值，把握好时间。有时求职者对分值较少的简答题洋洋洒洒写了上千字，占用了大量时间，而做论述题时则已没有时间了，只马马虎虎写了几十个字，严重影响成绩。

（三）了解笔试的目的，运用综合能力

对求职者进行笔试，不仅仅要考察其文化、专业知识，往往还包括考核心理素质、办事效率、工作态度、思维方法、修辞水平等。在回答一些客观题时应该正确和严谨，而对于主观性问题，则应该适当地展开和发挥，以充分显示自己的个性和创造性。例如，有些试题的设计是从理论和实践两方面来检查考生的基础知识和技能，并以综合运用为主，检查考生的实际水平和学习灵活性。回答这类问题时就要积极思考，努力回忆学过的知识，并进行联想，将学过的内容相互联系起来进行比较分析，积极思考，找出正确答案。所以，求职者在参加笔试时要认真审题，将自己的认识水平、知识水平和能力水平通过笔试较好地发挥出来。

（四）保持良好的身心状态

求职者笔试与高考不同。备考前一要减轻思想负担，二要保证充足的睡眠，三要适当参加一些文体活动，使高度紧张的大脑得到放松休息，以充沛的精力参加考试。

（五）卷面整洁，字迹清楚

答题时，要做到字迹清楚，卷面整洁，格式、标点正确，不写错别字。一份字迹清楚、整洁的试卷，给人以赏心悦目的感受，而书写过于潦草、字迹难以辨认的试卷则会影响考试成绩。因为求职笔试不同于其他专业考试，用人单位往往在"醉翁之意不在酒"，他们并不特别在意应试者考分的些许差距，而是从卷面上观察求职者是否有认真的态度、细致的作风，这对录用有较大的影响。

JOB 案例 8-4

看问题要"全面"

有一家公司准备招聘一名既懂业务又头脑灵活、看问题全面的总经理助理，广告见报后仅仅一天时间，应聘材料便如雪片般飞来。公司人事经理在斟酌挑选后，近30人有幸被通知参加笔试。

试卷上试题是这样写的：

综合能力测试题(限两分钟答完),请认真阅读试卷。

1. 在试卷的左上角写上姓名;

2. 写出三种热带植物的名称;

3. 写出三座中国历史文化名城;

4. 写出三座外国历史文化名城;

不少考生用眼睛匆忙扫了扫试卷,马上就动笔在试卷上写起来,考场里的空气因紧张而显得有些凝固。

一分钟,两分钟,时间到,除了四五个人在规定时间内答完起身交试卷外,绝大多数人都还在忙着在试卷上答题。人事经理宣布考试结束,未按时交的试卷一律作废,考场上顿时炸开了锅,未交卷的考生纷纷抱怨,人事经理只是面带微笑地说:"请诸位再仔细看看试题。"

众人仔细一看,只见后面的试题是这样的:

……

14. 写出三句常用歇后语;

15. 如果阁下看完了题目,请只做第一题。

第五节 面试的方法与技巧

面试是毕业生在找工作时所要面临的一个重要环节。学习和掌握面试技巧,做好充分准备,对于应对面试这一难关是非常重要的。通过面试,用人单位不仅可以直接了解应试者的面貌、举止,而且可以了解应试者的总体素质和各方面的才能。对于毕业生来讲,面试是一种综合性极强,集多种知识、能力于一体的考核方式,是对于自己多年的学习、实践成果的一次检验。因此,每一个毕业生都必须做到:面试前充分准备,知己知彼;面试中认真表现,充分发挥实力;面试后把握分寸,适时联系沟通。

一、面试的形式和种类

(一)面试的目的

一般来说,面试应有以下几个目的:

1. 考核应聘者的动机与工作期望;

2. 考核应聘者仪表、性格、知识、能力、经验等;

3. 考核笔试中已获得的信息。

(二)面试的形式

面试有很多形式,依据面试的内容与要求,大致可以分为以下几种:

1. 问题式面试

由招聘者按照事先拟订的提纲对求职者进行发问,要求回答。目的在于观察求职者在特殊环境中的表现,考核其知识与业务,判断其解决问题的能力,从而获得有关求职者的第一手资料。

2. 压力式面试

由招聘者有意识地对求职者施加压力,就某一问题或某一事件做一连串的发问,且追根问底,直至无以对答。此方式主要观察求职者在特殊压力下的反应、思维敏捷程度及应变能力。

3. 随意(或自由)式面试

即招聘者与求职者海阔天空、漫无边际地进行交谈,气氛轻松活跃,无拘无束,招聘者与求职者自由发表言论,各抒己见。此方式的目的是在闲聊中观察应试者的谈吐、举止、知识、能力、气质和风度,对其做全方位的考察。

4. 情景(或虚拟)式面试

由招聘者事先设定一个情景,提出一个问题或一项计划,请求职者进入角色模拟完成。其目的在于考核其分析问题、解决问题的能力。

5. 综合(全方位)式面试

招聘者通过多种方式考察求职者的综合能力和素质,如用外语与其交谈,要求即时作文或即席演讲,或要求写一段文字,甚至操作一下计算机等,以考察其外语水平、文字表达、书法及口头表达等各方面的能力。

以上是根据面试形式所做的大致划分,在实际面试过程中,招聘者可能采取一种或同时采取几种面试方式,也可能就某一方面的问题对求职者进行更广泛、更深刻的考察,其目的在于能够选拔出优秀的应聘者。

(三)面试的种类

面试的种类就目前而言,主要包括三种:

1. 集体面试,即很多求职者在一起进行的面试。就招聘者来讲,这样可以在专业、地域及其他各方面都有较大的选择余地。

2. 个体面试,即用人单位对求职者单独进行的面试。

3. 随机面试,即采用非正规的、随意性的面试方式,这样可以考核出求职者的真实情况。

(四)面试的基本程序

1. 招聘单位对求职者的申请材料进行审核,确定面试名单。

2. 招聘单位向求职者通知面试时间、地点。面试地点一般按照就近和方便的原则进行安排。通常有两种情况:一是学校或其附近的场地,二是招聘单位或其附近场地。通知面试的方式也大致有两个:一是招聘单位先通知学校就业主管部门,二是由学校通知学生或招聘单位直接通知学生本人。

3. 求职者准备面试。

4. 正式面试。

二、面试的原则和禁忌

(一)面试的心态

作为应届毕业生,初次参加招聘,摆正自己的心态在很大程度上关系着求职的成败。

展示真实的自己。面试时切忌伪装和掩饰，一定要展现自己的真实实力和真正的性格。有些毕业生在面试时故意把自己塑造一番，比如明明很内向，不善言谈，面试时却拼命表现得很外向、健谈。这样既不自然，很难逃过有经验的招聘者的眼睛，也不利于自身发展。即便是通过了面试，人力资源部门也往往会根据面试时他的表现安排适合的职位，这对个人的职业生涯是有害的。

以平等的心态面对招聘者。面试时如果能够以平等的心态对待招聘者，就能够避免紧张情绪。特别是在回答案例分析问题时，一定要抱着"我是在和招聘者一起讨论这个问题"的心态，而不是觉得他在考自己，这样就可能做出很多精彩的论述。

态度要坦诚。招聘者一般都认为做人优于做事。所以，面试时求职者一定要诚实地回答问题。一位企业的人事主管说，以前曾经面试过一个女孩，面试时她说自己有男友，进入公司后又说没有男友。问她原因，她说曾在一些书里看到，如果说有男朋友就会给人稳重、有责任感的印象。实际上这样做非常不好，面试时的欺骗行为是不利于以后的发展的。

（二）面试成功的原则

要成功面试，需要掌握以下原则：

1. 肯定自己的价值。让面试官看到你是公司未来的有利资产，有帮助企业实现预期目标的潜在能力，是公司的宝贵财富而非包袱。

2. 强调自己的人生目标。面试中要让考官感觉到你有积极的自我成长概念，努力进取，并充满旺盛的事业心与斗志，能迅速进入工作状态。企业最赏识这样的人。

3. 显示强烈的工作意愿。面试时要随时保持对工作的高度热诚与兴趣。

4. 展示与同事、团体合作的能力。一个容易与人沟通的求职者可以说已有一半获胜的希望。如果应聘者曾有社团活动的工作经验，可尽量举例说明，以争取主考官的青睐。

5. 具有诚恳的态度。在录用标准上，"才能"是永恒不变的原则，"诚恳"则是重要的辅助因素。面试前准备充分，心情镇定，仪容大方整洁，临场充分表现自我，便是诚恳的最好表现。

（三）面试的禁忌

1. 忌好高骛远、不切实际。找一份理想的职业是每个求职者的愿望，无可厚非。但美好的愿望应根植于自身素质和客观现实之上。审时度势，准确定位是求职成功的关键所在。眼高手低，这山望着那山高，是求职之大忌。

JOB 案例 8－5

显示才华要把握度

一位毕业生到杂志社应聘编辑一职，出示自己发表过的作品后，又说自己擅长策划、有领导才能，是做编辑部主任的最佳人选，并将杂志现在的办刊方式批驳得一无是处。然而，那位负责招聘的正是编辑部主任，因此，在第一关就把他刷掉了。此例说明，选定要就职的职位，只表现出自己胜任那一职位的能力即可，不要锋芒太露、预先设敌。

2. 忌妄自菲薄、患得患失。招聘单位所聘岗位的要求很可能与自己所学专业或原从事职业不同，这时切不可把自己禁锢于原有小天地中守株待兔。只有增强自信，勇于挑战和超越自我，及时调整心态，适应周围环境，才能到达成功的彼岸。

3. 忌盲目应试。要分清单位的性质和对求职者的要求，不要以应聘企业、公司职位的准备工作去应对公务员或教育岗位的面试。

三、面试准备

大学生在面试前一定要进行有效的准备，做到胸有成竹。如果准备工作失败了，那就准备失败吧！所以面试之前一定要做以下几点准备工作：

（一）充分了解应聘单位和应聘职位的要求

"知己知彼，百战不殆"，对用人单位的性质、地址、业务范围、经营业绩、发展前景，对应聘岗位职务及所需的专业知识和技能等要有全面的了解，尽量使自己的能力素质与工作要求相适应。单位的性质不同，对求职者面试的侧重点不同。如果是公务员面试，内容和要求与企业公司相差很大。公务员考试侧重时事、政治、经济、管理、服务意识等方面。而企业考试则会考察应聘者对公司的历史、现状、企业文化、主要产品等方面的了解程度。同时，还应该通过相关途径了解当天对你进行面试考官的有关情况及面试的方式、过程以及面试时间安排，索取任何可能提供给你的说明材料。

（二）准备合适的自我介绍

在求职面试时，大多数面试官会要求应聘者做自我介绍，一方面了解应聘者的大概情况；另一方面考察应聘者的口才、应变和心理承受能力及逻辑思维能力等。自我介绍既是打动面试官的敲门砖，也是推销自己的绝好机会。因此，一定要重视自我介绍的准备。在面试前一定要打个自我介绍的草稿，时间不宜太长，3分钟最为恰当。介绍的内容不宜太多地停留在诸如姓名、工作经历等方面，这些在简历表上已经有了，应该更多地谈一些跟你所应聘的职位有关的工作经历和所取得的成就，证明你有能力胜任所应聘的这个职位。自我介绍的草稿一定要对着镜子多讲述几次，注意自己的表情、语速、姿态等，以便用最佳的表现赢得考官的赏识。

（三）准备好可能被询问的问题

面试过程中考官一定会向应聘者提出有关问题，应聘者也可以适时地向主考官发问。对可能被问到的问题进行准备，有助于应聘者认清自己真正的想法，有助于在面试的现场进行清晰自如的自我表达。同时，也要乐于提问题，这样招聘者才能知道求职者的水平及想了解的问题。

（四）准备好应聘所需要的材料

准备好可能用到的个人资料或作品，如简历、获奖证书、相关证件等，以便在面试过程中进一步向招聘者提供相关资料。同时，准备一些便笺纸、签字笔等以备用。所有资料最好都用一个整洁的文件袋装好，以免遗漏。另外，再一次确定去参加面试的路线并准备好参加面试的衣着。

（五）心理准备

面试就好比是一场考试，是在测试每个人的能力，也在测试每个人的心理素质和临场发挥水平。因此,要成功面试,首先要充满信心。"海阔凭鱼跃,天高任鸟飞",保持良好的状态、快乐的心情,会大有好处。其次要抓住招聘者的心。招聘者可能会先评价一个求职者的衣着、外表、仪态及行为举止;也可能会对求职者的专业知识、口才、谈话技巧做整体性的考核;还可能从面谈中了解求职者的性格及人际关系,并在谈话过程中了解求职者的情绪状况、人格成熟度、工作理想、抱负及上进心。

(六)体能、仪表准备

面试前要保证充分的睡眠和愉快的心情,以保持良好的精神状态。面试前还应注意修饰自己的仪表,使穿着打扮等与年龄、身份、个性相协调,与应聘的岗位相一致。

(七)模拟面试训练

面试前一定要模拟训练,通过充分的准备和反复练习,提高面试的水平。既可以同学之间互相模拟训练,也可以找师兄、师姐帮忙模拟面试,还可以照着镜子练习。只有这样反复地练习,才能有真切的体会。

四、面试的技巧

(一)自我介绍的技巧

面试开始时,首先是一个 2～3 分钟的自我介绍,犹如商品广告,在有限的时间内,针对"客户"的需要,将自己最美好的一面,毫无保留地表现出来,不但要令对方留下深刻的印象,还要激发"购买欲"。

1. 清晰地报出自己的名字。

2. 自我介绍不求长,但思路必须清晰,重点必须突出,使面试官对你产生兴趣和好感。自我介绍是提前准备好的,但切忌在面试时死记硬背、不自然。眼睛千万不要东张西望、四处游离,显得漫不经心的样子,这会给人留下做事随便、注意力不集中的感觉。尽量少用一些手势,因为这毕竟不是在做演讲,保持一种得体的姿态很重要。

3. 不要完全重复简历上的内容,而应陈述自己的突出成就、专业知识等。只有短短 2～3 分钟,所以一定要突出你的知识与应聘岗位的紧密联系。

(二)交谈技巧

1. 问答技巧

在回答面试官的问题时,要注意把握以下要点:

(1) 把握重点,条理清楚。一般情况下,回答问题要结论在先,议论在后、先将中心意思表达清楚,然后再做叙述。

(2) 讲清原委,避免抽象。招聘者提问是想了解求职者的具体情况,切不可简单地仅以"是"或"否"作答,有的需要解释原因,有的需要说明程度。

(3) 确认提问,切忌答非所问。面试中,招聘者提出的问题过大,以致不知从何答起,或不明白问题的意思,是常有的事。请招聘者将问题复述一遍,确认其内容,才会有的放矢,不致南辕北辙、答非所问。

(4) 讲完事实以后适时沉默。保持最佳状态,好好思考你的回答。

(5) 冷静对待,宠辱不惊。招聘者中不乏刁钻古怪之人,可能故意挑衅,令人难堪。这不是"不怀好意",而是一种战术提问,让你不明其意。故意提出不礼貌或令人难堪的问题,其意在于"重创"应试者,考察你的"适应性"和"应变性"。你若反唇相讥,恶语相对,就大错特错了。

(6)要知之为知之,不知为不知。面试中常会遇到一些不熟悉、曾经熟悉而现在忘了或根本不懂的问题。面临这种情况,回避问题是失策,牵强附会更是拙劣,诚恳、坦率地承认自己的不足之处,反倒会赢得招聘者的信任和好感。

案例 8 - 6

面试中要坦诚相待

招聘现场,某公司正对十余位求职者进行最后一轮面试。

"你觉得自己有什么缺点?"主考官突然问一位姓邓的求职者。"我工作过于投入,人家都说我是工作狂。"邓先生不加思考便脱口而出。主考官笑了笑:"工作投入可是优点啊,你说说你的缺点吧。"邓先生仍未察觉考官态度上的细微变化,颇为自得地喋喋不休:"我是个急性子,为人古板,又好坚持原则,所以容易得罪人。另外,我还……"考官"嘿"了一声,满脸不悦,手一挥,终止了问话。

邓先生的求职结果是不言而喻的:有谁会喜欢一个自作聪明、耍滑头的人呢?

还有一则求职故事:某四星级酒店招一名保安部长。当时,应聘的30多人中,有警察学校的毕业生、退役军人,还有大学生。最后入选的却是一位仅有高中文凭的貌不出众的青年。有人问何故,老总说道:"我喜欢他老实!"原来,老总在一堆夹着几份假文凭、假履历的求职信中,发现了这位只有高中文凭的小伙子。约见交谈后,这位朴实憨厚的求职者给老总留下了良好的印象。老总再经明察暗访,证实了他的人品不错才聘用的。

2. 发问技巧

面试时若招聘者问你有没有问题,你可以适当问一些问题,并且应该把提问的重点放在招聘者的需求以及你如何能满足这些需求上。通过提问的方式进行自我推销是十分有效的,所提问题必须紧扣工作任务、紧扣职责。

你可以询问诸如以下的问题:应聘职位所涉及的责任及所面临的挑战;在这一职位上应该取得怎样的成果;该职位与所属部门的关系及部门与公司的关系;该职位具有代表性的工作任务是什么。当然也要注意不要问一些通过事先了解能够获得的有关公司的信息,这会让人对你的面试目的是否明确表示怀疑。

3. 谈话技巧与原则

(1)谈话应顺其自然,不要误解话题,不要过于固执,不要独占话题,不要插话,不要说奉承话,不要浪费口舌。

(2)留意对方反应。交谈中很重要的一点是把握谈话的气氛和时机,这就需要随时注意观察对方的反应。如果对方的眼神或表情显示对你所涉及的某个话题已失去了兴趣,应该尽快找一两句话将话题收住。

(3)良好的语言习惯不仅是表达流利,用词得当,同样重要的还有说话方式。

① 发音清晰。有些人个别音素发不准,如果影响讲话整体质量,应少用或不用含有这个音素的字或词。

② 语调得体。得体的语调应该是起伏而不夸张,自然而不做作的。

③ 声音自然。音调不高不低、不失自我,不仅听来真切自然,而且有利于缓解紧张情绪。

④ 音量适中。音量以保持听者能听清为宜。

⑤ 语速适宜。要根据内容的重要程度、难易度及对方注意力情况,调节语速和节奏。此外,还要警惕容易破坏语言意境的现象,如过分使用语气词、口头语,这不仅有碍于人们的连贯理解,还容易引人生厌。

交谈的原则,主要把握以下"四个度":

(1) 体现高度,在交谈中展示自己的水平。一方面是思想政治水平和强烈的敬业精神;另一方面是专业水平。对问题回答不能满足于"知其然",还要答出"所以然"。

(2) 增强信度,在交谈中展示自己的真诚。首先,态度要诚,交谈时不要心不在焉;其次,表达要准,少用"可能""也许""大概"等模棱两可的词语;再者,内容要实,尤其对于自己的优缺点要一分为二,实事求是。

(3) 表现风度,在交谈中展示自己的气质。一方面要体现自身的外在美;另一方面更要体现内在气质。语言是一个人内在气质、涵养的外在体现,要注意用自己的语言魅力展示自己。

(4) 保持热度,在交谈中展示自己的热情。要注意做到:主动问候,精神饱满,悉心聆听。

案例 8-7

过分谦虚要不得

小孟是某名牌大学工业自动化专业的毕业生,在开发区一家美资企业应聘面试动力设备部经理助理时,公司考官问他:"你觉得你能胜任你应聘的职位吗?"小孟谦虚地说:"现在我还谈不上能胜任,但我可以多向领导请教,向同事学习,在实践中边干边学,积累经验。"考官又带他到生产车间实地参观,小孟显得有点儿惊讶地说:"哇,这么先进的设备,我还从没有见过呢,如果我能应聘上,一定好好学习,钻研这些先进的设备和技术,希望公司能给我一个学习的机会。"就因为小孟的这些谦虚话,他应聘失败。公司考官对他说:"我们招聘的是能胜任本职位工作的人才,要能立即派上用场,而不是招收培训生。"小孟从考官的话语中醒悟过来,悔之晚矣。

实际上,小孟是名牌大学的高才生,专业知识和技术功底扎实,在实习时也接触过类似的先进设备,完全有能力胜任那家美资企业动力设备部经理助理一职。只不过小孟受"做人要谦虚"这一传统美德的熏陶较深,试图以谦虚博得考官的好感,没想到弄巧成拙,适得其反。

求职者应聘面试不能过于谦虚,招聘单位可能并不认为你是在谦虚,而是认为你的能力不够,不能胜任职务。所以在面试中要尽量把自己的才华、能力展示出来。尤其是应聘外企时,求职者一定要充满自信,充分地展示自己的才能,表明自己完全能胜任所应聘的职位,从而取得外企考官的信任,实现自己的就业愿望。

（三）面试结束时的技巧和注意事项

1. 面试结束时的技巧

（1）适时告辞。面试不是闲聊，也不是谈判。从某种意义上讲，面试是陌生人之间的沟通。谈话时间的长短要视面试内容而定。招聘者认为该结束面试时，往往会说一些暗示的话语，如"我很感激你对我们公司这项工作的关注""谢谢你对我们招聘工作的关心，我们做出决定后就会立即通知你""你的情况我们已经了解了。你知道，在做出最后决定之前我们还要面试几位申请人"等。

求职者听了诸如此类的暗示语之后，就应该主动告辞。

（2）礼貌再见。面试结束时的礼节，也是公司考察录用的一个砝码。成功方法在于，第一，不要在招聘者结束谈话前表现出浮躁不安、急欲离去的样子；第二，告辞时应感谢对方花时间同你面谈。如果有秘书或接待员接待过你或招待过你的话，走时也应向他们致谢告辞。

2. 面试结束后的注意事项

（1）回顾总结

第一，面试一结束，应该对自己在面试时遇到的难题进行回顾。重新考虑一下，如果他们再一次向你提问时，该如何更好地回答这些问题。

第二，尽量要记下面试时与你交谈的人的名字和职位。

第三，万一通知你落选了，你也应该虚心地向招聘者请教你有哪些欠缺，以便今后改进。这样，就可以知道自己到底为什么落选。一般来说，能得到这样的反馈不容易，你应该好好抓住时机。

（2）会后致谢

第一，在面试后的一两天内，你可以给某个具体负责人写一封短信。在信里应该感谢他为你所花费的精力和时间，感谢他为你提供的各种信息。

第二，如果在一个星期内，或者依据他们做决策所需的一段合理时间之内没有得到任何音讯，你可以给负责人打个电话，问他"是否已经做出决定了"。这个电话可以表示出你的兴趣和热情，还可以从他的口气中听出你是否有希望得到那份工作。

第三，如果在打听情况时觉察出自己有希望中选，但最后决定尚未做出，那么过段时间后再打一次电话催促一下。

第四，每次打电话后，还应该给对方寄封信。内容应该包括：重申自己的优点；对应聘职位仍然十分感兴趣；能为公司的发展做出具体的贡献；希望能早日听到公司的回音。哪怕他们已经暗示你可能落选了，寄一封短信会说明，你即使没有成功但也很高兴有面试机会。这样做不仅仅是出于礼貌，而且还能使招聘者在其公司出现另一个职位空缺时心里想着你，创造出一个潜在的求职机会。

案例 8－8

面试后的感谢信

尊敬的××先生：

感谢您昨天为我的面试花费的时间和精力。我和您谈话觉得很愉快，并且了解到许多关于贵公司的情况，包括公司的历史、管理形式以及公司宗旨。

正像我已经谈到过的，我的专业知识、经验和成绩对公司是很有用的，尤其是我的吃苦钻研精神。我还在公司、您本人和我之间发现了思想方法和管理方法上的许多共同点。我对贵公司的前途十分有信心，希望有机会和你们一起，为公司的发展共同努力。

再一次感谢您。并希望有机会与您再谈。

应聘者：×××

××××年××月××日

（四）面试时紧张心理的克服

很多大学毕业生在谈到面试时都表示自己非常紧张，觉得很苦恼。其实面试紧张是必然的，表示你对这件事情的重视。对应聘者来说，每一次面试都意味着一次机会，都会非常重视，担心令面试官失望。因此，紧张是必然的。

案例 8－9

主持人王小丫的紧张

记得著名节目主持人王小丫在一次访谈节目中说到，自己每次主持大型节目上台前都很紧张。大多数人都表示不理解，老牌知名主持人为什么也会紧张？后来王小丫自己总结说，紧张是因为我对观众的重视，我害怕让他们失望。

为了不让紧张影响面试效果，这里介绍几个克服紧张情绪的办法。

1. 提前 15 分钟赶到面试地点。很多城市都会堵车，为了避免因迟到引起的尴尬和不安，一定要提前出发，争取在面试前 15 分钟到达面试地点。先熟悉一下周围的环境，然后找个安静的地方坐下来，平复一下自己的情绪，整理一下自己的仪容，检查一下所带的物品。等到自己完全平静下来后，再从容、自信地走进面试场所。

2. 做深呼吸。做深呼吸时不要被别人看到，否则会增加自己的紧张情绪。躲在一个角落里深呼吸三次就足够了。如果还紧张，不妨在手里捏点小东西，比如一支笔。手里抓着点东西，就好像在抓着一根救命稻草，这实际上是一种心理暗示，也许就不那么紧张了。

3. 想象自己做得很成功的一件事，给自己增加信心。这是很有效的一种方法，想一下自己在过去的经历中做得最好、最受大家赞赏的事情，想一下当时的情景，能够让自己的紧张情绪得到缓解。

4. 不要强求面带微笑，笑不出来会更紧张。在面试中尽量保持微笑能够让面试官觉得你很自信，但是，如果很紧张而笑不出来，那么就不要勉强自己笑，不然就会出现皮笑肉不笑的现象，反而让自己更紧张，给面试官留下不好的印象。

5. 做好充分的准备。如果自己的准备工作没有做充分的话，一般会觉得更加紧张。准备工作做好了，会增加自信，减轻自己的紧张情绪。所以，去面试之前一定要对招聘企业、招聘职位以及面试技巧等进行充足的准备。

五、面试模拟案例

下面是一个模拟面试过程，包括问答技巧和应注意的面试礼仪，供大家参考学习。

Q——面试官

A——大学毕业生，应聘者

进入面试场，坐定后，简短地进行自我介绍。

小提示　◆ 第一印象产生——决定性关键因素。
　　　　◆ 注意眼神接触，保持微笑。
　　　　◆ 注意礼貌。

Q：从你的简历和求职信来看，你各方面的条件都不错，能不能谈一下你在大学求学期间有没有什么相关的社会活动经验？

A：我学的是××大学市场营销专业，与社会接触比较多，我平时也比较喜欢参加学校团体活动和社会实践活动，在二年级的时候就是班级的××干部，连续两个暑假参加了加拿大××公司主持的国际商务论坛，在该公司做过市场兼职助理，做一些相关的联络工作……

小提示　◆ 回答问题要诚实、中肯，切忌撒谎和浮夸。
　　　　◆ 力争引起对方的共鸣。

Q：为什么想到我们公司工作呢？

A：我在××地方看到贵公司的招聘广告，对贵公司刊登的职位信息做了一些研究，觉得我所学的专业与贵公司的职位要求相符，我还在贵公司的网站上看到贵公司将在三年内大幅度扩大营销队伍的新闻……

小提示　◆ 搜集公司情报，了解职务内容。
　　　　◆ 把握充分展示自己的机会。

Q：如果你获得这个工作机会的话，你可不可以想象五年后的自己？你有没有考虑过自己的职业生涯规划？

A：虽然这个社会有很多不可预测的事情，但我还是认为自己在这五年里会随着公司一起成长，我一定会紧紧跟随公司的最新进展，而我在营销策划上一定将在较高层次上取得较大的进步……

小提示　◆ 充分表达出自己对工作的热忱和对自己未来的信心。这是任何个性的
　　　　　人力资源经理都喜欢的。

Q：你觉得你有足够的能力来完成这份工作吗？

A：有。即使有某些经验不完善的地方，但我相信当我逐渐熟悉公司的运作计划和操作环节后，我一定能……

小提示　◆ 回答应表现出高度的自信心及魄力。

Q：你所期望的待遇可能超过了我们公司的预期，我们无法满足你的要求，你能接

受吗？

A：我所提出的期望待遇与国内这个行业的职位薪酬标准相比是属于中等偏上的，当然具体的待遇标准还要由贵公司评估我的表现及资历后来确定。我愿意在双方达成一个共识的基础上，在一定时期内按贵公司新进入公司的员工待遇标准工作……

小提示 　◆ 回答这类问题的方法有很多种，要根据当时面谈的气氛和具体的情境来灵活回答。

　　　　◆ 勇于为自己争取公正的待遇，诚实而不欺瞒。

　　　　◆ 以双赢的心态去协商。

　　　　◆ 保持弹性，让一切充满可能性。

Q：你有没有什么要问的？

A：有。请允许我询问关于……方面公司的策略是什么？

小提示 　◆ 切忌回答"没有问题"。

　　　　◆ 传达出争取工作的决心。

　　　　◆ 搞清楚有待了解的部分。

Q：由于时间的关系，我们今天的面试就到此为止了。由于还有一部分候选人要进行这一轮面试，所以我们要在对所有参加面试的候选人进行全面比较衡量后，才决定合适的人选。有进一步的消息，我们会及时通知你的。谢谢你。

A：十分感谢您抽出宝贵的时间和我面谈，我从中受益匪浅。希望下次有机会再当面请教。再见（与面试官握手道别，并将椅子放回原处后离开。经过前台时，和引导你进入人事部的前台小姐说"谢谢你"）。

小提示 　◆ 注意，直到离开公司所有人的视野后，你的面试才结束。

　　　　◆ 传达完美的人际关系能力。

　　　　◆ 注意：如果公司门口有张纸片或小块杂物等，不要视而不见地走过，而要将它捡起来扔进垃圾桶。因为这很可能是公司故意设计的面试细节，看看每个候选人是不是具有过人的观察力和较高的素质。

当天下午，应聘者按照公司的地址给面试官发了一份感谢信，表示通过面试进一步了解了公司的企业文化和高效率，表达了自己仍然很想为该公司服务的愿望，也有信心做好营销企划的工作，希望有机会向面试官多多学习。

我们通过面试模拟案例将面试准备过程和面试常见提问浓缩到一起。希望大家通过仔细揣摩模拟案例中的内容和本书其他部分，能较为容易地掌握求职面试的技巧和礼仪。要记住：凡事预则立，不预则废。有充分的准备，方能战无不胜，攻无不克！

六、面试中常见问题的回答技巧

（一）为什么去该单位应聘？

说出该单位吸引你的地方，如公司品牌形象好、规模大、行业处于不断上升中、培训发展的机会比较多等。同时，表达你想到该单位工作的愿望。把实话说出来，给面试官一个很务实的印象。

（二）为何选择这份工作？

分析自己的兴趣、专长所在，说明自己所学专业、工作经历及对这项工作的期待和理想。

（三）你认为自己具有哪些优缺点？

客观回答就可以了，将自己的优点说出来，但最好能够说出跟这个职位比较吻合的优点。也可以坦率地说出自己的缺点，但最好说出一些不重要的、与应聘职位不相冲突的缺点。

（四）你的目标和职业生涯规划是什么？

一定要有所打算，可讲自己进入单位以后，如何实现自己的人生理想，表达自己明确的人生目标和职业生涯规划。你可以告诉面试官，希望三年获得什么技能，五年达到什么职位。

（五）除了应聘该单位之外，你是否应聘了其他工作？

回答时应考虑到如果单位知道你还应聘了不同性质的工作，可能认为你志向不稳定。但是说没有，面试官也不会相信，不妨这样回答："我对某个方向感兴趣，只要是合适的企业我都会去看看的。"

（六）你期望的薪酬是多少？

不能不回答，也不能漫天要价。应在事前做好相关调查。调查一下你所应聘职位的社会平均报酬，仔细权衡自己所具有的能力和经验，得出一个较为准确和客观的数字。同时，收集一下应聘单位类似岗位的薪酬情况，比较后得出合理的数字。如果缺乏这些信息，可以问对方这个职位的薪资范围是多少，或起薪标准是多少？在了解了具体情况之后，可向面试官提出一个带有范围的薪酬标准，如1 500～2 000元。

第六节　大学生求职礼仪常识

大学生在求职过程中，要想把握住更多的机会，就必须具备较高的综合素质。在知识面广、专业技术精湛、业务能力强的基础上，还必须提高个人的修养，在日常的生活、学习中养成良好的习惯，以避免因为一些细节问题而影响自己的前程。要想提高个人的修养，就必须掌握一些必备的礼仪知识。

一、面试礼仪

（一）妆容方面

服饰得体是至关重要的。面试时，以适宜的穿着得到主考官对自己品位和能力的肯定，是十分重要的；同时，这也是一种礼貌行为。总体来说，有以下指导性原则：

第一，着装必须整洁。无论如何，招聘者不会将一个不修边幅、邋遢不洁的应试者作为首选。整洁意味着你重视这份工作，重视这个单位，也重视你今后代表的企业形象。整洁并不要求过分的花费，却能赢得招聘者的好感。因此，一定要挑选洗得干净、熨烫平整的衣服。

第二，着装应简单大方。面试不是约会，应尽可能地抛弃各种装饰。如果工作的专业性强或职务较高,在色彩上也应慎重。譬如,你穿着闪亮的彩色 T 恤和拖地的扎染牛仔裤去应聘一份管理工作,也许你的能力真的合适,但服饰却让招聘者在心里打上了大大的问号,成功的希望也就很渺茫了。总之,着装要协调,并与所申请的职位相符。譬如,工程建筑类的基层单位招聘工地技术人才时,非但不太重视面试者的服装妆容,相反,过于整洁甚至华丽的外表会让招聘者认为应聘者不能耐受工地艰苦的环境。应聘者必须十分重视这一点。

第三,气质美是个人的综合表现。求职者在求职应聘中要力求通过仪表、举止、谈吐等充分显示自身所具有的气质特征。

第四,头发的整齐、清洁也是非常重要的。

(二)言行方面

1. 遵守时间

案例 8 - 10

有位美国管理培训师到香港讲课。培训中心地处铜锣湾,这位副总裁下榻的饭店也在铜锣湾,不过 5 分钟的路程,可他却整整提前了半个小时。有位学员问他:"为什么这么早到?"这位副总裁说:"我早到心里就踏实,就能镇定一下,就更有自信了。我们搞心理培训的人都明白,如果一旦迟到,就很容易心怀愧疚,在课堂上的发挥以及在逻辑思维、语言表达方面都会大打折扣。"听了这一席话以后,每次培训课大家也都提前到达。这样,即使遇上交通堵塞,也都有一定的余地。

提前到达还有一个有利之处,即有多余的时间去熟悉环境。我们应该熟悉的地方有面试地点、等候地点、洗手间、小卖部等。

2. 注意礼节

文明礼貌是对别人的尊重,在语言上,更多地使用"您、请、谢谢、对不起、打扰了、再见"等是有好处的。彬彬有礼还体现在态度上。俗话说:"礼多人不怪。"这句话特别适用于陌生的面试场合,因为你永远不知道面试者的喜好,只有有礼有节,才能避免让对方产生误会或不满,从而直接影响面试结果。值得一提的是,任何人都可能影响到自己的求职结果,千万不要以自己的喜好区别对待应聘单位里任何一个不起眼的角色。

3. 大方得体

从容自然的仪态、面带微笑的表情、使用得当的肢体语言,以及积极回应对方观点,都会使人显得大方得体。具体到面试中,有些小细节值得大家去注意。

(1)就座问题。到应聘现场后,行动要按招聘人员的指示来做,不要过于拘谨或过于谦让。如果他示意你坐下,你就不要说"您先坐,我再坐"之类的客套话,应报以微笑后坐下。出门送客时,一般应该女士先走,但面试你的人如果是一位女经理,这时你千万别执意让她先行,如果一定要让,最多简单地让一下就行了。应客随主便,恭敬不如从命。

(2)一些小细节。进屋后,招聘人员问"你喝什么"或提出其他选择时,你一定要明确地回答,这样会显得有主见。最忌讳的说法是:"随便,您决定吧。"这样说不外乎三个原因：一是中国人的语言习惯；二是出于你的好心，希望就着人家的方便；三是我们受父辈的影响，觉得到别人那里喝什么、吃什么是别人赐予的东西，不应该大言不惭地直接要求。其实，招聘人员给你的东西都是公司准备的，大可不必不好意思。大公司最不喜欢没有主见的人，这种人在将来的合作中会给大家带来麻烦，浪费时间，降低效率。

（3）约定时间。如果要约定下一次见面的时间，有两种极端的做法一定要避免：一是太随和，说任何时间都行，这样会显得自己很无所事事；二是很快就说出一个时间，不加考虑。较得体的做法是：稍微想一下，然后建议1～2个变通的时间，不要定死，而是供人选择，这样相互留有余地。即使手头有较多可用的时间，也别统统说出来，以免显得啰唆。

（4）保持自然，不可客套话太多，也不能过于随便。

（5）控制自己的肢体语言，检点自己的一言一行，因为这些都可能引起别人的注意。而对方的一举一动，虽然无言，却也可能有意。

（6）为了更好地参加面试，我们平时需要注意以下一些练习：

① 眼神交流。目光注视对方眼部，但不要目光呆滞地死盯着别人看。如果不止一个人在场，说话时要适当地用目光扫视一下其他人，以示尊重。

② 积极聆听，适度赞同。听对方说话时，要时有点头，表示自己听明白了或正在注意听；同时也要不时地面带微笑，但不可太僵硬。要适时赞同对方的观点或意见，但不要抢话题或不合时宜地插话。

③ 手势。手势不要太多，手不要发出声响，手上不要玩纸、笔。不要乱摸头发、胡子、耳朵，这样会显得你紧张，不专心交谈。不要用手捂嘴说话，这也是紧张的表现。

④ 坐姿。凳子不要坐满，身体要略向前倾，双腿要靠拢。

自我测评

从面试反应看你的职业素质

你去一家大公司面试，当事人忙着手头的文件，叫你先坐下，可发现办公室里并没有椅子，这时你会怎么办？

（1）规规矩矩地站在一边，一直等到面试者办完事再说。

（2）很有礼貌地对面试者说："对不起，先生，这儿并没有椅子。"

（3）先答应"好的！"然后手足无措地呆立在一旁。

（4）"可是这里并没有椅子啊？"把话直截了当说出来。

（5）直接走出办公室，去找一把椅子进来。

测试结果（对应上述题号）：

（1）工作当中你有很好的适应性，不做惊人的言论，领导能力较差，只适合计算、看管等机械性的工作。

（2）你的反应方法和一般人不一样，你虽然认真地把对方要求的不合理指出，但是你同时也考虑到对方（上司）的立场，属于开拓型领导人才。

（3）工作当中你有很好的适应性，不做惊人的言论，领导能力较差，只适合计算、看管等机械性的工作。

（4）你适合做业务员和推销员，有积极的推销才能，性格坚韧，勇于向目标挑战。

（5）你的反应非常特殊，你的言语行为是走在时代最前端的，你的猜测力很强，但会比常人爱多管闲事。

....

二、职场基本礼仪

办公场所的个人形象，即行为举止要得体，要讲究分寸，要与办公场所的气氛、环境及所从事的工作性质相协调。主要体现在以下几个方面：

（一）个人仪表要端庄、整洁

1. 头发。头发要经常清洗，应保持清洁，男性头发不宜太长。

2. 指甲。指甲不能太长，应经常注意修剪。女性涂指甲油要尽量用淡色。

3. 胡子。胡子不能太长，应经常修剪。

4. 口腔。保持口腔清洁，上班前不能喝酒或吃有异味的食品。

5. 女性化妆应给人清洁、健康的印象，不能浓妆艳抹，不宜用香味浓烈的香水。

（二）服装应清洁、方便，不追求修饰

1. 衬衫。无论是什么颜色，衬衫的领子与袖口不得有污渍。

2. 领带。外出前或要在众人面前出现时，应佩戴领带，并注意与西装、衬衫颜色相配。领带不得肮脏、破损或歪斜松弛。

3. 鞋子应保持清洁，如有破损应及时修补，不得穿带钉子的鞋。

4. 女性要保持服装淡雅得体，不得过分华丽。

5. 工作时不宜穿大衣或过分臃肿的服装。

（三）保持优雅的姿势和动作

1. 站姿。两脚脚跟着地，脚尖离开约45°，腰背挺直，胸膛自然，颈脖伸直，头微向下，使人看清你的面孔。两臂自然下垂，不耸肩，身体重心在两脚中间。

会见客户或出席仪式，或在长辈、上级面前站立时，不得把双手交叉抱在胸前。

2. 坐姿。坐下后，应尽量坐端正，把双腿平行放好，不得傲慢地把腿向前伸或向后伸，或俯视前方。要移动椅子的位置时，应先把椅子放在应放的地方，然后再就座。

3. 公司内与同事相遇时应点头行礼表示致意。

4. 握手时用普通站姿，并目视对方眼睛。握手时脊背要挺直，不要弯腰低头，要大方热情、不卑不亢。伸手时同性间地位高或年长的先伸手，异性间女方先伸手。

5. 出入房间的礼貌。进入房间前，要先轻轻敲门，听到应答再进门。进入房间后应随手关门，但不能大力、粗暴地关门。进入房间后，若对方正在讲话，要稍等静候，不要中途插话，若有急事要打断对方说话，也要看准机会，而且要说"对不起，打断您一下"。

6. 递交物件时，如递交文件等，要把正面和文字向着对方；若是钢笔，要把笔尖向着自己；至于刀子或剪刀等利器，应把刀尖向着自己。

7. 经过通道、走廊时要放轻脚步。无论是在自己的公司，还是在访问的公司，在通道和走廊里不能一边走一边大声说话，更不得唱歌或吹口哨等。在通道、走廊里遇到上司或客户要礼让，不能抢行。

（四）一些禁忌

1. 过分注重自我形象。办公桌上摆着化妆品、镜子和照片，还不时忙里偷闲地照照镜子、补补妆，这不仅给人工作能力低下的感觉，而且众目睽睽之下不加掩饰实在有伤大雅。

2. 使用公共设施时缺乏公共观念。单位里的一切公共设施都是为了方便大家，以提高工作效率。打电话也好，传真、复印也好，都要注意爱惜公共设施。要注意别在办公室里打电话聊天，以免影响他人工作。

3. 零食、香烟不离口。女孩子大多爱吃零食，且以互换零食表示友好。需要提醒的是：工作时不要吃零食。尤其在有旁人和接听电话时，嘴里万万不可嚼东西。至于常以吸烟为享受的男士，若在办公室吸烟，也应注意尊重他人。

4. 形象不得体。坐在办公室里，浓妆艳抹、环佩叮当、香气逼人或衣着不整、品位低俗，这些都属禁忌之列。工作时，言行举止要尽量保持得体大方，方言土语、粗俗不雅的词汇都应避免。无论是对上司、下属还是同级，都应不卑不亢、以礼相待、友好相处。

5. 把办公室当自家居室。中午将自带的盒饭用电炉加热一下，再做个汤，一顿丰盛的午餐就有了，饭后将餐具之类随手一放。可下午上班后，同事们要在这充满菜味的屋子里进进出出，感觉实在不妙。

6. 高声喧哗，旁若无人。有什么话慢慢讲，别人也一样会重视你。其实，你的文质彬彬，可以教会别人同你一起维持文明的环境。

7. 随便使用他人物品。未经许可随意使用他人物品，事后又不打招呼的做法，显然是没有教养的表现。至于用后不归还原处，甚至经常忘记归还的，就更低一档。

8. 偷听别人讲话。旁边两人私下谈话，你却停下手中的事情，伸长两只耳朵；别人在打电话，你两眼紧盯打电话的人，耳朵灵得像兔子，这会使你的形象大打折扣。遇到这种情况，有可能的话还是暂且回避一下会比较好。

9. 对同事的客人表现冷漠。无论是谁的朋友踏进你办公室的门，都是你们的客人，而你就是主人。身为主人，三言两语把客人打发掉，或因不认识就不加理睬，都有失主人的风度。而客客气气地招待同事的客人，客客气气地记录电话，改日你外出办事时，也同样不会遭受冷落。

三、社交基本礼仪

（一）手机礼仪

随着手机被越来越广泛地使用，手机礼仪越来越受到关注。由于手机礼仪是近年来新生的，被很多人包括大学生忽视了，因而给人留下不好的印象。

那么，使用手机的时候应该注意些什么，什么时候拨打对方的手机才适宜呢？

1. 在开会、和别人洽谈的时候，最好把手机关掉或调到震动状态。这样既显示出对别人的尊重，又不会打断讲话者的思路。而会场上手机铃声不断，仿佛是业务很忙，使大家的目光都转向你，则显示出你缺少修养。

2. 注意手机使用礼仪的人，不会在公共场合或座机电话接听中、开车中、飞机上、剧场里、图书馆和医院里接打手机，即使在公交车上大声地接打手机也是有失礼仪的。

3. 给对方打手机时，尤其是知道对方是身居要职的忙人时，首先应想到的是，这个时间他（她）方便接听吗？并且要有对方不方便接听的准备。在给对方打手机时，注意从听筒里听到的回音来鉴别对方所处的环境。如果很静，应想到对方在会议上，有时大的会场能感到一种空旷的回声，当听到噪音时对方很可能在室外，开车时的隆隆声也是可以听出来的。有了初步的鉴别，对能否顺利通话就有了准备。但不论什么情况，是否通话还是由对方来定为好，所以"现在通话方便吗"通常是拨打手机的第一句问话。其实，在没有事先约定和不熟悉对方的前提下，我们很难知道对方什么时候方便接听电话。所以，在有其他联络方式时，还是尽量不要打对方手机。

4. 公共场合特别是楼梯、电梯、路口、人行道等地方，不可旁若无人地使用手机，应该把自己的声音尽可能地压低一些。

5. 在一些场合，比如在看电影时打手机是极不合适的，如果非得回话，采用静音的方式发送手机短信是比较合适的。

6. 在餐桌上，应该关掉手机或把手机调到震动状态，以避免吃到兴头上的时候，被一阵烦人的铃声打断。

7. 不要在别人能注视到你的时候查看短信。一边和别人说话，一边查看手机短信，是对别人的不尊重。

8. 在短信的内容选择和编辑上，应该和通话文明一样重视。因为你发的短信，反映了你的品位和水准。所以，不要编辑或转发不健康的短信，特别是一些讽刺伟人、名人甚至革命烈士的短信。

（二）称呼礼仪

1. 交际称谓

一般对男子统称为"先生"，女性为"夫人""女士""小姐"。通常已婚妇女称为"夫人"，未婚女子称为"小姐"。在不了解女性是否已婚的情况下，可以称"女士"。目前，"女士"已经成为国际公认的、对女性的尊称。

2. 职务称谓

用职务称呼，如"某经理""某局长"等；用专业技术职务称呼，如"某某教授""某某工程师""某某医师"等；用职业称呼，即用其从事的职业当作称谓，如"某某老师""某某医生"等。

3. 称呼的原则

（1）礼貌原则。交往时，称呼对方要用尊称。在交际场合，对任何交际对象都忌用绰号。

（2）适度原则。在与众多的交际对象打招呼时，要注意亲疏远近和主次关系。一般以先长后幼、先高后低、先女后男、先亲后疏为宜。

（三）握手礼仪

握手是人与人的身体接触，能够给人留下深刻的印象。当与某人握手感觉不舒服时，我们常常会联想到那个人消极的性格特征。强有力的握手、眼睛直视对方将会搭起积极交流的舞台。

1. 握手的方式

握手一定要伸右手，伸左手是不礼貌的。伸出的手掌应当垂直，这是通常的习惯。如果掌心向下，会有傲慢之嫌，而掌心向上，又有谦卑之态。握手的时间以 3～5 秒为宜，时间过长是一种失礼的行为。关系亲近的人当然可以长时间相握。

与女士握手时，一般是握一下对方的手尖即可，不可时间过长或用力过大。

握手时如果带有手套，应当先将手套去掉。军人戴军帽与对方相见，应先行举手礼，再行握手礼。

2. 需要握手的场合，谁先伸出手

一般长幼之间，应当在长者伸出手后，幼者及时地伸手相握。上下级之间，应当等上级主动伸手后，下级再伸手。男女之间，应由女子先伸手，男子再伸手。女方没有握手的意思时，男方则用点头表示礼貌。宾主之间，作为主人，为表示对客人的欢迎，无论长幼、男女，均应先伸出手。

准备就业的女同学请注意：为了避免在介绍时发生误会，在与人打招呼时最好先伸出手。记住，在工作场所男女是平等的。

3. 其他注意事项

如果一个人面对众多的人，见面时则不可能与其一一握手，可以用点头、注目或招手代替。

多人握手时，不可交叉握手，互相影响。应当在别人握过之后，再去握手，也可以用点头或招手代替。

（四）名片礼仪

名片在涉外社交场合中具有重要作用。名片简便、灵活、文明的特点使得它在现代社会中被广泛应用，成为现代交际的一种重要工具。

1. 名片的内容

（1）本人所属单位及所属的具体部门；

（2）本人的姓名、职务、职称；

（3）本人的联络方式，包括所在单位的地址、办公电话、传真及电子邮箱。一般不提供手机号码和住宅电话，如果确实需要，可以在交换名片时当场提供。

2. 名片的用途

多数情况下名片是用来介绍自己身份的，以便于与对方建立长期稳定的关系。

名片还可以作为收付凭证使用。例如，向友人寄送或托送礼品时，可在礼品中附上名片并写上祝福语；当自己收到友人的礼物时，可立即附上一张名片以表示感谢。

名片还可以在拜访友人时使用，若被访者不在家，可以留下一张名片，上面写一句"很遗憾，来访未晤"等。

3. 名片的使用方法

递送名片时，应面带微笑，正视对方，将名片的正面朝着对方，恭敬地用双手的拇指和食指分别捏住名片上端的两角送到对方的胸前；如果是坐着，应起身或欠身递送，递送时可以说"这是我的名片，请笑纳"或"请多关照"之类的客气话。

接受他人的名片时，应起身或欠身，面带微笑，恭敬地用双手的拇指和食指接住名片下方的两个角，并轻声说"谢谢"。

接过名片后，应当着对方的面，用最少 30 秒的时间，仔细地读一遍对方的名片，不懂的要及时请教。随后，应当着对方的面郑重其事地将他的名片放入自己的名片盒中，切记不可随意乱放。

（五）送礼与受礼

在各种友好交往中，为了向他人表示慰问、祝贺或感谢，往往需要赠送一些物美价廉的小礼物。在选择礼品时，应考虑到接收礼品者的爱好、习惯和忌讳，还要考虑到礼品的意义、特色和价值。

1. 礼品形式

应邀出席私人家宴时，应向女主人赠送小件土特产、小艺术品、小纪念品、小食品、干鲜果品或花束，也可向主人的小孩赠以糖果或玩具等。

应邀参加他人的婚礼时，应赠送小型艺术品、鲜花或其他日用品。

探视病人时，可赠以营养食品、果品或鲜花。

元旦、圣诞节时，可赠以日历、烟酒、名茶或糖果。

出席各种宴会时，可酌情赠送花束或花篮。

节日礼品可派人送或寄送。

2. 礼品包装

正式的礼品事先都应该适当地予以包装。即使礼品本身装在盒子里，也要用礼品包装纸再包装一下。

包装纸应与礼品相配，不能出现与礼品互不相符的图、文等内容。包装纸外可以再用绸带系成小蝴蝶结或梅花结予以修饰。包装内应放有送礼者的名片或留名的小卡片。

包装礼品是对交往对象的尊重和重视。在送礼给外国友人时，尤其需要注意这点。

大学生在求职面试时需要注意的细节问题很多，但细节上的纰漏并不是不可避免的，只要大学生在日常生活中掌握一些礼仪知识，并能养成良好的习惯，在细节中展现出良好素质，而且本身有知识、有能力，就一定能在竞争激烈的职场中找到属于自己的位置。

拓展训练

场景一

下面是一份求职简历，简历的主人投出近百份简历，却无一回应。在心灰意冷之际，他找到了职业咨询师。职业咨询师看过他的简历后，发现其中存在不少问题。

简 历			
姓　　名	徐××	性　　别	男
出生日期	1996 年 1 月 22 日	居住地	××市
工作年限	一年以上	户　　口	江苏
电子邮件	××××××××		
移动电话	××××××××××		
自我评价			
沟通能力强，有创意，工作有激情，向往有压力有成就的生活。希望成为学习型组织机构的一分子。			

求职意向	
工作性质	全职
希望行业	信息技术和互联网(计算机软硬件、通信),金融(银行、风险基金),媒体/出版,房地产中介
目标地点	北京市,上海市,南京市,江苏省,广东省
期望工资	8 000～9 999(元/月)
目标职能	客户经理,渠道/分销经理,企业策划人员,总裁/总经理助理,房地产开发/策划

工作经验

2018/06～2018/08:南京××××××××有限公司
所属行业:信息技术和互联网(计算机软硬件、通信)
职位:总裁/总经理助理 CEO/GM/President Assistant

　　进入该公司5天内完成对公司的外围观察并进行独立分析,进而直接面向公司负责人进行第一次陈情,一周内脱离事务性工作。公司非常认可我的策划能力。半个月后,公司第一门市在××路600号××大厦成立。我在销售环境极为不利的情况下还是争取做了TOP SALE,虽然我的业务水准在楼层上排到最后,但我可以使用价值切入客户需求,对客户实行"明抢",定位成功。从6月3日到8月13日我坚持工作的积极性、连续性和高效性,但过程的阶段性评价显示我与公司的磨合状况不佳。8月14日是到公司后第一天休假,8月17日友善辞职!公司为××市政府指定招标单位,我和公司的观念分歧表现在对人的态度上,在此不宜妄谈。

2016/09～2017/09:江苏电大 LIB
所属行业:信息技术和互联网(计算机软硬件、通信)
职位:网络管理,计算机管理
从使用目的出发对计算机进行装配维护,以方案形式实现了对网络及使用者的管理。

教育经历

2014/09～2017/07	江苏××大学	计算机应用	大专
2011/09～2014/07	江苏××高级中学	基础教育	高中

培训经历

2017/03	沈阳×××××	销售心理,销售技巧	操作资格证书
2016/06～2016/07	南京×××××	企业税控	

掌握一定的税收知识

2016/09～2017/09	江苏电大	计算机网络及单机的维护	

独立完成低成本免维护自运行方案的建立和实行;
熟练掌握元件及板卡损坏的判断和恢复。

语言能力

汉语	精通
英语	良好

附加信息

兴趣爱好	思考
特　长	分析
职业目标	职业经理人
特殊技能	IT 应用

看到此番情景,请思考并解决以下问题:

(1) 假设你是一名职业咨询师,请你给前来咨询的求职者指出其简历存在哪些问题。

(2) 帮这位求职者重新设计一份简历。

场景二

北方某学院热门专业的应届毕业生李佳音,接到国内一所大型企业研发部门系统工程师职位的面试通知,李佳音大学三年成绩优秀,并且在国内有影响的学术刊物上发表过论文,动手操作能力较强,很适合从事研发工作。尽管如此,由于竞争者众多,李佳音对面试并没有十足的把握。

公司人力资源部的两位主管先问李佳音是否了解本公司,然后就问李佳音身高多少、有无女朋友等与职位无关的问题,略显孤傲的李佳音,态度由尊敬转化为轻视,并且在神情中不自觉地流露出来。

随着面试过程的深入,李佳音逐渐放松下来,他习惯性地撸起袖管,嘎吱嘎吱地捏着手中的塑料水杯,双腿不停抖动,好几次碰响了桌子。两位考官似乎略有分工,人事主管问完后,由招聘专员单独与李佳音交流。

突然,那位人事主管暂时离场,李佳音认为主管对他失去了兴趣,心思有点乱了,好几次需要对方重复提问。轮到李佳音提问了,李佳音问了一些与系统工程师职位有关的问题,考官似乎不太了解,用略显厌烦的语气敷衍李佳音。

整个面试过程,李佳音一直低着头,回答问题时,才偶尔抬一下头。

李佳音又参加了商务英语笔试。李佳音没学过商务英语,看了 3 分钟以后,什么也没有写,便交了试卷,脸色阴沉沉的,也没有和考官道别。

考官对李佳音的面试的评价为:"……有较强的专业研究能力和较大的发展潜力,面对压力心理素质较差,在人际交往方面有较大缺陷,对公司不够重视。"

看到此番情景,请思考并解决以下问题:

(1) 讨论李佳音求职应聘失败的主要原因。他在哪些方面需要改进?

(2) 结合本章内容和自身实际情况,谈一谈笔试和面试过程中应该注意的问题和掌握的技巧。

第九章　毕业生就业权益保护

本章导读

　　高校毕业生从求职择业到上岗成为新职业者的过程中,依法享有不容侵犯的就业权益。但是在现实中,毕业生的就业权益经常受到有意或无意的侵犯,既损害了毕业生的利益,挫伤了毕业生服务社会的积极性,也影响了毕业生的职业发展。因此,大学生在求职与见习的过程中,应该时刻注意对自身合法权益的保护,以便能够顺利择业,愉悦上岗,并在事业上有所建树。

学习目标

　　1. 态度层面:树立维护就业权益的意识。
　　2. 知识层面:了解与大学生就业有关的权利、义务及相关法律法规,明白大学生就业的程序。
　　3. 技能层面:掌握就业协议和劳动合同的签订流程。

案例导入

警惕试用期陷阱

　　某学院应届毕业生石亚楠找工作非常顺利,在人才招聘会上一次性成功就业。公司负责招聘的工作人员告诉她试用期为 3 个月,并且一律没有工资,待转正后才有工资。"公司多年来一直是这样用人的,你可以选择不来,来就按照公司的规章办。"迫于这句话的压力,石亚楠无可奈何地签了约。后来感觉面子上过不去,她编了试用期月薪 1 500元的谎话告诉自己的朋友。但是因为不懂法律,她也没有向朋友们咨询。转眼 3 个月试用期即将结束,度过双休日后,像往常一样回到公司上班的石亚楠发现,这里已经大门紧闭。有一个人过来,向聚在门口的人通知,公司已经倒闭了。3 个月后,石亚楠再一次路过这里时发现还是原来那些人在用另一个公司的名称在这里办公,包括招聘者都是当初面试自己的那个人。当石亚楠上前想问个明白时,此人却说没有见过她。附近有人指出,这一伙人一直在用这种方式骗取大家的免费劳动。

对于初涉职场的毕业生来说,外面的世界五光十色,既充满诱惑又危机四伏,作为一名刚刚毕业的大学生,只有具备足够的法律意识与法律知识,依法签订就业协议和劳动合同,才有可能抵挡住对自己权益的侵害。

第一节　毕业生就业权益

在市场经济条件下,竞争不可避免,用人单位与毕业生必须遵循公平竞争、诚实守信的原则。毕业生和用人单位都应当实事求是地反映自己的情况。所以,无论毕业生、学校还是用人单位,都需明确自己应该享有的权利和承担的义务。

一、毕业生就业的基本权利

毕业生作为就业过程中的一个重要主体,享有多方面的权利,根据目前就业工作的有关规定,毕业生就业的基本权利主要包括两大方面:一是在整个毕业择业过程中的权利;二是毕业生针对被录用单位的权利。

(一)毕业生在整个毕业择业过程中的权利

1. 获取信息权

就业信息是毕业生择业成功的前提和关键,只有在充分占有信息的基础上,才能结合自身情况选择适合自身发展的用人单位。毕业生获取信息权包括三方面含义:(1)信息公开,即所有用人信息向全体毕业生公开,如上海市已建立高校毕业生需求登记制度,凡需录用高校毕业生的用人单位,须到上海市高校毕业生就业指导中心和有关高校办理信息登记,由市高校毕业生就业指导中心通过高校向毕业生发布用人需求信息,任何单位和个人不得隐瞒、截留需求信息。(2)信息及时,即毕业生获取的信息必须是及时、有效的,而不能将过时和无利用价值的信息传递给毕业生。(3)信息全面,毕业生有权获得准确、全面的就业信息,以便对用人单位有全面的了解,从而做出符合自身要求的选择。

2. 接受就业指导权

学生有权从学校接受就业指导,学校应成立专门机构,安排专门人员对毕业生进行就业指导,包括向毕业生宣传国家关于毕业生就业的有关方针、政策;对毕业生进行择业技巧的指导;引导毕业生根据国家、社会需要,结合个人实际情况进行择业,使毕业生通过接受就业指导,准确定位,合理择业。当然,随着毕业生就业完全市场化,毕业生也将由从学校接受就业指导而转为主动到市场寻求和接受一些有益的社会合法机构的就业指导。

3. 被推荐权

高等学校在就业工作中的一个重要职责就是向用人单位推荐毕业生。历年工作经验证明,学校的推荐往往在很大程度上影响用人单位对毕业生的取舍。毕业生享有被推荐权包含三方面内容:(1)如实推荐,即高校在对毕业生进行推荐时,应实事求是,根据毕业生本人的实际情况向用人单位进行介绍、推荐,不能故意贬低或随意抬高毕业生的在校表现。(2)公正推荐,即学校对毕业生进行推荐应做到公平、公正,应给每一位毕业生以就业推荐的机会,不能厚此薄彼。公正推荐是学校的基本责任,也是毕业生享有的最基本权益。(3)择优推荐,即学校根据毕业生的在校表现,在公正、公开的基础上,应择优推荐,用人单位录用毕业生也应坚持择优标准。真正体现优生优用、人尽其才,这样才能调动广大毕业生和在校生学习的积极性。毕业生在就业过程中只能凭自身综合素质的提高来取胜。

4. 选择权

根据国家有关规定,实行招生并轨改革的高校毕业生在国家就业方针、政策指导下自主择业。毕业生只要符合国家的就业方针和政策,就可以自主地选择用人单位,学校、其他单位和个人均不得干涉。任何将个人意志强加给毕业生,强令毕业生到某单位的行为是侵犯毕业生选择权行为。毕业生可结合自身情况自主与用人单位协商,要求学校予以推荐,直至签订就业协议。

5. 公平待遇权

用人单位在录用毕业生的过程中应公正、公平,一视同仁。但是,当前毕业生的公平待遇权受到了很大的冲击,也最为毕业生所担忧。由于各项配套措施滞后,完全开放公平的就业市场尚未真正形成,用人单位录用毕业生时,还不同程度地存在不公平、不公正的现象,如女生就业难仍然是困扰女毕业生的一大问题。公平地被录用是毕业生最为迫切需要得到维护的权益。

6. 违约及求偿权

毕业生和用人单位签订协议后,任何一方不得擅自毁约。若用人单位无故要求解约,毕业生有权要求对方严格履行就业协议,否则用人单位应对毕业生承担违约责任,支付违约金,毕业生有权利要求用人单位进行补偿。

7. 毕业生有在择业期(两年)内将其档案、户口在校保留的权利

毕业生若在毕业当年未能找到工作,或只是找到非正规就业单位,有权在毕业后两年内将档案、户口在校保留。期满后学校则无义务为其保存。

8. 其他权利

毕业生有国家和所在省市规定的与就业有关的其他权利。

(二)毕业生针对被录用单位的主要权利

1. 有要求用人单位履行协议接收毕业生的权利

协议书是国家专门用于毕业生就业的正式文本,具有法律效力。双方一旦签约,就有义务严格履行协议,不得无故进行更改。用人单位必须依照协议接收毕业生,并妥善安排毕业生的工作,提供相应的工作和生活条件,以保证毕业生的正常工作。

2. 有要求用人单位按照《中华人民共和国劳动法》规定提供各种劳动保障的权利

毕业生到用人单位报到后应签订劳动合同。《中华人民共和国劳动法》第三条规定:劳动者享有取得劳动报酬的权利、休息休假的权利、获得劳动安全和卫生保护的权利、接受职业技能培训的权利、享受社会保险和福利的权利、提请劳动争议处理的权利。

3. 有追究用人单位违约责任的权利

毕业生与用人单位签订就业协议,是双方遵循平等自愿、协商一致原则而达成的结

果,双方均有遵守的义务。如果用人单位一方不能按照协议的内容履行,或者打折扣,毕业生有追究用人单位违约责任的权利。

二、毕业生就业的义务与规范

(一) 接受专业培训

高校专业学习完全有别于社会上的短期技工培训,它是一个合格的职业人的塑造过程,尤其强调综合素质水平,不能急功近利。如临床医生、执业律师等职业人的培养过程,就不是几个月、一两年的事情,必须有一套课程设计科学、教学内容完整的人才培养模式,这才有可能给社会输送合格的专业人才。当然普通高等教育与高等职业教育由于培养人才方向的区别,专业培训的内涵有所不同,普通高等教育侧重于学术型、管理型人才的培养,而高等职业教育则侧重于技能型和技术型人才的培养。

(二) 提高职业技能

毕业生今后无论做科研人员、管理人员,还是做具体的技术人员、操作人员,都要求有相应的职业技能。科研人员要熟悉专业理论实践过程,并且了解科研规律,掌握科研方法,才能取得科研成绩;管理人员要熟悉管理实施流程,也要知晓有关专业的基本知识,不能盲目地指挥;技术人员要有将科技理论转化为工程图纸的能力。无论哪一类工作人员,都应有提高职业技能的意识,而这种意识不是在从事具体的工作岗位以后去培养的,而应是在成为一名合格的毕业生之前就要培养的。

(三) 履行就业协议

毕业生与用人单位之间签署的就业协议属于我国民事法律调解的范畴,它一方面讲究民事主体之间的地位相对平等,同时,也要求主体之间在履行合约时应该讲究诚实守信、公平公正原则。任何一方不得无故毁约,应该严格按照协议商定的有关程序操作,并履行相应的义务,只有当约定的解除协议的条件成立或由于不可抗拒的外力作用出现时,毕业生才可单方解除协议,放弃履行就业协议。

案例 9-1

毕业生小高想要自费出国留学并已向国外多所大学申请,等待录取通知的同时,又担心自己如果没被录取就会错过在国内的就业机会,于是他有意隐瞒了正在联系出国的事实,与某单位签订了就业协议。临近毕业时,他接到了国外一所大学的录取通知书,并拿到全额奖学金,便决定撕毁协议。小高此举侵犯了用人单位的利益,按有关规定需向用人单位做出经济赔偿。

(四) 遵守劳动纪律

大学生在校学习期间要严格遵守国家的法律法规、遵守学校的规章制度,目的是为了使大学生今后从事具体工作时能自觉养成良好的遵纪守法习惯。毕业生具有较强的劳动纪律观念将有助于工作的顺利完成。

（五）恪守职业道德

在职业生涯中恪守职业道德应成为一个社会公民基本的良知和义务。高校毕业生在走向社会、服务大众过程中，尤其要重视职业道德修养。

JOB　案例 9-2

某校毕业生用同学的协议书与江苏 A 单位签了约，又擅自用其他考取研究生同学的协议书与厦门 B 单位签约，B 单位协议书已由学校签字、盖章，后该生反悔又想去 A 单位，不得已，只好到 B 单位谎称学校要其将协议书取回补办手续，并保证在规定时间之前一定办好，单位也相信了他，将协议书全部还给他。而他本人一拿到协议书即到学校谎称是 B 单位欺骗了他，因解决不了户口问题而将其返回，并要求学校在 A 单位协议书上盖章。学校为谨慎起见，出面与 B 单位联系，得知该生有不诚实的行为，对其进行严肃批评，并责令其向该单位道歉，请求谅解。谁知该生以法律专业学生自居，声称 B 单位没有任何证据（即协议书不在手），拒不道歉，因此 B 单位致电学校，希望学校给予该生严厉处分。最后，以该生"身败名裂"告终。

（六）维护就业秩序

国家教育管理部门非常重视高校毕业生的就业问题，尤其是高职教育，突出了以就业为导向的培养目标。因此，维护就业秩序显得尤为重要。目前，我国的人才就业市场出现了结构性失衡现象，解决矛盾的有效途径之一就是规范就业秩序，合理分流就业压力，从地域角度宏观地引导人才合理调配，鼓励毕业生到西部去，到边远地区去，到生产力发展相对落后的地区去。毕业生在郑重签署就业协议后，要有法律观念，不能率性而为，积极维护就业秩序，认真履行就业协议。

JOB　案例 9-3

2019 届毕业生小李在寒假参加 A 市的毕业生供需见面洽谈会，当时有一家国有企业在会场招聘应届毕业生，小李觉得该单位位于沿海开放城市，在工作环境、工资待遇、发展前景等方面都很有吸引力。经过初试和复试，小李与单位签订了就业协议。不久，小李却愁容满面地回到学校，向大学生就业指导中心的老师咨询毕业生解约的相关问题。老师问他："小李，你签的单位在你的班里算是很好的了，怎么还没有报到就要解除协议呢？是不是和单位之间有什么不愉快？"小李向老师详细说明了情况：小李在寒假期间和单位签订就业协议时双方都没有注意到 A 市人事局关于人才引进的相关政策，当单位到 A 市人事局准备为小李办理人事关系接收手续时才发现小李不符合接收条件，原因是 A 市人事局出台了新的接收高校应届毕业生的政策。新政策规定，外地生源应届高校毕业生到 A 市工作，需要有毕业证、学位证、计算机等级证书才能办理接收手续。小李目前还没有考取计算机等级证书，又是外地生源，所以 A 市人事局无法为小李办理人事关系接收审批手续。小李只好与原单位解除就业协议，重新寻找工作。后来小李和深圳的一家企业签订了就业协议，并顺利完成了人事关系转接的审批手续。回想起这段就业经历，小李感慨地说："磨刀不误砍柴工，大学生在找工作之前一定要了解清楚各种就业政策,这样才能少走弯路。"

1. 小李的求职经历给我们哪些启示?
2. 大学生在与用人单位签订协议时应该了解哪些方面的政策与法规?

三、求职者劳动权益的具体内容

作为一名大学毕业生,应当掌握一定的法律基础知识,尤其是权益保护方面的常识,这有助于自己在求职过程中避免陷入求职陷阱,用法律维护自己的正当权益。

(一)求职者在求职过程中具有知情权

《中华人民共和国劳动合同法》第二章第八条规定:用人单位招用劳动者时,应当如实告知劳动者工作内容、工作条件、工作地点、职业危害、安全生产状况、劳动报酬,以及劳动者要求了解的其他情况;用人单位有权了解劳动者与劳动合同直接相关的基本情况,劳动者应当如实说明。

(二)求职者在求职过程中享有平等的权利

《中华人民共和国劳动法》第二章第十二条规定:劳动者就业,不因民族、种族、性别、宗教信仰不同而受歧视。

(三)求职者在求职过程中不应当受到性别歧视

《中华人民共和国劳动法》第二章第十三条规定:妇女享有与男子平等的就业权利。在录用职工时,除国家规定的不适合妇女的工种或者岗位外,不得以性别为由拒绝录用妇女或者提高对妇女的录用标准。

(四)求职者在求职过程中不承担和工作无关的附加条件

《中华人民共和国劳动合同法》第二章第九条规定:用人单位招用劳动者,不得扣押劳动者的居民身份证和其他证件,不得要求劳动者提供担保或者以其他名义向劳动者收取财物。

(五)求职者在被录用时有权要求签订劳动合同

《中华人民共和国劳动合同法》第二章第十条规定:建立劳动关系,应当订立书面劳动合同。已建立劳动关系,未同时订立书面劳动合同的,应当自工作之日起一个月内订立书面劳动合同。

(六)求职者被录用后合同所规定的试用期应当按照国家法规执行

《中华人民共和国劳动合同法》第二章第十九条规定:劳动合同期限三个月以上不满一年的,试用期不得超过一个月;劳动合同期限一年以上不满三年的,试用期不得超过两个月;三年以上固定期限和无固定期限的劳动合同,试用期不得超过六个月。同一用人单位与同一劳动者只能约定一次试用期。以完成一定工作任务为期限的劳动合同或者劳动合同期限不满三个月的,不得约定试用期。试用期包含在劳动合同期限内。劳动合同仅约定试用期的,试用期不成立,该期限为劳动合同期限。

(七)求职者在试用期的工资应当按照国家标准计算

《中华人民共和国劳动合同法》第二章第二十条规定:劳动者在试用期的工资不得低

于本单位相同岗位最低档工资或者劳动合同约定工资的百分之八十,并不得低于用人单位所在地的最低工资标准。

(八)求职者在签订合同时,用人单位不得随意要求劳动者承担违约金

《中华人民共和国劳动合同法》第二章第二十五条规定:除本法第二十二条劳动者违反服务期约定的,应当按照约定向用人单位支付违约金和第二十三条规定劳动者违反竞业限制约定的,应当按照约定向用人单位支付违约金的情形外,用人单位不得与劳动者约定由劳动者承担违约金。

(九)求职者可以在报酬约定不明确的情况下要求同工同酬

《中华人民共和国劳动法》第五章第四十六、四十八条和《中华人民共和国劳动合同法》第二章第十一、十八条规定:工资分配应当遵循按劳分配原则,实行同工同酬。国家实行最低工资保障制度,最低工资的具体标准由省、自治区、直辖市人民政府规定,报国务院备案,用人单位支付劳动者的工资不得低于当地最低工资标准。用人单位未在用工的同时订立书面劳动合同,与劳动者约定的劳动报酬不明确的,新招用的劳动者的劳动报酬按照集体合同规定的标准执行;没有集体合同或者集体合同未规定的,实行同工同酬。劳动合同对劳动报酬和劳动条件等标准约定不明确、引发争议的,用人单位与劳动者可以重新协商;协商不成的,适用集体合同规定;没有集体合同或者集体合同未规定劳动报酬的,实行同工同酬;没有集体合同或者集体合同未规定劳动条件等标准的,适用国家有关规定。

(十)求职者被录用后的工作时间应当按照国家法规执行

《中华人民共和国劳动法》第四章第三十六条规定:国家实行劳动者每日工作时间不超过八小时、平均每周工作时间不超过四十四小时的工时制度。

(十一)求职者被录用后有选择是否加班的权利,并享受加班补偿

《中华人民共和国劳动合同法》第三章第三十一条规定:用人单位应当严格执行劳动定额标准,不得强迫或者变相强迫劳动者加班。用人单位安排加班的,应当按照国家有关规定向劳动者支付加班费。

《中华人民共和国劳动法》第四章第四十一条规定:用人单位由于生产经营需要,经与工会和劳动者协商后可以延长工作时间,一般每日不得超过一小时;因特殊原因需要延长工作时间的,在保障劳动者身体健康的条件下延长工作时间每日不得超过三小时,但是每月不得超过三十六小时。

(十二)求职者被录用后的休息休假及待遇应当按照国家法规执行

《中华人民共和国劳动法》第四章第三十八条、第四十条、第四十五条和第五章第五十一条规定:用人单位应当保证劳动者每周至少休息一日。用人单位在下列节日期间应当依法安排劳动者休假:(1)元旦;(2)春节;(3)国际劳动节;(4)国庆节;(5)法律、法规规定的其他休假节日。劳动者连续工作一年以上的,享受带薪休年假。劳动者在法定休假日和婚丧假期间以及依法参加社会活动期间,用人单位应当依法支付工资。

(十三)求职者被录用后加班薪酬计算应按照国家法规执行

《中华人民共和国劳动法》第四章第四十四条规定:(1)安排劳动者延长工作时间的,支付不低于工资的百分之一百五十的工资报酬;(2)休息日安排劳动者工作又不能安排

补休的,支付不低于工资的百分之二百的工资报酬;(3)法定休假日安排劳动者工作的,支付不低于工资的百分之三百的工资报酬。

（十四）求职者被录用后有权拒绝用人单位的某些要求

《中华人民共和国劳动合同法》第三章第三十二条规定:劳动者拒绝用人单位管理人员违章指挥、强令冒险作业的,不视为违反劳动合同。劳动者对危害生命安全和身体健康的劳动条件,有权对用人单位提出批评,检举和控告。

（十五）求职者被录用后不得被解除劳动合同的情形

《中华人民共和国劳动合同法》第四章第四十二条规定,求职者被录用后有以下情形之一的,不得被解除劳动合同:(1)从事接触职业病危害作业的劳动者未进行离岗前职业健康检查,或者疑似职业病病人在诊断或者医学观察期间的;(2)在本单位患职业病或者因工负伤并被确认丧失或者部分丧失劳动能力的;(3)患病或者非因工负伤,在规定的医疗期内的;(4)女职工在孕期、产期、哺乳期的;(5)在本单位连续工作满15年,且距法定退休年龄不足5年的;(6)法律、行政法规规定的其他情形。

（十六）求职者被录用后可以随时通知用人单位解除劳动合同的情形

《中华人民共和国劳动法》第三章第三十二条规定,求职者被录用后有以下情形之一的,可以随时通知用人单位解除劳动合同:(1)在试用期内的;(2)用人单位以暴力、威胁或者非法限制人身自由的手段强迫劳动的;(3)用人单位未按照劳动合同约定支付劳动报酬或者提供劳动条件的。

（十七）女性求职者被录用后享受国家法规的特殊保护

《中华人民共和国劳动法》第七章规定:禁止安排女职工从事矿山井下、国家规定的第四级体力劳动强度的劳动和其他禁忌从事的劳动。不得安排女职工在经期从事高处、低温、冷水作业和国家规定的第三级体力劳动强度的劳动。不得安排女职工在怀孕期间从事国家规定的第三级体力劳动强度的劳动和孕期禁忌从事的劳动。对怀孕七个月以上的女职工,不得安排其延长工作时间和夜班劳动。女职工生育享受不少于九十天的产假。不得安排女职工在哺乳未满一周岁的婴儿期间从事国家规定的第三级体力劳动强度的劳动和哺乳期禁忌从事的其他劳动,不得安排其延长工作时间和夜班劳动。

（十八）求职者被录用后应享受社会保险和福利

《中华人民共和国劳动法》第九章规定:国家发展社会保险事业,建立社会保险制度,设立社会保险基金,使劳动者在年老、患病、工伤、失业、生育等情况下获得帮助和补偿。社会保险基金按照保险类型确定资金来源,逐步实行社会统筹。用人单位和劳动者必须依法参加社会保险,缴纳社会保险费。

第二节　签署就业文书

就业协议与劳动合同都是用人单位录用毕业生时所订立的书面协议,但两者处于两个相互联系的不同阶段。就业协议明确了毕业生、用人单位、学校在毕业生就业工作中的权利与义务,是毕业生与用人单位确定劳动关系的依据。毕业生到用人单位报到后,双方将产生由《劳动法》所调整的劳动关系,这种劳动关系体现为毕业生与用人单位签订的劳动合同。

一、大学生就业程序

在实行"双向选择"的情况下,毕业生就业之前,必须充分认识和了解就业管理部门的工作程序、用人单位的招聘程序以及毕业生的就业程序。许多毕业生往往由于就业前没有了解就业程序而错失很多就业机会。

（一）就业管理部门的工作程序

1. 毕业生就业管理部门

毕业生就业管理机构大致由三部分组成:教育部主管全国大学生就业工作;各省(自治区、直辖市)和中央有关部委分管本地区、本部门的大学生就业工作;各高等学校和各用人单位负责毕业就业的具体事宜和招聘接收毕业生事宜。

2. 就业管理部门的工作程序

（1）分析形势,制定政策

教育部根据国民经济发展和国家建设情况,确定年度就业工作意见,制定相应的就业政策。各省(自治区,直辖市)和中央有关部委根据中央和教育部的文件精神制定本地区、本部门所属高校毕业生就业工作的具体意见。

（2）毕业生生源统计

毕业生生源统计是一项十分重要和严肃的事,既不能有丝毫差错也不能弄虚作假,凡是属于国家正式派遣的毕业生都必须是列入国家计划内招收的学生。毕业生生源统计工作一般在每年的9月开始进行。生源统计内容包括毕业生的专业、姓名、性别、政治面貌、家庭所在地、培养类别等,并及时向主管部门报送毕业生的生源情况。省(自治区、直辖市)主管部门负责本地区毕业生的生源统计工作,并按时报送教育部。教育部在每年的11月左右向各地区、各部门提供下一年的毕业生生源情况。各地区、各用人单位要向教育部提供毕业生需求信息。教育部负责向社会及时通报毕业生生源情况和需求情况,并及时组织毕业生供需信息交流活动。

（3）供需见面和双向选择

供需见面和双向选择活动是毕业生落实就业单位的重要方式。各地区、各部门和各高校的就业管理机构在每年的11月下旬至下一年的5月,采取多种形式召开有学校和用人单位参加的"供需见面,双向选择"洽谈会和开办毕业生就业市场,为毕业生求职择业创造条件,提供服务。毕业生在学校的指导下可直接参加这类活动。经供需见面和双向选择后,毕业生与用人单位应签订毕业生就业协议书,作为毕业生就业报到的依据。

（4）报到证的签发

毕业生就业主管部门要凭借学校、毕业生和用人单位三方签订的就业协议书(或劳动合同、用工证明等)汇总本校毕业生的就业状况,并于6月中旬上报主管部门审批。主管部门签发《全国普通高等学校本专科毕业生就业报到证》(以下简称"报到证")。

（5）组织毕业生文明离校

高等学校按照国家统一要求,一般在每年7月1日以后,根据本校就业方案为毕业生办理离校手续。

（二）毕业生就业程序

对毕业生来说，一个完整的择业过程至少包括收集信息、自我分析、确立目标、材料准备、参加招聘会等双向选择活动和参加笔试、面试、签订协议、走上工作岗位等环节。走好择业的每一步，对于实现自己的职业理想是十分重要的。

1. 收集就业信息

信息准备是择业的基础，是通向用人单位的桥梁。收集信息是就业活动的第一步，谁能及时获取信息，谁就获得了求职择业的主动权。因此，大学毕业生应通过各种渠道广泛收集就业信息。就业信息主要包括以下四个方面的内容：

（1）当前大学毕业生就业市场的需求

每位大学生要关注学校就业信息网站和就业信息公告栏，及时了解用人单位的需求信息、就业招聘活动及新的就业市场动态等。与此同时，学生在求职择业中遇到问题，要及时咨询学校就业工作部门的老师。此外，要通过各种渠道去了解社会各行业和各类企、事业单位对毕业生的需求，尤其是要了解本校、本专业的社会需求情况，用人单位对毕业生的基本要求等。

（2）政策和法规信息

了解国家及学校有关毕业生就业的政策及规定，如《中华人民共和国劳动法》《中华人民共和国劳动合同法》《中华人民共和国就业促进法》等，以及本地区和学校的《毕业生就业工作意见》等。

（3）用人单位的信息

如用人单位所需专业、岗位对人才的要求、需求毕业生的数量、用人单位的生产经营状况、企业文化、发展前景、工作条件、福利待遇、对人才的重视程度以及对毕业生的安排及使用意图等。

（4）注意吸取成功者的经验

往届毕业生的求职经验、教训、体会和建议等，都会为应届大学毕业生的成功择业助一臂之力。毕业生若能充分利用上述就业信息，可以更好地寻找和确定就业单位。毕业生在确定就业单位之前，可能会经历一场"寻寻觅觅"般的苦闷和焦虑的人生经历。不过，如果毕业生懂得如何去搜集和运用各种就业信息，就会在很短的时间内寻找到更适合自己的就业岗位。

2. 确定择业目标

从大的范围来说，大学毕业生择业目标包括以下三个方面：

（1）择业的地域范围

考虑是去沿海城市就业，还是在内地就业；是留在本地就业，还是去外地就业。此时，既要考虑是否符合政策规定，还要考虑生活习惯及今后的发展等因素。

（2）择业的行业范围

大学生择业应根据自己的专长确定择业的范围。打算在本专业范围内就业，还是跨出本专业到其他行业就业？在本专业范围内从事哪类岗位，是从事本专业的技术工作、管理工作、社会工作，还是从事教学工作、科研工作？此外，还应考虑自己的综合素质、个人心理特征、能力及兴趣特长等。

（3）择业的单位类别

明确选择单位的类别，选择国有企业、三资企业、民营企业、事业单位，还是报考公务员？在这些单位中，自己的条件符合哪些单位的用人标准，自己最希望从事哪一类职业？这些对于大学毕业生来讲都是非常重要的。

3. 准备自荐材料

在确定择业目标之后，毕业生即可准备自荐材料。自荐材料一般包括学校推荐表、个人简历、自荐信、成绩单、奖励证书及有关辅助证明材料等。自荐材料是反映毕业生个人总体情况和综合素质的主要材料，是毕业生与用人单位信息交流的载体，也是大学毕业生求职择业的"敲门砖"，还是用人单位决定是否给你一次面试机会的重要依据。毕业生在撰写自荐材料之前要花时间进行精心准备。

4. 参加招聘会等双向选择活动

在大学生就业活动中，招聘会或人才市场在用人单位与大学生之间架起了见面、沟通的桥梁。参加招聘会等双向选择活动主要有两种形式：一种是毕业生本人去用人单位面谈、应试；另一种是毕业生在学校和各级地方就业指导管理部门举办的毕业生就业招聘会面谈。无论哪种方式，均要求毕业生进行精心准备，将良好状态发挥出来。

5. 参加笔试、面试

不少用人单位在招聘过程中，采用笔试的方式考核毕业生的知识、能力与素质。面试是几乎所有的用人单位考核大学毕业生综合素质的重要手段。毕业生在笔试和面试之前要做好充分准备。

6. 签订协议

用人单位通过笔试、面试等招聘活动，选拔出自己满意的毕业生后，就可以和毕业生签订就业协议书。签订就业协议书是对大学生自身权益的保护，因此要重视就业协议的签订。

7. 报到

毕业生与用人单位签订好就业协议书，并得到学校、政府教育主管部门的审核同意后，做好毕业离校的各项准备工作。毕业生在领取报到证后，需按照报到证规定的期限和指定的地点去单位报到。

（三）用人单位的招聘程序

了解用人单位的招聘程序，并把自己的择业活动调整到与用人单位的招聘活动步调一致，有利于择业活动的有效进行。

1. 确定需求和招聘计划

用人单位根据自身的建设和发展状况确定当年需要招聘毕业生的岗位、人数和条件等，同时根据要求制订详尽的招聘计划。

2. 发布需求信息

用人单位在确定了需求信息后会及时向外发布，其发布的主要渠道如下：

（1）政府教育主管部门所属的高校毕业生就业指导中心；

（2）高校毕业生就业工作部门；

（3）在高校的网站上发布信息，供学生上网浏览；

（4）通过参加各种招聘会发布信息；

（5）通过电视、报纸、广播、网络等媒体发布需求信息。

3. 举办单位招聘说明会

为了在毕业生中进行广泛宣传，一些用人单位（主要是企业单位）还会到学校举办单位招聘说明会，介绍单位的建设发展情况、人才需求情况及发展机遇、用人制度和企业文化等，同时回答毕业生们关心的各种问题。单位招聘说明会是毕业生全面了解招聘单位的好机会。

4. 收集生源信息

用人单位要招聘优秀的大学毕业生，就需要广泛地收集学生的信息。收集学生信息的主要渠道如下：

（1）从政府教育主管部门所属的高校毕业生就业指导中心及高校就业工作部门获取学生信息；

（2）参加供需洽谈会和到毕业生就业市场收集学生信息；

（3）在高校就业网站上收集学生信息；

（4）通过学生的自荐获取学生信息；

（5）有的学生通过报纸、杂志、网络等媒体刊登自己的"求职广告"，这也是用人单位获取学生信息的渠道之一。

5. 分析应聘者资料

对收集到的学生信息进行分析处理，初选出符合自己条件的学生，以便进行下一轮筛选。一般而言，用人单位注重学生资料，包括性别、专业、生源地、知识水平、能力及综合素质。

6. 组织笔试、面试

一些用人单位常常以笔试的形式了解毕业生。笔试的时间、地点等内容，用人单位会提前通知。有的用人单位会组织多次面试，每次面试参加人员及考核的侧重点会各不相同。

7. 签订协议

用人单位经过各项考核后，决定录用毕业生，这时必须签订就业协议书。有些用人单位还会同时与毕业生签订用人劳动合同，明确双方的责、权、利。

8. 上岗培训

一般用人单位对新员工都会进行培训。各单位培训的形式有所不同，但其目的都是一致的，即通过培训，让新员工了解企业的创业精神、规章制度和企业文化，使其掌握工作技能，成为一名称职员工；使新员工尽快适应新的工作环境和生活环境，尽快融入新的集体。

二、就业协议书的签订

当毕业生与用人单位经过双向选择达成初步就业意愿后，双方便开始进入就业的实质性操作阶段——签订就业协议书。就业协议书的签订是毕业生由"校园人"转变为"社会人"的一个标志。

（一）就业协议书概述

就业协议书的全称是《全国普通高等学校毕业生就业协议书》，俗称"三方协议"，是明确毕业生、用人单位和学校在毕业生就业工作中权利和义务的书面表现形式。就业协议书由教育部或各省、市、自治区就业主管部门统一制定,根据国家规定,在达成就业意向后,毕业生、用人单位、学校三方签署后生效。就业协议书具有一定的广泛性和权威性,是学校制定就业方案、用人单位申请用人指标的主要依据。协议书一经签署,对签约三方都有约束力,协议各方均须严格履行协议内容:毕业生要保证自己能正常毕业,按时到单位报到;用人单位要按照合法的用人程序接收毕业生,妥善安置毕业生的户口、档案;学校要按照规定程序派遣毕业生。

从法律性质及政策的角度上看,就业协议书有许多重要的事项需要注意。

1. 就业协议属民法、合同法上的"预约",我国《劳动法》(《中华人民共和国劳动法》的简称)、《劳动合同法》(《中华人民共和国劳动合同法》的简称)、《就业促进法》(《中华人民共和国就业促进法》的简称)、《劳动争议调解仲裁法》(《中华人民共和国劳动争议调解仲裁法》的简称)对毕业生就业协议均无规定。因此,在毕业生未到用人单位报到,即未与用人单位建立劳动关系前,就业协议原则上适用我国民法和合同法,但协议书的内容不得违反我国劳动法律、法规和相关就业政策。毕业生只有在入职后签订了劳动合同才受劳动法律调整。

2. 协议书里既包括学校对学生的就业过程进行行政管理的内容,也包括用人单位和学生平等自愿协商的内容,违反这些内容应当承担违约责任。我国《劳动合同法》第107条规定:"当事人一方不履行合同义务或者履行合同义务不符合约定的,应当承担继续履行、采取补救措施或者赔偿损失等违约责任。"

3. 教育部《普通高等学校毕业生就业工作暂行规定》第24条规定:未经学校同意,毕业生擅自签订的协议无效。教育部《全国普通高等学校毕业生就业协议书》管理办法中也明确规定:毕业生在协议书上签署个人意见之后,用人单位或学校两方之中只要有一方在协议书上签字,毕业生即不得单方面终止协议的签订工作。毕业生违约时,必须办理完毕与原签约单位的解约手续,然后将原协议书交还学校招生就业工作处。

4. 学校作为就业协议的一方当事人,其责任集中于向用人单位如实提供毕业生的情况、组织毕业生体检以及及时办理学生档案和户籍关系移转手续等。因此,学校在三方协议中违约的情况较少发生。在实践中,为了更科学地体现就业协议的合理性,明确体现毕业生、用人单位各自的权利、责任和义务,目前许多地方教育主管部门印制的新版就业协议书中,不再把学校列为一方当事人,而把学校仅作为政府教育行政部门委托的鉴证方。只要毕业生和用人单位在协议书上签字盖章即发生法律效力。

(二)签订就业协议书的必要性

很多毕业生不知为什么要与用人单位签订就业协议。事实上,签订就业协议书意义重大,主要表现在以下三个方面:

1. 毕业生与用人单位签订就业协议书,为学校了解毕业生去向、形成就业方案,为国家制订毕业生就业计划、掌握社会发展需求、进行宏观调控提供依据。因此,毕业生与用人单位签订就业协议书,既是国家政策规定,又是毕业生应尽的义务。

2. 毕业生与用人单位签订就业协议书,能确保毕业生工作机会的获得,为毕业生办理报到证、档案、户口、人事、组织关系的转移提供便利。而这些手续的办理成功,又与毕业生以后的工龄的计算、职称的评定以及申请经济适用房、婚姻登记、办理出国护照、考研、考公务员、子女读书、身份证补办、退休福利、养老金交纳、自主创业等一系列重大利益紧密相连。因此,签订就业协议事关毕业生诸多合法权益,是毕业生应该高度重视的大事情。

3. 毕业生与用人单位签订就业协议书,可有效防范劳动争议的发生。毕业生到岗后,协议书中已确立而劳动合同未涉及的内容可视为劳动合同的一部分,一旦发生劳动争议,就业协议将成为有力证据之一。

（三）签订就业协议书时应注意的问题

就业协议书是具有法律效力的文书。毕业生必须认真阅读相关内容,不可草率签名确认,否则将承担不利后果。毕业生签订就业协议书应注意以下几点:

1. 查明用人单位的主体资格

查明用人单位的主体资格,就是要查明用人单位是否具有法律上认可的、从事某项经营或管理活动的法人资格,也即是否有录用毕业生的自主权。最简单的方法就是查看用人单位是否具有工商行政管理部门颁发的营业执照。由于就业市场上招聘单位鱼目混珠,毕业生社会经验不足,容易上当受骗,因此,毕业生在与用人单位签订就业协议书时应慎重,要仔细了解用人单位的基本情况,做出正确的判断。

2. 按规定的程序签订协议

（1）签订就业协议书的一般流程

① 毕业生到所在学校毕业生就业工作部门领取《普通高等学校毕业生就业协议书》,一式三份,按要求填写个人基本信息。

② 毕业生与用人单位协商,填写约定的内容,其后各自签字、盖章。

③ 毕业生将协议书送交学校毕业生就业工作部门鉴证、盖章。

（2）签订就业协议过程中的具体事项

① 如果用人单位解决学生的人事关系,用人单位盖章后需将三份协议书报当地人事部门审批盖章,其后再由毕业生将协议书送交学校鉴证。学校鉴证后的协议书由用人单位、毕业生、学校各执一份。学校凭就业协议书编制毕业生就业方案,报上级毕业生就业工作主管部门批准后下达就业派遣计划。

② 学校负有最后把关、维护毕业生的合法权益的义务。要避免出现毕业生在就业协议书上签字后,学校先鉴证、盖章,再交用人单位签字、盖章的情况发生。

③ 毕业生签订就业协议前应认真了解和掌握国家、当地就业政策及学校的就业规定。签订就业协议书前,应认真阅读协议书中的全部条款,特别是要注意用人单位提出的附加条款,并了解条款的内容和含义。特别要了解用人单位有无独立的进人权,以及用人单位的上级主管单位和部门是谁。

④ 毕业生在签订就业协议过程中应注意协议的内容要与劳动合同的内容相衔接,同时划掉条款的空白部分,以免单方填写内容,侵犯另一方的权益。

3. 必须明确有关条款的内容

毕业生就业协议书共五项主要条款。

（1）毕业生应按国家法规就业,向用人单位如实介绍自己的情况,了解用人单位的使用意图,表明自己的就业意见,在规定的时间内到用人单位报到,若遇到特殊情况不能按时报到,需征得用人单位同意。

（2）用人单位要如实介绍本单位的情况，明确对毕业生的要求及使用意图，做好各项接收工作。

（3）学校要如实向用人单位介绍毕业生的情况，做好推荐工作，用人单位同意录用后，经学校审核列入建议就业计划，报主管部门批准，学校负责办理派遣手续。

（4）各方应严格履行协议，任何一方若违反协议，应承担违约责任。

（5）其他补充协议。其中容易引起歧义的是补充条款。因此，毕业生与用人单位在签订就业协议时，如有其他约定，应在补充条款中按规范格式予以明确，否则一旦发生争议，不利于自身权益的保护。

补充条款中常见的内容有以下一些内容：

（1）试用期限。试用期限是用人单位和劳动者为进一步加深了解而约定的考察期限。试用期并不是必需的，试用期与转正后的工资待遇会有所不同。因此，毕业生如确认用人单位对试用期的约定，应要求在就业协议书中明确试用期限及试用期从何时开始等内容。一般可约定：试用期从毕业生到岗之日算起。

（2）工资报酬。约定工资报酬是协议双方最为关心的内容。一些毕业生到单位工作后，领取的实际工资往往与协议书中约定的工资数额相差较大，从而有一种上当受骗的感觉。实际上是缺乏沟通，不了解工资结构所至。为防止出现不必要的纠纷，毕业生与用人单位在协议书中约定工资报酬时，应明确三个问题：一是约定的是税前工资还是税后工资。如果是税前工资，用人单位依法代扣后，毕业生领取的实际工资必定少于协议中约定的工资。二是约定的工资中是否包含社会保险金。在实际工作中，"社保"有"城保"和"镇保"之分。"镇保"部分无须从工资中扣除，如是"城保"，则应依法从毕业生个人工资中扣除。三是约定的工资中是否包括住房公积金。如果协议中未明确，毕业生的工资中应包括此部分。

（3）免责条款。毕业生如果希望参加升学考试或报考国家公务员，则应在协议书的补充条款中予以约定：一旦通过考试被录取，就业协议书自动失效，毕业生一方不承担违约责任。

（4）违约责任。承担违约责任的主要形式是支付违约金。约定违约责任的目的是确保就业协议的顺利履行，同时也是对签约双方当事人的一种约束。现实中，一些毕业生为了使自己有更宽松的选择权利，只要用人单位不刻意提出对违约金的要求，于是故意装糊涂。殊不知这也是对自己就业权益的放弃，因为一旦用人单位毁约，毕业生将得不到任何补偿。

对违约责任的理解应该是毕业生到岗前违约，即不愿意到用人单位工作，用人单位获得违约金；用人单位违约，即不愿意接收毕业生，毕业生获得违约金。基于此，毕业生应注意三个方面的问题：第一，如果毕业生已经到岗，在试用期内提出辞职的，用人单位不能要求毕业生支付违约金；第二，约定的违约金应在自己能承受的范围内；第三，约定的违约金数额应双方对等。

JOB **案例 9 - 4**

　　某职业技术学院 2018 届毕业生郑某,在参加学校举办的校园供需见面会后,与一家化工有限公司达成了初步就业意向,公司同意录用郑某,郑某也同意到该公司工作。当天,双方即签订了《普通高等学校毕业生就业协议书》,约定服务期为 5 年、试用期为 3 个月,试用期从 2018 年 7 月 15 日算起。公司在询问了学校负责就业工作的老师意见后,在协议书中约定了 2 000 元的违约金,郑某也表示同意。但是,郑某于 7 月中旬到该公司试用后,发现公司的工作氛围并不理想,希望在毕业前重新找一份工作,于是打电话咨询负责就业工作的老师,自己要不要支付 2 000 元违约金。

　　点评:在这个案例中,可以看到毕业生对就业协议书的法律性质、违约责任等知识知之甚少。毕业生郑某已经按照就业协议书的约定,在约定的时间到岗。到岗后,试用期即自动起算,郑某在报到工作后希望离开用人单位,属于在试用期内与用人单位解除劳动合同。因此,郑某不需要支付违约金,这是我国《劳动合同法》赋予劳动者的特殊权利。根据法律规定,劳动者在试用期内,可以在离职前提前三日通知用人单位解除劳动合同。

　　（四）毕业生违约的不良后果

　　临近毕业之际,一些毕业生可能会联系多家单位,为保险起见,常不顾后果,勉强与不太满意的用人单位签约。但一有自己中意单位的录用回音,又纷纷毁约。殊不知,已签订的原就业协议已发生了法律效力,毕业生违约后,不仅要支付违约金、还将带来诸多不良后果。主要表现在以下几方面:

　　1. 对学校而言,用人单位往往将毕业生违约视为学校行为,从而对学校教育工作产生怀疑,进而影响学校和用人单位的长期合作关系。从历年情况来看,一旦毕业生违约,该用人单位在几年之内不愿到这所学校挑选毕业生。面对激烈的就业竞争,用人单位的需求是毕业生择业成功的前提,如此下去,势必影响学校毕业生就业工作的开展,同时影响学校就业计划方案的制定,以及影响学校的正常派遣工作。

　　2. 对用人单位而言,用人单位往往为录用一名毕业生做了大量的工作,有的甚至对毕业生将要从事的具体工作也有所安排。同时,毕业生的就业工作时间相对比较集中,一旦毕业生因某种原因违约,势必使用人单位的努力付诸东流,用人单位若要重新选择其他毕业生,在时间上也不允许,从而造成用人单位招聘工作的被动局面。

　　3. 对其他毕业生而言,用人单位到学校挑选毕业生,一旦与某毕业生签订就业协议书,就不可能再录用其他毕业生。若日后该毕业生违约,有些当初希望到该用人单位工作的其他毕业生由于录用时间等原因,也无法补缺,造成就业信息的浪费,影响其他毕业生就业。

　　由此可见,毕业生在就业过程中既要考虑自身利益,也应考虑学校、用人单位和他人的利益,慎重选择,认真履约。

　　（五）就业协议的解除

　　就业协议的解除分为双方协商解除和单方解除。

　　1. 协商解除

　　协商解除是指毕业生与用人单位经协商一致,解除原签订的就业协议,使原协议不发生法律效力。此类解除是双方当事人真实意愿一致的体现,双方均不承担法律责任。但须征得学校同意并在就业方案上报主管部门之前进行,否则,如果就业派遣计划已经下达,毕业生就业必须经省级就业主管部门批准办理调整改派手续。

2. 单方解除

单方解除,包括单方擅自解除和单方依法或依协议解除。单方擅自解除协议属于违约行为,解约方应对另一方当事人承担违约责任。单方依法或依协议解除,是指一方解除就业协议有法律上或协议上的依据,此类单方解除,解除方无须对另一方当事人承担法律责任。例如,学生未取得毕业资格或未通过用人单位所在地组织的公务员考试等,用人单位有权单方解除就业协议。再如就业协议中约定:毕业生通过专升本考试,被录取为本科生,就业协议解除。因此,如果收到专升本录取通知书,毕业生也可依据事先的约定单方解除就业协议。

三、劳动合同的签订

劳动合同亦称劳动契约,是劳动者与用人单位(包括企业、事业单位、国家机关、社会团体、雇主)确立劳动关系、明确双方权利和义务的协议。根据《劳动合同法》等法律法规订立的劳动合同受国家法律的保护,对订立劳动合同的双方当事人产生约束力,是处理劳动争议的直接证据和依据。

中华人民共和国
劳动合同法

(一)劳动合同的内容

劳动合同的内容可以分为必备条款和其他协商条款两部分。

1. 必备条款

必备条款也称法定条款,是指劳动合同必须具备的由法律法规直接规定的内容。根据《劳动法》的规定,劳动合同的法定条款包括以下七项:(1) 劳动合同期限;(2) 工作内容;(3) 劳动保护和劳动条件;(4) 劳动报酬;(5) 劳动纪律;(6) 劳动终止的条件;(7) 违反劳动合同的责任。

2. 其他协商条款

《劳动法》第十九条规定,用人单位与劳动者签订劳动合同时,除订立上述七项必备条款外,还可以协商约定其他内容。主要有约定试用期和约定保守用人单位商业秘密等条款。试用期最长不超过 6 个月。保守商业秘密条款是劳动者与用人单位双方约定劳动者保守用人单位商业秘密的有关事项。

(二)劳动合同的订立原则和程序

1. 劳动合同的订立原则

订立劳动合同应当遵循合法、公平、平等自愿、协商一致、诚实守信用的原则。依法订立的劳动合同具有约束力,用人单位与劳动者应当履行劳动合同约定的义务。

2. 劳动合同的订立程序

一般而言,劳动合同的订立程序如下所述。

(1)劳动合同的双方当事人,一方是劳动者,一方是用人单位。

(2)用人单位招用劳动者时,应当如实告知劳动者工作内容、工作条件、工作地点、职业危害、安全生产状况、劳动报酬以及劳动者要求了解的其他情况;用人单位有权了解劳动者与劳动合同直接相关的基本情况,劳动者应当如实说明。用人单位招用劳动者,不得扣押劳动者的居民身份证和其他证件,不得要求劳动者提供担保或者以其他名义向劳动者收取财物。

(3)用人单位自用工之日起即与劳动者建立劳动关系。用人单位应当建立职工名册备查,建立劳动关系,应当订立书面劳动合同。已建立劳动关系未同时订立书面劳动合同的,应当自用工之日起一个月内订立书面劳动合同。用人单位与劳动者在用工前订立劳动合同的,劳动关系自用工之日起建立。

(4)劳动合同由用人单位与劳动者协商一致,并经用人单位与劳动者在劳动合同文本上签字或者盖章生效,劳动合同文本由用人单位和劳动者各执一份。

(5)劳动合同分为固定期限劳动合同、无固定期限劳动合同和以完成一定工作任务为期限的劳动合同。

用人单位自用工之日起满一年不与劳动者订立书面劳动合同的,视为用人单位与劳动者已订立无固定期限劳动合同。

(三)签订劳动合同的注意事项

1. 了解用人单位的情况,防止签订无效合同

毕业生应详细了解用人单位是否具有法人资格,从事的工作是否合法,是否有能力兑现合同的约定,以防止签订无效合同而蒙受损失。同时毕业生也应该详细地了解用人单位的其他情况,如用人单位的发展前景,用人单位给员工的福利待遇以及提供的培训机会等,已确定该用人单位确实有利于求职者的发展。

2. 应当签订书面合同,口头合同不可取

建立劳动关系应当订立书面劳动合同。毕业生切不可因求职心切而相信某些用人单位关于工资水平、福利待遇等事项的口头许诺,这些口头许诺是靠不住的,一旦有争议,毕业生也难以真正维护自己的权益,口头许诺也会化为泡影。

3. 详细阅读合同条款,识别并拒绝霸王条款

劳动合同牵涉就业者的切身利益,在订立合同的时候,就业者应仔细研读合同的条款,看合同条款是否符合国家的相关法律和政策、合同签订双方的权利和义务是否合理、是否存在霸王条款等,就业者对违规条款应予以拒绝。

4. 收取押金或者证件是违法的

一些用人单位在签订合同前擅自向劳动者索要押金或者扣押劳动者的诸如身份证、毕业证等重要证件,毕业生在签订合同时应对此类行为予以警惕。押金是不可以交的;证件可以让用人单位看,但是绝不可以让用人单位将原件带走。

5. 试用期的长度

目前多数企事业单位签订的合同期限为三年,依照规定试用期最长不可以超过6个月。毕业生在签订合同时应对有关试用期长度的规定有清醒的认识,以更好地保护个人权益。

6. 待遇条款要明确

签订合同时,工资水平、工作条件、职务、保险等有关自己利益的待遇条款要明确,切不可含糊。如合同规定用人单位提供保险,但未指明是哪几类保险,这样就属于模糊条款,按其规定,仅仅提供一类保险也算符合合同,所以劳动者在签订协议时应对此类条款予以明确。

7. 注意就业协议和劳动合同的衔接

就业协议是毕业生和用人单位达成意向后签订的协议，当毕业生到用人单位报到并建立正式劳动关系时，应当签订劳动合同。劳动合同签订后就业协议自动失效，因此毕业生在签订劳动合同时，要注意使劳动合同与就业协议保持一致，尤其要把就业协议里的约定在劳动合同里表达明确，防止协议中的条款因未写入劳动合同而无法得到法律保障。

（四）劳动合同的解除

劳动合同的解除是指劳动合同当事人在劳动合同期限届满之前中止劳动合同关系的法律行为，可分为协商解除、用人单位单方解除、劳动者单方解除等。

1. 双方协商解除劳动合同的法律规定

当事人双方协商解除劳动合同必须符合下列条件：一是双方自愿，二是平等协商，三是不得损害第三方利益。双方协商解除劳动合同，应由当事人双方按照要约、承诺的程序达成解除劳动合同的书面协议。

2. 用人单位单方解除劳动合同的法律规定

（1）劳动者有下列情形之一时，用人单位有权解除劳动合同：第一，在试用期间被证明不符合录用条件的；第二，严重违反劳动纪律或者用人单位规章制度的；第三，严重失职，营私舞弊，对用人单位利益造成重大损害的；第四，被依法追究刑事责任的。

（2）劳动者有下列情形之一时，用人单位有权解除劳动合同，但是应当提前30日以书面形式通知劳动者本人：第一，劳动者患病或者非因工负伤，医疗期满后，不能从事原工作，也不能从事由用人单位另行安排的工作的；第二，劳动者不能胜任工作，经过培训或者调整工作岗位，仍不能胜任工作的；第三，劳动合同建立时所依据的客观情况发生重大变化，致使原劳动合同无法履行，经当事人协商不能就变更劳动合同达成协议的。

（3）用人单位因法定情况，需裁减人员而引起劳动合同的解除。用人单位濒临破产进行法定整顿期间或者生产经营状况发生严重困难，确需裁减人员的，应当提前30日向工会或者全体职工说明情况，听取工会或者职工的意见，经向劳动行政部门报告后，可以裁减人员。用人单位依据本条规定裁减人员，在6个月内录用人员的，应当优先录用被裁减的人员。

在（2）（3）两种情形下解除劳动合同的，用人单位应依照国家有关规定对劳动者给予经济补偿。用人单位解除劳动者劳动合同后，未按规定给予劳动者经济补偿的，除必须全额发给经济补偿金外，还须按欠发经济补偿金数额的50%支付额外经济补偿金。

3. 劳动者单方解除劳动合同的法律规定

劳动者解除劳动合同，应当提前30日以书面形式通知用人单位。但有下列情形之一的，劳动者可以随时通知用人单位解除劳动合同：第一，在试用期内的；第二，用人单位以暴力、威胁或者非法限制人身自由的手段强迫劳动的；第三，用人单位未按照劳动合同约定支付劳动报酬或者提供劳动条件的。

四、就业协议书与劳动合同的异同

(一)就业协议与劳动合同的相同之处

签订就业协议的目的是为毕业生和用人单位确立劳动关系搭建桥梁。因此,从建立劳动关系的角度来审视,就业协议与劳动合同是相通的,就业协议的实质就是准劳动合同,是劳动合同的一种特殊表现形式。它们的相通性表现在以下方面:

1. 两者之间的性质一致。用人单位录用毕业生这类劳动者,与面向社会公开招聘的劳动者,在培养、使用、待遇等方面可能有所不同,但从确立劳动关系这一性质来说,就业协议与劳动合同是一致的。

2. 两者的意思表达一致。签订就业协议与签订劳动合同均应遵循双方自愿、平等洽谈的原则。因此,双方之间在意思表达真实及无强制、无胁迫等方面是完全一致的。

3. 两者之间的法律依据一致。毕业生到用人单位报到后,即与用人单位确立正式劳动关系。其在协议书中关于试用期、工资待遇、住房等方面的约定应视为劳动合同的一部分,与劳动合同一道共同受《劳动法》《劳动合同法》等法律、法规的调整。

(二)就业协议与劳动合同的相异之处

1. 主体不同。就业协议专指高等院校应届毕业生与用人单位协商签订的就业工作协议。它的主体是毕业生、用人单位和学校三方,适用对象相对单一。劳动合同是指劳动者与用人单位确立劳动关系、明确双方权利与义务的协议。主体为劳动者、用人单位。学校既不是劳动合同的主体,也不是劳动合同的鉴证方。劳动合同适用于各类劳动者,即凡是中华人民共和国公民只要有劳动能力并符合法律规定的条件,经过供需见面,双向选择,一经录用都可以与用人单位签订劳动合同。这些劳动者既可以是高校毕业生,也可以是其他人。

2. 内容不同。就业协议的主要内容包括:毕业生如实介绍自身情况,表达到用人单位就业的意愿;用人单位同意接收毕业生;学校同意推荐毕业生,并列入就业计划进行派遣。其主要意义在于将毕业生与用人单位双方互相选择的关系确定下来,一般不包括双方之间具体的权利与义务。劳动合同的内容涉及劳动合同期限,工作内容和工作地点,劳动报酬,社会保险,工作时间和休息休假,劳动保护、劳动条件和职业危害防护等方方面面,对双方之间的权利和义务规定得明确、具体。

3. 时间不同。一般来说就业协议签订在前,而劳动合同签订在后。毕业生与用人单位签订了就业协议不等于签订了劳动合同。就业协议是毕业生在毕业前或毕业后两年内落实接收单位时签订的,劳动合同则是毕业生到用人单位报到后才订立的。

4. 适用法律不同。毕业生与用人单位在未确立劳动关系前因就业协议发生争议,主要依据我国民法、合同法及现行毕业生就业政策的规定来加以解决。目前我国尚无一部专门法律规定对毕业生就业协议加以调整。处理争议的程序是:首先由毕业生和用人单位进行协商,在取得一致意见后,由学校毕业生就业工作部门报上级教育行政主管部门批准予以解决。而劳动合同发生争议,主要依据《劳动法》《劳动合同法》及劳动人事部门颁布的有关规章处理。处理争议的程序是:双方协商、调解或申请仲裁,直至向人民法院提起诉讼。

第三节 就业手续的办理

一、就业报到证的办理

（一）什么是就业报到证

就业报到证由原来的派遣报到证转变而来，现其全称为《全国普通高等学校本专科毕业生就业报到证》（简称"报到证"）和《全国毕业研究生就业报到证》。报到证由教育部直接印制，省级高校毕业生就业管理部门签发，是列入国家就业计划的毕业生才能持有的有效报到证件。大学生属于高等教育系统的学生，毕业时可列入国家就业计划予以派遣，但中职毕业生因不纳入国家统一招生计划，因而就业时原则上不能办理报到证。报到证一式两联，毕业生持上联到用人单位报到，下联由学校装入毕业生档案。报到证上的姓名要求与毕业生身份证上的姓名相一致，单位的名称也必须准确无误。

报到证的作用表现在三个方面：

1. 是用人单位正式接收毕业生报到并安排毕业生工作的凭证，也是毕业生参加工作时间的初始记载和凭证。

2. 学校相关部门依据报到证为毕业生办理档案投递、组织关系转移和户籍迁移等手续。

3. 毕业生就业单位所在地的公安部门凭报到证为毕业生办理落户手续。

（二）办理报到证的相关规定

1. 初次办理。办理报到证的机构为省级大中专毕业生就业管理部门。初次办理通常分为学校集中办理和个人办理两种。由各学校统一为学生办理报到证的时间一般为每年的6月份。办理报到证时，学校需向省级大中专毕业生就业管理部门提供毕业生与用人单位签订的并经学校就业工作部门鉴证的就业协议书原件、就业方案电子盘等。日常个人办理的时间一般从每年的7月初开始。毕业生离校后两年内落实就业单位的，由毕业生个人办理报到证，办理时须提供就业协议书原件（或回原籍申请）、毕业证书原件、学校毕业生就业工作部门的介绍信或证明。

2. 遗失补办。毕业生自签发报到证之日起半年之内遗失报到证，需持生源地教育局证明及个人申请，方可到原签发部门重新补办。补发的报到证备注栏内将注明"遗失补办，原同号报到证作废"字样。签发半年以后遗失报到证的，可办理报到证证明。

3. 改办毕业生和用人单位"供需见面，双向选择"签订就业协议，经学校报主管部门核定形成就业方案之后办理的报到证，原则上不能随意变动。但自报到证签发之日起一年内，遇下列情况时可以申请改办：

（1）错派，没有这个用人单位，用人单位已经撤销或用人单位隶属关系发生变化。

（2）毕业生本人遭受不可抗拒的因素或其他特殊原因。

（3）毕业生违约后要求重新改派。

（4）其他符合政策的情况等，改办时须提供原就业单位同意解除就业协议的退函、毕业证书原件、毕业生就业调整改派申请表、原报到证和新单位的协议书或接收函。

自毕业生派遣报到后,时间超过一年的,省级大中专毕业生就业管理部门将不再受理改派,由毕业生自行联系新旧用人单位所在地的人才交流服务中心,办理人事档案关系的移动转入,或通过工作调动解决。

二、不同就业情况下的毕业生派遣

(一)回生源地就业

毕业生只要与生源地具体用人单位签订了就业协议,就可列入就业方案,派遣回生源地。报到证上开具的接收部门为生源地毕业生就业主管部门,备注栏注明具体的用人单位名称。

(二)非生源地就业

单位所在地毕业生就业主管部门同意接收,且就业单位能够帮助毕业生解决户口、人事关系,派遣此类毕业生时将直接派遣到单位所在地。报到证上的接收部门为就业单位所在地的毕业生就业主管部门,备注栏注明具体的用人单位名称。

毕业生到所在省内非生源地的单位就业,但就业单位无法解决户口和档案等人事关系,如果毕业生未申请暂缓就业,省级毕业生就业管理部门按规定将派遣此类毕业生回生源地,其报到证上的接收部门为生源地毕业生就业主管部门。

(三)到外省就业

到外省就业的毕业生,将被直接派遣至接收地省一级的毕业生就业主管部门,有具体工作单位的,在报到证的备注栏中予以注明。

(四)到省直及中央驻地方单位就业

到省直及中央驻地方单位就业的毕业生,报到证上的接收部门为省直及中央驻地方单位毕业生就业主管部门。

(五)灵活就业

灵活就业指的是非全日制、临时性、劳务派遣、弹性工作等灵活形式的就业。灵活就业的毕业生如未申请暂缓就业,将被派遣回生源地,接收部门为生源地毕业生就业主管部门。

(六)未落实就业单位

未落实就业单位且没有成功申请暂缓就业的毕业生,将被派遣回生源地,接收部门为生源地毕业生就业主管部门。

(七)其他情况

1. 办理了暂缓就业的毕业生,不签发报到证。

2. 申请出国(出境)的毕业生。根据教育部的有关规定,申请出国(出境)的毕业生,要在学校规定的期限内提出申请,经批准后学校不再负责其就业。在派遣时未获得出境的,学校可将其档案、户口关系转至家庭所在地自谋职业。对申请出国(出境)的毕业生,不予签发报到证。

3. 升学深造的毕业生。升学深造以获得录取通知书为依据。考取普通专升本的毕业生不签发报到证;考取成人专升本或其他非统招入学的毕业生签发回生源地的报到证;免试推荐或考取普通专升本的毕业生,在学校就业方案上报后提出不再攻读的,回生源地就业。

4. 结业生。结业生一般有两种情况,一是不能正常毕业,但仍想继续修完学业取得毕业证,这种情况将作为延长学制处理;二是由于个人原因而不再继续攻读学业,这种情况的学生关系将被直接转回生源地。

结业生如果找到就业单位且单位确实需要就业报到证的,省级毕业生就业管理部门可凭单位证明签发报到证,但报到证的备注栏上将被注明"结业生"字样;毕业生在规定时间内无接收单位的,学校将按规定把学生档案、户籍关系转至其家庭所在地(家居农村的保留非农业户口),自谋职业。

5. 外籍学生。这类学生不属于我国教育系统管理,但愿意留在我国大陆工作的,学校可根据国家有关规定提供必要的帮助。

三、毕业生档案、户籍及党组织关系的转迁

(一)毕业生档案

毕业生个人档案中主要材料包括:毕业生中学时期的有关材料,如招生报考登记表等;新生入学或学籍证明材料;毕业材料;入党、入团志愿书及思想汇报;入学及毕业体格检查表;在校期间校级以上奖惩材料;学习成绩单;报到证存根等。人事档案是个人的重要资料,应按规定妥善保管。毕业生个人档案一般由学校负责寄往用人单位或其主管部门,也可以由用人单位凭其人事主管部门介绍信到学校提取,不能由毕业生自取自带。

暂缓就业的毕业生、待就业的毕业生、就业单位不能管理档案关系的毕业生均可办理档案托管。办理档案托管的毕业生需签订人事档案与户籍托管合同书(一式两份,学校与毕业生本人各留存一份),并用钢笔按要求填写,原则上应到省级毕业生就业管理部门统一办理。

(二)毕业生户口

毕业生户口关系的转移,由学校户口管理部门根据有关规定到所在地公安机关(派出所)办理,公安机关按报到证上标明的就业地址给毕业生迁移户口。领到户口迁移证后,毕业生应仔细核对并妥善保管,不能丢失,有错漏时不能自行涂改,否则无效。毕业生到工作单位报到后,持户口迁移证和报到证到单位所在地公安部门办理户口迁入手续。

暂缓就业的毕业生、待就业的毕业生、就业单位不能解决户籍关系的毕业生可办理户籍托管。户籍托管手续与档案托管基本一致。

(三)毕业生党组织关系的转迁

已落实毕业去向的毕业生党员,由学校统一办理党组织关系转出介绍信,毕业生本人持党组织关系介绍信到单位办理转入相关手续。毕业生如果不慎将介绍信遗失,应回原院(系)党组织重新开具证明并到学校党委组织部补办。

四、人事代理

人事代理是指政府有关人才交流中心根据国家有关政策法规,接受用人单位或个人

委托,代为管理单位或个人的人事业务。

（一）人事代理服务内容

1. 档案的收集、整理、保管、利用、传递等管理工作。

2. 办理聘用签证。

3. 办理档案工资的调整和工龄计算业务。

4. 出具户口关系的证明材料或代办户口关系迁移手续,协助管理相关的集体户口。

5. 代办职称(资格)的考试、评审的有关手续。

6. 出具因公(私)出国出境、个人婚姻状况等其他证明材料。

7. 代管委托单位和个人的党(团)员组织关系。

8. 代办社会保险、住房公积金。

9. 办理人才流动手续。

（二）人事代理的对象

1. 在非国有制企业或非国有控股的股份制企业中的专业技术人员和管理人员。

2. 国有企事业单位见习期内的大、中专毕业生。

3. 到外地打工(户口及人事关系因政策不能迁入)或从事个体经营的大、中专毕业生。

4. 暂未落实工作单位的大、中专毕业生。需要注意的是,国家规定的择业期内(规定为两年)未就业的毕业生不可亦不需要进行人事代理,如办理人事代理,不仅会造成经济上的损失,还会影响落实就业单位后办理有关就业手续。

（三）人事代理的办理方法

1. 已签订就业协议书的毕业生到单位所在地人才交流中心办理报到落户手续时一同办理。

2. 暂未签订就业协议书的毕业生凭毕业证书、报到证到政策允许范围所在地人才交流中心办理。

五、毕业生办理就业手续流程

（一）毕业前落实了就业单位的手续流程

1. 与用人单位经双向选择成功后,签订就业协议书。

2. 将签好的就业协议书送交所在系(部)初审,由系(部)对符合规定的就业协议书签署意见并加盖公章,同时将毕业生就业去向登记备案。

3. 将系(部)已签署好意见的就业协议书送学校毕业生就业指导中心审核,学校就业指导中心对符合规定的就业协议书签署意见并加盖公章,同时收存一份就业协议书作为列入当年就业建议计划的依据。

4. 将已签订的就业协议书及时送交或邮寄给用人单位一份。

5. 学校依据毕业生签订的就业协议书,按照省级毕业生就业管理部门的统一要求制订当年毕业生就业建议计划,并在规定时间内为毕业生集中办好就业报到证。

6. 毕业生在离校前到学校就业指导中心领取就业报到证并办理档案转递手续、到学校保卫部门办理户口迁移手续。

7. 持报到证、户口迁移证、毕业证等在规定时间内到用人单位报到。

（二）毕业后择业期（两年）内落实单位的手续流程

1. 与用人单位经双向选择成功后，签订就业协议书。

2. 将签好的就业协议书送交所在系（部）初审，由系（部）对符合规定的就业协议书签署意见并加盖公章，同时将毕业生就业去向登记备案。

3. 将系（部）已签署好意见的就业协议书送交学校毕业生就业指导中心审核，学校就业指导中心对符合规定的就业协议书签署意见并加盖公章，同时收存一份就业协议书。

4. 将已签订的就业协议书及时送交或邮寄给用人单位一份。

5. 持已签订的就业协议书、学校就业指导中心介绍信及本人毕业证（均为原件）到省级毕业生就业管理部门办理就业报到证。

6. 持就业报到证、本人毕业证先到学校保卫部门领取户口卡，再到公安部门办理户口迁移证。

7. 持就业报到证、户口迁移证及本人毕业证（均为原件）到学校就业指导中心办理档案转递手续。

8. 持报到证、户口迁移证等在规定时间内到用人单位报到。

（三）回生源地的手续流程

1. 在毕业生就业情况登记表中规定的栏目内填写"要求回生源地择业"。

2. 在规定的时间内办理好档案转迁手续，到学校保卫部门办理好户口迁移手续。

3. 在就业报到证上规定的时间内到生源地毕业生就业管理部门报到、上户口。

4. 在生源地范围内寻找就业单位，与用人单位经双向选择成功后，签订就业协议书。

5. 在生源所在地的毕业生就业管理部门办理好一切就业手续。

6. 如在生源地以外落实好就业单位，按"改派"办理相关手续。

（四）办理改派的手续流程

1. 原接收单位在原报到证上签署"同意改派"意见并加盖公章。

2. 与新用人单位经双向选择成功后，签订就业协议书。

3. 将签好的就业协议书送交所在系（部）初审，由系（部）对符合规定的就业协议书签署意见并加盖公章，同时将毕业生就业去向登记备案。

4. 将原就业报到证及系（部）已签署好意见的就业协议书送交到学校毕业生就业指导中心审核，就业指导中心对符合规定的就业协议书签署意见并加盖公章，同时收存一份就业协议书。

5. 在学校就业指导中心填写改派申请表。

6. 持已签订的就业协议书、原报到证、改派申请表、学校就业指导中心介绍信、本人毕业证原件，到省级大、中专毕业生就业管理部门重新办理就业报到证。

7. 持就业报到证、本人毕业证办理户口迁移证。

8. 持就业报到证、户口迁移证及本人毕业证办理档案转递手续。

9. 持报到证、户口迁移证等在规定时间内到用人单位报到。

（五）办理专升本的手续流程

1. 凭录取通知书到学校就业指导中心办理档案转递手续。

2. 凭录取通知书到学校保卫部门办理户口转迁手续。

3. 持录取通知书、户口迁移证在规定时间内到录取学校报到。

第四节　识破求职陷阱,保护就业权益

心情迫切的求职者,特别是初涉职场的毕业生们,是最容易上当受骗的,因此,大学生需要了解求职权益保护方面的常识。

一、各种求职陷阱

(一) 以试用的名义廉价谋取求职者的劳动

有些用人单位正是看中了毕业生迫切希望找到一份专业对口、薪酬丰厚的好职业这一心理,巧设陷阱,引初涉职场的毕业生上钩。他们一般在面试时都能让应聘者较为顺利地通过并进入试用期,然后口头告知试用期期限。而应聘者被录用后,在试用期内尽管待遇很低,仍会不懈努力,以争取获得正式职位。可试用期满后往往无人理会,当问及原因,对方会说对应聘者试用期的表现比较满意,但还要进行全面考察。此时应聘者还以为单位是真想留自己,于是痛快地答应再试用的口头要求。当试用期再次期满的时候,公司却以种种理由将其辞退。

据了解,利用试用期骗取廉价劳动力主要有两种形式:一是试用期结束后以各种理由告诉求职者试用不合格,公司解聘也是无奈之举;二是无故延长试用期,几个月的卖力表现最终换来的还是解聘。

(二) 谋取求职者的培训费用

有些公司在招聘时告诉求职者要先培训,培训合格拿到证书后才能上岗。而求职者在交了培训费、考试费、证书费等种种费用,经过几天像模像样的培训、参加完考试后,就陷入了漫长的等待。过了一段时间,求职者致电公司询问,可能被告知"很遗憾,考试未通过,不能上岗",或电话根本打不通,公司已不知去向。还有一些求职者拿到了所谓的从业资格证,却发现不但无岗位可上,而且证书根本就是伪造的,或是早已废弃的。这类骗子公司通常会与一些培训机构联手,双方各取其利,不少大学生因求职心切而掉入此类陷阱。

国家明令禁止在招聘过程中以任何名义收取费用,包括培训费等。求职者在应聘时碰到公司收费,这些公司多半有"猫腻",应该警惕。不管对方是什么理由,即便对方表示可以出具发票、收据,求职者也千万不能交钱,最好是停止应聘。因为《劳动法》有明确规定,建立劳动关系时,不能向劳动者收取抵押金、报名费、培训费。

(三) 薪酬陷阱(承诺高薪等)

薪酬陷阱是指招聘时开出优厚的待遇,等到员工正式上班时,之前的承诺却以种种理由不予实现,于是受骗者大呼上当;或是针对薪水中的一些不确定收入,给予虚假或模糊的承诺,最终不能兑现,或者"缩水兑现"。

高薪往往是跳槽的主要诱惑,它在一定程度上促进了人员的流动,在高薪的旗号下求职者对一切都信以为真,招聘方也利用人们"追求高薪"的心理"巧"做手脚,因而薪酬中的软性成分也就应运而生。所谓薪酬中的软性成分,是指当初没有明确商定价位,而只是口头承诺的那部分薪酬,其变动的空间和额度是难以预估的。再加上没有法律的相关约束,其实现机制更加"灵活",通常情况下往往是可付可不付。不付给你又能如何呢? 或发生劳资纠纷,或自认倒霉,求职者的合法权益和切身利益受到了侵害。

因此,面对这些高薪招聘单位,千万不要忘记以下两个问题:

1. 先界定薪酬的上下限,并协商支付方式。尽量减少薪酬中的"软性成分",或者试行一个月后重新规划。

2. 应聘时多个心眼,不清楚的地方要问明白。比如,一年是给十二个月的薪水还是给十三个月的薪水? 试用期待遇如何? 时间多长? 加班时间费用如何计算? 如此种种,问清楚后就不会糊里糊涂地上当受骗,吃哑巴亏了。

所以通常情况下刚刚就业,薪酬不高是正常的。相反,如果一个不熟悉的单位提供高薪酬时,求职者应提高警惕。因为一些不法分子正是以高薪待遇之名,行非法敛财之实。在当前的就业形势下,求职者特别是毕业生要摆正心态,千万不要轻易相信工作初期就很容易获得高额收入。同时,对有的单位在高薪的前提下,提出如押金、培训费、服装费等收费项目时,要敢于说"不"。

(四)利用招聘无偿占有程序、广告设计方案等

由于聘请专家或者专业人才的费用较高,有些设计公司或者营销公司为了节约成本,通过大规模招聘的方式,来获取好的创意或者方案。这类招聘往往要求应聘者做案例,进行创意反馈。目前,很多中、小企业甚至个别大型企业,将公司内接下的项目作为考试题目直接交给应聘者完成,在不付出任何成本的情况下骗取应聘者的劳动成果。诸如在应聘中为人免费翻译文章、策划文案、设计程序的例子比比皆是。

求职者在不能判断招聘单位真实意图,又想取得工作的情况下,需要对自己的劳动成果进行保护。

提交策划方案等劳动成果时要准备两份,一份提交,一份自己留存,在留存的一份上要求招聘单位签字确认,以便将来能够证明劳动成果内容。

提交策划方案时附上《版权声明》,并要求招聘单位签收。声明内容为:任何收存和保管本策划方案各种版本的单位和个人,未经本作者同意,不得使用本策划方案或者将本策划方案转借他人,亦不得随意复制、抄录、拍照或以任何方式传播。否则,引起有碍作者著作权之问题,将可能承担法律责任。

JOB 案例 9 - 5

中介的小伎俩

张小姐在一家职业中介所的信息栏上看见某公司招聘文员的启事,便前去咨询。该中介所"电话联系"了该公司后,告诉张小姐职位空缺,她可以去试一试,但要交纳 100 元中介费,并承诺如果这家公司不合适,可另外推荐,直至找到工作为止。面试后,公司让张小姐回去等消息。等了两个多星期,被告知未被录取。张小姐只好找到那家中介所要求再找一家公司。

经过面试,又经过长达半个月的等待,仍然得知没有被录取。当张小姐第三次来到中介所时,中介所则告诉她没有新的空缺职位,让她再等等。

部分非法职介机构通常采取拖延时间、与用人单位共同欺骗等手段,骗取求职者的信息费、介绍费等。求职者碰到那些"一间门面、一张桌子、一部电话"的职介所或者"人才市场"时要格外当心。正规的职介机构通常具备以下特征:有营业执照和招工许可证原件;明码标价;公示劳动监察机关举报受理电话;收费时出具由税务部门监制的发票;服务人员持有执业资格证。

(五)不将承诺写入合同

在与用人单位签订劳动合同时,一定要对合同内容细细琢磨与甄别,看看合同是否存在陷阱。求职者与用人单位签订合同时,要把握以下三个环节:

1. 合同必须合法

用人单位这一劳动合同主体须符合法定条件,依法支付工资和其他社会保险,提供劳动保护条件,承担相应的民事责任。双方签订的劳动合同内容(权利与义务)必须符合法律、法规和劳动政策的规定。

2. 合同内容要全面

按照《中华人民共和国劳动法》的要求,劳动合同的必备内容包括:劳动合同期限;工作内容;劳动保护和劳动条件;劳动报酬;劳动纪律;劳动合同终止的条件;违反劳动合同的责任。签订合同时应将合同内容与相关的具体规定进行比对。对于试用期、培训、保险、福利等求职者希望在劳动合同中体现的内容,当事人应提出在劳动合同中写明。

3. 对合同文本要仔细推敲

签订劳动合同前,应详细了解与岗位相关的工作说明书、岗位责任制、劳动纪律、工资支付规定、绩效考核制度、劳动合同管理细则和有关规章制度。不管用人单位这些文件是否作为劳动合同的附件,它都涉及求职者多方面的权益。如遵守用人单位的劳动纪律和规章制度是职工的法定义务,当其作为劳动合同附件时,与劳动合同具有同样的法律约束力。当劳动合同涉及数字时,应当使用大写汉字。劳动合同至少一式两份,双方各执一份,求职者应妥善保管。用人单位事先起草了劳动合同文本,要求求职者签字时,一定要慎重,应对合同文本进行仔细推敲,发现条文存在模糊语言或有异议的词汇时要及时更正。

二、规避求职陷阱

面对现在社会上五花八门、形形色色的求职陷阱,保障求职者的人身安全,保护求职者的合法权益,可以从以下几个方面来采取措施:

(一)了解用人单位情况

一般来讲,用人单位的情况包括以下几个方面:

1. 用人单位的全称。

2. 用人单位的隶属关系,市属单位要搞清上级主管部门,省直单位要搞清主管的厅、局,中央直属单位要搞清主管部、委、总公司的情况(人事档案管理关系)。

3. 用人单位的联系方式,如人事部门联系人、电话、通信地址、邮政编码等。

4. 用人单位的所有制性质(全民、合资、私营等)。

5. 用人单位需要的专业、使用意图、具体工作岗位。

6. 用人单位的规模、发展前景、地理环境、经营范围和种类等。

7. 用人单位所需人才的具体要求。

8. 用人单位的福利待遇(包括工资、福利、奖金、住房等)。

(二) 注意"三忌"

俗话说,"苍蝇不叮无缝的蛋",要想不落入求职陷阱,个人需要心理素质过硬,所以在求职过程中要注意"三忌"。

1. 忌贪心

年薪几百万元的职位想想就让人心动,好的职位、高的薪酬格外有吸引力,但若不考虑自己的实际条件,抱着碰碰运气的心态,极易中招。

2. 忌急迫

急于找工作的心理,易使一些利欲熏心的人抓住假借招聘骗取钱财的机会。譬如,以报名费、服装费、培训费、证件费等各种名义收取应聘者的费用,并一再拖延对应聘者的承诺,在骗取一定的钱财后,便人去楼空。

3. 忌糊涂

工作难找,但并不等同于有工作就要。没有最好的职位,只有最合适的职位,我们对自己的择业及发展要有一个清楚的构想,不要盲目地"捡到篮里都是菜"。

(三) 一看二闻三接触

1. 运用自己的视觉观察公司的外部环境、人员情况、办公所在地的环境、公司人员的基本素质等,对这些摆在眼前的东西不能视而不见,它们都能传递出公司的基本情况。

2. 通过听觉以及咨询手段了解公司的经营发展概况,当然此处的"听"不是指听一面之词,而是要"耳听八方",上网找资料,发帖询问。尤其是对那些无法通过网站资源追踪其踪影的小公司,可以通过和前台、保安、一般职员聊天的方式了解公司现状,也可以通过亲属、朋友等进行有目的的探询。

3. 直接交手,试探虚实。在面试时不要只做个回答者,有提问的机会时千万别轻易放过,不要失去一次上好的了解企业的机会。

(四) 调整情绪,心态平和

就业制度改革拓宽了求职者的职业选择面,职业选择的自由度越大,择业心理压力便越重。有的人面对用人单位严格的录用程序感到胆战心惊;有的人因性别、学历层次等不敢大胆求职;有的人因自己学习成绩不佳而烦恼;有的人因自己能力不强而紧张。部分大学毕业生找工作心情迫切,希望一蹴而就,或幻想无须付出多大的努力,就能得到称心如意的工作,但在实际中往往事与愿违。正是因为害怕失败,大学生在应聘遭到挫折的时候,很容易产生焦躁情绪,甚至造成恐惧的心理。若不能在一定时间内化解,则会严重影响其主观能动性的发挥,从而失去判断事物的理智和辨别是非的能力。骗子就是利用这种心理行骗的。所以,对于求职者来说,在求职过程中要调整好情绪,保持平和心态,既要有成功的信心,也要有失败的思想准备。每一次求职都是自己人生旅途上的一次拼搏,只要拼搏了,无论结果怎样,都将是无悔的人生经历,所谓"不以成败论英雄"就是这个道理。当你求职受挫时,不要气馁,更不要焦躁,应以平常心待之,在艰辛的求职路上,用自己的理智、睿智找准自己的位置。只有如此,才可避免因迫切、焦躁等情绪的影响,让自己掉进求职陷阱,使自己的合法权益受到侵害,造成不必要的损失。

(五)及时举报

《就业"陷阱"何其多》对12 463人进行的网上调查显示,有55%的人遭遇过求职陷阱;有49%的人选择忍气吞声,继续找别的单位;与对方申辩的人只占26%;向有关部门反映的人有15%;起诉维权的人仅有10%。由此可见,求职陷阱的问题何其严重,但起诉维权的人却寥寥无几。说明多数求职者识别求职陷阱的能力不强,运用法律武器保护自己合法权益的意识淡薄。据了解,很多大学生掉入求职陷阱后,一般会选择沉默或者"自认倒霉"。

不法分子设计的种种陷阱,使求职者蒙受巨大的精神和经济损失。他们造成求职市场的混乱,严重干扰了劳动就业的正常秩序,危害了广大求职者的合法权益,破坏了社会的和谐稳定,其卑鄙行径为千夫所指、万人所骂。但是,痛恨不能改变现实,要想不让不法分子的行骗伎俩得逞,除了求职者要有防范意识和辨别能力外,还必须重拳出击,对违法行为进行有效打击,净化就业环境,规范就业管理,保护求职者的合法权利。同时,还需要成千上万的求职者监督举报,使那些欲设陷阱的违法分子成为过街老鼠。假如你在求职过程中被骗,一定要立刻到有关部门投诉,并协助有关部门将骗子绳之以法。否则,就是纵容不法之徒继续为非作歹,将会造成更多无辜的求职者受骗受害。因此,揭发和举报招聘过程中的违法行为,也是每个求职者的社会责任和义务。

拓展训练

场景一

高校毕业生董浩在一次学校举办的招聘会上,与某民营企业达成了意向性协议,该企业工作待遇和环境都很不错,董浩很满意,同时该企业又很欣赏董浩的能力。招聘会后,董浩很快与该企业签订了正式的就业协议书。但董浩报到后,企业却迟迟没有与董浩签订劳动合同,董浩委婉地提出要签劳动合同的意见后,人事部经理却告诉他,有了就业协议书,就用不着签订劳动合同了。董浩很奇怪,难道就业协议可以取代劳动合同吗?

看到此番情景,请思考并解决如下问题。

(1)人事部门经理的回答对吗?就业协议能代替劳动合同吗?为什么?

(2)讨论签订就业协议和劳动合同时分别要注意哪些问题。

场景二

欧阳林嘉是一个口才不错的男孩,常常因为口才好而受到别人夸奖。但是,再好的口才,在白纸黑字面前也会"哑口无言"。欧阳林嘉找工作的过程就像是做游戏,学环境艺术设计的他没有去人才市场,而是直接骑车在自己喜欢的路段上寻找大的家装公司,上门直接求职。与公司进行谈判后,欧阳林嘉签了约,合同上说试用期一个月,试用期内工资2 500元,转正后工资提到4 000元。在签署合同时老板还强调等欧阳林嘉转正之后每天会另加10元的餐补和 10 元的车补；如果工作满两年，还可以考虑解决电话费等问题。老板还说，欧阳林嘉结婚时公司可以考虑以五折优惠为他装饰新房。老板的话让欧阳林嘉感觉美滋滋的。

可是，试用期结束后，欧阳林嘉并没有在自己的工资单里看到餐补、车补的内容，于是，他就去询问公司的人事部经理。人事部经理说，公司合同中并没有此类内容，欧阳林嘉马上告诉人事部经理这是老板亲口说的，人事部经理像看一头怪物一样看着欧阳林嘉。后来欧阳林嘉才知道，他们老板的遗忘速度要比说话速度快，这几乎是各个企业老板在招揽人才时的通病。回忆起签约时自己曾问过老板这些内容在合同里如果没有的话公司会不会否认，老板说这么大的公司不在乎这几个钱。而现在，对于人事部经理的解释，欧阳林嘉真不知道该如何是好。

看到此番情景，请思考并解决如下问题。

(1) 你认为欧阳林嘉的问题出在哪里？ 如果是你，你将如何处理这件事？

(2) 在求职就业过程中，大学生应当怎样维护自己的合法权益？ 全班讨论并各抒己见。

第十章　自主创业

本章导读

　　生命的意义就在于占领自己生命的制高点。占领生命的制高点，就是掌握自己生命的主动权，选定自己事业的目标，开创出辉煌的事业来，这样的人生才是积极的人生，也是有价值的人生。同学们，转变你们的就业观念，树立创业意识，打开你们的创业思路，做好创业准备，创出一片成功的天地吧！

学习目标

　　态度层面：激发自主创业意识。
　　知识层面：了解大学生创业的意义，学习自主创业的理论知识。
　　技能层面：增强自主创业能力。

案例导入

听马云讲述自己的创业故事

　　在大学里，我有幸当上了学生会主席，后来还成为杭州大学生联合会主席。毕业时，我成为500多名毕业生中唯一一位在大学教书的教师。在五年的教书生涯中，我一直梦想着到公司工作，如饭店或者其他什么地方。我就是想做点什么。1992年，商业环境开始改善，我应聘了许多工作，但没有人要我。我曾经应聘过肯德基总经理秘书职务，但被拒绝了。

　　接着在1995年，我作为一个贸易代表团的翻译前往西雅图，一个朋友在那儿首次向我展示了互联网，我们在雅虎上搜索"啤酒"这个词，但却没有搜索到任何关于中国的资料，我们决定创建一个网站，并注册了"中国黄页"这个名称。

　　我借了2 000美元创建了这个公司，当时我对个人电脑和电子邮件一窍不通，我甚至没接触过键盘，这也是我说自己是"盲人骑瞎马"的原因。我们与中国电信竞争了大约一年，中国电信的总经理表示愿意出资 18.5 万美元和我们组建合资公司，我还从来没见过那么多钱。遗憾的是，中国电信在公司董事会上占据了 5 个席位，而我的公司只有两个席位，我们建议的每件事他们都拒绝，这就像蚂蚁和大象博弈一样，根本没有任何机会，我决定辞职单干。那时我得到了来自北京的一个 offer，负责运营一个旨在推动电子商务的政府组织。

我的梦想是建立自己的电子商务公司。1999 年，我召集了 18 个人在我的公寓里开会，我对他们讲述了我的构想，两个小时后，每个人都开始掏腰包，我们一共凑了 6 万美元，这就是创建阿里巴巴的第一桶金。

我想建立一家全球性的企业，因此选择了一个全球性的名字——阿里巴巴。阿里巴巴很容易拼写，而且《一千零一夜》里"芝麻开门"的故事家喻户晓，很容易被人记住。

当时阿里巴巴基本上是一个"三无"企业，无资金、无技术、无计划，但我们最终存活了下来。我们每一分钱都用得非常仔细，公司的办公地点就在我的公寓里。我们 1999 年从高盛获得了资金注入，2000 年又从软银获得了投资，公司的规模开始扩张。

我们之所以能取得成功，是因为我相信一件事：全球视野，本土能赢。我们自己设计业务模式，主要关注如何帮助中小企业赚钱。我们从不像许多中国的互联网企业家那样从美国拷贝经营模式。我们关注产品质量，一定要实现"点击，得到"，如果不能得到，那就是垃圾。

我说阿里巴巴曾犯下一千零一个错误，我们扩张得太快，在互联网泡沫破裂后，我们不得不裁员。到 2002 年，我们拥有的现金只够维持 18 个月。阿里巴巴网站的许多用户都在免费使用服务，我们不知道如何获利。于是我们开发了一款产品，为中国的出口商和美国的买家牵线，这个业务模式拯救了我们。到 2002 年底，我们实现了 1 美元净利润，跨过了盈亏平衡点。自那以后，公司的经营业绩每年都在提高，现在阿里巴巴的盈利能力已经相当强了。

分析：对于想要创业的在校大学生而言，马云的例子可以给他们很多启发。大学生自主创业不是一件容易的事，需要考虑到方方面面，需要做充分的准备，需要挥洒无数的汗水，虽然困难，但国家为大学毕业生自主创业、开办私营企业创造了良好的环境，毕业生如能不懈努力，自主创业终将获得成功。

第一节　创业理论学习

创业为大学生提供了施展个人才能的机会，在创业活动中通常是创业者个人选择工作岗位，大学生在创业活动中完全可以发挥自己的才华和个性，实现自己的人生目标。但是自主创业并不是一件容易的事，大学生想要自主创业，创业理论的学习是不可或缺的。

一、创业概述

所谓创业，就是指创业者按照国家的有关法规和政策规定并结合自身的条件，通过发现商业机会、成立组织、利用各种资源提供产品和服务、创造价值的过程。随着商业经济的高速发展和知识经济的到来,大学生创业已成为社会和媒体关注的话题,教育部和有关部门也出台了相关政策允许和鼓励大学生自主创业。

(一)大学生创业的意义

目前,在我国高等教育实现跨越式发展,高等学校招生规模不断扩大,高等教育快步进入"大众化"新阶段的社会背景下,提倡和鼓励大学生自主创业具有重要的意义。

1. 创业是大学生展现个性的机会

一般情况下,任何具有自我意识的人都在进行自我设计,自我设计是自我价值实现的一种方式。大学生选择创业是其人生旅途的一种自我设计,它虽然从自我意识出发,但一定要与社会和他人协调发展,只有把自己的价值与社会价值统一起来的创业者,才能获得更多的机遇和创业成功的机会。

2. 创业是大学生实现理想和积累财富的途径

时代赋予了大学生越来越多的创业机遇,用知识创造财富,大学生完全可以成为新经济时代的拓荒者。但创业也是一种社会活动,在实现个人理想和价值时,要对社会做出贡献;在个人积累财富的同时,为社会和他人也积累了财富。这是新时代大学生创业者的风采。

3. 创业有利于大学生形成新的成才观念

在充满竞争的现代社会中,大学生对未来的选择越来越多元化。学生创业者的涌现,必将带动更多有创业激情和创业准备的大学生。使大学生树立起创业意识,这将比创业本身更有意义。因为在创业意识的推动下,大学生将更加重视人格及自我素质的完善和提高,而大学生整体素质的提高,有利于更优秀的创业者出现。

4. 大学生创业为社会创造财富

大学生在大学期间正处在创造心理的觉醒时期,对创造充满渴望和憧憬,而且受传统习俗的约束较少,敢想敢做,思想活跃,富有创造性。许多新思想、新理论、新发明和新发现,正是由处在这一时期的年轻人完成的。大学生创业有利于在全社会营造科技创新的氛围,而且能够直接推动我国科技成果的产业化发展,增强我国企业的国际竞争力。

5. 大学生创业是缓解社会就业压力的新途径

自我国高校扩大招生以来,高校培养人才的目的由满足公有制企业、事业和行政单位部门的需求转向提高全民族的科学文化素质。通过开展创业教育,可以开发和培养学生的创业基本素质,提高学生的生存能力、竞争能力和创业能力,使之成为复合型人才,实施创业,能缓解高校毕业生的就业压力。

6. 创业有利于培养大学生的团队精神和磨炼意志

创业需要多学科的合作,需要各种技能的综合,没有一个齐心协力、配合默契的创业团队,创业是很难成功的。创业首先需要进行团队的训练,这对大学生来说能够增进彼此之间的了解,增强团队精神。

创业是一个艰苦的过程,会遇到许多困难,甚至是失败,这与相当一部分大学生习惯家长、老师和社会的呵护形成了鲜明的对比。学生创业者要自己去闯天下、自己去找资金、自己去找市场,他们会遇到自己从没遇到过的困难,这对他们的意志是一个很好的磨炼机会。

案例 10 - 1

大学生创业有五大风险

(1) 项目选择太盲目。大学生创业时如果缺乏前期的市场调研和论证,只是凭自己的兴趣和想象来决定投资方向,甚至仅凭一时心血来潮做决定,难免会碰得头破血流。大学生创业者在创业初期一定要做好市场调研,在了解市场的基础上创业。一般来说,大学生创业者资金实力较弱,选择启动资金不多、人手配备要求不高的项目,从小本经营做起比较适宜。

(2) 缺乏创业技能。很多大学生创业者眼高手低,当创业计划转变为实际操作时,才发现自己根本不具备解决问题的能力,这样的创业无异于纸上谈兵。因此,一方面,大学生应去企业打工或实习,积累相关的管理和营销经验;另一方面,应积极参加创业培训,积累创业知识,接受专业指导,提高创业成功率。

(3) 融资渠道单一。如果没有广阔的融资渠道,创业计划只能是空谈。除了银行贷款、自筹资金、民间借贷等传统方式外,还可以充分利用风险投资、创业基金等融资渠道。

(4) 社会资源贫乏。企业创建、市场开拓、产品推介等工作需要调动社会资源,大学生在这方面会感到非常吃力。平时应多参加各种社会实践活动,扩大自己人际交往的范围。创业前,可以先到相关行业领域工作一段时间,借助这个平台为自己日后创业积累人脉。

(5) 管理过于随意。一些大学生创业者虽然技术出类拔萃,但理财、营销、沟通、管理方面的能力普遍不足。要想创业成功,大学生创业者必须技术、经营两手抓,可以从合伙创业、家庭创业或从虚拟店铺开始,锻炼创业能力,也可以聘用职业经理人负责企业的日常运作。

(二) 大学生创业的现状

虽然越来越多的大学生投入到创业的浪潮中,但是与西方发达国家相比,我国大学生选择创业的比率还是很低的。造成这种局面的原因有两个,一是大学生自身的原因。在知识有限、经验缺乏、创新能力薄弱、资金不足等问题的影响下,有很多大学生虽有创业意向,但难以付诸实施,或者虽付诸实施了,却以失败告终。二是社会的原因。我国正处于经济转型期,融资和金融环境尚处在调整之中,大学生创业所需要的各项服务还不完善,大学生创业确实存在着很大困难。但值得欣慰的是,近年来为支持大学生创业,国家和各级政府先后出台了许多优惠政策,涉及融资、开业、税收、创业培训、创业指导等诸多方面。

2002 年 2 月,国务院办公厅及教育部等部门《关于进一步深化普通高等学校毕业生就业制度改革有关问题的意见》规定:"鼓励和支持高校毕业生自主创业,工商和税收部门要简化审批手续,积极给予支持。"

2003 年 5 月,国务院办公厅《关于做好 2003 年普通高等学校毕业生就业工作的通知》规定:"鼓励高校毕业生自主创业和灵活就业。凡高校毕业生从事个体经营的,除国家限制的行业外,自工商部门批准其经营之日起一年内免交登记类和管理类的各项行政事业性收费。有条件的地区由地方政府确定,在现有渠道中为高校毕业生提供创业小额贷款和担保。"

2003 年 6 月,财政部、国家发展和改革委员会《关于切实落实 2003 年普通高等学校毕业生从事个体经营有关收费优惠政策的通知》规定:"从事个体经营的高校毕业生,应当向工商、税务、卫生、民政、劳动保障、公安、烟草等部门的相关收费单位出具本人身份证、高校毕业证以及工商部门批准从事个体经营的有效证件,经收费单位核实无误后按规定免交有关收费。"

2003年9月国家发展和改革委员会《关于鼓励中小企业聘用高校毕业生搞好就业工作的通知》规定:"要加强对高校毕业生自主创业的辅导,开展多渠道、多层次的创业培训活动,帮助他们树立主动创业的精神,掌握企业经营与管理知识,提高捕捉商机的本领和处理问题的能力。"

2007年大连市政府制定了鼓励高校毕业生自主创业的政策,设立金额达1 000万元的"高校毕业生创业资金",大力开展"百名大学生自主创业计划",鼓励年轻人自主创业,充分激发他们的创业热情和潜能。

2008年武汉市《关于鼓励和支持各类人才在全民创业中发挥主导作用的若干意见》规定:"实施武汉市创业创新人才引进计划,择优对来武汉市领办、创办企业的博士研究生,三年内给予每人每月2 000元的博士资助经费。"

2010年财政部、国家税务总局发布的《关于支持和促进就业有关税收政策的通知》针对高校毕业生自主创业的优惠政策在三个方面有了新的突破。

如此看来,大学生创业的软环境正在不断改善,大学生应该改变传统的就业观念,积极融入自主创业的浪潮中。

(三)创业的要素

既然创业是一个创建企业的过程,那么企业所需具备的要素也就成为创业的要素。管理学认为,企业可以看作一个由人的体系、物的体系、社会体系和组织体系组成的协作体系。因此,人的因素、物的因素、社会因素和组织因素就构成创业的要素。

1. 人的因素

毫无疑问,人是创业活动的主体。创业离不开人,而人的因素又包括三个方面的内容。

(1)创业者。创业者可以是一个人,也可以是一个团队。创业对于创业者来说就是一种行为。创业者的动机直接影响创业过程,而且创业者的价值观和信念会左右创业内容,影响企业的生存和发展。

(2)企业内部的人际关系。人在社会上不是孤立的个体,而是生活在与他人的关系中,需要与他人互相支撑、互相协作。创业过程中人的因素除了创业者外,还包括企业内部的人际关系。只有处理好这种关系,才能真正发挥团队的作用,形成一种合力,使有限的人力资源发挥更大的作用。

(3)企业外部的人际关系。人的因素还包括企业外部的人际关系。企业不是一个封闭的体系,而是一个开放的系统,他与外部的供应商、客户、当地政府和社区发生相互联系。所以,创业过程中人的因素还包括企业外部的人际关系。

自我测评

你是否适合创业

◎ 有利于创业的加分条件

表10-1列出了对创业有利的条件,看看你具备多少。

表 10-1 加分条件表

序 号	加分条件	加分分值
(1)	无论做什么,总能兢兢业业把本职工作干好	20
(2)	做工作时容易从中激起一些兴趣	10
(3)	大多数时间不对工资或其他方面抱怨,满足于在工作中取得一些成果	10
(4)	对不同性格的人有较强的包容度	15
(5)	曾独立把一件别人看似不可能或难办的事(无论大小)办成办好	15
(6)	认真考虑过如何与一些不好相处的领导或同事相处,并付诸实施	15
(7)	长年如一日地侍奉过一名老人	10
(8)	拥有一批真心喜欢你、敬佩你的朋友	15
(9)	曾诚心诚意地向别人道过歉	5
(10)	不太受媒体的影响,比如一些流行的观点等	10

◎ 不利于创业的减分条件

表 10-2 中列出了创业的减分条件,看看你是否存在这些问题。

表 10-2 减分条件表

序 号	减分条件	减分分值
(1)	在一个岗位干一段时间就会发现许多问题,觉得这个工作不值得干下去	20
(2)	对同事间分工的不平衡很愤怒,极大挫伤了工作积极性	15
(3)	老板不把工资提到相应的幅度就缺乏工作动力	10
(4)	喜欢时尚,热衷名牌,动心于广告的魅力并成为它的牺牲者	10
(5)	放大自己最亲近的人如父母、夫(妻)的一些缺点,遇到相关问题时总会吵架	10
(6)	对自己的孩子、侄子缺乏耐心	5
(7)	对流行的"对自己好一点""率性而为"等观点非常认同	10
(8)	没有某种长期的、比较鲜明的爱好	10

测评结果

加分分值的总和减去减分分值的总和所得的差就是自测结果,如果得分在 80 分以上,比较适合自主创业,低于 60 分者不适合自主创业。当然,即使当前得分较低,但经过一段时间,由于种种原因,发生了变化,也可能适合自主创业。

2. 物的因素

物的因素是创业过程中不可缺少的条件。一个生产性的企业需要原料、设备、工具、厂房以及运输工具等才能生产出产品。创业过程中物的因素主要包括以下几方面。

(1)资金。资金包括企业的注册资本,世界各国为了鼓励创业活动的开展纷纷降低了对新创企业注册资金方面的要求和限制,创业所需的资金远不止这些,技术(或专利)、生产设备、原材料的购买以及人员的招募等都需要大量的资金。

(2)技术。新创企业中技术含量的提高已经成为一个趋势,在新创企业推出的产品中高技术产品所占的比例越来越高。

(3)原材料和产品。对于生产型企业而言,从原材料到产品,存在一个由投入到产出的过程。

(4)生产手段。介于投入和产出之间的是一个"处理器",对于企业而言,这种处理器就是生产手段,包括设备、工艺以及相关的人员。

3. 社会因素

社会因素也是协作体系的一个重要组成部分,创业中的社会因素包括两个方面的含义。

(1)社会认可。改革开放政策实施以来,创业活动得到了蓬勃的发展,一个重要的原因在于社会对创业活动的认可。创业是一个高风险、高回报的活动,如果得不到社会的认可,创业活动不可能顺利进行。

(2)创业符合社会发展的要求。企业为社会提供某种产品或服务,是企业成立和生存的根本。松下幸之助曾经说过,企业需要通过事业来完成社会使命,如果事业得不到社会的认可,说明它已经没有存在的价值。

4. 组织因素

组织因素是协作体系的核心,只有通过组织的作用才能创造新的价值。我们说,人是所有的管理因素中唯一具有能动性的资源,但是这种能动性要通过组织来实现。组织因素具有以下功能。

(1)决策功能。决策是创业活动中的一项重要职能,既包括对创业目的的规定,也包括对实现目的所用手段的决定。从创业价值的角度上讲,对创业目的的规定显得尤为重要,因为它决定着创业活动的方向,甚至影响企业的发展。

(2)创建组织。创业通常由一个团队来进行,因此需要对团队进行组织和管理。通过分工与协作,有条理地完成创业的相关活动。创建组织既包括组织结构的构建,又包括沟通体系的形成。

(3)激励员工。创业需要最大限度地发挥现有人力资源的作用,那么对参与创业者的激励就成为创业活动的一项重要内容。"人心齐,泰山移",充分调动人的积极性能够产生一种合力,同时增强创业团队的凝聚力。

(4)领导。巴纳德认为,领导的作用在于它能够创造新的价值。对于创业活动而言,领导的作用没有任何因素能够取代。

(四)创业的准备

创业准备是创业者进入创业实践前物质力量和精神力量的聚集、储备过程,它是为日后的创业奠定基础。创业准备有助于创业者明确创业方向,确定创业目标,把握创业机会并将创业计划付诸行动。

1. 专业知识的准备

专业知识是指与创业目标直接联系的知识体系,它对确定创业目标至关重要。专业知识是人们长期社会实践和社会分工的产物,在形式上表现为某种类别的学科知识,如电子技术、生物工程、计算机科学、航天技术,等等。其实,通过大学的学习,大学生已经具备某一领域的专业知识,但是对于专业知识的实践和运用较少。对于选择准备创业的领域,要借助于所擅长的专业知识,努力学习相关专业知识,这是非常必要的。

2. 非专业知识的准备

非专业知识是指与创业目标有间接联系和辅助作用的知识体系。学习专业知识可以增加知识的深度,学习非专业知识可以增加知识的广度。增加非专业知识能起到扩展知识面、培养敏锐的目光、把握事物发展全局的作用。在科学技术飞速发展的今天,各个学科相互之间的交叉与渗透越来越频繁。具备一定的非专业知识是创业成功的必要条件。

3. 商贸知识的准备

所有创业活动都将“创业结果”推向市场,所以对商品流通的基本原理和环节的了解与掌握是不可或缺的。商品和服务的供求关系、营销策略、市场需求等商贸知识是每一位创业者必须具备的常识。

4. 法律知识的准备

尽管大学生已经掌握了一定的法律常识,但在创业过程中涉及的众多法律知识,大多数大学生创业者掌握得还不够。为了保护创业者和创业公司的利益,使他们顺利走上创业之路,创业者必须要了解和掌握与企业组建和经营相关的法律知识。通常,大学生创业者要了解以下方面的法律知识:知识产权的保护,工商注册登记,税收法律,经济法律如公司法、合同法、专利法、企业破产法等。

5. 组织和管理能力

创业形成了不同形式的经济组织,要使组织资源达到最佳的配置和利用效果,创业者还需掌握和运用管理的职能。在企业成立后,组织和管理企业的工作是非常重要的。

二、创业计划

创业计划是对与创业项目有关的所有事项进行总体安排的文件,包括商业前景展望,人力、财务、物力等各种资源的整合以及经营思想、经营战略的确定等,是为创业项目制定的一份完整、具体、深入的行动指南。它应该能够有理有据地说明企业的发展目标,实现目标的时间、方式及所需资源。

(一) 创业计划的意义

1. 明确创业的方向和目标

创业者将自己的创意以创业计划书的形式表现出来,可以冷静地分析自己的创业理想是否真正切实可行,清醒地认识自己的创业机会,明确自己的方向和目标,进而规划创业蓝图。

2. 周密安排创业活动

创业计划的内容涉及创业的类型、资金规划、阶段目标、财务预估、行销策略、可能风险评估、内部管理规划等所有的创业活动。制订创业计划,可以使创业者对产品开发、市场开拓、投资回收等一些重大的战略决策进行全面的思考,并在此基础上制订翔实清楚的运营计划,周密安排创业活动,为有效的日常管理提供科学依据。

3. 寻求外部资源的支持

制订创业计划可使创业者发现所需的资源,了解所需资金、设备、人员等各方面的情况。创业计划的阅读者包括可能的投资人、合作伙伴、供应商、顾客等。完善的创业计划可以使他人了解创业项目及创业构想，有利于创业者寻求外部资源的支持。创业者可以凭借创业计划去说服他人合资、入股，甚至可以募得一笔创业基金。

（二）制订创业计划的原则及注意事项

1. 制订创业计划的原则

写好创业计划书要思考的问题有关注产品、敢于竞争、了解市场、表明行动的方针、展示管理队伍、出色的计划摘要等，制订创业计划时要注意以下几点原则要求。

（1）呈现竞争优势与投资利益。商业计划不仅要将资料完整陈列出来，更重要的是整份计划书要明确指出企业的市场机会与竞争威胁，并尽量以具体资料佐证。创业计划应明确指出投资者的利益所在，而且要显示经营者创造利润的强烈企图，而不仅是追求企业发展。撰写创业计划书的目的是获得投资，因此，计划的设计应当从投资者的角度来考虑。

（2）呈现市场分析。利润来自市场的需求，因此创业计划书应本着以市场为导向的观点来撰写，并充分显示对于市场现状的掌握、未来发展趋势与具体成就。分析问题时，要明确说明所依据的调查方法与事实证据以及所采用的财务预估方法与会计方法等。创业计划书中一切数字要尽量客观、实际，切勿凭主观意愿估计。

（3）呈现企业生产经营能力。商业计划要尽量展现新创企业的生产经营能力与丰富的经验背景，并显示企业对于该产业、市场、产品、技术以及未来运营策略已有完全的准备。创业计划应包括企业经营的各功能要素，尽量提供投资者评估所需的各项信息并附上其他供参考的佐证资料，但内容要简单明了，切忌烦琐。

2. 制订创业计划的注意事项

创业者在制订创业计划时除了遵行以上原则外，还应该特别注意以下几个方面的问题。

（1）要认真分析创业项目的市场价值。制订创业计划时应认真分析创业项目的市场价值，如市场规模有多大，成长速度有多快，利润有多高，投资回报率有多少。

（2）应该让团队所有成员参与创业计划的准备。一份创业计划仅有精心包装和诱人的回报是不够的，创业计划要让每一位成员都能清楚创业者的目标任务。

（3）其他问题。创业计划中不要讲模棱两可、不能肯定的话；语言不要过于专业化；不要过分讲究创业计划的包装而忽略了其本质内容；遇到现实需求时，不要把时间浪费在撰写计划上；资金未入账之前，不要假定自己已经成功了。

（三）创业计划的内容

创业计划应该详细描述公司的目标、为实现目标将采取的战略、公司的组织结构、公司运营需要的资金。一般来说，在创业计划书中应该包括创业计划摘要、企业介绍、产品或服务介绍、市场分析、营销策略、团队管理、财务管理等。

在现实中，创业者制订的创业计划的内容、结构特点和写作风格是各不相同的，各种版本的计划的侧重点也有差异，这与创业的复杂性、竞争环境、不确定性程度以及创业者的管理风格等因素有关。

1. 创业计划摘要

创业计划摘要中创业者一般要突出以下重要内容。

（1）企业简介。企业简介包括企业理念的简单描述，以及企业的名称、联系方式和重要联系人，简要介绍企业类型和法律形式、企业业务范畴和经营目标。

（2）产品/服务介绍。该项应包括产品/服务的开发情况、产品/服务的特点等。

（3）目标市场。该项应列出将要进入的目标市场及选择这一目标市场的原因、市场发展趋势，同时还要提供市场调查和研究分析的结果。

（4）营销策略。该项应说明如何进入目标市场、主要的营销策略是什么。

（5）竞争优势。该项描述有关市场的竞争状况，分析企业能够在竞争中成功的原因，阐明企业产品/服务的优势。

（6）管理团队。该项说明管理团队的背景和能力，特别是企业创始人和主要决策人的情况。

（7）生产管理计划。该项重点介绍如何组织和开发生产能力，包括生产制造的方式、生产设备、工艺流程等。

（8）财务计划。该项报告未来三年的预期销售额和利润，项目所需资金的总额、来源、筹资方式、资金运用计划及投资者的回报等。

（9）企业长期发展目标。该项主要介绍企业未来五年发展计划。

2. 企业介绍

企业介绍的主要内容包括三个方面。

（1）企业理念。描述企业理念，让人们相信自己的企业能为客户带来利益，满足客户要求，这是创业者的经营理念。

（2）企业的基本情况。简要介绍企业名称、成立时间、注册地点、经营场所、公司的法律形式、法人代表、注册资本、主要股东、股份比例等，重点介绍企业未来发展的详尽规划，企业近期及未来 3～5 年的发展方向、发展战略和要实现的目标。

（3）企业的发展阶段。说明企业创立时的情况、早期发展情况、稳定发展期的情况、扩张期的情况、企业合并、重组或稳固地占领市场等情况。

3. 产品或服务

通常，产品或服务应介绍包括六个方面的内容。

（1）产品或服务的基本描述。

（2）产品或服务的竞争优势。

（3）产品或服务的研发和开发情况。

（4）开发新产品或服务的技术和成本分析。

（5）产品或服务的市场前景预测。

（6）产品获牌和专利预测。

4. 市场分析与营销策略

当企业要开发一种新产品或向新的市场扩展时，首先要进行市场分析和预测，然后针对目标市场制定营销策略。

（1）市场分析的内容。市场分析主要包括：目标客户和目标市场，市场容量和未来市场的发展趋势，企业在市场竞争中的地位、竞争对手的情况以及各自的竞争优势，预计的市场份额和销售额。

（2）营销策略的内容。营销策略主要包括：市场机构和营销渠道的选择，价格、促销、建立销售网络等各方面拟采取的策略。

5. 产品制造

创业计划中若涉及生产制造计划,一般要回答有关生产方式、生产设备、质量控制等方面的问题,其主要内容包括产品生产制造方式、生产设备情况和质量控制。

6. 管理团队

一个企业的成功与否最终将取决于该企业是否拥有一个高效、团结的管理队伍。在创业计划中,必须阐明企业的管理结构及主要管理人员的相关情况,重点展示管理团队的凝聚力和战斗力,使战略伙伴或风险投资人了解企业的管理团队组成情况。优秀的管理团队将确保企业紧紧抓住好的商业机会,以有效的方式实现企业的经营目标。

7. 财务管理

战略伙伴和创业投资者最关心企业经营的财务损益情况,从中判断自己的投资能否获得预期的回报,这是决定战略合伙人是否加盟、创业投资者是否投资的关键因素。

8. 附录

这部分包括了与创业计划相关但不宜放在前面的一些内容,如企业的组织结构图、产品说明书或照片、设施或技术的分析、现金流量表、资产负债表等。通常,附录对于提高创业计划的质量有着重要的作用,对于创业者获取外部资源的支持有着特殊的意义。

（四）创业计划书的编写

1. 创业计划书编写的步骤

编写创业计划书要经历以下几步。

（1）准备阶段。创业计划书的编写涉及的内容较多,因而制订创业计划前必须进行周密安排,主要有如下一些准备工作。

① 确定创业计划的目的与宗旨;

② 组成创业计划工作小组;

③ 制订创业计划并编写计划;

④ 确定创业计划的种类与总体框架;

⑤ 制订创业计划编写的日程安排与人员分工。

（2）获取资料阶段。以创业计划总体框架为指导,针对创业目的与宗旨,搜寻内部与外部资料,包括创业企业所在行业的发展趋势、产品市场信息、产品测试、实验资料、竞争对手信息、同类企业组织机构状况、行业同类企业财务报表等。资料调查可以分为实地调查与收集二手资料两种方法。实地调查可以得到创业所需的第一手真实资料,但时间及费用耗费较大;收集二手资料较容易,但可靠性差。创业者可根据需要灵活采用资料调查方法。

（3）创业计划的行程阶段。创业计划行程阶段要完成以下几项任务。

① 拟定创业执行纲要,主要是创业各项目的概要。

② 草拟初步创业计划。根据创业执行纲要,编写包含创业企业的市场竞争及销售、组织与管理、技术与工艺、财务计划、融资方案以及风险分析等内容的创业计划草稿,初步形成较为完整的创业计划方案。

③ 修改完善阶段。创业计划小组在这一阶段对创业计划进行广泛调查并征求多方意见进而提出一份较为满意的创业计划方案。

④ 创业计划定稿并印制成正式创业计划文本。

2. 掌握创业计划书的编写方法

编写创业计划书的目的是为创业融资、宣传提供依据，同时作为创业实施的规划方案。因此创业计划书的编写除尽可能地展现创业项目的前景及收益水平外，还要展现出创业项目的可实现性。

在编写创业计划书时，应遵循正确的方法。

(1) 做好工作计划，使创业计划书的写作过程有条不紊。

(2) 始终围绕创业产品与服务展开，并经常性地评估创业产品或服务的价值。

(3) 要充分寻求外部有关人员的指导与协助。

(4) 在不断修改补充中完善创业计划。一般来说，最终形成的创业计划正式文本与创业计划草案可能相差很大，有的甚至面目全非。

(5) 要针对创业计划的目标读者设置计划项目的不同侧重点。风险投资商对创业计划中的市场增长及营利性感兴趣；战略伙伴与主要客户关心产品或服务、市场、盈利及管理团队的运作能力；主要雇员、管理队伍则主要想知道创业公司过去的成功记录及今后的发展前景。

3. 创业计划书编写注意事项

编写创业计划书要注意以下几点。

(1) 创业计划要重点突出，注重时效。每一份创业计划都应有自己独特的个性，要突出创业项目的独特优势及竞争力。另外，要注意创业计划中所使用资料的时效性，对于周期长的创业计划应及时更新有关资料。

(2) 创业计划书中描述的对象清楚明白。产品或服务描述应具体、清楚；财务分析要形象直观，尽可能地采用图表描述；战略、市场分析、营销策略、创业团队要使用管理学术语，尽可能地做到规范化、科学化。

(3) 前后内容一致，由一人定稿。创业计划内容多，涉及面广，因此，要求创业小组分工完成，但应由组长统一协调定稿，以免出现创业计划零散、不连贯、文风相异等问题。

(4) 内容详略得当。创业计划要详略得当、突出优势，机密部分略为简化，以防泄密。

(5) 注意保密。创业计划往往具有巨大的商业价值或涉及一些技术或商业机密，因此要求投资者阅读创业计划后对其内容进行保密是合理的，也是必要的。

(五) 创业计划书的评价

1. 创业计划评价要素

创业计划是创业者自己或委托有关机构或人员制定的创业实施或创业融资预先安排的方案，其好坏直接关系到创业项目的成败。因此，使用创业计划的组织或个人拿到创业计划后，首先要对创业计划进行评价，以评判其优良程度。

创业计划评价一般有第一方、第二方以及第三方评价。第一方为创业者，主要判定制订的创业计划是否具有吸引力或可操作性。第二方为资源提供方，包括风险投资者、一般投资人以及管理者、员工等。第三方为独立于计划制订及使用方的咨询机构，受人委托对创业计划进行公正性评价。

创业计划评价要素一般包含的内容有创业计划报告的完整性、方案可行性、方案的技术含量或创新性、经济效益、资金筹措方案的合理性、市场前景。

2. 评价标准

使用者的目的不同,评价的标准就不同。下面是从创业投资基金或投资者角度进行评价的标准。

(1) 概要(10%):内容清晰、简洁,重点突出,具有吸引力。

(2) 新创企业阐述(5%):明确阐述创业目的、企业的性质、企业的背景及现状、创业的理念及企业的战略目标。

(3) 产品或服务(10%):描述产品或服务的基本性能、特征,产品的商业价值,产品的技术含量,产品的发展阶段,产品的所有权情况。

(4) 市场分析与营销策略(10%):包括市场描述、竞争分析、市场细分、市场定位、产品定价、营销渠道、促销方式。

(5) 经营计划(10%):包括产品生产/服务计划、产品的成本和毛利、经营难度及所需要的资源。

(6) 管理团队(10%):包括关键人物背景、组织结构、角色分配、管理团队实施战略的能力。

(7) 财务分析(10%):财务报表清晰明了,与计划实施同步,内容包括相应时间段的现金流量表、资产负债表、损益表等。

(8) 融资回报(10%):以条款方式提供所需投资、利益分配方式、可能的退出战略。

(9) 可行性(20%):①市场机会,明确市场需要及其适合的满足方式;②竞争优势,企业拥有的独特核心能力以及持续的竞争优势;③管理能力,管理团队能够有效地发展企业并合理规避投资风险;④财务预算,企业的发展业务具有明确的财务需求;⑤投资潜力,创业项目具有真正的实际投资价值。

(10) 创业计划写作(5%):计划要简洁清晰,不冗余。

JOB 案例 10-2

"都市快餐店"计划书

1. 快餐店概况

(1) 本店属于餐饮服务行业,名称为"都市快餐店",是个人独资企业,主要提供中式早餐,如油条、小笼包等各式中式点心和小菜,午餐和晚餐多以炒菜、无烟烧烤为主。

(2) 都市快餐店位于××路商业街步行街,开创期是一家中档快餐店,未来将逐步发展成为像肯德基、麦当劳那样的快餐连锁店。

(3) 都市快餐店的所有者是×××,餐厅经理×××,厨师×××,3人均有6年以上的餐饮工作经验,以大家的智慧、才能和对事业的一颗执着的心,一定会在本行业内大展拳脚。

(4) 本店需要创业资金××万元,其中××万元已筹集到位,剩下××万元向银行贷款。

2. 经营目标

(1) 由于处于商业街,客源相对充足,但竞争对手也不少,特别是本店刚开业,想要打开市场,必须要在服务质量和产品质量上下功夫,并且要进一步扩大经营范围以满足消费者的不同需求。短期目标是在××路商业步行街站稳脚跟,1年收回成本。

(2) 本店将在3年内增设3家分店,逐步发展为一家经济实力雄厚并有一定市场占有率的快餐连锁集团,在本市众多快餐品牌中闯出一片天地,并成为餐饮市场的知名品牌。

3. 市场分析

(1) 客源。都市快餐店的目标顾客包括:到××路商业步行街购物娱乐的一般消费者,约占50%;附近学校的学生、商店工作人员、小区居民,约占50%。客源数量充足,消费水平中低档。

(2) 竞争对手。都市快餐店附近共有4家主要竞争对手,其中规模较大的有1家,其他3家为小型快餐店,这4家饭店经营期均在两年以上。其中××快餐店中西兼营,价格较贵,客源相对较少;另外3家小型快餐店卫生条件较差,服务质量较差,就餐环境拥挤脏乱。本店抓住了这4家快餐店现有的弊端,推出"物美价廉"等营销策略,力争在激烈的市场竞争中占有一席之地。

4. 经营计划

(1) 快餐店主要是面向大众,因此菜价不太高,属于中低价位。

(2) 大力发展便民小吃,早餐要品种丰富,价格便宜,因地制宜地推出中式早餐套餐。

(3) 午餐、晚餐提供经济型、营养丰富的菜肴,并提供优雅的就餐环境。

(4) 随时准备开发新产品,以适应变化的市场需求,如本年度目标是设立"送餐到家"的服务。

(5) 经营时间:6:00~21:00。

(6) 对于以上计划,我们将分工协作,各尽其职。我们将会在卫生、服务、价格、营养等方面下功夫,争取获得更多的客源。

5. 人事计划

(1) 本店开业前期,初步计划招收××名全日制雇员(包括××名厨师名),××名临时雇员(含厨师),具体内容如下。

① 通过劳务市场招聘本市户口、有一定工作经验、有良好的职业道德、年龄为20~30岁、有意加入餐饮行业的人员。应聘者持"招聘员工登记表"并附个人资料来店面试。

② 笔试、面试、体检合格者,与其签订劳动合同(含试用期)。

(2) 为了提高服务人员整体素质,被招聘上岗的人员需要接受2个月的培训,具体内容如下。

① 制订培训计划,确定培训目的,制定评估方法。

② 实施培训计划,贯彻学习劳动纪律和各种规章制度。

③ 考核上岗,对于不合格者给予停职学习,扣除20%的工资,直至合格为止。对于连续3次考试不合格者,扣除当月全部工资和福利。

6. 销售计划

(1) 开业前进行一系列企业宣传工作,向消费者介绍本店"物美价廉"的销售策略,还会发放问卷调查表,根据消费者的需求完善本店的产品和服务内容。

(2) 推出会员制的季卡、月卡,从而吸引更多的顾客。

(3) 每月累计消费1000元者可参加每月月末大抽奖,中奖者(1名)可获得价值888元的礼券。

(4) 每月累计消费100元者,赠送价值10元的礼券,消费200元者赠送20元礼券,以此类推。

7. 财务计划

本店内所有账目情况必须及时入账，支出与收入的钱款必须经由会计入账或记录后方能使用，记账使用复式记账法，以科学的方法进行管理，以免账务混乱，每日的收入应进行及时清点，所有点菜的菜单及收款的凭据必须保存并一式两份，以便核对及入账。店内所有的物品属于店内的固定资产，不得随意破坏或带走，每月的总收益，除去一切费用，剩下的存入银行；如果每月结算后，收入比计划高，将适度调整工资，以调动大家的工作热情。如发现有人在工作中无故破坏饭店的财产，将从责任人的工资或奖金中扣除以弥补损失。

（1）本店固定资产××万元

桌椅××套

营业面积××平方米

冷冻柜××台

灶件：若干

（2）每日流动资金为××万元（主要用于突发事件以及临时进货）。

（3）对于账目，要做到日有日账，月有月账，季有季账，年有年终总账，这样企业的盈亏在账目上一目了然，避免了经营管理工作的盲目性。

因刚开业，所以在各种开销上要精打细算，但要保证饭菜的质量，尽量把价格放低。

8. 附录

法律要求和菜单（略）。

第二节　创业实践操作

把握创业机会，获得和科学地管理创业资本，组建创业团队乃至创建和管理新企业都是创业实践必不可少的环节。在校大学生不仅应当加强对创业知识的把握，而且应该进行创业实践操作训练，在理论学习和实践训练中培养自主创业能力。

一、创业机会与创业资本

（一）创业机会

创业机会又叫商业机会或市场机会。在市场经济条件下，创业机会是指客观存在于市场交易过程，能够给他人提供销售（服务）对象并能够带来盈利可能性的市场需求，通常体现为市场中尚未满足或尚未完全满足的有购买力的消费需要。

1. 创业机会的特征

好的创业机会有以下四个特征。

（1）吸引顾客。

（2）在商业环境中行得通。

（3）必须在机会之窗存在的期间被实施。机会之窗是指商业想法推广到市场上所花的时间，若竞争者已经有了同样的思想，并已把产品推向市场，那么机会之窗也就关闭了。

（4）必须有资源（人、财、物、信息、时间）和技能才能创立业务。

另外,创业机会还具有可利用性、永恒性和事实性等特点。

2. 创业机会的来源

随时变化的环境能给各行各业带来机遇,也能给各行各业造成威胁,创业者可通过对环境的分析认清宏观的、微观的各种环境因素及其发展趋势,从创造发明、新技术、新问题和竞争中寻找创业机会,努力抓住机遇成功创业。

(1)创造发明。创造发明提供了新产品、新服务,更好地满足了顾客需求,同时也带来了创业机会。

(2)竞争。如果能弥补竞争对手的缺陷和不足,这也将成为创业者的创业机会。

(3)技术、环境、结构变革。一项新技术的诞生可能影响甚至产生一个新的行业,为人类的发展创造机遇。围绕新技术新知识去寻求创业机会,有广阔的前景。

(4)机会源于问题,创业者可以问消费者三个问题:是否愿意买这个产品?这个产品有什么问题?你觉得应该从哪些方面去改进?倾听顾客的意见就可以找到机会。

(5)机会源于注意力。信息社会信息过剩,注意力是重要的稀缺资源,如一个点击率高的网站蕴藏着巨大的机会。

3. 识别创业机会的方法

创业者可以从各种途径、采用多种方法来寻找和识别创业机会。

(1)从现有的企业和经营中发现机会,注意看似平凡而被大公司忽略的市场等。

(2)最大范围地搜集信息。发现商业机会、提出新观点的人可能有很多,因此创业者要留意各种信息媒介,如专业咨询机构、政府部门、科研机构等,尤其是要注意倾听广大消费者的意见,他们的观点直接反映着市场需求的变化倾向。搜集信息的方法,主要有以下几种。

① 询问调查法。询问调查法是通过上门询问或采取问卷调查的方式来搜集信息,作为分析的依据,从中寻找和发现商业机会。

② 德尔菲法。德尔菲法是通过轮番征求专家意见从中寻找和发现商业机会。

③ 头脑风暴法。头脑风暴法是将有关人员召集在一起,不做任何限制,对任何人提出的意见都不批评,通过这种方法可以搜集到那些从常规渠道或方法中得不到的意见,并从中寻找和识别有价值的商业机会。

(3)聘用专业人员进行商业机会分析。寻找和识别商业机会为创业者选择有价值的商业机会提供了重要依据,但这并不等于创业者已经选择了商业机会。因此,创业者首先要从寻找到的环境机会中挑选出符合自己能力、条件和创业目标的机会,具体说,可以从三个方面入手:① 确定该商业机会成功的必要条件;② 分析创业者在该商业机会上所拥有的竞争优势;③ 将企业所拥有的竞争优势同现有的和潜在的竞争对手进行比较,看自己能否在这一商业机会上获得差别利益,以及这种差别利益的大小。

创业者在确定某些环境机会是否属于创业机会时,要防止两种失误:一是"误舍",即把很有前途的某些商业机会轻率地舍弃,从而使自己失掉了一个很好的市场;二是"误用",即过高地估计自己的竞争优势,而将不具备获得差别利益的商业机会作为创业机会来看待,并大加利用,从而导致自己在竞争中力不从心、进退两难。

4. 如何把握创业机会

把握创业机会应做到以下几点。

（1）正确选择创业时间。从目前情况来看，选择毕业后和毕业后一段时间创业的较多，按照大学生的学习过程，选择的创业时间可分为四个阶段。

① 在校创业。在校创业是指边读书边创业，在校大学生创业会出现学习和创业活动时间上的冲突，而且会受到较多的舆论压力。在校大学生应以学业为主，培养创业技能，提高创业素质，在有条件的情况下进行创业实践活动的训练。

② 休学创业。目前我国多数高校都有最长学年的限制，在尚未完全采用学分制的情况下，休学创业是高校学籍管理中出现的新事物。教育部公布的《教育部关于贯彻和落实中共中央、国务院〈关于加强技术创新，发展高科技，实现产业化的决定〉的若干意见》中明确规定：大学生、研究生（包括硕士、博士研究生）可以休学保留学籍创办高新技术企业。

③ 毕业后创业。毕业后创业实质上是大学生的一种就业选择，这也是有关教育主管部门积极倡导的。毕业后创业不影响学业，但由于刚毕业的大学生在资金和经营经验方面不足，使得许多有创业打算的学生望而却步。我国各地政府和著名企业对大学生创业都设有相关的扶持政策。

④ 毕业后一段时间创业。毕业后一段时间创业是大学生创业实际选择最普遍的形式。大学生毕业离开学校一段时间后，积累了一定的资金、一定的社会阅历和一定的管理经验，这时他们完全可以把自己的理想付诸实践。

（2）为成功创业创造条件。只有成功创业的条件具备了，创业者遇到创业机会才能及时地把握住。要想为成功创业创造条件要做到以下几点。

① 积累创业资源。在初次创业的时候，一般资源会十分短缺。但如果资源不足，创业成功的概率就会降低。在资源具备上，一般来说要符合两个条件：一是要有进入一个行业的起码的资源，二是具备差异性资源。

② 选择正确的创业方向。很多创业者先把公司创建起来了再去找项目，创业很盲目，成功的概率低。创业者在创业之前一定要有明确的创业方向，再决定创业。

③ 提高经营能力。经营能力是最重要的，有非常出色的经营能力，才能比较容易地找到投资者，投资家们天天都在找好项目投资。很多年轻人在创业时过多强调资金因素的影响力，其实不然，创业条件中资金虽然很重要，但更重要的是创业者个人的经营能力，特别是业务能力。

④ 选择成功的创业方式。在创业者中，有几种成功的创业类型：自己从零开始独立创业、有技术与他人合作、在企业内部创业。一般来说第三种创业方式最容易成功。

5. 培养筛选创业机会的能力

发现创业机会不是一件容易的事情，但也不是高不可攀的。创业者可以在日常生活中有意识地加强实践，培养和提高这种能力。

（1）要有良好的市场调研习惯。发现创业机会的最根本一点是深入市场进行调研。要了解市场供求状况、变化趋势、顾客需求、竞争对手的长处与不足等。

（2）要多观察和思考。我们常说见多识广，识多路广。每个人的知识、经验、思维以及对市场的了解不可能面面俱到。多观察和思考能使我们广泛获取信息，及时从别人的知识经验、想法中汲取有益的东西，从而提高发现机会的概率。机会偏爱有心人，机会偏爱有准备的人。

（3）要有独特的思维。机会往往是被少数人抓住的，我们要克服从众心理和传统的习惯思维的束缚,敢于相信自己,有独立见解,不为别人的品头论足、闲言碎语所左右,才能发现和抓住被别人忽视或遗忘的机会。

波西奈巧遇商机

有一天,波西奈在乡村散步,发现有几个小孩在玩一只奇丑无比的昆虫,而且玩得非常专心,爱不释手。波西奈由此得到启发,并产生了生产"丑陋玩具"的创意。不久"疯球""丑八怪"之类的丑陋玩具在艾思龙公司问世。"疯球"是一串印着许多丑陋古怪的面孔的小球儿,"丑八怪"则长着绿色的皮肤、枯黄的头发、布满血丝的突起的眼球,一眨眼就发出刺耳怪异的叫声。

令人不可理解的是,这些另类玩具一上市居然格外走俏。此类玩具很快在儿童中流行开来,大街小巷的孩子们手里,时时可见"疯球"和"丑八怪"的身影。这类玩具不仅孩子们喜欢,甚至成了许多成人的宠物。当然,波西奈在玩具市场上也尝到了创造商机的甜头。

(二)创业资本

创业资本是指专业投资机构对于未来具有较高成长性的企业所进行的流动性较小的权益性投资。这种投资原则上属于无担保的、高风险的并与管理相结合的投资行为。

1. 创业资本的特征

具体来说,创业资本必须满足以下几方面的特征。

(1)创业投资是对未来具有高成长性企业的投资。创业资本在本质上追求的是在不远的将来看得见、摸得着的现实经济利益,它并不是只关注社会效益的科研基金。具有高成长性的企业可能曾经有高科技产业背景,但二者是不同的。

(2)创业投资是一种高风险、高收益的投资。创业投资往往扶持的是自认为未来可能具有高成长性的中小企业。这样的投资具有主观判断失误率高、经营不确定性大和投资回报周期长的高风险特点。另一方面,创业投资一旦成功其投资回报率也较高。创业资本投资的高回报率,使得从事创业投资的人们不畏艰险。

(3)创业投资是一种流动性较小的权益性投资。创业投资的流动性较小是由这种投资自身的性质所决定的。它不是融资,而是一种权益性投资,只有被投资企业的产品或服务有了一定的起色,当转让或出售投资股权有利可图时,才会产生新的资本流动,而在这之前出现的转让或出售都意味着这一次投资的失败。

(4)创业投资是一种投资与管理相结合的投资。通常创业资本投向企业后,创业投资机构将自始至终只参与企业的经营管理,并随时向企业提供咨询,甚至在必要的情况下,解雇原先的创业企业家,取而代之的是他们认为合格的经理人。

2. 创业资本管理

创业资本管理包括创业资本的投资管理和创业资本的运营管理。

(1)掌握创业资本的投资管理。投资组合确定后就要对各具体投资项目进行监控和管理。创业投资产业在近几年之所以能够蓬勃发展,与科学的投资管理方式是分不开的。

创业资本家对创业公司的管理是通过与创业公司管理层的合作完成的,创业者与创业资本家在管理上(包括监督和管理投资)的合作是很紧密的。

创业资本家参与创新企业管理监控可根据参与投入程度的不同分为三大类:直接指挥型、间接参谋型、放任不管型。影响创业资本家参与管理创新企业的因素主要有六个方面。

① 投资数额。创业资本家对某企业的投资数额越大,风险也就越大,管理监控的程度也越高。

② 时间安排。创业资本家必须经常对一个企业进行实地访问和电话查询,如果他们管理的创新企业很多,会影响他们对企业的管理时间和程度。

③ 企业的需要。企业是否有这种管理咨询的需要,是否愿意接受这种紧密式监控,管理层是否有足够的经验独立完成工作,也影响到创业资本家参与管理监控的程度。

④ 创业资本家的经验。没有足够的经验的创业资本家无法监控企业的经营管理,也无法提供有效的咨询意见。

⑤ 与企业的关系。创业资本家必须与创新企业家相互信任和理解,共同明确创业资本家参与目标管理的目标和方式,才能进行有效的管理监督、参与和咨询。

⑥ 企业的发展阶段。在企业发展后期,创业资本家的参与程度减小;在创新企业遇到困难或出现危机时,创业资本家管理参与程度加强。

(2) 掌握创业资本的运营管理。创业资本投入到创新企业之后,便与创业投资公司相对独立开来,虽然创业投资公司能通过自己的股权或其他方式参与创新企业的管理即投资管理,但创业资本是创新企业的一个组成部分,而不再属于创业投资公司,而创新企业也绝不是创业投资公司的附属,创新企业要通过自身的管理创造价值、获取利润,这也符合创业投资公司的利益。因此,创业资本的运营管理,即创新企业的管理就成为创业资本家和创新企业共同关注的对象。

(3) 掌握创业资本的风险管理。创业投资之所以被称作风险投资,是因为在特定环境中和特定的时期内基于复杂性与变动性的原因,使实际结果和预期结果可能不一致而导致利益损失。

创业投资的风险在很大程度上与其投资于高科技产业有关,因为在高科技产业化的过程中,除了具有传统技术产业化中存在的技术风险和市场风险外,其本身还有更新快、不成熟的特征。高技术产业化具有高风险性,其成功的可能性比一般技术创新低得多。

创业投资的风险来源有以下几个方面。

① 来自高新技术产业化的风险。来自高新技术产业化的风险包括技术风险、市场风险、金融风险、经营风险、信息风险和政策风险。

② 来自创业投资公司的风险。来自创业投资公司的风险包括团队管理风险、投资阶段选择风险和投资决策风险。

③ 来自创业企业的风险。根据产品生命周期理论,创业企业在发展过程中主要存在以下风险:技术开发风险、产品风险、工业化风险、扩展风险和重组风险。

3. 新创企业融资

为了适应创新企业发展,出现了各种新的融资方式,应利用多种融资方式融资。

(1) 争取天使融资。创业投资天使的全称是"非正式的私人股权投资者",是指专门投资于高风险的创业型企业或者资助企业家进行产品开发或者市场研究的富人。人们之所以形象地称之为"天使",是因为他们为创业者提供了难得的"第一笔"资金。

（2）利用风险投资公司融资。风险投资公司是创业资本的拥有者,它将创业资本作为权益资本投入新创企业,协助创业者并与之共同承担企业初创时的高风险。

新创企业向风险投资公司融资时,除了可以获得所需资金以外,还可以获得一些其他服务,如新创企业获得风险投资公司提供的管理咨询服务和专业人才中介;风险投资公司参与董事会,协助解决重大经营决策,并向创新企业提供法律与公关咨询;创新企业可利用风险投资公司的关系网络,获得技术咨询和技术引进的渠道,并有可能发现有潜力的供应商和购买者;新创企业在风险投资公司的协助下,有可能进行资产重组、企业并购以及上市等操作。

（3）利用企业创业资本融资。企业创业资本是指非专业从事创业投资的企业所做的创业投资。通常人们把企业创业资本称为企业资金计划或金融界企业的子公司向目标企业的"直接投资"。这种投资载体努力寻找合适的投资机会,以投资项目适合于母公司的技术或市场战略为标准,与新创企业建立协作关系。

（4）采用其他融资方式。除了天使融资、利用风险投资机构融资以及利用企业创业资本融资以外,新创企业还能以其他方式获得资金,比如直接上市、利用资本市场融资、向商业银行贷款和获得政府资助等。

二、新企业创建与管理

（一）新企业的创建

无论在任何时代企业的目的都可以概括为利润目的、生存目的和社会目的。为了达到这样的目的,新创企业必须要选择合理的组织形式,掌握企业总体战略规划,总监创业团队。

1. 现代企业组织形式

创办企业的第一步是确定企业的治理结构形式,即企业采取何种所有权形式。一般而言,通常有四种形式可供选择:个人独资企业、合伙企业、股份有限公司和有限责任公司。

（1）个人独资企业。个人独资企业是指依照我国的《个人独资企业法》,由一个人投资并控制的企业,没有资本定额,不需要法定资本和实收资本,企业的盈亏完全由个人承担。企业的资金可以在企业和业主之间自由流动,业主投资、业主从企业提款、企业营业所赚取的利润都将归入个人资本账户。独资企业税收业务比较简单,流转税、财产税和其他税与公司制企业一样,但企业利润可与个人所得一起申报所得税。

（2）合伙企业。合伙企业是由两个或两个以上的合伙人合伙投资成立并经营的企业。同个人独资企业一样,合伙企业的资金可以在企业和所有者之间自由流动,所有者投资、所有者从企业提款、企业营业赚取的利润都将归入所有者资本账户。企业利润可与各合伙人个人所得一起申报所得税。但独资和合伙企业资本来源的扩大和增长,多数情况只能靠所有者的自有资本及经营过程中的资本积累。

（3）股份有限公司。股份有限公司是根据《中华人民共和国公司法》创立的独立于其所有者的独立法人。股份有限公司的组织机构包括股东大会、董事会、经理和监事会。股东大会是决定公司经营管理等重大事项的最高权力机构;董事会是公司的常设权力机构;经理负责公司的日常管理工作,对董事会负责;监事会是公司的内部监督机构。

(4) 有限责任公司。有限责任公司是指依照《中华人民共和国公司法》设立的,股东以其出资额为限对公司承担责任的公司。它又可分为一般有限责任公司和特殊有限责任公司两种。前者是指由 2 个以上、50 个以下股东共同出资设立的有限责任公司;后者是指由国家授权的投资机构或者国家授权的部门单独投资设立的有限责任公司,股东人数不受限制。创业者如果既想比较容易地创办企业,又想规避无限责任的风险,那么有限责任公司应该是最好的选择。

创业者应根据自身的实际情况和外部限制条件做出合理的选择,并随着情况变化而做出相应的调整和变更。另外还要根据个人、合伙人和股东的出资情况,在计划书中以书面的形式把产权的情况确定下来。根据我国法律,在公司产权结构中可以包含无形资产股份,因此,可根据具体情况确定技术入股份额,但注册时必须出具法定资产评估机构的评估证明。

2. 掌握企业总体战略规划的方法

掌握企业总体战略规划要做到以下四点。

(1) 明确企业使命。使企业目标与市场机会相匹配,即所谓的市场定向,是企业战略的核心。因此,制定企业总体战略首先要确定企业使命。

企业使命是企业管理者确定的企业生产经营的总方向、总目标、总特征和总的指导思想。明确企业使命,就是对本企业是干什么的、应该是怎样的两个问题进行思考和解答。其关键在于如何深入分析构成企业外部环境和内部条件的各种因素,详尽了解他们对企业的要求、期望和约束,从中找出企业目前的以及理想的特征。

(2) 选择适宜的增长机会。选择适宜的增长机会,就是选择易于企业成长和发展的市场机会,以便与所确定的企业目标相匹配,而市场定向是企业总体战略中的一个关键。如果最初的选择发生了错误,常常会导致近乎灾难性的后果。"哪里有消费者的需求,哪里就有我们的机会",这正是创业者最初选择创业的原因,所以需要对市场进入进行深入的分析,合理细分市场,以确定本企业的目标市场。

(3) 制订投资组合计划。制订投资组合计划决定了企业中哪些经营单位需要发展、扩大,哪些应当收缩、放弃。

(4) 规划企业发展战略。对于创业企业来说,即便是由一种产品或一项业务起家,在发展中也不可避免会拓宽业务。不论采用何种发展战略,多项产品业务的增长机会总会各不相同,企业的资金又总是有限的。鉴于此,为了实现企业目标,在制定企业战略时必须对各项产品业务进行分析、评价,确认应该发展和淘汰的业务。企业需要建立一些新的业务代替被淘汰的旧业务,否则就不可能实现预定的利润目标。根据企业面对的市场机会,有三种发展战略可供选择。

① 密集型发展战略。密集型发展战略,又称为集约型发展战略。密集型市场机会的存在使企业选择密集型发展战略成为可能。这意味着企业仍可以在现有的经营范围内求得发展。

② 一体化发展战略。如果企业所在行业有发展前途,在供、产、销方面实行不同程度的合并更有效益,便可考虑采用一体化发展战略增加新业务,从而提高效率,扩大规模,提

高盈利能力。

③ 多样化发展战略。多样化发展战略，是指企业利用多样化市场机会，开展与现有业务有一定联系或毫无联系的业务，实行跨行业的经营。

3. 制定经营战略方法

企业经营战略是企业总体战略的具体化形式，是各个战略经营单位根据总体战略要求，开展业务、进行竞争和建立优势的基本规划，其规划主要有以下几种方法。

(1) 成本领先。成本领先是随着人们对经验曲线效应的深入理解而得到日益广泛运用的。它是指企业通过在内部加强成本控制，将成本降到最低程度，成为行业中的成本领先者的战略。

(2) 差别化。定位是战略的起点，也是战略的终点，它的本质是差异化。所谓定位，就是如何让企业的品牌在顾客大脑中独树一帜。这个概念又进一步发展成为"一个词占领大脑"理论。联想代表"电脑"，海尔代表"家电"，而肯定不代表"电脑"，尽管海尔也生产电脑。

差别化的经营方法又称为特色经营战略，是指企业提供别具一格的产品和服务来满足特殊顾客的需求，从而形成自身优势的战略。这种特色既可以表现为独特的技术、质量和独特的顾客服务，也可以是便利的销售网点，或者表现为某些方面的综合。

(3) 重点集中。重点集中是企业把经营重点放在某一特定的目标市场上，为特定市场提供特殊的产品和服务。把目标放在某个特定的、相对狭小的领域内，争取成本领先或争取差别化，从而建立相对的竞争优势。对于创业者来说，由于企业刚刚成立，有限的资源使企业短期内难以形成规模经济效益，采用重点集中战略作为发展的起点，是一种合理选择。

为了有效地应用竞争战略，要弄清各种竞争战略的使用条件以及各自的长处和风险，并有机地结合企业自身的特点。一个企业对其竞争对手所具有的竞争优势必须是持久的，否则就不会带来高于平均水平的效益。同时，由于环境的动态变化，企业不得不在战略选择上做出相应的调整。因此，正确的企业竞争战略应该是持久性与相对性的辩证统一。

(二) 新企业的管理

1. 经营管理模式

经营模式是经营过程中可重复的、互相强化的盈利的关键环节和逻辑。顾客所重视的持久的价值源泉才是获得巨大成功的经营模式的基础。成功的经营模式是全功能的，是生意过程的整体性，从而具有一种内在的加速机制。成功的模式都是源自一个朴素自然的概念。如沃尔玛的经营理念是"顾客都希望买到物美价廉的商品，索价越低，赚得越多"。国美电器的经营理念是"永远站在消费者一边"。

随着电子信息技术的广泛应用，大机器工业时代逐步被信息知识技术时代所取代，新的管理基础和管理理论正在风靡全球。

(1) CIMS模式。CIMS即计算机集成制造系统，产生于20世纪70年代，形成于20世纪80年代，是一种利用计算机网络和数据库等现代信息技术来实现产品设计、加工、经营管理等各项职能的集成系统，它具有柔性化、综合化、适时化、智能化等特点，正在成为当今一流制造企业的主要标志。

（2）"精益化生产"模式。"精益化生产"是 20 世纪 50 年代日本丰田公司的工程师丰田英二和大野耐一首创的一种独特的生产方式。其主要特点是不断迅速地开发设计出高质量低成本的产品投入市场。产品研发、开发、营销分别有相应的部门负责。"精益化生产"模式强调先进技术和设备必须通过企业管理的革新、组织机构的重组和人员素质提高才能充分发挥作用。

（3）AM 模式。AM 即作业管理（Activity Management），是以作业为企业的起点和核心，是企业管理的内在深化和细化，强调企业生产经营全程无浪费管理，以深化工艺工序为主导思想，控制各种消耗，并重视组织的合理布局，运用计算机技术提高生产效率。AM 以市场为导向，一切为了用户，形成一种需求拉动式生产管理模式，将全面质量管理贯穿整个 AM，实现产品"零存货""零缺陷"等。目前，英、美、日有三分之一以上的企业运用 AM。

（4）7S 模式。7S 模式是美国麦肯锡（Mckinsey）公司提出的企业管理模式。所谓 7S 是指战略（Strategy）、结构（Structure）、制度（System）、作风（Style）、人员（Staff）、技能（Skill）和共同价值观（Shared Values）。20 世纪 80 年代由哈佛大学的迈克尔·波特提出了行业分析模型，战略规划问题引起了全球经理们的注意，他们高瞻远瞩，全神贯注于领导、使命和愿景。设计各种制度、建立各种组织结构都是为了保证战略的顺利实施。

（5）CIS 模式。CIS 中文意思是企业形象战略，即企业识别系统（Corporate Identity System）。自 20 世纪 70 年代以来，企业间的竞争达到白热化，营销策略和反策略相互抵消，产品和营销手段都可以效仿，唯独企业形象不能效仿。塑造和维护企业形象是竞争的关键，用冲击力极强的企业形象去参与市场竞争正成为企业间竞争的一种新手段。CIS 实际上是在理念与价值观、传统与发展、决策与经营哲学、规模与设备投入、人力与技术储备、产品与市场拓展、服务质量、公益和社会责任等方面的全方位变革。

（6）企业再造模式。创业者光有激情和创新是不够的，还需要有很好的体系、制度、团队以及良好的盈利模式。美国预测大师奈斯比特所著的《再创公司》一书，被评为当年美国十大最畅销书籍之一，后来哈默和钱皮合著的《企业再造》风靡全球。《企业再造》摒弃了以前的组织模式和工作方式，针对信息社会的特征、顾客需要、市场竞争格局的变化重新设计企业经营、管理和运营方式；主张整合作业流程，从研究作用分工开始，以服务顾客为出发点，实现流程创新，建立最能发挥人的价值的组织结构和管理体系，企业应极力强调公司的员工和顾客是竞争的主体。

2. 新企业的初期管理

创业者制定新创企业的发展规划时，企业的初期策略非常关键。随着企业规模的不断壮大，企业面临的竞争压力可能越来越大，资金来源可能越来越紧张。因此，创业者必须对各种竞争战略进行评估和选择，以确保企业占领目标市场。由于企业在发展的初期，财力和人力资源都相当有限，初期战略往往极不规范，考虑得也不可能周全。因此，创业者仍需继续寻找市场机会，开发经营的竞争战略。创业者初期的决策在很大程度上决定了企业的成功。新企业的初期管理包括五个方面。

（1）资料管理。通过早期的管理实践积累的经验至关重要，保留早期的管理资料对后期的管理提供借鉴也十分重要。

（2）初创期财务管理。新创企业初期财务管理对企业未来的发展及管理具有重要意义。因此,创业者必须掌握一些财务技巧。创业者不仅需要估计出最初三年的损益表和现金流量表,还必须采取相应的措施确保目标实现。现金流量表、损益表和资产负债表都是需要认真管理的重要财务报表。

（3）市场营销管理是企业生存的保障。除了财务管理外,新创企业在开业初期还需要进行市场和销售管理,主要包括市场份额、分销、促销、定价、顾客满意度和销售额等。

（4）提高企业的知名度。企业在发展初期,创业者就应该着手提高企业产品或服务的知名度,因此,新创企业首先应该借助地方媒体进行公众宣传。

（5）聘请专家。当创业者不具备某些专业能力时,最好聘请专家和咨询服务公司,如会计师、财务专家、市场咨询人员、广告公司技术专家及顾问公司等,这样可以节约成本。

3. 快速成长期的管理

新创企业快速成长期是企业生命中最难管理的一个时期。创业者必须关注由此可能产生的管理问题。一般情况下,人们认为快速成长是企业成功的预兆,于是,创业者不再努力进行重要的财务或管理控制,只是一味地扩大销售。但是,如果创业者忽视某些由成长带来的问题,可能会导致破产。创业者在企业的快速成长期,应注意以下几个问题。

（1）发现快速成长期的企业存在的问题。进入快速成长期的新创企业,创业者必须关注一些问题。在进入快速成长期前,新创企业的雇员通常较少,预算也比较紧张,而企业进入快速成长期后,表面上现金充足,创业者很少评价管理效果,很少进行人事规划和成本管理。

快速成长还削弱了创业者掌控企业发展的能力。创业者在满足短期成长需要方面花费了大量时间,这势必分散创业者的注意力,使其难以集中于企业的长期目标。这样一来,沟通难以进行,企业目标分散,员工培训被忽视,最终使人员产生巨大压力,并制造紧张的环境氛围。

为了避免出现上述现象,当企业进入快速成长期时,创业者应该及时发现问题并准备好对策。如果创业者发现自己无法解决这些问题,可以请教咨询公司。要控制发展,创业者必须检验企业是否偏离目标。企业要想将来的财务状况良好,必须加强对增长速度的管理。企业发展的界限取决于市场的可进入程度、企业的资本实力及管理者的能力。过快的增长可能引发严重的财务问题,甚至会导致企业破产。

（2）注意调整组织结构。为了应对日益复杂的日常管理,有必要调整组织结构,具体方法如下:

① 增设新的部门;

② 简化机构;

③ 结构重组;

④ 组织的重组;

⑤ 提升企业的核心价值观。

（3）运用良好的管理策略和手段进行有效管理。在企业成长阶段,创业者必须考虑如何把握成长的机会、如何控制好成长的各个方面。研究表明,在会计和资金控制、库存管理、人力资源管理、市场营销策略、战略规划与计划调整等方面的管理和控制对企业获得长期成功非常重要。

（4）运用信息管理技术进行信息管理。在企业成长过程中,除了财务和管理控制等之外,创业者还需要建立一个信息(客户)服务跟踪和控制系统,满足客户的市场需要对企业是极其重要的,越来越多的企业不仅仅对客户予以更多的关注,而且建立了跟踪监控客户服务及其满意度的程序。客户问题直接影响企业的财务状况和销售收入,因此客户满意度跟踪应该作为关系企业生存的工作加以重视。

(5) 运用谈判技巧。企业存在于一个复杂的关系网络之中,而这个网络的一丝一缕都是通过谈判建立起来的。供货合同是和供应商谈判,营销合同是和国内外的经销商谈判,产品和服务之类则是和顾客谈判。谈判是持有不同观点的团体或个人未达成一致意见而进行的磋商的过程,虽然并不一定能达成一致意见,但在谈判的过程中各方分析了意见不一致的问题,因而可集中解决。

一般的谈判过程包括八个步骤:准备、讨论、方案通报、方案建议、方案反馈、正式谈判、商讨交易,达成一致。双方达成双方都满意的协议是谈判的最终目的。协议中应尽量运用最准确的文字将各种细节和意思表达清楚。通过谈判,创业者可以扩大原有企业的规模,可以采用合资、合并收购、杠杆收购或者取得专营权等方法扩大企业,加速发展。

拓展训练

场景一

某学院的几位在校大学生准备自主创业,他们经过调查分析之后共同制订了一份创业计划书。

"和谐绿色饭馆"创业计划

◎ 创业目标

发展以"和谐社会"为注册商标的餐饮品牌,利用合理有效的管理和投资,建立一个大型绿色餐饮连锁公司。

◎ 市场分析

随着经济稳定快速增长,城乡居民收入水平明显提高,餐饮市场表现出旺盛的发展势头。目前,我国的餐饮市场中,正餐以中餐为主,西餐逐渐兴起;快餐以西式快餐为主,肯德基、麦当劳、必胜客等是市场中的主力,中式快餐已经蓬勃发展,但当前尚无法与"洋快餐"相抗衡。相比洋快餐专业化、品牌化、连锁化的成功营销模式,中式餐饮发展显然稍逊一筹,如何去占领更大部分的市场,是我们需要解决的问题。

目前,人们对自身健康及食品安全关注的程度逐渐提高,而长期食用油炸、高能量为主的洋快餐导致的肥胖等问题曝光后,饮食安全成为一个热门话题。如何给消费者提供放心安全的饮食,成为餐饮业今后发展的主题。可以预见,运用环保、健康、安全理念倡导绿色消费将是今后餐饮业的发展趋势。在未来几年内,我国餐饮业经营模式将呈现多元化发展趋势,国际化进程将加快,绿色餐饮必将成为时尚,这无疑给投资绿色餐饮业带来了契机。

◎ 实施方案

(1) 绿色餐饮服务业的模型。以顾客为中心,周到服务,以顾客满意为目的,笑脸迎宾,以诚待客,积极倡导绿色消费,通过使顾客满意,最终达到公司经营理念的推广。

(2) 目标市场的定位。中高收入者能接受的餐饮业,目标客户:个体私营业主＋白领＋

其他。

(3) 市场策略。生产工业化、产品标准化、管理科学化、经营连锁化的经营管理策略。例如,员工的服装要富有朝气,整齐划一,连锁企业内部管理和总公司要保持统一。绿色餐饮是指食物种养、生产加工、物流配送、餐桌消费及服务环境整个产业链条中的每个环节都处于一种天然、安全、无污染的状态。在采购过程中首先要会识别源头原料、自然无污染原料、绿色食品原料,杜绝采购被污染或腐败变质的原料。

另外,还有餐饮公司形象策略,在位于商业区、旅游景点区的餐厅充分显示本公司绿色、清洁、卫生、实惠、温馨的形象。请专业公司为我们制订一套广告计划,从公司的特点出发,力求打造自己的个性。

◎ 投资计划

立足于一个地区的目标消费群,选择好几个经营网点后同时"闪亮登场"。以后再根据发展状况,辐射全国经营。

发展初期,积极引导顾客绿色消费,使其成为稳定的顾客消费群体。要根据人口流动密度、居民收入水平、实际消费等因素,在商业区、购物区、旅游区和住宅区等地开展经营。

◎ 投资收益

以"不仅是利润,更是服务和问候"作为公司的经营原则,希望公司成为优质服务和行业健康发展的代表。我们相信,只有在一种公平、理性的经营思路下不懈地坚持,才能获得大家希望的多赢局面,从而在总体上促进绿色餐饮的形成和发展。

◎ 品牌效应

随着中国政府构建社会主义和谐社会理念的提出,"和谐社会"已经成为一个醒目的新词汇,这无形当中提升了"和谐社会"四个字潜在的商业价值。绿色餐饮的目的是使消费者能得到安全、健康的服务,创造出人类与自然环境和谐相处的新模式。

看过他们的创业计划,请讨论并解决以下问题:

(1) 讨论:"和谐绿色饭馆"的创业计划能够实现吗?

(2) 请结合本章内容和自己的经验写出你对这份创业计划的意见和建议。

场景二

大学校园格子店是在大学周边商业区一种针对大学生设立的商业店面,主要经营大学生所需求的商品和服务,格子店可以同时租赁给数位大学生经营管理,大学生可以将自己的淘宝物品放入格子店销售,经营者可从中收取佣金。

如果你拥有这样一个格子店,你将如何经营管理? 结合自身情况,进行格子店经营管理的实践活动,可与他人合作,也可独立进行。

大学校园格子店的经营管理实践活动

◎ 活动的目的和意义

在校大学生通过格子店的经营管理实践活动可以增强创业意识,培养创业兴趣,提高大学生的经营管理能力,包括对资金的掌控、市场的调研能力、团结协作能力和沟通能力等。

◎ 组织方法

在老师的指导下成立一个格子店董事会,董事会负责以下工作。

(1) 招聘人员。

(2) 组织结构设计。

(3) 资金管理。资金可以是全班同学共同出资,也可以对外募集资金。

(4) 货物管理。

◎ 活动要求

(1) 董事会确定董事长一名,董事会负责招聘各项工作负责人员。

(2) 由各项工作的负责人招聘人员并负责具体的计划。

(3) 格子店的租赁和经营管理。要按计划进行,全班学生要将自己的商品放入格子店,使其正常开业,学生在课余时间值班,并进行管理活动。

(4) 老师要跟踪指导。

(5) 每个月结算一次,并总结得失。

参考文献

1. 鄢万春,吴玲.大学生就业创业与职业发展指导[M].北京:科学出版社,2016.

2. 李莉.大学生就业指导实训教程[M].北京:北京理工大学出版社,2015.

3. 赵建明.大学生职业发展与就业指导[M].北京:电子工业出版社,2014.

4. 杨东辉,刘春.大学生就业指导与职业生涯规划[M].北京:中国建材工业出版社,2011.

5. 高桥,王辉.大学生职业发展与就业指导教学指南[M].北京:现代教育出版社,2009.

6. 赵世奎,文东茅.三十年来高校毕业生就业制度变革的回顾与现行制度的分析[J].中国高教研究,2008.

7. 韩景旺,沈双生,田必琴.我的生涯我做主——大学生职业生涯规划与就业指导[M].保定:河北大学出版社,2008.

8. 李菊顺.大学生职业发展与就业指导[M].长春:吉林大学出版社,2008.

9. 储存森.职业·就业指导及创业教育[M].北京:机械工业出版社,2007.

10. 钱建国.大学生职业规划与就业指导[M].北京:人民出版社,2007.

11. 李菊顺.心理学——当代大学生心理健康教育[M].北京:科学普及出版社,2007.

12. 曹振杰.职业生涯设计与管理[M].北京:人民邮电出版社,2006.

13. 蒋建荣,詹启生.大学生生涯规划导论[M].天津:南开大学出版社,2005.

14. 曹占东.大学生就业指导[M].济南:山东大学出版社,2005.

15. 吴薇.就业指导[M].上海:华东师范大学出版社,2005.

16. 陈刚,彭建华.就业与创业[M].杭州:浙江大学出版社,2005.

17. 李道魁.现代礼仪教程[M].成都:西南财经大学出版社,2005.

18. 周文霞.职业生涯管理[M].上海:复旦大学出版社,2004.

19. 程社明,卜欣欣,戴洁.人生发展与职业发展规划[M].北京:团结出版社,2003.

20. 杨东辉,刘春.大学生就业指导与职业生涯规划[M].北京:中国建材工业出版社,2011.